トウキョウ建築コレクション
2008

全国修士設計論文集

トウキョウ建築コレクション2008実行委員会編

建築資料研究社

トウキョウ建築コレクション2008

全国修士設計論文集

Contents / 目次

007 トウキョウ建築コレクション2008企画概要

009 **全国修士設計展**

010 開催概要

011 審査委員紹介

012 「全国修士設計展」について 古谷誠章

014 作品目次

017 受賞作品

018 グランプリ

028 青木淳賞

036 大野秀敏賞

044 手塚貴晴賞

052 宮本佳明賞

060 古谷誠章賞

069 審査会

070 巡回審査

090 公開審査

104 受賞者紹介

113 一次審査通過作品

Credit

写真

勝見一平：p.1-13、p.18-60ポートレート、p.68、p.70、p.78、p.86、p.90、p.103、p.114-163ポートレート、p.174-240ポートレート、p.246-250、p.251下5点、p.254-255、p.290-308ポートレート、p.310-320、p.322-336ポートレート、p.338-355、p.356左1点、p.357、p.368

フリックスタジオ：p.251上2点、p.252-253、p.258-272ポートレート、p.276ポートレート、p.278-288、p.369、p.399ポートレート

吉田誠：p.74、p.82、p.92-102、p.111-112、p.356右2点

トウキョウ建築コレクション2008実行委員会

代表：顧彬彬（東京藝術大学大学院）

副代表・企画：甘粕敦彦（早稲田大学大学院）

運営：坂巻直哉（東京理科大学大学院）、頭井秀和（早稲田大学）、竹山博（明治大学大学院）、田中希枝（早稲田大学）、橋本昂子（明治大学大学院）

企画：青木公隆（東京大学大学院）、安藤顕祐（早稲田大学大学院）、北島祐二（東京大学大学院）、時岡壮太（早稲田大学大学院）

会計：綿貫志野（早稲田大学大学院）

制作・WEB：水野直子（東京藝術大学大学院）、吉川和博（東京理科大学大学院）、米田真大（早稲田大学大学院）

記録：白井純平（早稲田大学）

249 全国修士論文討論会

250 開催概要／ディレクター紹介

251 コメンテーター紹介

252 「全国修士論文討論会」について
八束はじめ

256 論文目次

257 論文作品「過去」

278 討論会「過去」を読む

289 論文作品「現在」

310 討論会「現在」を観る

321 論文作品「未来」

338 討論会「未来」を拓く

356 あとがき

槇文彦特別講演「東京を語る」

※逆順にお読み下さい。

トウキョウ建築コレクション2008
全国修士設計論文集
トウキョウ建築コレクション2008実行委員会 編
2008年8月10日 初版第1刷発行

編集：磯達雄・大家健史（フリックスタジオ）
編集協力：境洋人、竹上寛
アートディレクション：為永泰之（black★bath）
デザイン：田岸優子（black★bath）
製作：種橋恒夫・簗嶋秀幸（建築資料研究社）
発行人：馬場栄一（建築資料研究社）

発行所：株式会社建築資料研究社
〒171-0014 東京都豊島区池袋2-72-1 日建学院2号館
TEL 03-3986-3239 FAX 03-3987-3256
http://www.ksknet.co.jp
印刷・製本：株式会社廣済堂

ISBN978-4-87460-991-0

MOTIVE
RESEAR

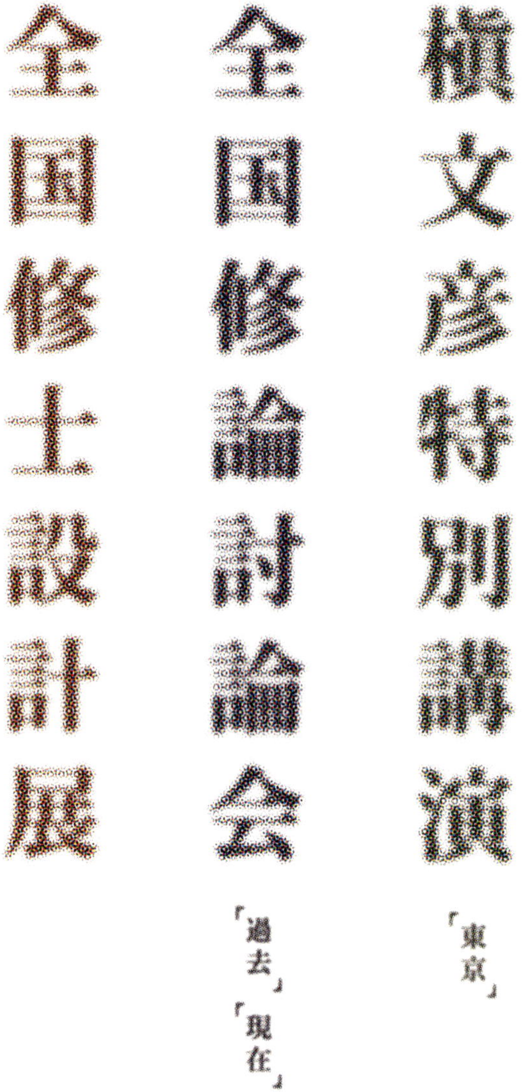

トウキョウ建築コレクション2008 ポスター

企画概要

「トウキョウ建築コレクション」は、日本の建築・環境・都市のさらなる向上を目標に、全国の建築系大学院の修士学生が主体となり企画・運営を行う展覧会です。

2007年3月、代官山ヒルサイドテラスにて、第一回『トウキョウ建築コレクション2007』を開催し、全国の修士設計・修士論文を一同に集めた日本初の全国規模の修士設計論文展を実現しました。そして、建築学の様々な分野から集まった修士学生同士によって、新たな建築・都市像を導くための分野を超えた深い議論の場を創ることができました。また、約2000人という多くの方々に来場していただき、広く社会に開かれた企画を行うことができたと実感しております。

第二回目である今回の『トウキョウ建築コレクション2008』は大きく3つの企画で構成しています。一つ目は、全国規模で集められた修士設計から選び抜かれた作品が展示される「全国修士設計展」です。二つ目は、建築学の様々な分野から集められた修士論文を基に、各専攻を横断する幅の広い議論を展開することを目的とした「全国修士論文討論会」です。三つ目は、実務家の視点を通し、改めて「東京」という都市像をとらえ直すことを目的とした「特別講演」です。初年度にあたる今年は建築家・槇文彦氏による特別講演を行いました。

本展覧会を今後何十年と継続することによって、毎回の「コレクション」の集積が「アーカイブ」としての価値を担い、分野を横断する建築教育に貢献することを目標としています。ひいてはより多くの方々に認知されることで建築文化・都市環境にとって意義のあるものになることを願っています。

トウキョウ建築コレクション2008 実行委員会一同

全国修士設計展

「全国修士設計展」開催概要

「全国修士設計展」は全国の大学院学生の優秀な修士設計（計画）作品を一堂に会した展示会である。まず、事前に1次審査（非公開）を行い、応募89作品のポートフォリオを5人の審査員（青木淳、大野秀敏、手塚貴晴、宮本佳明、古谷誠章の各氏）が審査して、28点の優秀作品を選出した。その優秀作品を、2008年3月4日～3月9日の期間に代官山ヒルサイドテラス・ヒルサイドフォーラム（F）で展示した。また、会期中の3月8日にヒルサイドテラス全体を使って公開審査会が行われた。まず、優秀作品に選ばれた出展者28名によるプレゼンテーションをヒルサイドプラザ（P）で行い、その後ヒルサイドフォーラム（F）にて各審査員が展示会場を巡回しながら、出展者と対話形式で直接質疑を行った。巡回審査による質疑応答の終了後、再びヒルサイドプラザ（P）に戻り、グランプリならびに各審査員賞を公開で選出し、表彰した。審査終了後、受賞パーティーおよび懇親会を行った。

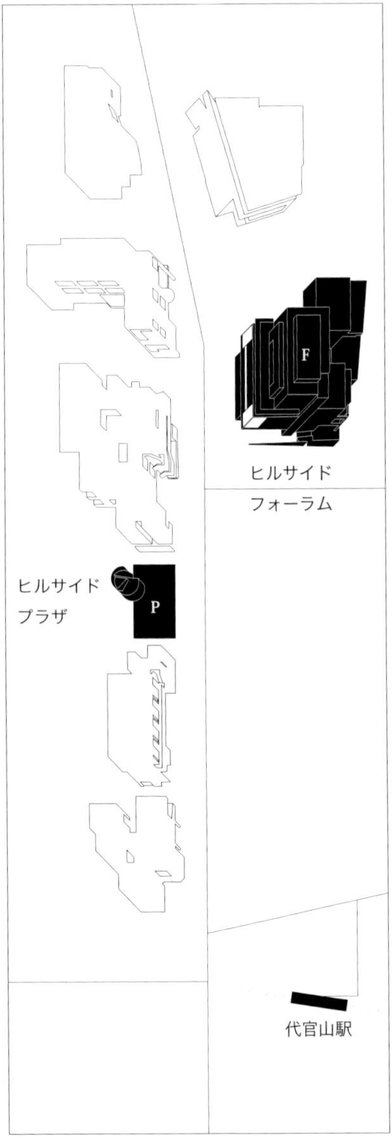

全国修士設計展　審査員紹介

青木 淳 (あおき・じゅん)

1956年横浜市生まれ。1980年東京大学工学部建築学科卒業。1982年東京大学大学院修士課程修了。1983～90年磯崎新アトリエ勤務。1991年青木淳建築計画事務所設立。

大野 秀敏 (おおの・ひでとし)

1949年岐阜市生まれ。1972年東京大学工学部建築学科卒業。1975年東京大学大学院修士課程修了。1976～83年槇総合計画事務所勤務。1984年アプル総合計画事務所設立。1999年～東京大学教授。2004年アプルデザインワークショップに改組(共同:吉田明弘)。

手塚 貴晴 (てづか・たかはる)

1964年東京都生まれ。1987年武蔵工業大学工学部建築学科卒業。1990年ペンシルバニア大学大学院修士課程修了。1990～94年リチャード・ロジャース・パートナーシップ・ロンドン勤務。1994年手塚建築企画を手塚由比と共同設立。1997年手塚建築研究所に改称。2003年～武蔵工業大学准教授。

宮本 佳明 (みやもと・かつひろ)

1961年兵庫県生まれ。1984年東京大学工学部建築学科卒業。1987年東京大学大学院修士課程修了。1988年アトリエ第5建築界設立。2002年宮本佳明建築設計事務所に改組。現在、大阪市立大学教授、大阪大学、東京理科大学非常勤講師。

古谷 誠章 (ふるや・のぶあき) ／兼アドバイザー

1955年東京都生まれ。1978年早稲田大学理工学部建築学科卒業。1980年早稲田大学大学院修士課程修了。1986～87年文化庁芸術家在外研修員(マリオ・ボッタ事務所)。1994年NASCA設立(共同:八木佐千子)。1997年～早稲田大学教授。2002年～韓国・キョンヒ大学客員教授。

「全国修士設計展」について

古谷誠章(建築家/トウキョウ建築コレクションアドバイザー)

昨年、学生たちの手によって始められた「トウキョウ建築コレクション」も今年無事にその2年目を迎えた。これが一回限りのものとならないよう、その継続性を保つことを条件にアドバイザーを引き受けた手前、学生メンバーも大半が入れ替わって一抹の不安もあったが、その縁の下を支えるスタッフもより多くの大学に広がり、昨年以上の活況を呈することができたのは何よりうれしかった。

今年もまた特別顧問に槇文彦先生を迎え、今回はレクチャーにも登場していただいて参加者には得がたい機会となった。さらには修士設計だけでなく修士論文にも日の目を当てようと、3日間にわたる討論会が企画され、クリティークを引き受けていただいた八束はじめ氏を筆頭とする熱心な論客の講評に、連日会場は大変な熱気を帯びていた。ハイライトでもある修士設計の発表会には青木淳、大野秀敏、手塚貴晴、宮本佳明の気鋭の建築家各氏をゲスト講評者に迎えて、昨年にもまさ

る熱のこもった審査が展開され、満場の来客が固唾をのむなか、今年のグランプリが大島彩さんの作品「支えられた記憶」に贈られた。

修士設計に関する今年のもっぱらの議論は「ワタクシ性」を巡ったものとなり、主観的なテーマを扱ったものが多い印象が指摘された。また中には客観的にあろうとすればするほど独りよがりになる傾向なども見られて、抽象的な課題を通して社会にメッセージを発する難しさを再考させられた。しかしそれを充実させていくための切磋琢磨は、この試みを通して始まったばかりだともいえるわけで、もうしばらくはその行く着く先を楽しみに待っていたいと思う。それほどまでに学生諸君たちの感受性は鋭く、また吸収力も大きいと確信している。来年、この催しも、そこに参加する学生自身も、もう一回り成長してくれることを期待している。

作品目次

受賞作品

グランプリ
大島彩
『支えられた記憶』
018

青木淳賞
泉秀紀
『都市のcrack』
028

大野秀敏賞
梅中美緒
『小さな部屋／小さな時間』
036

手塚貴晴賞
中川沙知子
『In pursuit of my scale』
044

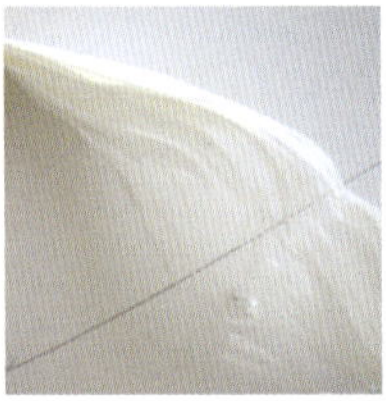
宮本佳明賞
森山茜
『mille-feuille』
052

古谷誠章賞
高倉潤
『隣地間研究』
060

一次審査通過作品

※発表順に掲載

本郷達也
『木層』
114

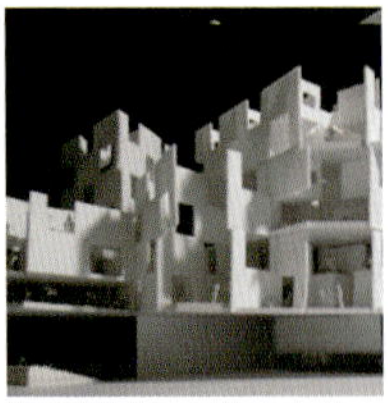
田原正寛
『界隈性をもたらす建築体の研究および設計提案』
120

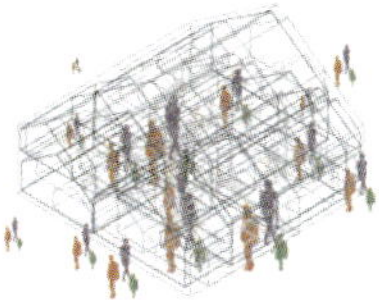
湊健雄
『寄家景体』
126

奥野幹
『死を想う集落』
156

加藤渓一
『FRIEND ARCHITECTURE』
132

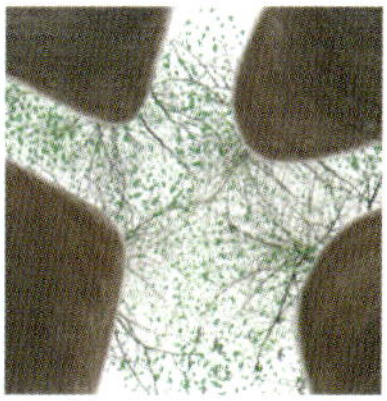
森屋隆洋
『再帰的住居開発』
162

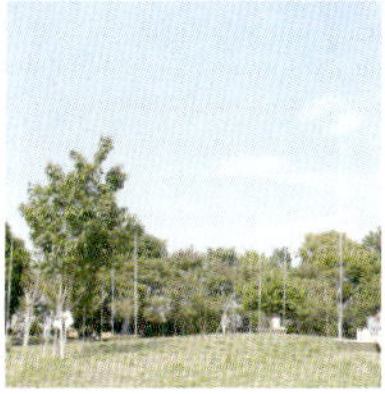
斉藤健
『みんなのぶらんこ』
138

斎藤隆太郎
『屋上は都市となりうるか』
168

吉田泰洋
『アーバンリニューアル
イン パッシブデザイン』
144

成山由典
『場所に応答する建築』
174

正木達彦
『都市の新たなコンプレックス』
150

荒井希
『建築空間における
光の研究』
180

信田健太
『会離の水楼』
186

西山尚吾
『空間図式試行』
192

宮崎晃吉
『怪物的空間を
創出するための
６つの試行』
198

岡山直樹
『諸場所の諸相』
204

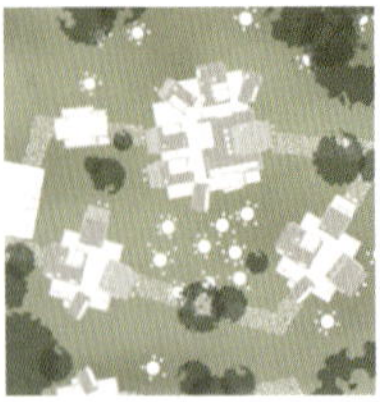
橋本剛
『境界閾建築』
210

尾野克矩
『Curtains Mountains』
216

沢田聡
『靴磨きの男の家』
222

大塚直
『子どもの城』
228

味岡美樹
『みちにある家』
234

川嶋 洋平
『無題』
240

全国修士設計展

受賞作品

■ グランプリ

支えられた記憶

—アンリアルなリアリティーをつくる、空間の7つの視界—

従来、空間において求められ、また受け入れられてきた、尺度を中心とするフィジカルなリアリティー。その一方で、感受・想像上での、別種のリアリティーが存在すると考えた。実在と感受の間に生まれるブレ。それが占有空間を超える豊かさを空間にもたらすのではないかという期待から、それを実現するための空間的ツールを、個人的経験をもとに空間図像を抽出し、現段階で「7つの視界」として提示する。

大島 彩
Aya Oshima
東京藝術大学大学院
美術研究科　建築専攻
益子義弘研究室

vision of unreal reality

§1. 経験の場

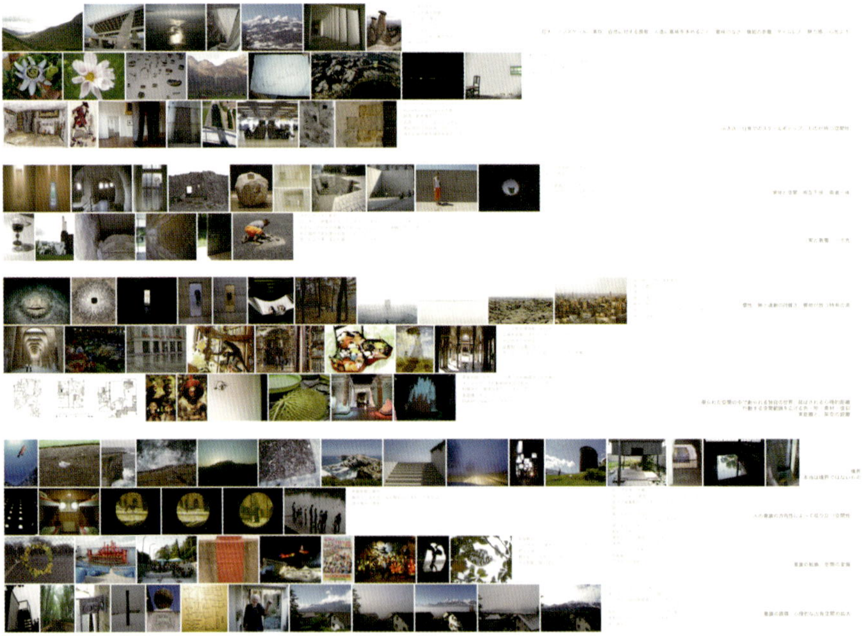

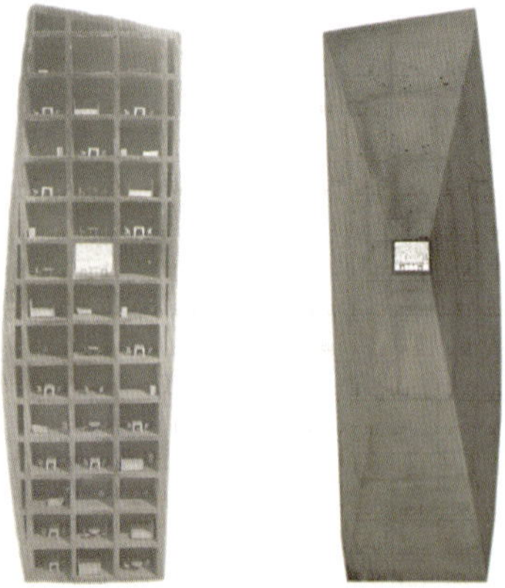

process and concept

§2. 箍をはずす

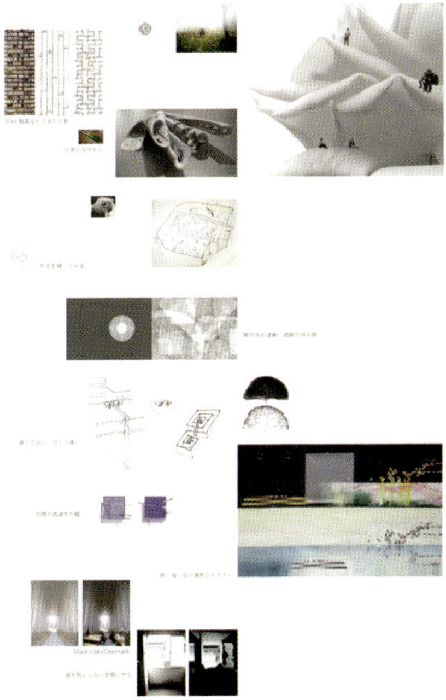

§3. 空間図像の抽出と、7つの視界

① スケールの錯綜

② 空間の重み

③ 二面性

④ 移ろう慣性

⑤ 実距離と心理的な距離

⑥ 境界に立つ

⑦ 虚無の感受

今回提示する「7つの視界」は、

§1. 経験を収集
§2. 空間的な「箍（たが）」を見つけ、はずした状況をつくり、検討する
§3. 空間図像の抽出

というステップを通して、ボトムアップ式に浮き出した20個あまりの空間図像を体系化したものだ。
これらを空間的手法として設計に落とし込んだときに、空間がそれ自体の物質的制限を超える豊かさを持ち得ることを期待している。

コルビジェはかつてのミニマムハウスに対して「ここには部屋はあるが、空間がない」という懐疑を示した。
ここでいう「空間」の私なりの解釈を、今回探る気持ちもあった。

人に記憶があることで、既成概念が存在する。
また、記憶があることで、予感や期待も生まれ得る。

人の意識に揺さぶりをかける空間体験は、記憶と対比されながら共存することで初めて、記憶と一体の異物となり、「ズレ」を生む。
その「一体の異物」のあり方を変え続けることを、今回の取り組み全体をつなぐ地平として据えた。

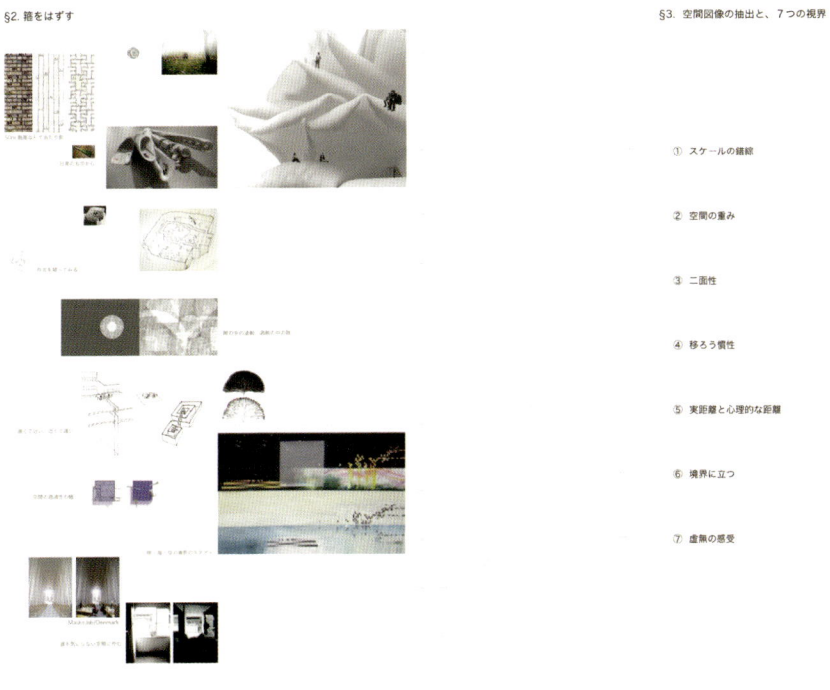

①　スケールの錯綜　ー「縮尺」が持つ想像性

1. 解放されてゆくスケール　空間の 3m×3m×3m のグリットを徐々に消失させ、尺度から解放していくシークエンス。

3. ドアを穿つ瞬間　実体の発生からスケールが刻まれるまで。

2. 花からの空間図像

5. 球　影も形もない内部空間。スケールを感じない空間形態の模索。

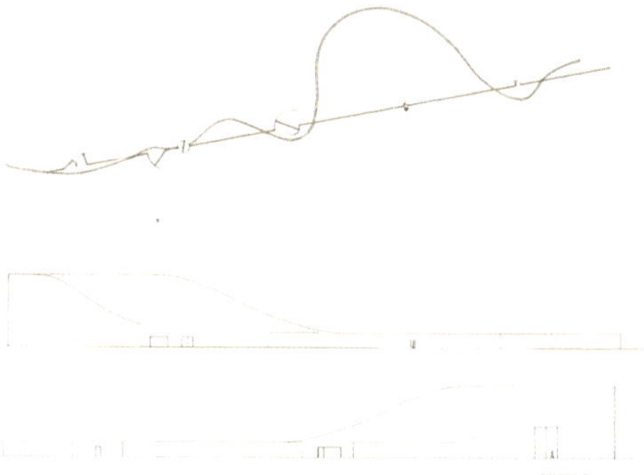

4. 扉の予感　大きい扉から小さい空間へ、小さい扉から大きい空間へ。

② 空間の重み　ー　実体（solid）と空間（void）

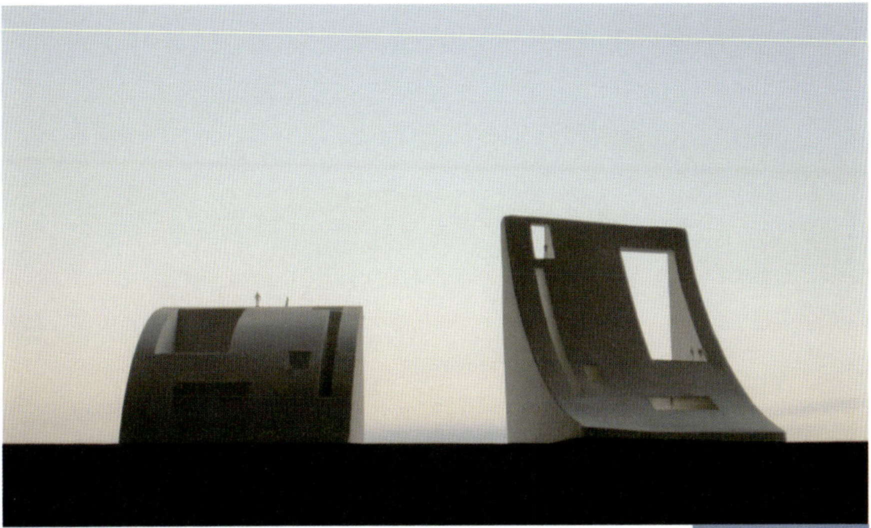

穿たれた跡１　空間は実体によって確保され、実体は空間に奉仕する。実体の質は空間の質に大きく関わる。

穿たれた跡２　空間構造に外形を与える。

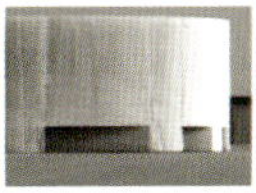

③ 二面性　ー　建築空間の二つの構造性…実（存在）と、表層（経験される場としての構造）

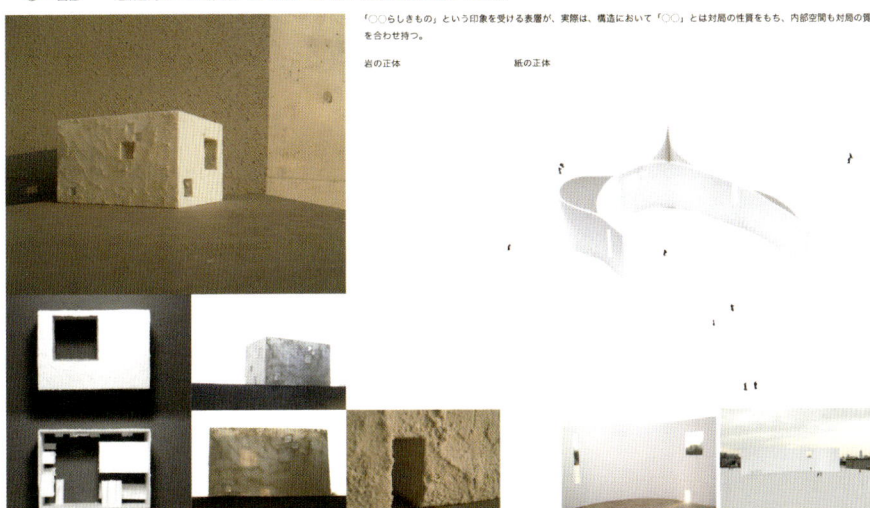

「○○らしきもの」という印象を受ける表層が、実際は、構造において「○○」とは対局の性質をもち、内部空間も対局の質を合わせ持つ。

岩の正体

紙の正体

2nd and 3rd field of vision

④ 移ろう慣性　ー　対比によって気づく、慣性変化

突如あらわれる異質なもの。その存在に、はじめは過剰に感じたり違和感を感じたりする。それが、時間がたつにつれ何も感じなくなる。異物を取り込んだ状態が、新たな基準となっている。
そのことを、空間をつくる要素にあてはめる。「無の中の過剰」と「過剰の中の無」は同等に異物である。

⑤ 実距離と心理的な距離 ― ふたつの距離感のギャップ

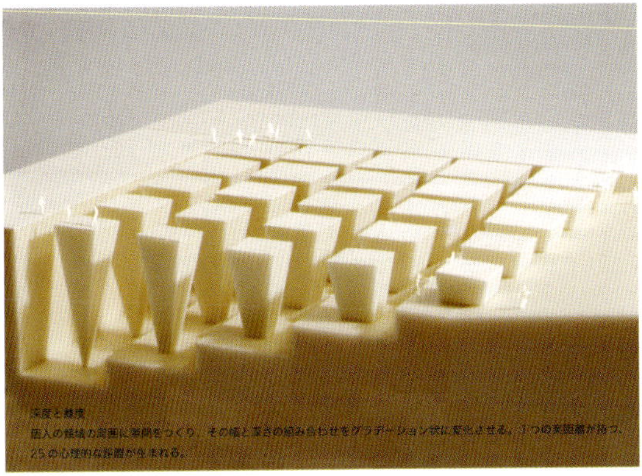

深度と幾度
個人の領域の断面に隙間をつくり、その幅と深さの組み合わせをグラデーション状に変化させる。1つの実距離が持つ、25の心理的な距離が生まれる。

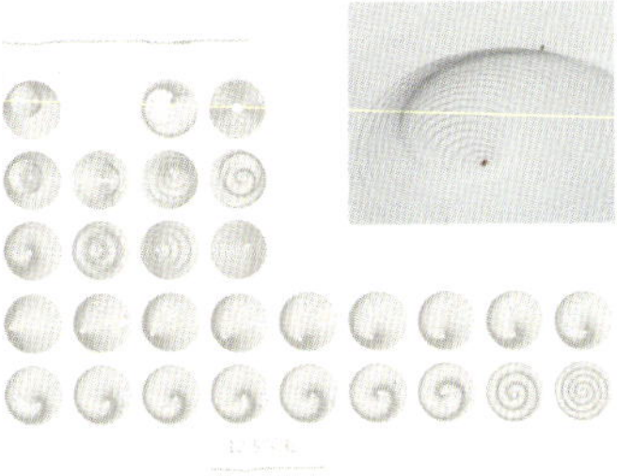

急がばまわれ

合理性、既成概念、それにもうひとつ、体が「吸い込まれる」慣性、
その3つの源が異なり、同じ強度を持ち、
選択の上でも行為の上でも錯綜を起こさせる形態のスタディ。

⑥ 境界に立つ ― 専有される空間（場）と感受される空間（視界や風景）のギャップ

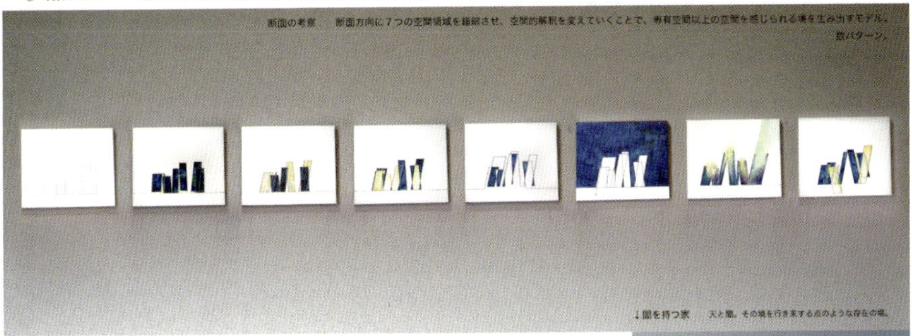

断面の考察　断面方向に7つの空間領域を錯綜させ、空間的解釈を変えていくことで、専有空間以上の空間を感じられる場を生み出すモデル。数パターン。

↓闇を持つ家　天と闇。その境を行き来する点のような存在の場。

⑦ 虚無の感受 ― 『扉』に付帯する想像性
― 対象空間の反転による、感受する空間の反転

4つの扉　向こう側へと繋がる3つの扉と、繋がらなくとも3つの道を俯瞰できる場に至る1つの扉。空間を幾度と裏返す試み。

5th,6th and 7th field of vision

■ 青木 淳賞

都市のcrack

—集合住宅における中間体としての壁の可能性に関する考察—

80本の聳え立つ塔からなる群塔状集合住宅の提案。現代の高密度化する都市居住空間において、庭や縁側といった中間領域的空間は厚みをもった壁へと収束していくと考える。様々な厚みをもった壁は多様な空間関係を生み出し、壁は中間体、媒体として機能するようになる。そして人々の生活の中心は部屋の中心ではなく、その境界部分へと移行する。僅か数cmの壁の厚みの中に集まって住むことの豊かさを発見する。

泉 秀紀
Hidenori Izumi

近畿大学大学院
システム工学専攻
小川晋一研究室

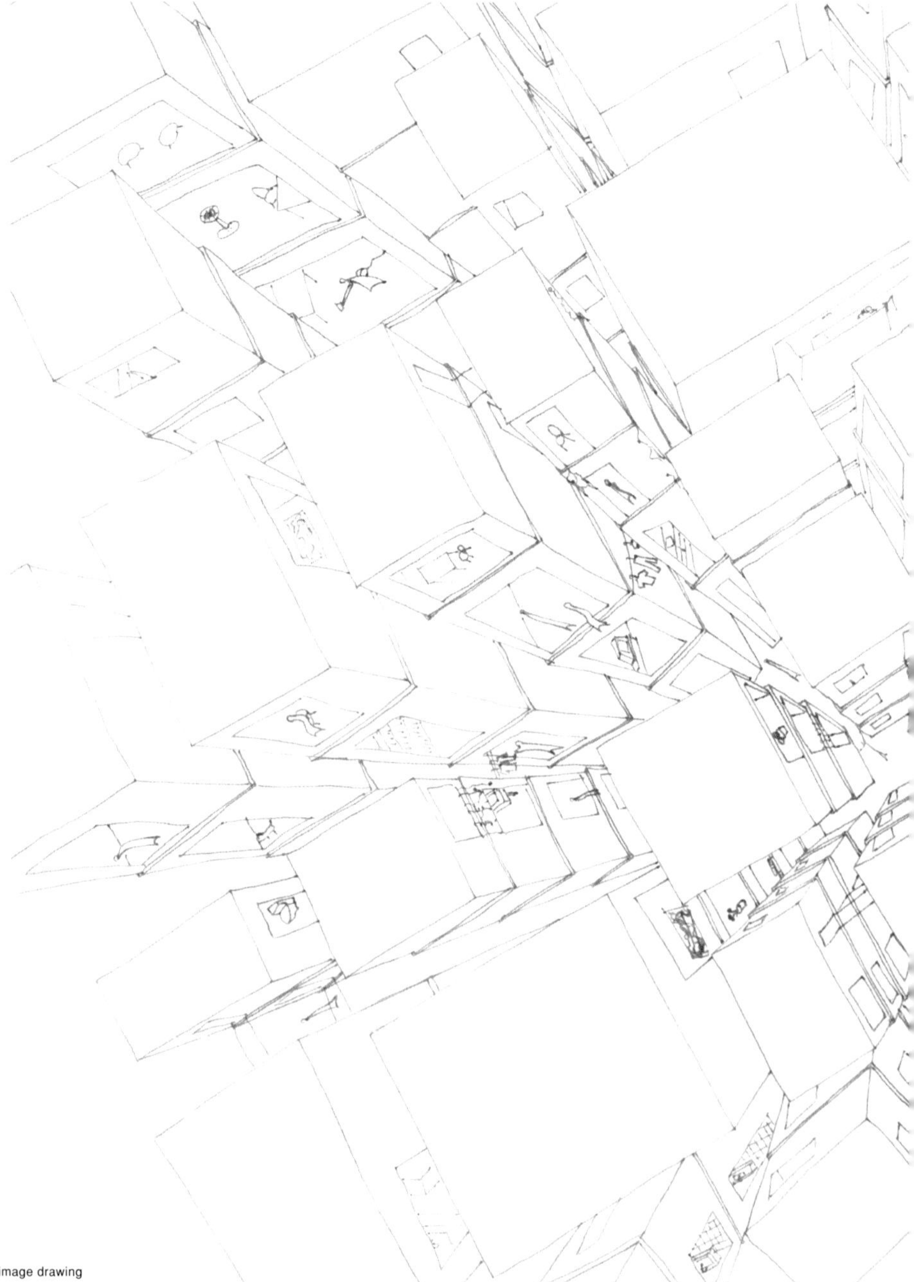

image drawing

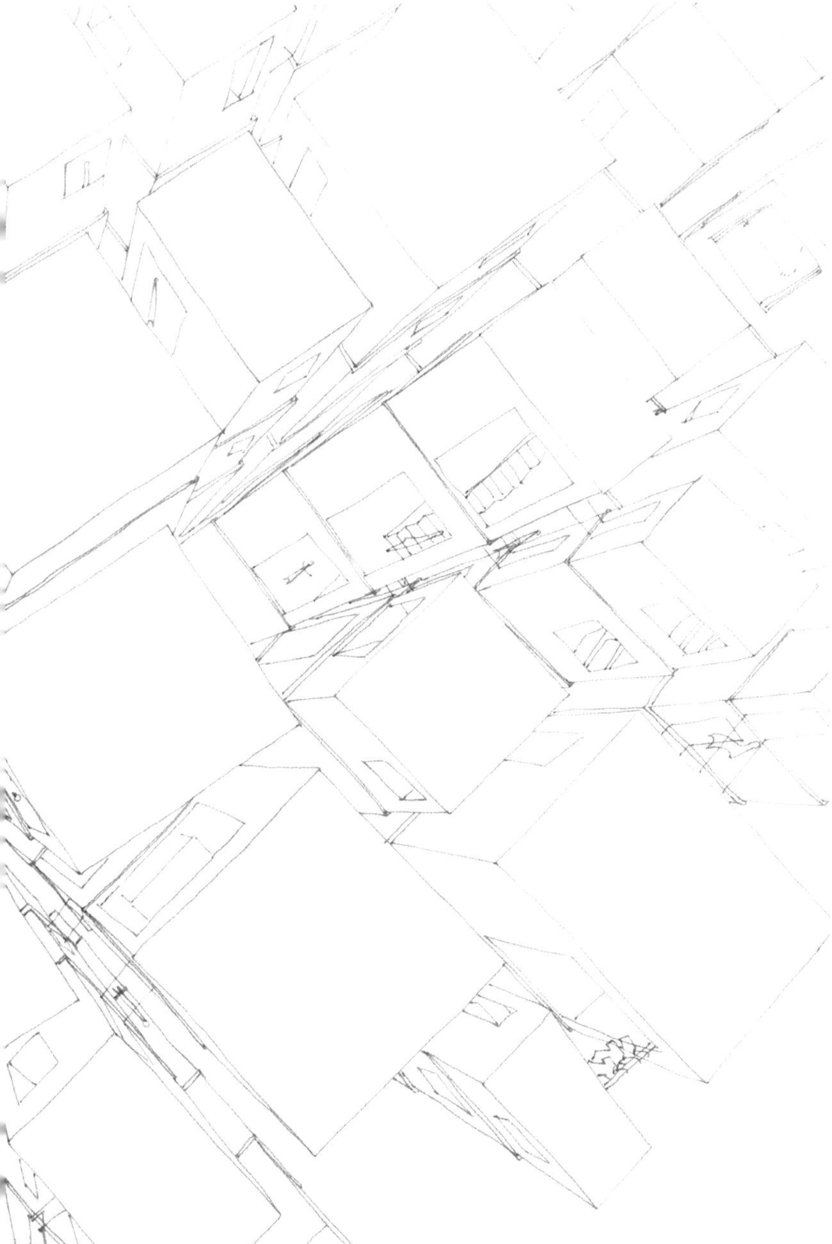

-500 plan
+2500 plan
+5000 plan
+8000 plan
+11000 plan
+13000 plan
+15000 plan
+17500 plan
+20000 plan
+22000 plan
+24000 plan
+26500 plan
+29000 plan
+31500 plan
+33000 plan
+36000 plan
+38000 plan
+41000 plan
+44000 plan
+47000 plan

plan

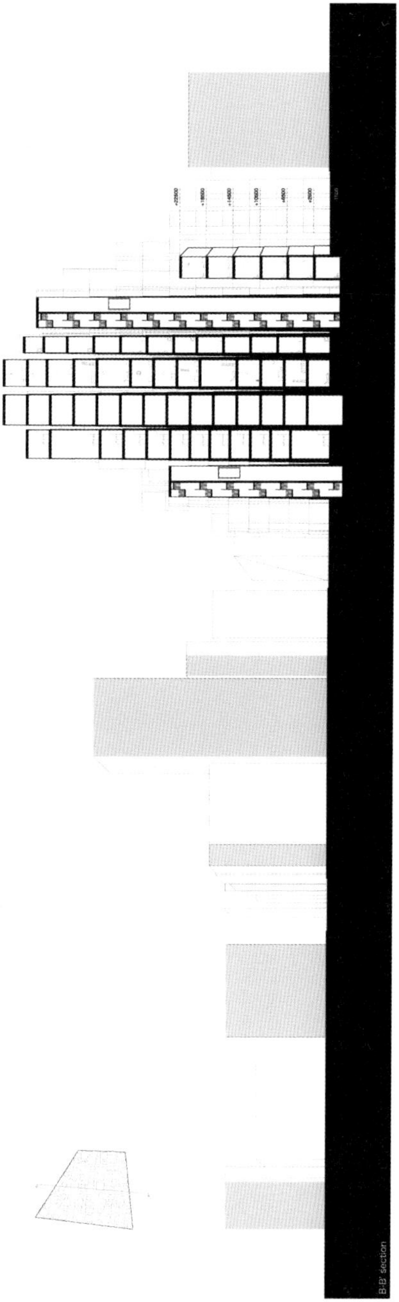

section

study / thickness of wall

生活が、外に溢れだす。
小さな豊かさが、そこにはある。

image diagram

■ 大野秀敏賞

小さな部屋／小さな時間

建築を変えることで空間を変えようと思っていた。でも砂漠で、時間と共に刻々と移り変わる情景を見たとき、建築を変えずとも空間は変わると思った。『方丈記』を住居論として読み解き、鴨長明が最後に住んだ「方丈の庵」を文学描写のみから空間を立ち上げる。小さいがゆえに、ごく微小な動作や微小な時間で、たくさんの出来事が無限と出現する小さな小屋を現象のみから立ち上げる。

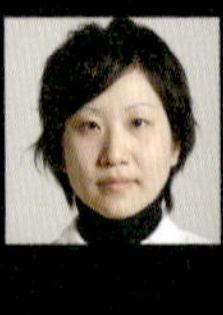

梅中 美緒
Mio Umenaka
工学院大学大学院
工学研究科　建築学専攻
澤岡清秀研究室

PROJECT1
「文学から
空間は作れるか」

S=1:20 復元模型

地面と庵の間（土台）に苔が生す

縁側で麓に住む子どもと遊ぶ

掛樋へ流れる水の音が聴こえる

静まった夜に月を想う

PROJECT2
「出来事や現象から空間は作れるか」

平面図（14 時頃の光）

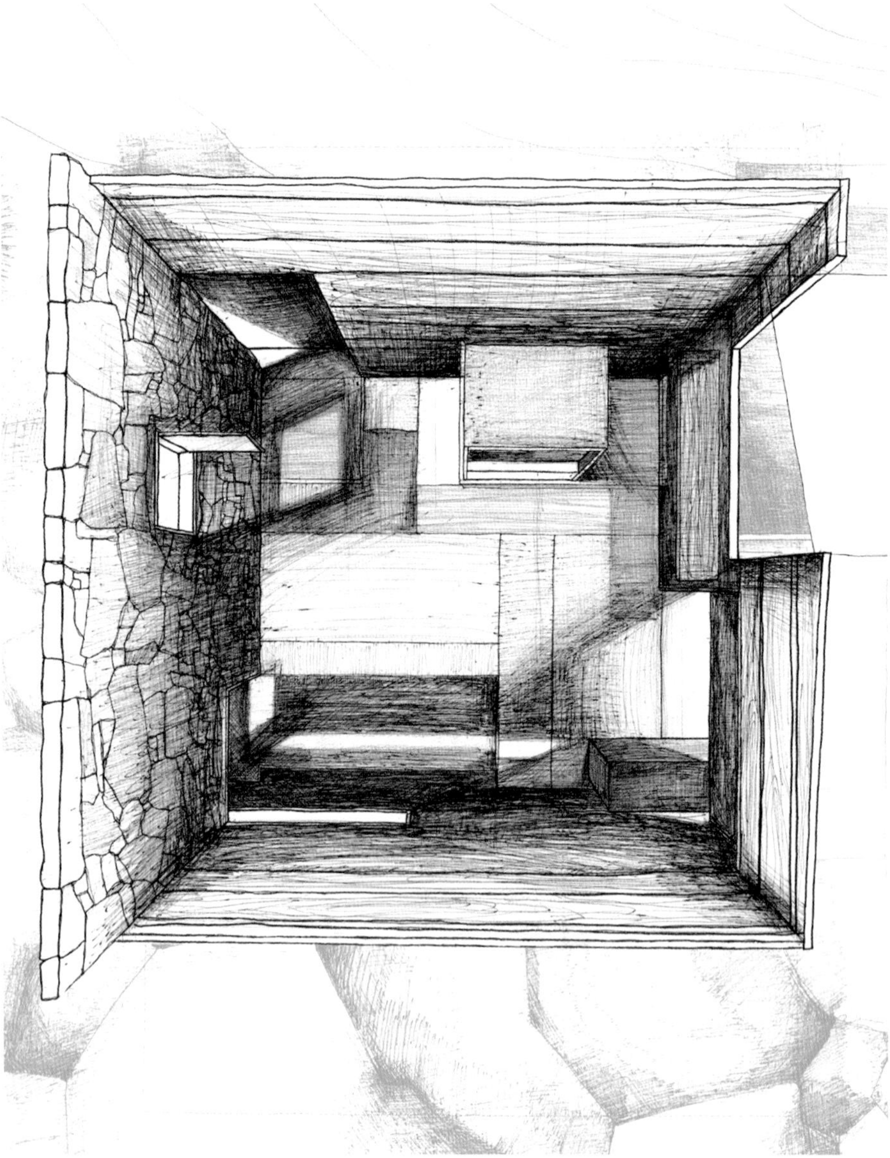

影図

小屋外観

■ 手塚貴晴賞

In pursuit of my scale

—マイスケールの探究—

中川 沙知子
Sachiko Nakagawa
早稲田大学大学院
理工学研究科　建築学専攻
入江正之研究室

私は従来の設計方法そのものを再考し、体験的視点を利用した空間設計を模索する実験を行うことにした。実寸モックアップを用い、部分から建築全体へ派生する身体スケールを通して、その場の視覚的イメージを設計し、空間を形作る。その作業を通して、人の行為と建築がinteractする空間、現象そのものを立体化し、触覚を宿した建築を目指した。私はこのテーマの中に自らのスケール感を見出していきたいと思う。

人々とものの交差と関係性

関係性の抽出

空間の認識方法

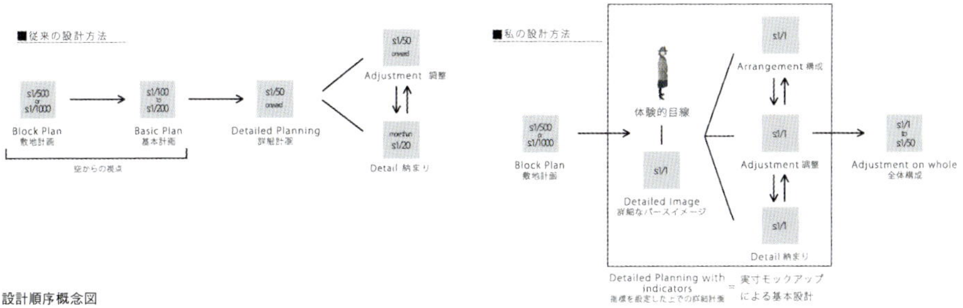

設計順序概念図

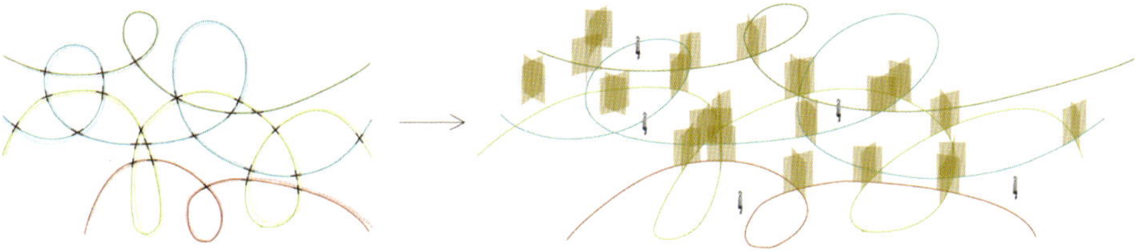

交差点の抽出
モックアップとして空間を囲む／仕切る／形作る部分である交差点を抽出する。

ヴォリューム化
交差点に高さを与え、実験現場を実寸の模型空間へ。巡りながらスタディを行う。

実験方法

a.

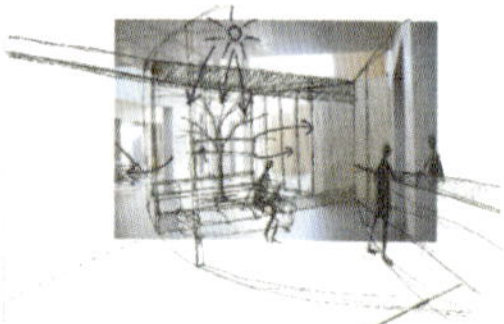

エントランスホールから
オフィスを見る

b.

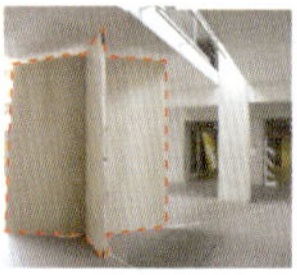
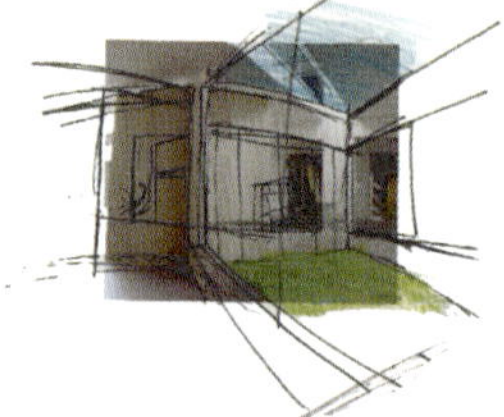

オフィス待ち合い室から
箱庭／図書室

c.

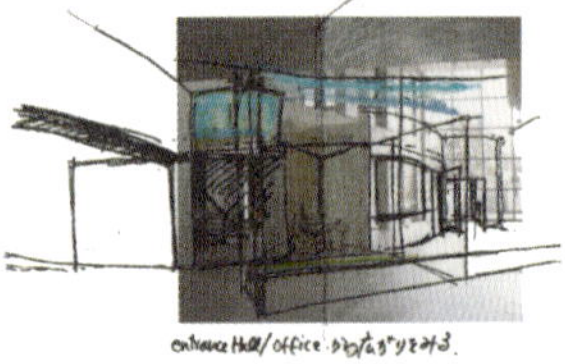

オフィスから
箱庭を介した広がり

d.

廊下から箱庭／
クラスルームをみる

e.

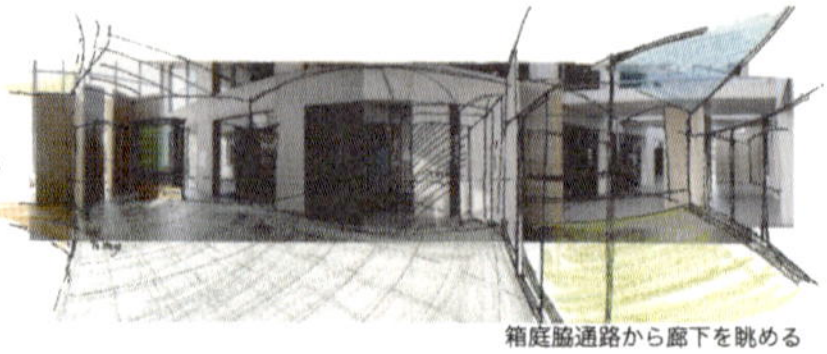

箱庭脇通路から廊下を眺める

スケッチによる空間設計

f.

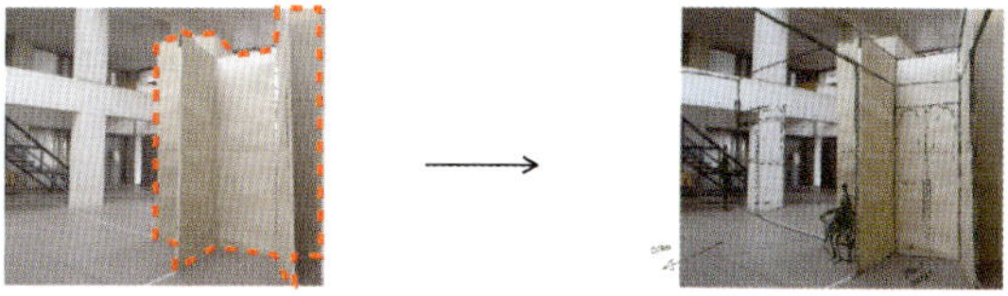

ラウンジ直結の外部扉

g.

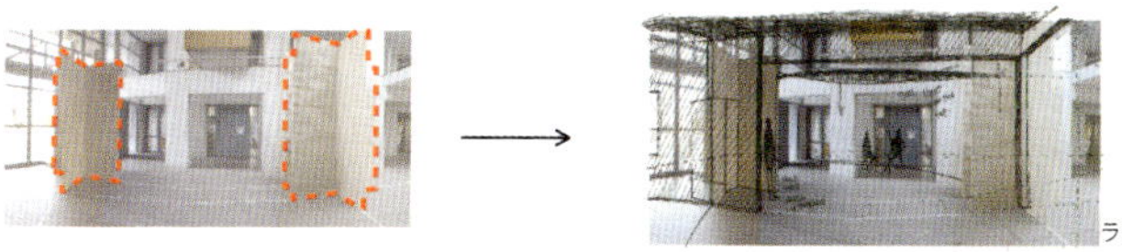

ラウンジ一空間の広さ

h.

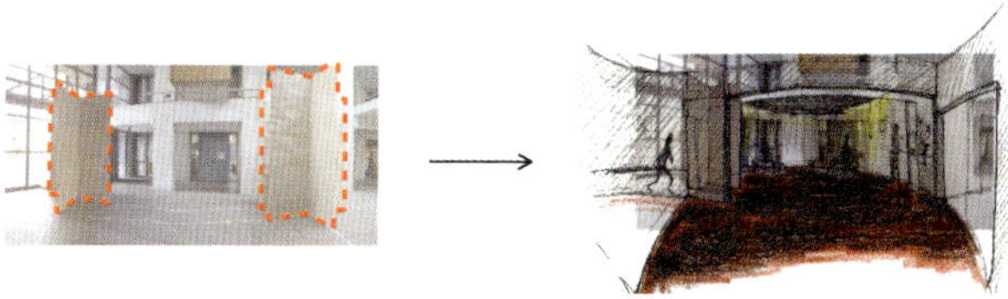

ラウンジ一採光のイメージ

i.

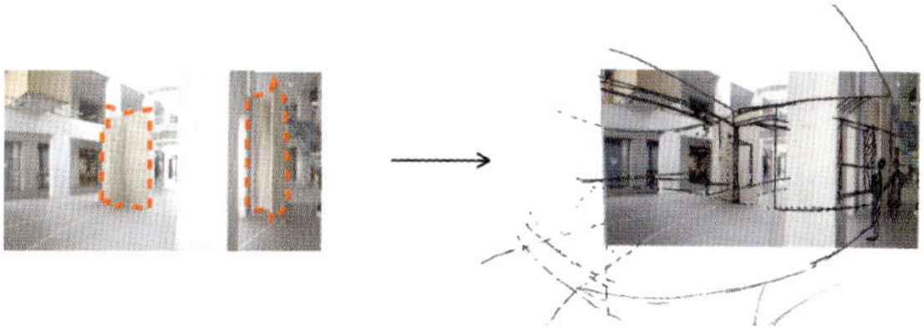

ラウンジとミーティングルーム

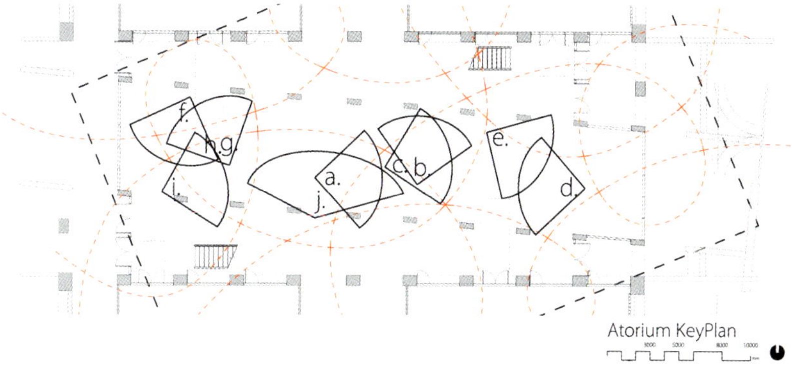

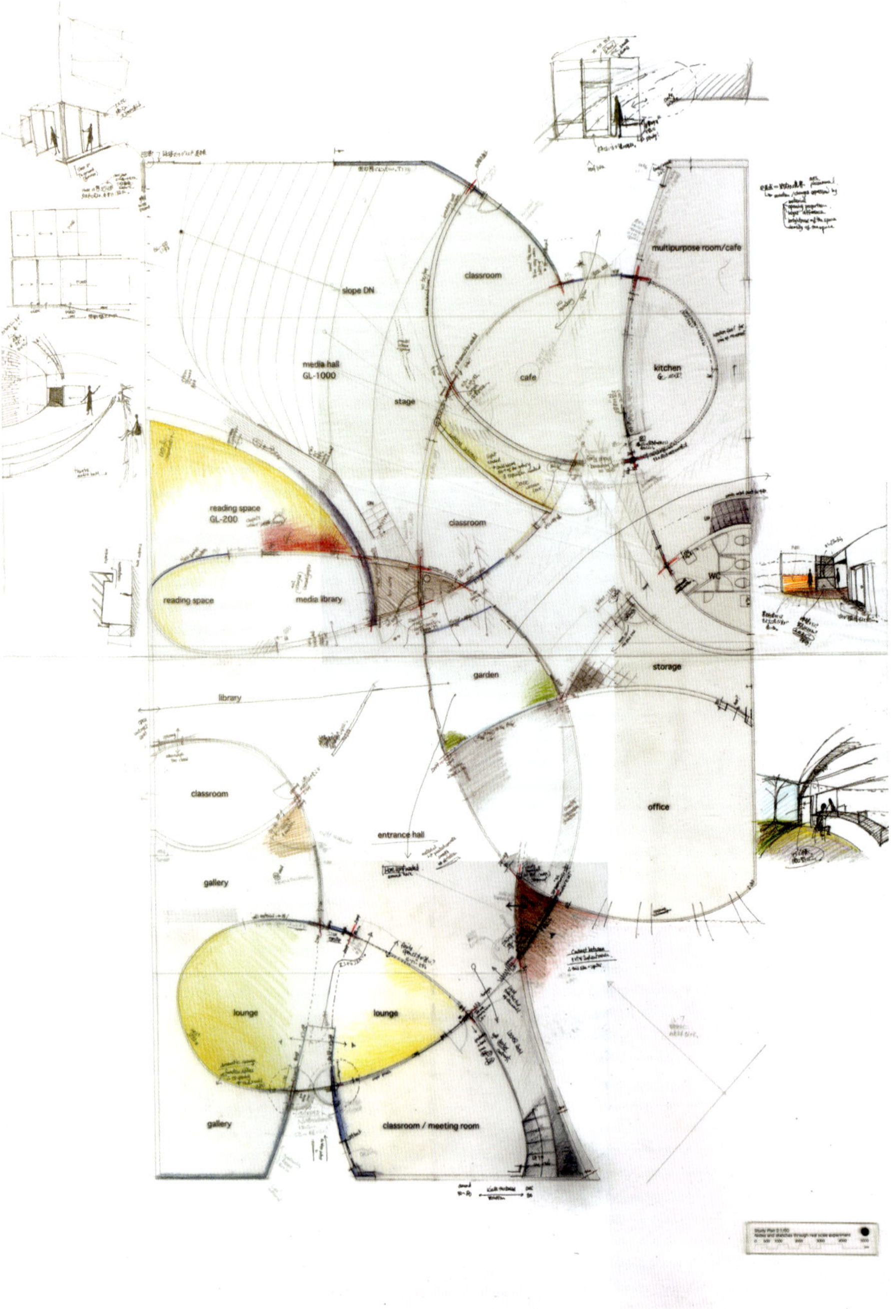

実寸を通した平面スタディの記録

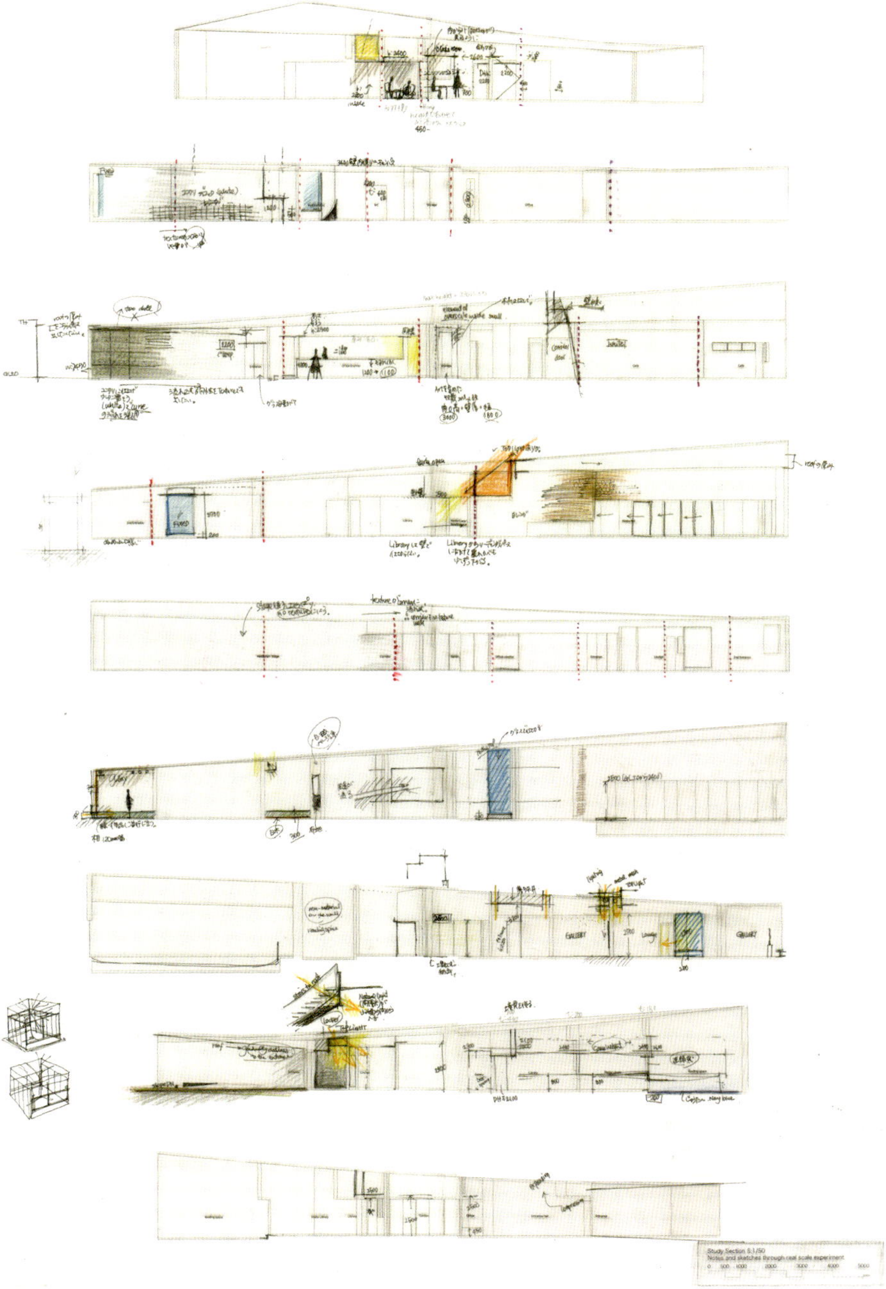

実寸を通した断面スタディの記録

■ 宮本佳明賞

mille-feuille

テキスタイルの建築における可能性
—布の塊—

建築空間におけるテキスタイルの可能性を探るプロジェクト。「一枚の布」ではなく、「布の塊」が、光を如何に扱うことができるか。テキスタイルが「空気を含む塊」として空間に現れる建築を探求した。

森山 茜
Akane Moriyama
京都工芸繊維大学大学院
工芸科学部　建築設計学専攻
米田明研究室

何千枚もの布を重ねて空間に吊るすことで布の塊をつくる。ここでの布はカーテンやカーペットのような「面」ではなく無数の空気の層を含んだ「塊」である。「塊」となると一枚一枚の素材が持つテクスチャ（繊維の質や織り方）の微妙な差が新たな様相で空間に現れる。この「空気を含んだ塊」を積極的に建築空間に利用する。

本研究は3つの構成から成る。

Phase1　習作

建築の部分を布の塊で置き換え、様々な可能性を探る。建築においてハードな「塊」として認識されているものを、「空気を含んだ塊」で置き換えてケーススタディを行う。

Phase2　空間モデルの提案

phase1から抽出した質を建築的に展開した装置を提案する。壁の中央部を膨らませ、下部をアーチ状に切り取った形。この空間には中央部に膨大な布のエッジからなる天井が、端部に空気を含んだ壁が存在する。

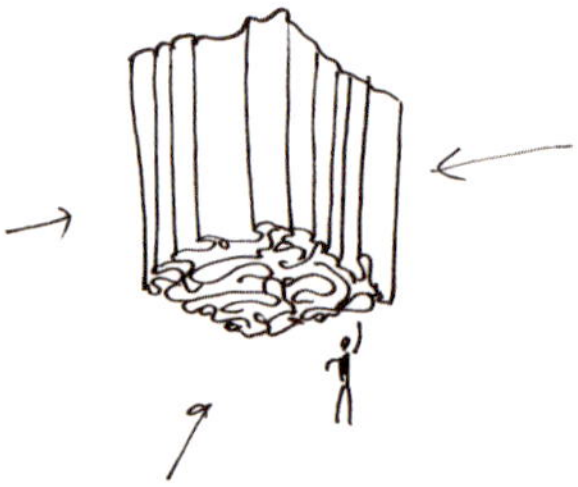

布の天井のスタディ：布を天井に張るのではなく、何枚も吊るすことによって垂直・水平に方向を持つ。

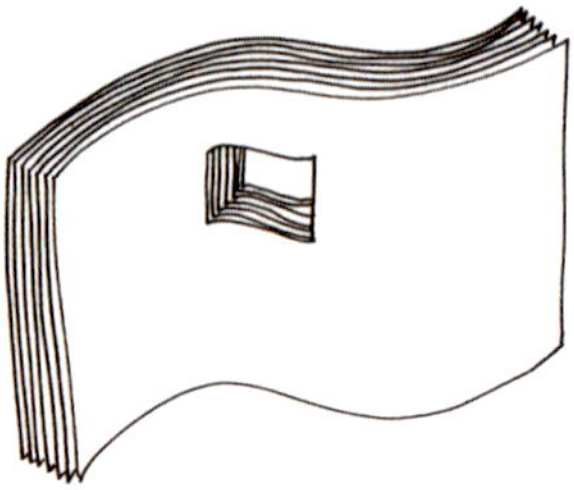

布の壁のスタディ：布が建築の壁のように厚みを持った時、その厚みが布特有の空気感を帯びる。

水平方向にも垂直方向にも布が塊として広がり、マッシブなものの中に人が入り込むような空間である。これを一つのユニットとして繋ぐと、布の塊の天井や壁を連続的に経験できる。

Phase3　敷地へ

Phase2を外部と内部を取り持つ媒介物として利用する。京都の山の麓に陶磁美術館を計画する。敷地は市街地と山の自然の結節点にある寺の参道沿いで、そのなだらかな道沿いにはモミジの庭、タケ、スギといった異なる植生がみられる。葉の落ち方、枝の付き方、密度などがそれぞれ異なる植生の敷地では、光環境もばらばらである。内外を繋ぐ素材(布の塊)の透過度や反射率などを操ることによって各エリアの光環境を調節する。例えば、モミジの葉は年中色を変え、枝は平行に伸びる。これに応じて、葉の変化による光環境の影響を抑えたい部分には平面計画上で透過度の低い素材を配し、逆に一定した太い幹の部分には立面計画上透過度の高いものを配置する。周囲の環境に応じて素材を使い分けることで異なる植生環境でも安定した自然光の展示ケースが使用できる。

布の床のスタディ：垂直に布を使うことによってその切断面に布の端が形作る水平面ができる。

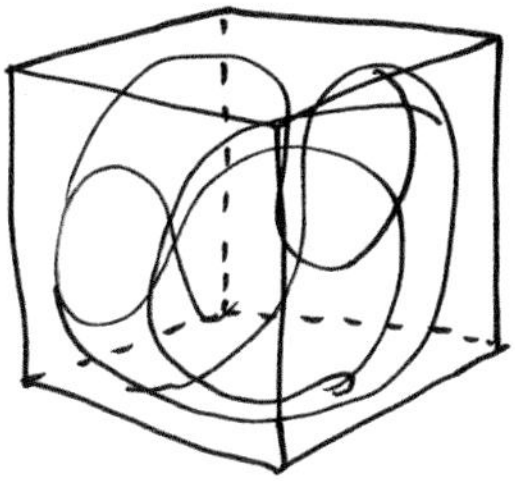

布のヴォイドのスタディ：布が三次元に広がったとき、その柔軟性から光を含んだ曲面を作り出す。

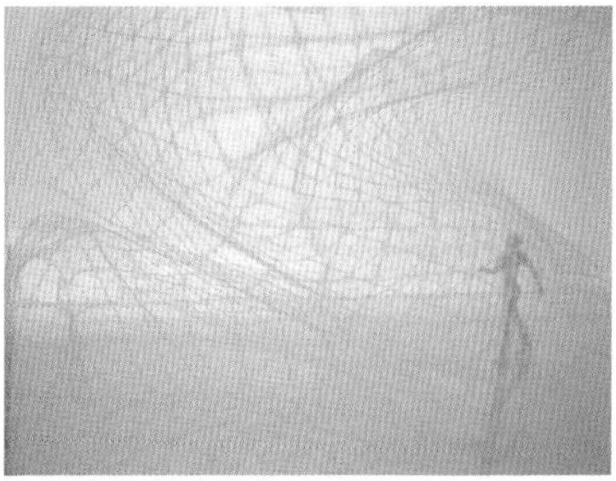

布の塊のユニットモデル

ユニットが連なって空間が形成される

展示空間の断面：布の塊を介した光で展示物を鑑賞する

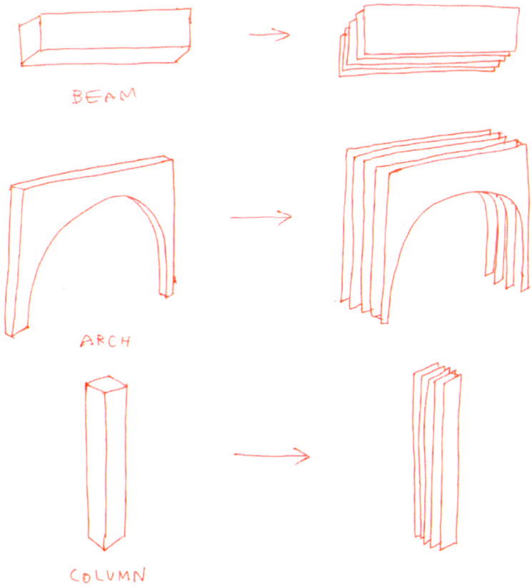

スケッチ

展示ケース：展示物に布のテクスチャーを介した自然光が届く

外部との繋がり：布の素材の選択により周囲の
生態系と調和した光環境が可能となる

透明度、反射性、柔軟性に特徴をもった９つの布が使用される

■古谷誠章賞

隣地間研究

高倉 潤
Jun Takakura
工学院大学大学院
建築学専攻
木下庸子研究室

論文にて外部空間の特徴、開口部の関係性を発見し、プロジェクトにてそれらを展開していくことで、外部空間を織り込んだ３つの特徴的な住居群を形成する。これらの住居群の全体像は決まっていないが将来的な全体像を決めていくのは、場所、住人、理想とする全体のあり方に応じた外部空間同士の関係性である（二つとして同じ住居群は生まれない）。従来行われてきた敷地全体を”殺菌”するような設計手法とは異なり、既存建物の現状をふまえ、それを尊重しながら豊かな外部空間を織り込んでいくという手法は、使われていない隙間空間の多い都市の町並みに対して有効に働き、”日本的”な町並みを形成していけると考えている。

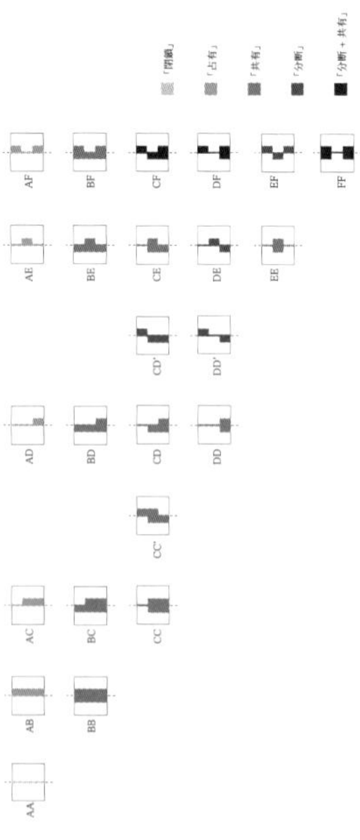

fig.1 敷地境界線に対する2つの壁面の平面における形状の関係性

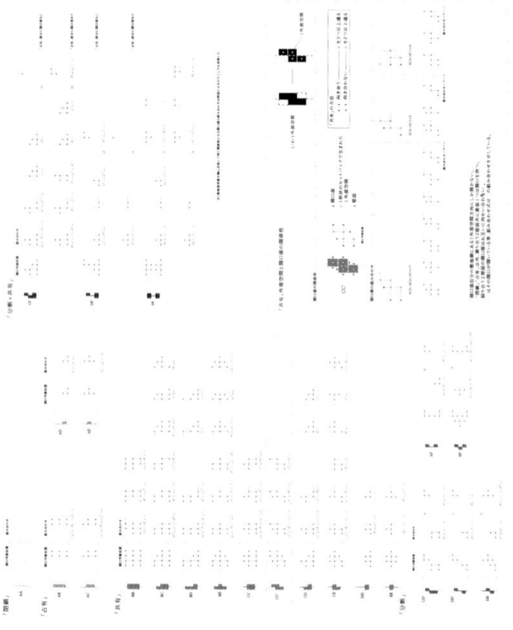

fig.2 平面方向における外部空間の形状と開口部の関係性一覧

fig.3 敷地境界線に対する2つの壁面の立面における形状の関係性

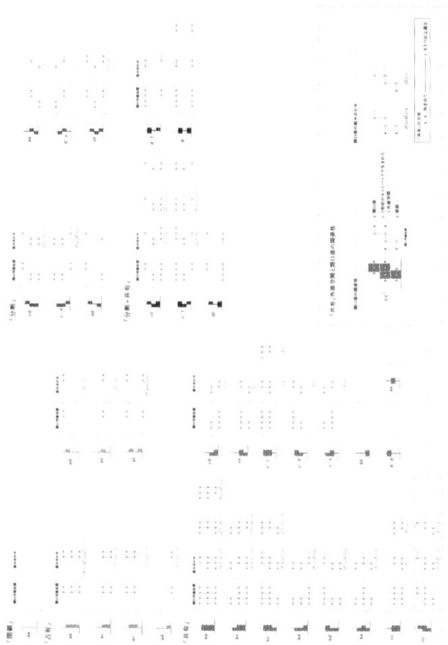

fig.4 立面方向における外部空間の形状と開口部の関係性一覧

論文の説明用シート

PROJECT/特徴的な3つの住居群の提案

A 接道方向に開放された外部空間を持つ（前面開放ケース）

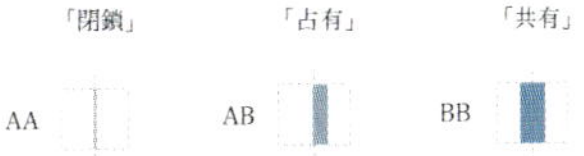

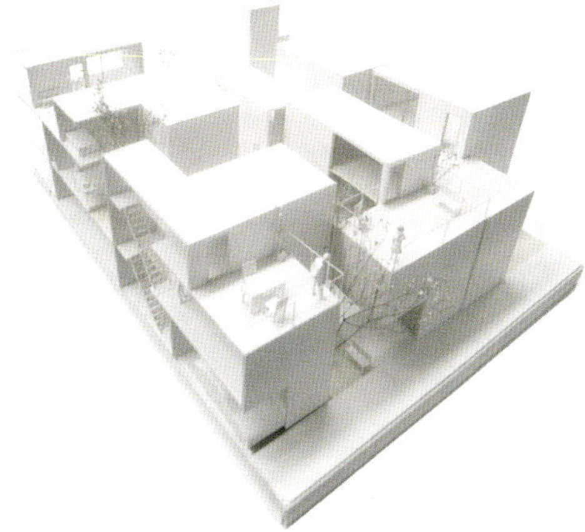

B 隣地との間に共有する外部空間を持つ（共有中庭ケース）

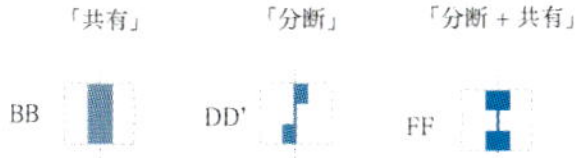

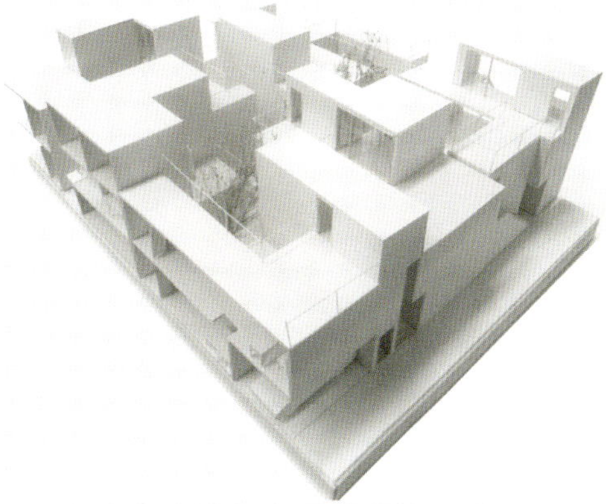

C 自分の敷地内に占有する外部空間を持つ（占有中庭ケース）

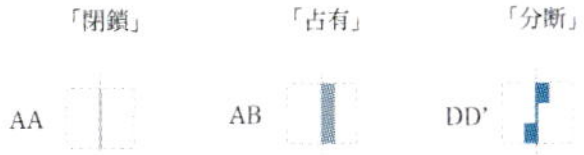

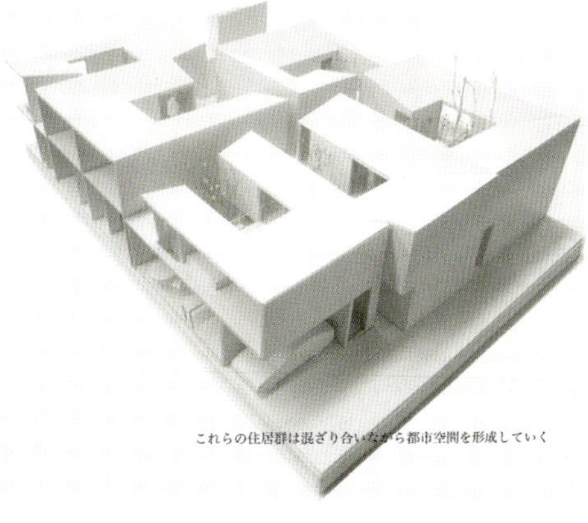

これらの住居群は混ざり合いながら都市空間を形成していく

前面開放タイプの模型写真

共有タイプの模型写真

占有タイプの模型写真

■ は決定された形状　　■ は選択可能性のある形状を表す

占有タイプのダイアグラム

全国修士設計展
審査会

青木 淳
巡回審査

泉秀紀「都市のcrack」(p.28)

青木　塔がひとつのユニットなんですか？

泉　いいえ。横につながったり、立体的な住戸もあったりして、基本的に水平方向につながって1ユニットになっています。いろいろな塔が空間を取り合って部屋を構成しています。

青木　中の部屋はすべて同じ大きさで、壁厚がそれぞれ違うということですが、部屋の中にいるときに生まれる、壁厚の違いによる感覚の差はどのようなものですか？

泉　開口は、下のほうでは窓ではなくひとつの空間として知覚されます。上のほうになると窓として知覚される。さらに壁厚が薄くなると、開口は額縁のように風景を切り取るだけになります。微妙な差が続くことによって、劇的に変わるというものです。

青木　窓の位置はクレバスのような隙間とうまく関係づけられているんですか？

泉　はい。隙間を見せたかったので。

青木　平面の形はかなり魅力的な感じがします。何かルールがあるのでしょうか？

泉　塔の配置に関して、まずルールを決めました。法規に従い隣の塔とは1m離れている原則で配置を行ないました。またオープンな集合住宅をつくることを考え、それぞれの道から直角にアクセスをとっています。

青木　各部屋のつなぎ方はどうなっていますか？

泉　外に廊下がわたっていて、蜘蛛の巣のようになっています。

青木　部屋から部屋へ移動するには、外へ出る必要があるんですね。

泉　住宅の内部に外部が入り込んでいるんです。

青木　僕はこの作品、すごくおもしろいと思っています。ただ、絵でも模型写真でも手書きでもいいのですが、いろいろな景色があったほうがよかったような気がします。アリの巣状の建物の内部から見た外の風景が、どうなっているのかが見たかった。

梅中美緒「小さな部屋／小さな時間」(p.36)

青木　言葉をもとに浮かんだ情景から逆算して、空間をつくっていくということですね。ムービーを見ただけでは設計手法がわからなかったのですが、あなた自身の言葉はどう関わっているんですか？

梅中　日記のようなものなのでみなさんにお見せできないのですが、旅に行った時、スケッチブックに絵を描くのではなく、情景や感情を文字で書き写すんです。例えば、サハラ砂漠に行ったとき、地図や携帯、カードをなくし、靴も壊れてしまうといった状況で1カ月かけて目的地に着き、目にした砂漠の移り変わる様相と、自分の感情を書いたりしています。

青木　なるほど。サハラ砂漠での経験がもとになっているんですね。人がいなくてもいい、絶対的な宇宙の動きが見える宇宙測定器のような家。

梅中　卒業設計の時は、建築の形を変えることで空間は変わると考えていたんです。だけど、サハラ砂漠に行って、形を変えなくても空間は変わるんだと思った。私がわざわざ建築を変えなくても空間は変化しているし、豊かであることを証明したかったんです。

青木　ではテーマをサハラ砂漠ではなく、鴨長明にしたのはなぜですか？

梅中　文章からものをつくりたかったというのもあるし、起こっていることを時間軸に合わせて淡々と述べていく随筆の形式に惹かれたからです。

中川沙知子「In pursuit of my scale」(p.44)

青木　カーブが特徴的ですが、空間の形はどれくらい重要ですか？

中川　重要なのは空間の形ではなく、人が空間を体験するときに感じる距離感や、スケールに則した特性そのものです。

青木　線と線がちょうどクロスする部分を実際に1/1の大きさでつくったことによって、なにがわかりましたか？

中川　交差点自体を立ち上げることで、人の動きなどを想像することを設計のスタートとしました。まだない空間を自分がまず実感をもって体験することでより人のスケールを考えることが出来たと思います。

青木　ドローイングが観察結果なのでしょうか？

中川　そうですね。実際に自分がその空間に立って感じて、平面で表現可能なものを記述しています。

大島彩「支えられた記憶」(p.18)

青木　ひとつではなく、なぜ「7つの視界」なんですか？

大島　この数年間で特に鮮烈な印象を受けた体験を検討し、空間図像という形にしました。それらは、「物理的なリアリティを超える豊かさを実現するための手法」としてはひとつですが、カテゴリー分けすると7つになります。

青木　手法であって適用ではないんですよね？

大島　そうですね。適用するための原型がやっとできたという感じです。現在の建築がもつ、グリッドやモデュールで区切られた物理的なリアリティがあります。しかし、そういった物理的なリアリティを超えた豊かさを私達は日常で頻繁に感受していると思います。その機会を、空間をもっと積極的に介することで、さらにリアリティのあるものとして共感が得られると考えました。

青木　物理的なことを目指した現実の環境を否定するのではなく、それ以外のあり方が無数に存在しているということなのですか？

大島　そうです。形を大掛かりに変える必要はなくて、別種の方向からアプローチすることで、もっと豊かなものを得られるはずだと考えています。つまり、そこに在る「形」とそこにいる人の「意識」のあいだに、できるだけズレを生じさせることが、ひとつの方法なのではないかと。スケール感を例にとると、目の前にある立方体を3×3×3mのグリッドだと思っていると、そうとしか感じません。しかし、小さな扉を開けたら中には想像以上の大きな空間が広がっていたような場合、具体的な形を前にしていてもスケール感が錯綜すると思うんです。自分が見ている表層と、実際の空間構造とのギャップをできるだけつくるということです。それが、豊かなリアリティをつくるひとつの手法なのではないかと考えました。ここでいう「リアリティ」とは、自分と現実とのつながりです。

青木　現時点では手法の実験のようなところがあるからだろうけど、遊園地のビックリハウスのような「感覚を製造する機械」という感じがなくはないよね。そうではなくて、実際生活が行なわれている空間自体にそういう質が備わっているものをつくりたいと考えていいのですか？

大島　はい。びっくり箱と思われがちなのですが、それは今回、空間の提示を原型的なモデルとしたため、箱の内側だけでなく外側の条件も自分で用意するかたちとなったからだと思います。実際は、「外側」は日常それ自体で、内側の質を注意して扱うだけで、こういう状態がつくれると考えています。

森山茜「mille-feuille」(p.52)

青木　ポートフォリオでは布を濡らすようなスタディもありましたが、鉄板を用いたのは構造として必要だったからですか？

森山　そうですね。最初は布のみでスタディしていたのですが、濡らすと構造的にもたないことがわかったので、鉄板を使いました。

青木　例えば、布のような柔らかいものを硬くするスプレーなどがありますが、そういったものを使うことは考えなかったのでしょうか。

森山　布が揺れることがひとつの魅力、質だと考えています。

青木　最初のスタディといまの形の関係はあるのですか？

森山　スタディしたことによるクオリティは結果としていまの形に繋がっているのではないかな、と思います。

青木　スタディを検討しながら形を決めていったということですか？

森山　そうですね。スタディの結果が一番反映されているのが、たくさんの布を重ねあわせることによって空気を含む、という点です。

青木　少しひっかかるのは、構造に鉄板を用いてしまうと、布はあってもなくても成立するもののように感じるところです。どうすればこの布の積極的な存在理由が見出せるのでしょうか。

森山　今回の提案では光をコントロールするために布を用いました。

青木　光はかなりうまくいってますね。これだけの布を使う積極的な理由がうまく模型から感じられるといいよね。

沢田聡「靴磨きの男の家」(p.222)

青木　空間のタイプを重ね合わせるということでしたね。

沢田　時間の推移で様相が変化することを確かめて4つのタイプをつくり、さらに最終形でひとつにまとめています。

青木　つまりこの最終形は4つのタイプが混じり合っているんですね。

沢田　はい。この鏡のあるタイプでは、中にいる人が動くことによって、現象として風景が移り変わっていくことを意図しています。一方、最終形では、北側にミラーを設置することで、天窓のある北側からも光が入り、南からの光とずれを起こすような仕組みを採り入れています。

青木　時間の推移によって、光が鏡に当たる時や当たらない時、たまたま重なり合う時があるんですね。模型を針金細工でつくったことは何か関係がありますか？

沢田　ダゲールの写真では、パリの大通りを撮影していますから馬車や人が行き交っていたはずなのに靴磨きの男しか写らなかった。当時のカメラの性能では、写る（止まっている）ものと写らない（動いている）ものとのギャップがあったんですね。模型では、駆体や輪郭はしっかりつくっていますが、家具のように動くものや太陽の光が落ちる場所は、仮の状態として扱っています。

青木　写真で撮ったときに消えてしまうようなもののあり方を表現したんですね。HPシェルのような形をしている理由はあるのでしょうか？

沢田　様相を「ある」面として捉え断面を重ねた空間になっています。映画のように時間によって連なりをもち、少しずつ動いていくようなものを設計段階でイメージしていました。

青木　なるほど、止まっている視点だけではなく動く視点もあってHPシェルのようになっていくんですね。では、このような計画を行った理由を教えてください。

沢田　設計者が住宅を居住者のためにどれだけ一生懸命設計しても、居住者によって設計者が考えていた以上の使われ方をされてしまうことがあると感じていたんですね。超えられてしまった時に、時間を重ねると、認識できる空間が広がっていくのではないかと。

青木　つまりあなたの計画は設計者がつくった空間で、この模型は設計者の意図を超えていくものなのでしょうか？

沢田　はい。実際の使われ方としては、こういう情景もあるという表現の模型です。

青木　そうか。計画には家具は入っていないもんね。計画は設計者が計算した時間的推移をもった空間だけれども、こちらの模型には居住者がいて、また違うことが起きてしまうんですね。

大塚直「子どもの城」（p.228）

青木　内部と外部がどこかで分かれているのですか？

大塚　ハコの外は全部外部です。

青木　そうですか。ひとつの大きな遊具なんですか？

大塚　はい。遊具のようになる部分もありますし、ハコの内側は基本的には内部になっています。

青木　本を読む場所だというお話がありましたが、大きい場所はあるのかな？

大塚　はい。体育館のような大きい場所もあります。自閉症の子にとっては、空間があまりに広いと、何をしたらよいのかわからないという問題があります。ですから小さい場所をなるべくつくりながら、大きさを組み合わせ、提案することによって、徐々に大きな世界や一般社会に慣れ、自分の居場所ややりたいことを発見していけるような計画にしています。

青木　門型の空間が連続していますね。透過している方向と閉じている方向がありますが、なにか意図があるのでしょうか？

大塚　開いているほうは、見ることによって空間を認識させる役割。閉じているほうは、閉じられた世界を確保することによって守られていることを意識させる意図があります。

青木　やはり養護学校に行って勉強したのですか？

大塚　はい。実際に養護学校や小学校の養護クラスに行ってお話をうかがいました。

青木　そういう子どもたちにこの計画を見せたいよね？

大塚　はい。見せたいですね。

味岡美樹「みちにある家」（p.234）

青木　敷地の形に沿って二重の壁が立っている。壁が敷地境界線であり、敷地は分かれているけれど共用部をもつというものでしたね。かなり密集しているわけですが、視線を巧みにコントロールしていますね。すごく感心しました。この部屋からこの部屋は見えたほうがよい、この部屋は見えないほうがよいなど、視線に関してはすべて計画したんでしょうか？

味岡　はい。視線の操作は私の課題のひとつだったので、中心的に計画しました。

青木　そのルールには反復性はあるんですか？

味岡　開口部の開け方や、高さ、大きさが違いますが、いくつかのルールに基づいて計画しています。例えば、この二つの異なる住居の場合、一方の開口に対してもう一方の開口を直交させて視線が交わらないようにしています。また、共有壁を少し飛び出させることによって、自分の敷地がどこまでなのかという認識をもたせることができますし、視線を遮ることができます。

青木　どのようにスタディをしたんですか？

味岡　図面を描きましたし、1/30の模型もつくりました。部分模型もつくり、実際にのぞいて使えるかどうかを検討しました。

青木　すごくリアリティのある計画ですね。家の規模は、既存の建物と同じですか？

味岡　現在建っている住戸の延床面積よりも上回りますが、共有庭をつくるので住戸の外部は広く感じられると思います。

青木　なるほど。共有する4軒は庭を一緒に使うイメージなんですね。

味岡　はい。違う区画の住人同士もいつかは知り合いになるような、誰でも通れるようなスペースにしたいと考えています。

青木　よくある昔の路地よりも公共性の高い利用の仕方ということですね。

大野秀敏
巡回審査

加藤渓一「Friend Architecture」(p.132)

大野　この建築はどこまで広がっていくことができるんですか？

加藤　敷地の許す限りです。具体的な敷地は設定していなくて、イメージとしては郊外の新しく造成されたようなニュータウンで、コンテクストがあまりないような場所です。

大野　相当怖いですよね。奥のほうを訪ねるとき、入っていってぱっと閉められたら逃げられない。ひとつの通路からほかの通路に行くことはできるの？

加藤　図面には描いてないですが……。

大野　理屈上はあると。普通はインフラ的な道がありますよね。現実的には道にある程度ヒエラルキーをつけないと成立しにくいと思うんですね。これは道が他のところとスケールが違わないと言ってるわけでしょう。それはどうして？

加藤　それは道も家の延長として捉えていて、居場所がただ連続するだけで道のようなものができているという考え方です。

大野　やはりどこかで違うレベルのストラクチャーが入る必要があると思う。

加藤　単一なモジュールで構成していますが、それが大きくつながったり小さく閉じたりして、様々なスケールの場所ができるのではないかと考えています。

大野　でもこのままでは大きくならないよね。必ず都市になるときにギャップが必要になる。そのギャップをどうつくるかを考えておかないと、閉鎖的な島をつくることになってしまうのではないか。建築モデルだけだったら必要ないけれども、都市モデルだとその部分まで責任を取らないといけないから、何か論理を用意しておかないといけないですよ。

吉田泰洋「アーバン リニューアル イン パッシブデザイン」(p.144)

大野　ずいぶん実践的にやっていますね。研究室でそういう経験を積んだのですか？

吉田　安田幸一先生の下、研究室で実施物件を担当しています。また、環境については難波和彦先生主催の「smart+comfort」というコンペに参加させていただいたのを期に興味を持ちました。特に自分は意匠設計としてエネルギー的な環境配慮をどのように扱い、空間に還元するのかに興味があります。ただ数字だけにとらわれず、人の行為や意識というところにまで環境デザインを還元することが大切だと感じています。

大野　多分欧米の大学の作品にはこういうディテールが描いてあって、現実感のある修士設計って多いと思うんですよ。日本ではみんなあまりやらないんですよね。わりと自己沈潜型が多かったり、抽象的な思考が多い。しかし実際には建築家というのはプロフェッショナルなサービスをする、つまり具体的に依頼があって、それに対して具体的な解答をする仕事だから、本来はこういうことができたほうがいいよね。そういう意味では、あんまり主流じゃないけれども僕はこういう方向はいいと思います。

吉田　環境ということが社会全体で騒がれているわりに、学生としてあまり学ぶ機会がありません。また日本の学生はそういった話が嫌いで、抽象的であるとも思います。自分は社会に求められていること、また環境配慮の技術的で実践的な事象を前提として、心地よい空間をつくりたいと考えています。そしてそれらは建築や社会を変えることができると信じています。

梅中美緒「小さな部屋／小さな時間」(p.36)

大野　『方丈記』の庵というのは結構いろんな人が再現していますね。そういうものはチェックしましたか？

梅中　はい。

大野　そこであなた独自の見解は出てきた？

梅中　今までの復元にない一番のポイントは敷地の調査だと思います。

大野　今までのものは調査をしてなかった？

梅中　調査した方もいらっしゃるんですけれども、庵の小ささに対して外部空間とどう関係していったのかという点は、私独自のものだと考えています。

大野　棟木のところに黒皮が付いているけど？

梅中　ここだけはどうなっているのかよくわからなかったので、ヴィジュアル的につい入れてしまいました。

大野　これは違うんじゃないかな。普通棟木というのは防水上いちばんのウィークポイントなので、こういうものを置いただけでは役に立たない。

梅中　そうですね。縄などを編んで入れていったと思います。

大野　これは琴？

梅中　はい。琴と琵琶があったという記述があります。

大野　(project2の)場所はどこですか？

梅中　屋久島の岬です。

大野　このお風呂みたいなものは何？

梅中　この空間に入らない台所やお風呂やトイレなどを補充するような、独立したより小さな小屋ですね。

大野　修士設計らしくておもしろいね。最近の卒計を見ていると一人空間というのが多くて、あなたも一人空間をつくっているんだけど、歴史と対話したというのがいい。特に鴨長明のような非常に詩的な感性を持った人が捉えた一人空間というのを造形化しているところがすごくいいと思いました。

森屋隆洋「再帰的住居開発」(p.162)

大野　コンセプチュアルに雛壇造成を変形したというプロセスをよく説明しているし、レンガ積みみたいなスリットの組み合わせがいいですね。

森屋　住宅を単体だけで考えるのではなくて、全体性から単体の更新を考えていきました。

大野　この場合、全体性というのはどうなるんですか？

森屋　現在の骨格に従いながらも、この微地形を再現するということが全体性につながっていくと考えています。

大野　作品として見ると、どちらかというとこれは特異点のような気がしますね。簡単に言うと、この雛壇造成の中で地形を再現したというより、雛壇造成をネタにした変わった建物という印象を持ったのだけれど、これは雛壇造成をすることの可能性を極端なかたちで示したということではないの？

森屋　批評性は多少含みながらも、自分ではリアリティのある案だと捉えています。今後、実際に住民の方にも説明をしたいと考えています。

大野　具体的に敷地があるの？

森屋　はい。玉川学園です。

大野　敷地は誰の土地ですか？

森屋　それは自分で勝手に決めました。

大野　じゃあ、その敷地の持ち主に実際に説明するのもいいかもしれないね。

成山由典「場所に応答する建築」(p.174)

大野　この形はどこから出てきたんですか？

成山　場所の力を顕在化させるためのモデルが12個出てきて、それを一つ一つ足し算してできています。

大野　その12個はどれも等価で、どれもありうる解答だと……。それをどうして合算するわけ？

成山　例えば、こちらのモデルはこの問題は解いているけれどもこちらは解いていないというものがあって、一つは一つか二つの解答しか持っていないんじゃないかと思っているんですね。

大野　それらを合算して、ガチャガチャポンとするとこうなると。そのときのメカニズムはどういうものなのですか？

成山　最初の段階でできた形態を、自分の手で調整していきます。それが見立ての手法の中であるんですけれども、その調節段階で形態が場所に応じて変形します。

大野　12通り考えたのに、最終的に出てきたのは一つの原理でできた形態だよね。

成山　そうですね。まとめていったという感じですね。だからいろんな多様性を包含したような形態になったのではないかなと思います。

大野　実際は一つの建築に12通りのモデルを込めるということはなかなかできないんじゃないかな。

成山　でも、規模が大きいですから。

大野　普通、建築はそうすると断片化していくよね。でもあなたは断片化せずに全体を統一させているね。

成山　断片化してくる要素もありまして、スリットを入れたりして解決している部分もあります。ですから、見せかけというかマスクみたいなかたちで答えています。

宮崎晃吉「怪物的空間を創出するための六つの試行」(p.198)

大野　編集という概念はいいなと思ったんだけれど、ただ怪物かと言われると……。あまり怪物っぽくないよね。

宮崎　自分の周りにある要素を使ってぎょっとするようなものをつくってみたかったんです。

大野　既存の要素を組み合わせるという解説はわかりやすいと思ったのだけど、怪物というのはやはり異質性が強いじゃない。でもこれはおしゃれで洗練されてるよね。

宮崎　例えば、オフィスとギャラリーを同居させなければいけないような環境において、ただ対置することによって異質性を同居させるようなことをやっています。

大野　でもあまり異質な衝突という感じがしないね。この床が大きすぎるのか、それともこの空間が小さすぎるのか。

宮崎　逆に小さい空間にこの巨大さが対置されると異質な感じがすると思ってたんですよね。

大野　異質性が弱いのかな。

宮崎　人が入るとまた違うのかもしれません。

大野　そうですね。太田浩史さんがピクニッククラブでこういうことをやっています。芝生のほうが遠くから飛んできてピクニックにやってきたというコンセプトで、飛行機の形にしている。そういった形にこだわる態度が造形作品としてあるとよかったかもしれないですね。理屈が優先している感じがする。理屈が正しいからできたものもいいだろうという感じがしてしまうところが、見る人の心をぎゅっとつかむには弱いのかなと思った。

宮崎　なるべく状態だけをそこに放置するということに重きを置いていてみたのですが。

大野　でも形をもっているのだから、そうはいかないでしょう。同じテーマでいろんなことを繰り返しているのはすごくいいと思うし、修士設計にふさわしいアプローチだとは思いました。

大島彩「支えられた記憶」(p.18)

大野　ここにいろんな空間のバリエーションがありますよね。この種類はもっとあるかもしれない、あるいはあるものだけに特化してやってもよかったかもしれないじゃないですか。なぜこの7つなんですか？

大島　現段階では7個ということで体系化していますが、もともと目的はひとつです。私は個人的な経験から来るものに意味があると思っているんですね。個人の経験が姿、様相を見せてもいいんじゃないかと。そうした部分を基につくろうというのが根底にありました。そうすると、経験の解釈は様々にでき、はじめからひとつにはまとまりませんでした。先ほど目的と言いましたが、漸くひとつの方向性が見えてきた、というのが本音です。

大野　それはわかるのだけど、「こういうものもありますよ。一方でこういうものもありますよ」と見せて、「選ぶのはあなたですよ」というような商品展示のような印象を受けたんです。もっと強い意志を持って「こういう方向でいく」と言ってもよかったのかなと思うんだけど。

大島　強い意志はあります。どの部分にギャップをつくるかというのは、空間を扱う上では限られてきます。表層と構造のように、対比・共存できるもの。そのバロメーターが大きく振れ得るもの。そういったものを一つ一つ例に挙げていったので、漠然とたくさんある中からピックアップしたつもりはありません。

大野　例えばこれとこれとでは触覚感覚で共通するものを持ってるじゃない。

大島　触覚は副次的なものというか表現手段で、テーマではありませんが、そうですね。素材は目に飛び込んできますから強かったですね。

大野　戦略的には触覚なら触覚ということで言ってしまったほうがいいのでは。関心をあまり拡散させないほうがいいような気がするんです。これは日常的な世界とそうでないところとの対比でしょ？

大島　対比と……同居ですね。

大野　物事を単純化しているから、当然なんでもカバーできるじゃない。でも作品として考えると、あなたの場合は具体的なテーマがあって解決しているわけじゃないのだから、純粋に作品としての強度が問われてくる。そのときにいろいろできますよというふうに見られてしまうのがきっと損ではないかなと思うんですね。

森山茜「mille-feuille」(p.52)

大野　構造はどうなっているんですか？

森山　構造体は鉄板と布で成り立っています。その上にガラスが入って光が入ってきます。

大野　これは主に光を乱反射させるための仕掛けだと思えばいいの？

森山　そうですね。それと内部へのフィルターとしてあります。いちばん奥のほうはかなりマッスになっているんですけれども、そこが展示空間になっています。

大野　「なんとかマッス」と言ってなかった？

森山　「マッステキスタイル」(=Mass Textile)ですね。

大野　それはどういう意味？

森山　布の塊です。布の塊が外部環境と内部環境のフィルターとしての役割を持ちます。

大野　この模型では成立しているけれども、この布は実際にこの位置にこういう形に固定しようとすると上を線状に支持しないじゃないですか。この模型みたいに固いプラスチック板みたいなものならこうなるかもしれないんだけど。この模型ではマッスだけれども、本当にマッスになるのかしら。

森山　実際建てるとなると、もっといろんなところにテンションは入ると思います。

大野　そうするとここを支点にして布が懸垂線になるんじゃない？　それは実験してみた？

森山　そうですね。これは重さもだいぶ違うので。1/1（原寸)ではまだやっていません。この建物は布の素材の配置が場所によって様々なんです。例えばもみじの生えているところは赤い光が中に入っては困るので、そういうところには透過度の低いものをとか、竹のところは光が均一なのでニュートラルなもので、というように計画されています。

大野　でも、そういうことを別にすれば美しい模型だね。

手塚貴晴
巡回審査

本郷達也「木層」(p.114)

手塚　木材は合板か何かなの？

本郷　これは集成材です。

手塚　集成材じゃないでしょう。こんなに薄いんだから。

本郷　模型上は薄く表現していますが、実際にはもう少し厚くなっています。

手塚　中と外のシステムが違うのはなぜ？

本郷　鉛直力を負担する柱と、水平力を負担する耐震壁に分けています。

手塚　こういう構造で建築をつくっている人がいるの？

本郷　自分なりに考えて、構造の先生にアドバイスをいただいています。こういう考え方でいけるんじゃないかという事で。具体的な数値計算まではしてないのですが……。

手塚　それは、無理だよ。計算しようと思ったら、今川憲英さんくらいの構造家に頼まないと。ところで、なぜ木にしたの？

本郷　そもそもは、自分で木造建築をつくりたいと思っていました。現代の木造建築の形をもう1度考え直したいということが、今回の大きなモチベーションです。

手塚　なるほどね。木でつくりたかったのね？

本郷　はい。木でやりたかったという事です。

手塚　あぁ。いい答えだ。そういうことが1番大事なんだよ。やりたい事をやるっていうのがね。うん。わかりました。

湊健雄「寄家景体」(p.126)

手塚　この分析で、「空間の濃度」と書いてるけれども、濃度はどうやって決めたの？

湊　これは単純に屋根の高さの部分に対して、1番高いところを白くして、低いところを黒くしていきました。

手塚　空間の濃度と言ったけど、実は、単純に天井の高さがこの暗さを表しているということね。

湊　そうです。でも、この天井の高さが引き起こす流れがある。隅は奥まっていくと、暗くなる雰囲気だったり……。

手塚　結局これはケーススタディで、最終的な成果物は、存在してないわけ？

湊　そうですね。現段階ではそれぞれ個性を持った住宅ということです。

手塚　現段階ということは、これから修士設計はまだ続くの？

湊　いや、今回の修士設計の完成形がこの住宅です。

手塚　今回の？

湊　今回というか、修士、学校生活の終わりとしてこの形を提出しました。僕は大きいものをつくるのではなくて、小さい個性的な結晶のようなものをつくりたかったんです。

手塚　正方形の敷地の中にポンっと入れてる気がするけど、コンテクストはあまり想定していないの？

湊　想定していません。その前段階の設計手法としてこれを提示しているので、まだ変わっていく可能性はあります。敷地があれば、それに対してこれを適応させていくというかたちです。

手塚　ケーススタディをはじめると、いくらでもものができてくるよね。こうやってケーススタディをするのは良いのだけれども、それが最終的にどこに結びつくのか。それが建築の面白いところだと思いますよ。

正木達彦「都市の新たなコンプレックス」(p.150)

手塚　僕もこういう異常な空間、嫌いじゃないけど、君はこういうのが好きなの？

正木　好きですね。

手塚　ブレードランナーみたいだね。

正木　そうですね。それは若干意識しています。

手塚　これは結局何なんだっけ？

正木　これは、一言で言えば都市です。

手塚　じゃあ、オフィスもあるし、住宅もあるし、お店もあるのかい？

正木　はい。そうです。

手塚　僕はこういうメガロマニアックな建物は、すごく大事だと思うんだよ。一種のインフラストラクチャーだと思うんだよね。ただ、1回つくってしまうと、これは多分壊せない。だから、いろんな機能に変わった時に、どう使うかということをしっかり考えることが大事だと思うんだよね。

正木　そうですね。

手塚　柱はまだ伸びるわけ？

正木　伸ばそうと思えばまだ伸びます。

手塚　どこまで伸びる？

正木　この計画では、3つの軸の面積をすべて集めていることになっているので、この高さになっています。

手塚　最後にこれ、ずっと伸びていって、ゼロになったら終わり？

正木　ゼロではなく、反転します。角度ふっていってるので、どちら側に伸ばしてもいいように設計しました。

斎藤隆太郎「屋上は都市となりうるか」(p.168)

手塚　これは既存の建物の上に、軽い建物をのせて、屋上空間を演出して、それで空中都市をつくろうというコンセプトなの？

斎藤　そうです。基本のマンションがRC造なので、そこをくり抜いて屋上空間をつくって、更にその容積分を移転して、その部分を軽量鉄骨で軽くすることで、建物の重量を軽くしようという提案です。

手塚　君は要するに空中都市をつなげていきたかったんだよね？

斎藤　はい。

手塚　建物同士はつなげられないんだっけ？

斎藤　今回は、1つ1つの集合住宅をシステムとして提案しています。今後、それが都市にひろがる最終的な絵として落とし込めるんじゃないかと思っています。また、こういった屋上空間をつくることで、そのマンション自体の価値が上がることも考えて、屋上の改築を行いました。

手塚　その割には、一生懸命改築したけれども、すごく現実的なプランだね。現実的じゃなくちゃいけなかったのかな？

斎藤　そうですね。修士1年のときに、屋上というテーマでワークショップでやったのですが、やはり現実的な問題なので、リアルなところに落とし込みたいと思って設計をしました。

手塚　そこがつらいかなぁ。やはり、修士設計には修士設計にしかできないことがたくさんあるし、今の時代の君にしかできないこともたくさんあると思うんだよ。屋上をテーマにしたのが君だけではないとして、僕はこういうすごいことができますよ、というところが感じられないのがつらいところなんだけれども……。

斎藤　今回僕が設計したものは、今まで屋上としてはなかったデザインなのではないかと思っています。

西山尚吾「空間図式試行」(p.192)

手塚　君の言ってることは、難しくてわからなかったんだけれども、原広司さんの話をしてましたよね？

西山　そうです。原さんのテキストをもとにした僕の思考実験です。

手塚　原さんが好きなの？

西山　大好きです。

手塚　原広司さんを選んだ根拠は何？

西山　私は修士論文で、原さんの空間図式のテキストの分析をしました。そこから3つの情景、構造、論理の図式というのを持ってきて、これを1つの設計プロセスの中枢にあるものとして考えました。それで、京都駅ビルやグッゲンハイムなど、さまざまな建築を分析しました。その結果、1番中枢にある図式が非常に大切だということがわかり、その図式を私なりにつくりました。実際のコンテクストに落とし込めるのではなくて、1つルールを設けてつくって……。

手塚　まだ原先生は元気だよ？

西山　はい。私の論はどうでしょうと、春に伺おうかと思ってます。

手塚　かなり厳しいね（笑）。神様に会いにいくようなものだからね。やはり、ここでは原さんというのは言わない方がいいんじゃないかと思うんだよね。

西山　原さんは、言説の部分と、実際の作品の部分のそれぞれは非常に明快で解りやすいのですが、その間が欠落していると思ったんです。僕なりに、その間がもう少し垣間見たいなと思って……。

手塚　じゃあ、「僕なり」のところだけを説明すればいいじゃない。わかる？

西山　はい。

手塚　君は原広司さんじゃないんだから。君が主人公だと思うよ。

中川沙知子「In pursuit of my scale」(p.44)

手塚　君の説明、面白かったよ。このドローイングがすごく良かった。これは実際つくったわけね？

中川　はい。つくりました。

手塚　唯一わからなかったのは、このぐりぐりぐりぐりと描いた、ボールペンのコマーシャルみたいな線。それを知りたかったんだよね。

中川　実際に自分が、都市で人が交差するイメージを持ってきたかったんです。ただ、この線自体は結構でたらめに描いたものです。今回、この線がもつかたちというよりは、線同士の距離感というものに着目しています。この実験の時に、でたらめに描いた線を調整しながら、実際の建物になりうるように考えました。

手塚　壁を建てたことはわかったんだけれども、要するにこの建物は何？

中川　この建物自体は交流館という機能を最終的にはつけました。実験の間は、機能については考えていなくて、自分が実験をしていく上で、空間のもつ距離感やスケール感に合わせて、「ここにはどういう空間が可能なのか」ということを考えていました。

手塚　そこができると違うんだよね。例えばさ、ヨコミゾマコトさんの富弘美術館があるでしょ？あの建物がなぜいいかというと、星野富弘の存在と、あの空間の関係が実に密接に解けていたわけですよ。そこのところが君の中にないとね。一線が超えられないんだよな。

中川　私自身は、人の行為やスケールに関して、今までずっと考えてきたので、それを建築として、一旦かたちにしてみようと思いました。これは実験的に、どんどん動きながら決めるという方法でやってみた結果です。

手塚　わかるよ。君の元々の感覚を信じた方が良いよね。人間はいいかげんなもので、いろんな自分の都合で神経が働いている。後で論理づけるのも大事だけれども、自分の最初の勘というものを信じた方が良い。

中川　そうですね。決定する際は、結局自分の感覚に頼って、どんどん判断していった部分が大きいです。

宮崎晃吉「怪物的空間を創出するための6つの試行」(p.198)

手塚　君にとって建築とは何？

宮崎　うーん……。一言で言うのは難しいですね。あえていうなら、「母性」ですかね。

手塚　わかんない。僕にわかる言葉で言ってくれないかな。それはすごく大事な事だと思うんだよね。

宮崎　人に行為を許すという意味で、「母性」。

手塚　わからないなあ。その「母性」というのは君の造語ですよね。「母性」とは何？

宮崎　母親が子供に何かを許す事で教育するように、空間をあらかじめ用意する事で、その中の活動を許して、それを誘発するための場所というか……。

手塚　たしかに、それはあるよね。そこが難しいところなんだよね。君がどこに軸足を置いているかによって、同じものを全然違うものとしても言えるわけでしょ？例えば、これを建築だと言い切れば言えるわけ。そのときに、君がどう思ってるかを僕は知りたかったんです。そうでないと、単なるインテリアになってしまう。そこに込められてるステートメントが大事だと思うわけです。川俣正のデイリーニュースという作品を、単なるちり紙交換の人がやったら、ただのゴミ捨て場になる。川俣正がやるからアートワークになるわけです。だけど、あれを青木淳さんがやれば、もしかしたら、それは建築になるかもしれない。結局、そのものの存在ではなくて、君の存在自体が作品のあり方を変えるんだよ。だから、君にとっての建築とは何かを知りたかったの。君はすごく現実的なんだよね。路地、風呂屋、美術館……。

宮崎　現実的というか、即物的なんです。具体的な要素をもっている。

手塚　具体的な要素を言わない方がいいんじゃないの？　そこが、気になるところなんだよね。同じものをつくっても、身体感覚に近い言葉で説明できた方が強いかな、という気がするんだよね。

大島彩「支えられた記憶」(p.18)

手塚　君のやってることはルドゥーと同じなんだよね。考え方が似ていると思う。ただ、ルドゥーはこういう空間のスタディをドローイングで表現して、もう1歩踏み込んだところまでやっていると思うんだよね。これは1歩手前で終わってるのがすごく惜しいんだよなぁ。

大島　甘さは感じています。

手塚　1枚でもそれ自体がすごい力をもっていれば、ケーススタディにしても、誰も文句言う人はいないんだよ。その辺のエネルギーを感じるところまで、まだいってないんだよね。

大島　うーん。

手塚　すごく大きなドローイングで、それが全部手で描いてあって、それを語ることができて、君が本1冊くらい書くとかさ。問題なのは、こういう手法だと無限に出てくるから、エンドレスになっちゃうんだよね。でも、もっと更に突き詰めて、この触覚の中に何が起きるかとか、柔らかさが何を起こすかとか、それがどう実際の社会と関係してくるかとか、建築の面白みというのはそこなんだよね。

大島　今回は、その面白みに到達する随分手前の段階で、一度まとめてみました。この模型みたいに、物理的な制限に対して、どうやってブレを起こせば、それ以上のその豊かな空間を味わう事ができるかっていうところが……。

手塚　君の難しい言葉、僕にはよくわからないんだけど。君、そういうふうに普段友達としゃべるの？　……あのね。誰でもわかるような言葉で、深いことをしゃべるということは本当に大事なことなんだよ。つまり、これは建築は何であるかという、底なしのテーマにアプローチしようと思ってるわけだよね。最終的なその議論まで、君が突き詰められると、ものすごく強いと思います。すごく可能性があるんだから。

宮本佳明
巡回審査

湊健雄「寄家景体」(p.126)

宮本　変な言葉を使っているけれども、これは一体何ですか？

湊　僕のスタディーのやり方です。こうして、何かを見立てるようなことをすると、イマジネーションが飛ぶというか、無意識に考えていたことが文字で表現できる瞬間があるのかなって。

宮本　そういう意図があるのね。

湊　そうですね。力を与えたい感じです。

宮本　でもこれ、恥ずかしくないかい？　僕なんか恥ずかしいから「これはちょっと仮でね」とスタッフに言い訳しながら名前を付けるんだけど。

湊　いつもやっているとだんだん恥ずかしさがなくなってきて、おもしろくなってきています。

宮本　それは重要なことかもね。これは家型というより菱形に見えてくるね。ただ近頃の流行りで家型を扱っているというより、むしろ菱形を解体して家型の重なりにもっていった感じかな。

湊　流行りの家型の発展形を考えたいというのはあります。みんなアイコンとしての家型しか扱っていないので、造形的な感覚みたいなものをきちっと出せたらと思いながらつくっていきました。

宮本　アイコンじゃないと言いたいわけね。

湊　そうです。空間としてちゃんと魅力があるということを言いたいですね。

斉藤健「みんなのぶらんこ」(p.138)

宮本　これは修士論文とリンクしてるんですか？

斉藤　はい。

宮本　普通は調査研究があってそれを受けて設計するんだけど、これは逆ですね。大学の制度的にそれしか許されなかったとか？

斉藤　いえ、そんなことはないですね。

宮本　なんか自作自演みたいな感じだね。なぜそんなことをしたのか、そこがいちばん興味深いのだけど。

斉藤　本当のところを言うと展示会の展示計画も担当していまして、それとの抱き合わせで、設計とそのあとの使われ方を見て論文にして……。

宮本　展示会？

斉藤　はい。栗生明先生の展示会計画の設計をやってまして、それと合せて大学院修了というかたちだったんです。その流れでつくることになったので、抱き合わせと言ってしまえばそうなります。

宮本　裏にもっと本質的な意図が隠れているということはないんですか？

斉藤　先輩方を見ていて研究から設計に落とすときに、やはりある程度無理がでているなとは感じていました。

宮本　みんな失敗するよね。

斉藤　そうですね。それをひっくり返したかったというのはありますね。千葉大学も今まで必ず論文をやらなくてはいけなかったんですけど、来年から設計で修了できるということに変わるんですね。ですからそれを踏まえて、まず設計をやって、それを最後まで責任と愛着をもって調べていくというのがいいことではないかと思ったんです。

宮本　ただ、この方法で修士設計を進めていくと、結局扱えるスケールが家具であるとかインスタレーションのレベルに止まってしまうという恐れはありますね。建築をつくって実験するわけにはいかない。そういう構造的な問題はあるけど、意図してこういう流れに逆らっているということはわかりました。

梅中美緒「小さな部屋／小さな時間」(p.36)

宮本　問題の立て方がおもしろいなと思いました。言語で書かれたものをもとに空間を立ち上げてみるという作業ですね。でも相変わらず、リアルな空間かというと実はそうではなくて、模型と図面でしょ。

梅中　あとムービーですね。

宮本　あくまで何らかのメディアを通してる。そのズレをどう考えていますか？

梅中　今回は空間を思考する過程の提案なのかなと思っています。実際につくっている方はいらっしゃるし、もちろんつくりたいという気持ちはあったのですが、思考や表現をする手法の提案なので、こういう成果物になりました。

宮本　僕はそのズレのほうに興味があって、言語をもとに現物じゃないモデルなりをつくったわけでしょう。今度はそのモデルを誰かが見て、もう一回言語化したらどうなるのか。

梅中　言語化するっていうのも考えたんですけど、それだと『方丈記』と同じことをすることになると思ったので……。

宮本　きっとまたズレるじゃない。伝言ゲームみたいな感じになる。

梅中　『方丈記』からつくったのはこの方丈の庵のほうですね。私のつくった空間というのは、私の体験をもとにつくっているんですね。私が言語化したものを空間につくって、それをいかに表現するかというときにムービーに落としていく。そういう順序なのかなと。

宮本　その変換の行為がおもしろいのであって、悪いけどムービーそのものがおもしろいわけではないよね。言語と空間の関係みたいなものを解き明かそうとするその行為に僕は興味をもっています。

梅中　私は旅が好きなんですけど、実際に行くと雑誌などには表現されていない温度や湿度を持っていて、そこに至る過程が困難なほど美しく見えたり、日本にいる誰かのことばっかり考えていたりする。私の空間把握はそんなもんで、スケッチブックが真っ黒になるくらいに書いたそれらの文章を、空間にしたいという思いがありました。

岡山直樹「諸場所の諸相」(p.204)

宮本　具体的にこういう集合住宅のつくり方もありえるなというレベルで感心しました。自然光の価値を最大化するとか、言葉でいろいろ語っていましたが、そんなに難しい話なの？

岡山　敷地が持つ見えないものを最大限プリミティブなストラクチャーで解いていこうと考えたときに、今の自分にできることがたまたま日照だったんです。それで、日照がどうやって設計に活きるかということを考えました。平面的なシャドウパターンは簡単にでるんですけど、それでは一日、一年というスパンで考えたときに太陽の動きはわかりづらいので、敷地に対して東西南の3方向で自然光を時間帯で細分化していったんです。例えば、南では8時から14時まで、西だと12時から16時までの自然光をある程度細分化して、それを300mmのピッチで記述して積層させることで、日が4時間以上当たる場所をヴォリュームとして立体化していきました。

宮本　待って。ここで君がつくりたいのは日向のヴォリューム？　ヴォイド？　どっち？

岡山　どちらでも構いません。

宮本　とにかくこの立体的な面が4時間日照になってるわけですよね。そうした分析はどうやって設計に繋がっているの？

岡山　このヴォイド分割は外周部のレベルを基準に考えています。4時間日照を基準にして外周部を明るいヴォリュームと暗いヴォリュームに大胆に切り分けて、長手断面と短手断面を使って明るいヴォリュームと暗いヴォリュームが接着されることで、明るい部屋が孤立しないようになっています。

宮本　だいたいわかったけど、こんなに難しいことをしなくてもこの空間は設計できるんじゃない？

岡山　ここまで厳密にする必要はなかったかもしれませんね。

大島彩「支えられた記憶」(p.18)

大島　留学してたときに旅をたくさんして、そのときに文化が違う分、既成概念も全然違って、私から見て異質だけれど向こうから見たらまったく普通であるような空間にたくさん遭遇したんです。そういったものをピックアップして空間を抽出していくことができるんじゃないのかなと思って、こういうものをつくりました。

宮本　同じように留学しても、普通こんなに妙なスケールは拾ってこないでしょう。

大島　そうかもしれません。スケールにすごく敏感になって、それ自体を浮き出たせたからかもしれません。

宮本　なにか恐ろしい感じがしたんですよ。モデルを見てるだけでも自分がそれを体験してしまうので怖いなあって。

大島　アルド・ロッシの集合住宅に行ったときに、ノンスケールなもの、オーバスケールなものにすごく惹かれたんですね。

宮本　プレゼンで一番最初に見せてたよね。

大島　そうです。それでスケールって何なんだろう、スケールがないことってなんなんだろうということが発端にありました。

尾野克矩「Curtains Mountains」(p.216)

宮本　この空間はおもしろいけど、屋根の形状の説明と下の構造体の話は両立させないほうがいいね。この屋根は無柱で成立してしまうんだよ。

尾野　すごいスパンですが……。

宮本　がんばれば可能だと思うよ。何でこんなアーチ状の構造体を下につけなくちゃいけないのかわからない。2つ別のものを設計している感じがしてしまう。

尾野　それがおもしろいと思ったんです。外から見たら山に見えて、中に入ると全然違うということが……。

宮本　この壁を立ち上げてしまったら、こんな大げさな構造体なんかなくて保つでしょ。それがもったいない。もっとヘロヘロでいい。

尾野　十分ヘロヘロだと思ってたんですけど。レースっぽい感じがやりたかったので。

宮本　鉄板でつくったらカッチカチだと思うよ。あとつまらない話だけど、基礎については考えてないんだね。

尾野　柱のところはコンクリートが入っているという設定ですが。

宮本　いらないよ。布でいいじゃない。

尾野　布ですか？

宮本　駅というのは線路があるので基本的に平行なんだけど、そのプランと上に架かっている屋根とがまったく別レイヤーになっている。そこはおもしろいと思った。昔のJRの駅は機関車付け替えるんで、折り返すための線路があって、空いている場所がある。そこに構造体を下ろせばいいんじゃない？

尾野　線路の幅もホームの幅も今のものとは変わっています。

宮本　作り直したの？

尾野　そうです。リノベーションではないです。

宮本　それはもったいないな。そこまでいくとおもしろいのだけどね。

森山茜「mille-feuille」(p.52)

宮本　さっきのプレゼン、前半は良かったんだけど後半が良くない。鉄板はいらないよ。

森山　最初のスタディの段階では布だけでやっていたんですよ。いかに建てるかというところから違うアプローチになって鉄板が入ったんです。

宮本　これはいろいろ想像したんですね、ぼくは。絹だったら弱いから綿かなとか、綿に皺を寄せると強くなるかなとか。その辺は考えた？

森山　ここでやりたかったのは場所で素材がいろいろ変わっていって、例えばあまり光を入れたくないところには透過性の低いもの、光を入れたいところには高いものというように、素材と外を切り離したほうが光のコントロールにはプラスになるんじゃないかなと思って、こういう構造にしたんですけど……。

宮本　でもこれはインテリアの話にいっちゃうとつまらない。建築に踏みとどまって、これでちゃんと構造がつくれますと言えるからおもしろいのであって。5mぐらいの壁厚で階高3mぐらいならなんとか建つんじゃない？

森山　ちなみにこれは3mもないです。

宮本　こういう補強材は実際にいるの？

森山　ないと下に下がってくるというのはあります。

宮本　布同士を点で繋げていくといけるんじゃないかな。本物のミルフィーユってなんとなく繋がってない？

森山　確かにそうですね。この模型は上から吊ることからアプローチしたのでこういう結果になったと思います。

宮本　どれが引っ張りなのか圧縮なのかわからないような状態で保つと思うよ。これだけで建築を成立させられたと思う。

森山　空間の質ばかり考えていたので構造のことがあまり……。

宮本　いや、構造が空間の質を保証してくれるって。インテリアでいくら詰め込んでいっても、布で空間がつくられている感じは出ない。構造で保つようにしておいて、使う布をこういう順番で重ねるとこんな感じです、それぞれ違いますって言ったほうがおもしろいよね。

川嶋洋平「無題」(p.240)

宮本　よく捕まらなかったなあ。これは犯罪じゃあないの？

川嶋　特に街にこういう泥を引いたらいけないっていうのはないと思います。

宮本　で、雨が降ったら流れる。

川嶋　そうですね。踏まれていったら自然と消えていく。

宮本　友達に車を運転してもらったって言ったっけ？

川嶋　はい、そうです。

宮本　なんか走り方がね、妙な走り方しているなあって思って。自動車でこんな軌跡ってなかなか描けないでしょう。

川嶋　夜中に友達に協力してもらってやりました。

宮本　軽トラかなんかで？

川嶋　バンですね。

宮本　バンかあ。君が線をつけるときに多少ぶれたってこと？

川嶋　いえ、車の後ろに固定したホースから流していただけです。

宮本　今はGPSなんか使って自分が歩いているルートとか記録できるでしょ。それをベタにやっている感じがおもしろいなと思って。

川嶋　そういう自分の軌跡とかにはあまり興味はなくて、それがあることで人のリアクションであったりとか、人はどういうふうに街に対する意識が変わるのかっていうことにすごく興味があったんです。

宮本　おもしろいんだけどね。僕だったらこのバンにGPSを積んで、全部デジタルの記録を付けていって、プレゼンではテクニカルなデータだけを見せるとか、そういうやり方でやるね。

川嶋　ああ、なるほど。そういう見せ方もありますね。

宮本　これは写真家の作品にも見えなくはない。こういう攻め方をする写真家っているよ。

古谷誠章
巡回審査

田原正寛「界隈性をもたらす建築体の研究及び設計提案」(p.120)

古谷　平面の線は流れるような形なのに、どうして断面の線は水平、垂直になるのですか？

田原　断面に斜めの線を入れると、人々が生活をする中で空間が混んできたとき、すごく窮屈なものになっていくのではないかと思ったからです。

古谷　では逆に、なぜ平面はまっすぐではないのですか？

田原　最初はまっすぐグリッドを引いて平面を考えようとしていたのですが、この敷地は変形敷地なので、逆に窮屈な場所が生まれるわけです。ある程度の調整をしながら、この敷地に合ったグリッドを探していった結果、この平面形が出てきました。

古谷　平面図上ではいろいろな自由な線を使っているのだけれども、いざ立体化するときに、このように垂直に積み重ねざるをえなくなってしまう。どうしても平面で話すストーリーと、断面で話すストーリーが乖離してしまう。よくあるんですよ。これを乖離させないためには平屋にするしかない。ところが、密度のある都市の中で、平屋にすると現実味のある提案になりにくい。立体化することに、真っ正面から取り組んだことは良いと思いますが、平面をこういう形にしなければならないための何かが断面にも表れてこなければいけない。平面と断面が融合してくる状態が、もう一歩先にあると思うんです。

田原　僕の中では断面を考えて設計したつもりです。さまざまな場所で、異なるアクティビティが行われているときに、ある場所から下の行為が見えたり、上の行為が見えたりということが、予想外のところから起こるように考慮しました。例えば、住宅の中庭として使っている場所の上にステージの映写室のようなものがボコッと出ていて、その様子が垣間見えるようにしています。そうした断面操作を試みました。

高倉潤「隣地間研究」(p.60)

古谷　隣地との関係について、もう少し説明してくれますか？

高倉　類型で出てきた壁面形状を、向かい合う2壁面として対応させることによって、さまざまなパターンがあらわれるということを示しました。壁面を向かい合わせることによって、多様な外部空間が生まれるのではないかというアプローチです。

古谷　そのバリエーションはどういうもの？

高倉　例えば、「占有中庭タイプ」というものは、敷地内に占有する外部空間をもつパターンで成り立ってます。「共有中庭タイプ」というものなのですが、隣の敷地との間に共有する外部空間を、ルールに沿って展開することによって成り立っています。

古谷　既存密集市街地は、現在の接道条件や最低面積条件に合わなくなっていることが問題になっているわけですが、それに対する解として、すごく的確なアプローチをしていると思います。例えば、これは現有の床面積に対してどのくらいアップしているのですか？

高倉　占有する中庭を自分の床面積にプラスして、自分のものとして扱ってるものは、120%くらいです。平均して、140%くらいですね。

古谷　結局、建て替え資金が必要になってくるから、従来のスキームでいえば、現有の面積よりも大きくする、あるいは、家族が減った分を賃貸で貸して、全体の工事費をまかないます。そういう視点で、空間のモデルとしては、100%維持タイプ、150%になったタイプなど、ボリューム的なシミュレーションが入ってくると良かったと思います。「150%まで高密化しても、これだけ快適な環境が手に入って、なおかつ、無接道の敷地でもこれが手に入る」というと、「じゃあ、これに乗ろうかな」という気が出てくるじゃないですか。デザインを処理する力量はなかなか優れたものだと思いますので、そういうスキームを少し押さえてあると、もっと説得力が出てくるのではないかと思います。

泉秀紀「都市のcrack」(p.28)

古谷　プレゼンテーションで模型をつくってるところを映したムービーがあったけれど、あのプロセスには何か意味があるのですか？

泉　40本もの塔をこの狭い敷地のなかに建てることができるということを見せたかったんです。

古谷　どうしてそれぞれ独立した塔でなければならなくて、つながり合っていてはいけないのですか？

泉　離すことで外気や光、外の空間を取り入れることを考えました。

古谷　この場合、みんなが降りて地上階に行かないと出れない。横に向かって、ある階からある階には行けないんですよね？

泉　模型で少し表現しているんですけど、渡り廊下があって、蜘蛛の巣のように繋がっています。ベッドルーム、リビング、トイレなど、どうしても生活のなかで必要な部屋が塔状に独立しているので、水平方向に移動できるようにしました。

古谷　なるほど。そうだとすると、やはり塔が分かれている理由がわからない。下の方が厚くて、上の方が薄くなったりして、結構いろいろやっているんだけど、同じ1軒の中に2枚も壁があるところがいっぱいありますよね。そこが2枚に分かれなくてはいけないということは、この隙間に意味があるということ？

泉　それは採光と通風のためです。

古谷　これでは採光とは言えないでしょう。あるところまでは、一体化して横のつながりを多くして、逆に抜くところは、大きく抜かないと、光も風も入らないですよ。もう少し上下のレベルに応じたデザインができたのではないでしょうか。割り箸が束になったようなイメージが強すぎて、逆に意味が見失われている部分があると思います。

奥野幹「死を想う集落」(p.156)

古谷　プレゼンテーションがとても巧みでした。不思議なプロジェクトだと思いますが、なぜこうしたテーマをやろうと思ったのですか？

奥野　最初に、火力発電所をリノベーションしようと思いました。そこで、ある田舎における生活を考えようと思ったことがきっかけです。そこから徐々に生活というものを考えていく中で、火力発電所を使ってどんな集まり方ができるかということを考えるようになりました。そこで、火葬場で「死を想う」ということと組み合わせることができるのではないかと。生活の中で「生」を考えていくと結局「死」に繋がってきた。最後まで「生」と「死」を考えてつくりました。

古谷　具体的にはどれくらいの人数が住んでいるのですか？

奥野　居住者としては、例えば週末だけ来たり、定年後にきたりする人を想定しています。塔がだいたい400本くらいあるんですね。塔ひとつを1人の滞在者が所有する形になりますので、だいたい400人くらいです。

古谷　火力発電所の跡地として再生するという着眼点そのものは、ある意味で非常に社会的なものも持ってはいるのだけど、結果として出てきたものは、私的で、非常にポエティックになってしまっている。ここにこれだけの人が住むということと、その人の「死」に関連する施設を隣合わせているという問題を、もう少し社会的な課題だととらえて、答えを出してくれると、もっと別のリアリティーが出てきた気がするんですよね。

荒井希「建築空間における光の研究」(p.180)

古谷　光の量ではなくて、光の質で評価しましょうという、最初のフレーズはものすごく分かりやすかった。その考え方はいいと思いますが、結果としてこれが量ではなく質であることはどの部分でわかるのですか？

荒井　かたちをつくる上では、光の量よりも質の方が重要だと考えました。人は窓から入る光で、季節を感じたりとか、時間を感じたりとか、光の変化でその日を体感できる。

古谷　つまり、同じ光でも朝8時から9時までの1時間と、正午0時から1時までの1時間では、光の質が違う。当然、入射角の問題もあるかもしれないし、時間で動いている人々の生活のリズムとの関係もある。だけど、光の量ではなく光の質というところの説明付けが結局光の量の話になっていると思うんです。

荒井　そうですね。例えば、壁に当たる光は、住んでいる人にとっては、自分の家には入ってこない光であっても、見えることでそれが量ではなくて、自分の住宅に対する質になるんじゃないかと思いました。確かに、光の量がその形をつくるきっかけにはなっているのですが、家とこの光の関係付けはそういう意味ではなくて……。

古谷　例えば、日照日射が入る、入らないというと、光が当たっているか、当たっていないかだけになってしまいますが、自分の部屋に当たっていなくても、自分の部屋の北の窓から見える隣の家の壁に光が当たってると、それがリフレクターとして、明るさを感じることがある。直接光が当たっているか、当たっていないかではなくて、まわりの光を反映したり、回り込ませる空間の形や空間のデザインによって光の質はできるんだと思うんですよ。そこをもう少しやってくれると、面白かった。そういうことを、もうあと1年くらいかけてやってほしいと思います。

信田健太「会離の水楼」(p.186)

古谷　君がこれをやろうと思ったきっかけは何？なぜ、この墓地に関心をもったのですか？

信田　2年前に父が他界し、同年にまた仲良かった友達も亡くなってしまった。それがきっかけで「死」を強く意識するようになりました。

古谷　空間の造形として、ひとつのモニュメントとしてのデザインはできているとは思います。ただ、すごく乱暴な言い方かもしれないのですが、「死を忘れないために」というところに反論すると、人々の営みにはある程度、死を忘却する必要もあると思うんです。だから、死を考えたときに、死を受け入れることと同時に、死をある時間と共に少しずつ忘却していくというプロセスが、人間社会を持続させているのではないか、とも考えられる。これは死をモニュメンタルに扱いすぎているように感じるのですが……。

信田　死は負の要素なので直接生活の中には入れないようにしていますが、死をメタファーとして感じることのできるモニュメンタルな表層として提案しています。

古谷　やはり、提案が矛盾していると思う。点景の女性の服装がこういう場所に行く感じの服装に見えなかったところも、そう感じさせてしまった一因かもしれません。ここではやはり、忘却されないためのデザインをしていると感じます。それをもう少し大きなストーリーの中で組み込んでみると、ここまで象徴的なデザインではない建築をつくることができたのではないかと思います。

大島彩「支えられた記憶」(p.18)

古谷　これは、最初にポートフォリオで見た感じとずいぶん印象が違います。今日のプレゼンテーションの方がずっと説得力があった。着目している空間性の原理がそれぞれ非常にポエティックで、現象学的な深みもある。次の課題は、ここで獲得したものを、建築的なものにどう発展させるのかということだと思います。もちろん、今の段階ではそこまでいかなくてもいいと思いますが、これはどんなふうに建築化できると思いますか？

大島　今はすごく自分の内側から出している状態です。実際、世の中で空間を作るときには、みんなが感じる既成概念に対して、私がちょっとひねりを入れることで、感じる側の心を豊かにするブレがつくれるんじゃないかと思っています。そういうことを期待しています。

古谷　例えば、建築の機能としてはどんな用途に使えると思っていますか？

大島　住宅や美術館……。

古谷　もう少しパブリックな空間にあなたが考えた空間の豊かさがあると、僕はすごく意味が出てくるんじゃないかと思います。例えば、駅とか、高齢者施設、病院など。そういう場所でこれが応用していければいいと思う。住宅や美術館だと当たり前にできると思うんですよ。あまり小さなものではなく、都市的なスケールのものまで含めて構想するといいと思います。

大島　小学校をつくってみたいと思います。子どもはすごく素直に体が反応するので、こういった空間を体験したときに、どう使って、どう反応し、どのような現象を見せてくれるのかということにすごく興味があります。

古谷　僕は、この段階で中途半端に建築化せずに、その感覚を純粋に研ぎ澄ましたことは良かったと思います。でも、そのままにしておくと、いざ建築の設計の仕事をはじめると、こういうことを急に忘れてしまう。だから、こういうことを考え続けて、社会化する建築的な提案をしてほしいと思います。

橋本剛「境界闖建築」(p.210)

古谷　住民の小屋がそれぞれあるのはわかるのですが、畑はどこにあるんですか？

橋本　畑は、小屋の前に大きくとってます。

古谷　でもこういうタイプはそれぞれ畑をもっているのが普通だと思うのですが……。

橋本　そうなんですが、ひとつは家の前に1個ずつあることによって家同士の交流ができないということと、畑を家の前につくると影になって、効率も悪いのではないかと。

古谷　こういう種類の生活の住まいを考えると、やっぱりある程度低密度で、畑に囲まれているものが出てくると思うんです。農作業というのは結構いろんなもの持って行かなければならないから、畑に対して家が1軒あるということで、低密度な関係をつくることができる。つまり、交流したければ隣に行けば良いだけで、ここでは都会では味わえない、少し距離感のある生活ができると考える。長屋のようにして、「ここは全部畑です」と言ってくれた方が、「日当たりもいいし、良いですね」と言いたくなる。どうしてこうやって中途半端にビレッジになっているのか。逆を言えば、この家と家の間は落ち着かないですよね。四方から人に見られる可能性がある。

橋本　話が飛躍するかもしれないですけれども、ここは毎日のように生活しないことを想定しています。短期滞在者同士が交流しやすいように、開いてあげた方が良いのではないかと考えました。

古谷　それならもっと近づけても良いと思う。この配置計画を割合簡単に決まってしまったことによって、最後に1段階突き抜けたものになりにくい。配置計画にロジックをもたしてくれるとずっと良くなったと思います。

公開審査会

古谷誠章　公開審査会を行ないます。グランプリ1点のほかに、各審査員賞を選考していきたいと思います。ポートフォリオを見て行なった一次審査はご破算にして、午前中のプレゼンテーションと先ほどの巡回審査での質疑応答、展覧会場での模型を見た感想などを含めて総合的に評価していただきたいと思います。

青木淳　ポートフォリオで見た一次審査とプレゼンテーションではずいぶん印象が違ったのがおもしろかったですね。模型を見てもまた印象が違った。どの方法でも言い尽くせないくらいさまざまなことを考えてつくられているからだろうと思いました。力作が多い。選ぶ基準によってずいぶんと結果が変わってしまうだろうから、困っているというのが正直な感想です。

大野秀敏　こういうかたちで修士設計を一覧したのは私は初めてなんですが、期待以上のものがありました。まずは参加させていただいたことに感謝したいと思います。卒業設計と比べるとやはり修士設計だけのことがある。時間をかけてじっくり展開した作品が多かった。昨今の卒業設計の場合、自分だけの空間に沈潜する傾向が目立ちます。今回はそこにとどまらず広く展開していく作品がいくつか見られましたが、全体的にな傾向の一つとして、テクニカルに構造物を設計するというより、卒業設計と継続したある種の主観的、表現的な作品として建築と取り組む傾向が日本の大学院教育では強いという印象をもちました。欧米ではよりプラクティカルに設計に取り組んでいる印象があります。

手塚貴晴　日本の建築教育の問題に端を発することだと思うんですけれども、修士設計の制度自体が確立されていないため、みなさんずいぶんと苦労されているという気がしました。正直に言って私が辛いのは、本来個人的、主観的である創造活動を、何とかして客観的、普遍的な答えであるかのように見せようとしていることです。論文の場合は、調査から得られたデータや歴史などを参照、分析して理解するプロセスを経ますから、客観的、普遍的に通用するものでなくてはならない。一方で設計は、今までにないものをつくることで初めて前進するわけです。しかし、過去がこうだったからこういう答えが出ましたと喋る人が多いので、悲しむべきことだと思いました。修士設計であろうと卒業設計であろうと、よい建築は個人から始まるものだと思うんです。そのことを忘れないで説明してくれると、もっと設計者の地肌が出てきて楽しく聞けた気がします。

宮本佳明　僕もこんなに多くの大学の修士設計が一堂に会したのを見るのは初めての経験です。意外に楽しい。一次審査のときはそんなに楽しくはなかった。プレゼンの形式が変わると、こんなにも変わるものなのかと思いました。今回修士設計ならではの見所があるとしたら、ひとつは研究と設計の関係です。修士論文や研究調査と絡めながらつくっているものについてどう見ていくのか。もうひとつは大野さんが言われたように、卒業設計と比べてどうかですね。卒業設計よりは時間がとれるのだろうけれど、変にお利口さんになってる気がします。卒業設計のときの純粋な、無茶をやっているような感じは意外にない。それがいいか悪いかはまだわかりません。成熟しているとも言えるんだろうけれど、「粋」の域までは達していないように思いました。

古谷　全国修士設計展は去年（2007年）初めて行なわれました。去年審査員を務めていただいた岸和郎さんは、一通り作品を見て、擬似科学主義だと言われたんです。修士設計の前段の部分で設計を導くために何かそれらしい研究がなされている。自分自身がクリエイティブにデザインしようとする前に、いかに説明可能かを検証していると。批判的な意味だけではなく、了解できる部分もあるとおっしゃっていました。手塚さんの言われた自分の考えをあたかも客観的なものとして説明しようとする態度と関係しているのかもしれません。大野さんがおっしゃった、欧米はプラクティカルだというのは、今日の社会に直接提案するような実用性をもってるという意味だと思います。それに対して、きょうご覧になったみなさんの修士設計は、「ワタクシ的」なものが多いと感じられたということでしょうか。

大野　欧米の場合、国によっては、卒業設計の作品の評価によって建築家資格を認定するシステムを採っています。大学の設計教育がすなわちプロフェッショナル・トレーニングであるという位置づけです。そういう背景があるのでプラクティカルなんだと思います。日本の場合は、そういった背景をもたないために社会的、技術的な構築性については一般的に弱い。しかしそのかわりに、表現や自己空間に沈潜していく強さをもってる。コインの表裏のようなものなので、一概に駄目だということではないです。

古谷　「ワタクシ的」なものが多いなかで、「ワタクシ的」な作品をつくっていくにはどうすればよいのでしょうか。

大野　手塚さんからお話があったように過去に起こったことを検証するのが研究の基本です。設計は将来に向かって問いを投げる行為です。個人が沈潜した作品がたいていつまらないのは、じつは作者自身が自分自身のなかにだけ沈潜してしまっているからです。たかだか20数年しか生きていない君たちの自己を見せられても、第三者にとっては多くの場

合おもしろくはない。きょうおもしろいと思った作品のひとつに、『方丈記』を再現した梅中美緒さんの「小さな部屋／小さな時間」(p.36)があります。古典文学を紐解き再構築していく。800年の時を堪えた『方丈記』のなかに集積している鴨長明を通じて空間の本質に迫るかたちを採り、そのことを端緒として自分自身へと沈潜していく方法には聞くべき価値があると思いました。自己の空間に対する関心を抱きながら、時空の拡がりをもっているという意味で非常におもしろい。

古谷　手塚さんは、アメリカの大学やイギリスの建築事務所でのご経験がありますが、何か感じることはありますか？

手塚　アメリカやイギリスと比べて見劣りすることは何もないと思うんです。ただ傾向が違うだけだと思うんですよ。私がむしろ気になるのは、客観的であろうとすればするほど、じつは独りよがりになってる部分です。「どうやったらインターナショナルになれますか」とインド人の建築家の方に訊かれたことがあるんです。そこで僕は「インターナショナルにしようと思ってインターナショナルなものをつくると、ドメスティックになるんですよ」と答えました。インターナショナルであるためには、できるだけドメスティックであれと。例えば、原広司さんの言葉を用いて説明する方が何人かいらっしゃいましたね。原広司さんのことを述べることで客観的なことを言っている気になっているんだと思います。あるいは鴨長明を探すのもいいんだけれど、必ず自分を反映させて、自分とは何かという立場で語れるようになると、どこでも通用する力をもつのではないかと思います。自分の知らない難しい言葉を使うのではなく、自信をもって使える自分のボキャブラリーを見つけることが大切です。建築は難しくありません。宮本さんと話していても一言も難しい話は出てこない。

宮本　手塚さんに合わせてるの(笑)。

手塚　ありがとうございます(笑)。だけど「ゼンカイハウス」はすごくわかりやすい。それも宮本さんの家ですからね。そういう「自分」を見つけるのが大切なんじゃないかな。

古谷　ドメスティックだけどインターナショナルになる可能性があると感じた作品はありますか。

手塚　中川沙知子さんの「In pursuit of my scale」(p.44)です。自分の身体感覚から全体を組

み立ていく作品ですね。正直言ってちっともうまくいってない。ですが、彼女の自信ありげな喋り口が、私は非常に気にいりました。あの態度こそ建築家のあるべき姿だという感じがしましたね。

古谷　「私とは何か」を探ろうとした結果が形として表われている作品ですね。実験的でもあります。青木さん、今までの議論も踏まえて何か感想はありますか。

青木　作品を見るときに、作者の「私の濃度」について考えるんです。濃度が高いものは好きじゃない。濃度が高いものとは、自分を信じている立場です。それに耐えられないところがある。どういう人に感じるかというと、私を隠している場合です。私というものを自分でもよくわかっていないのが、そういう人たちの本当の立場なのかと思ってしまう。逆に、客観的にやっているように見えているもののほうが、じつはぼんやりとした何か、濃い霧の中にいるような感じがある。作品を見ているとその人の「私」にずぶずぶずぶって入ってく感じがするんですね。だから僕は濃度が薄いものが好きなんです。濃度が薄いから客観的かというとそうではない。じつは自分の感覚を言語化したり形にしようとしている。ある形式を作品にもたせてしまう。そこに濃度の低い「私」が見えてきて、すごくおもしろいんですね。そういう人、じつは多いんです。僕がおもしろいと思った作品を挙げます。

泉秀紀さんの「都市のcrack」(p.28)は、塔状の家を扱っています。説明がすごく悪くて聞いていてもよくわからなかった。でも、窓から見える景色と、その窓の厚みに彼が感じていることには、非常にはっきりとしたものがあるだろうと思ったんですね。その意味で私の濃度が低くて、すごく好きな作品です。それから大島彩さんの「支えられた記憶」(p.18)。非常に私的なものに見えるんだけれども、じつは自分が感じているリアリティを形にするということを一生懸命やっている感じがした。それが魅力的な空間になっていると僕は思いました。

味岡美樹さんの「みちにある家」(p.234)は、すごくしっかりとしていましたね。幻想がない。目の前にある事態を超えて理論に走ったりしない誠実さに好感をもちました。

古谷　難しい言葉というお話がでたときに、湊健雄さんの「寄家景体」(p.126)のことを思い浮かべたんですね。家型をいろいろつくりながら思考している。コンセプトをまとめるために家の胚を描いている。しかし言葉が人に通じるものになってない。彼が「ゼンカイハウス」のような言葉の使い方をできるようになると、もう一皮むけるんじゃないかと思いました。宮本さん、いかがでしょうか。

宮本　湊くんの「寄家景体」については僕も会場を回ったときに「こういうネーミングは恥ずかしくないのか」と聞いてみました。「恥ずかしいことは恥ずかしいんだ」と答えてくれました。でも一度そうやって名前をつけてみる、口に出してみることは、重要な態度だと思うんですよね。僕だってね、「ゼンカイハウス」なんて相当恥ずかしい。今は少しは認知されたかもしれないけど、最初はこんなこと言っていいのかなって思いました。まあ一回口に出してみると、そこからまた意味が広がっていったりするので、ネーミングは重要だと思います。出来たものがうまくいっているとは言えないんだけれど、そういう湊くんの態度に共感をもちました。

先ほど研究と設計の関係は見所のひとつだろうとは言ったんですが、実際には意外に引っ掛かってこなかった。そんななかで、批判的な目つきで研究と設計の関係に向き合った作品が、斉藤健くんの「みんなのぶらんこ」(p.138) ですね。ぶらんこを先に設計して置いてしまった。それに対して調査を行なう。研究を元にして設計を始めてもうまくいかないことを、本人ははっきり自覚してるということでしたので、そういう態度は買えると思いました。正しい。

作品としておもしろいと思ったのは、大島彩さんの「支えられた記憶」ですね。確かに一見私的な提案で、卒業設計でも100個に1個くらい必ず出てくる心象風景的なものとも言える。しかし単にそれだけにとどまらない。何だろう。僕自身がこの空間を見て、悪夢を見ているようなずいぶん怖い感じがした。不思議と一次審査ではどなたも挙げられてないんですよね。

もうひとつ気になるのが、森山茜さんの「mille-feuille」(p.52) ですね。一次審査では僕は見落としました。本人も認めてましたけど、プレゼンの方法を変えたみたいですね。模型も説明もおもしろい。でも最後に鉄板を使うのは違うと思いました。「空気を含んだ壁」という言い方はちょっと思いつかなかった表現です。本当に布だけでボリュームのある空間がつくれたらおもしろいだろうと。本人が正直に私的な感覚を伝えていることに僕は好感をもちました。

古谷　だんだん推薦モードに入ってきましたね。大野さんはいかがですか。

大野　欧米との比較という話を続けさせていただくと、ワークショップをやったときの印象として、成果の違いがはっきりしてきているんですね。日本の学生は出来不出来が非常に大きい。もちろんいいものもありますが、まったく駄目なことも多い。欧米の学生の場合は、ある種の方法論をもっていて、そこそこの成果を出す能力をもっている気がするんです。

一次審査で僕だけしか推薦しなかったのが吉田泰洋さんの「アーバン リニューアル イン パッシブデザイン」(p.144) です。具体的で実務的な設計をし、極めてテクニカルにパッシブ・デザインに取り組んでいる。青木さんが先ほど自己の濃度というたとえを用いて、建築家が自己を表現する際に、表現者としてどのくらいの強度をもっているかというお話をされました。しかしながら、建築学科を卒業しても作家として仕事をする人は稀なわけです。むしろ、ひとつの価値体系の組み立て役として仕事をしなければならない場合がほとんどです。大学教育において要請されている教育内容から考えると、こういうプラクティカルな作品がもう少し出てきてもいいのではないかと思います。日本の建築教育で特徴的なのは、「あなたは何をしたいんですか」と訊ねる先生が多いことです。「あなたはこの場所とこの状況に対して、どう応えるのが適切だと考えましたか」という問いかけがもっとなされるべきではないか。

湊さんの「寄家景体」は、研究と造形が最もダイレク

トに結びついてる作品だと思いました。研究とは、さまざまな検証を行ない、その有効性を探る実験の場です。そういう意味でデザインの実験を彼はしようとしていると思うんですね。研究の成果として言い訳のように数値を使ってデザインと無理矢理結びつける作品とは異なり、「寄家景体」ではデザインと研究をストレートに結びつけており、興味深い作品だと思いました。

宮崎晃吉さんの「怪物的空間を創出するための六つの試行」(p.198)は、大学在学中に行なったさまざまなインスタレーションをまとめたものです。修士設計らしい作品だと思いました。

味岡さんの「みちにある家」は、戸建の個別建て替えに正面から取り組んだものであり、都市デザイン的な社会性をもっている作品だと思います。

川嶋洋平さんの作品(p.240)は、ポートフォリオを見たときは逃げ腰で弱いのかなと思い、一次審査では挙げなかったんですが、プレゼンを聞いておもしろいと思いました。少し前だとペンキなどを使ってヴァンダリズム的にやるのが、ああいうインスタレーションとしては一般的でした。彼のは泥を使っていますので、しばらくすると自然に消えていくところが現代的でおもしろいですね。

古谷　ありがとうございます。手塚さん、川嶋さんの作品はいかがですか。手塚さんと宮本さんの一次審査の結果でここにお見えいただいたかたちなんですよね。

手塚　最初に見たときには、バケツを持って歩いたのかなと思っていたんです。残念なのは車を使って線を引いてしまったところです。ぜひともリヤカーを自分で引っ張って100キロ歩いていただきたかった。どういう交通手段で動くかによって空間認識はまったく異なる。この作品では歩くという行為がすごく大切で、歩くともっといろいろなことが見られるはずです。

宮本　写真家の作品としてはわかるんだけれど、建築学科に所属しているわけだからもう少し空間に対して踏み込んだところがあってもいいんじゃないかなと本人に言いました。じゃあどうしたらいいのかというと僕にもわからないんです。実際に動いた軌跡を直接記述しているわけですね。現在はGPSを使えばデータでルートを落とせるので、そのあたりを足がかりにすると、移動経路や行為などが紙の上にも記述可能だったりするわけです。だから屁理屈でもいいから少し建築的な何かを編み出してくれると評価しやすい。建築家とはつくる職能です。

手塚　全体を通して大事だと思っているのは、建築学科を卒業するわけだから「建築とは何か」について自分なりの答えを出していただきたいということなんですね。同じものでもどういう立ち位置で見るか、眼差しの方向によって建築になったりアートワークになったりする。もちろん人によって建築の定義は違うんだけれども、「私にとってはこれが建築です」と語ってほしい。正直言ってアーティストと同じ立ち位置でやってしまうと本当のアーティストにはかなわない。都市という視点からどういう意味があるのかを語ってほしい。

例えば大島さんの「支えられた記憶」は、形としてはものすごい好きなんですよ。センスもいい。しかし、へたをするとアートワークをつくりましたというところで終わってしまう。彼女が僕の前できちっと説明しきってくれたら、違う印象だったと思うんです。例えば柔らかいトンネルをつくってましたよね。なぜトンネルの中が柔らかくて、ある部分だけ剥げてて、人がひとりだけいるのかということを自分のなかで消化できてるいるかどうか。そこが建築家としてのプロフェッションとして重要なのではないでしょうか。

森山さんの「mille-feuille」も好きなんだけど、構造的な解決として鉄板に落とした瞬間に非常に残念な感じがする。ものに落とす部分が大事なんですね。

古谷　大野さんのおっしゃった「ワタクシ的」ということに関して僕も同じように感じています。私という極めて独特な個性が、社会のなかから問題を抽出し、ある方向性を指し示してくれることが修士設計としてあってほしいと思っているんです。必ずしも社会で問題になっていることに対して素直に応えていくとか、科学的に客観的な答えを出すことを望んでるわけではない。ただ、課題の設定は社会的であってほしい。応え方は私的でいい。社会性をもったテーマを捉えている人と、私的な答えを抽出して何とか自分のものにできた人とがここにはいます。ですが、それらを組み合わせて応えてくれた人はいなかった。
社会的な問題に対して応えようとした作品に高倉潤さんの「隣地間研究」（p.60）があります。面積制限や接道の問題などで建て替え不能に陥っている住宅密集地の敷地問題をどう解決するかというものです。協調建て替えや共同建て替えなどさまざまな方法があるなかで、隣地の関係をお互いに協調しながら考えていくことによって、確認申請を通そうというものですね。惜しむらくは、優等生的なところに終わってしまい、私的な答えが引き出せていない点でしょうか。一次審査での評価が高かった割には、きょうは審査員のどなたからも言及されていないんですね。
社会性をもったテーマで取り組んでいてある程度共感したのは、大野さんも挙げられた吉田さんの「アーバン リニューアル イン パッシブデザイン」です。住宅からオフィス、商業施設までを同じように、構造でもあり蓄熱体でもあるコアを用いて二重の入れ子

にして解決しようとしている。
一方で、自分のもっている空間をデザインする力を、社会に提案できるようなレベルにまで修練させた作品として最も優れていると感じたのは大島さんの「支えられた記憶」です。ポートフォリオを見たときにはまったくノーマークだったんです。ポートフォリオをパラパラとめくっただけでこれに気がついた宮本さんはすごいと思う。プレゼンテーションを聞いて初めて、あそこに羅列されていたいくつかの試みが意図をもって組み立てられてることが感じられた。巡回審査で「どういうものにこの空間性を適用できると思いますか」と質問をしたんです。第一の答えは、「住宅や美術館ならいけると思います」というものでした。それでは物足りなかったので、「例えば駅や高齢者施設はどうか」と訊いたら、彼女は「小学校ならいける」と答えたんですね。私的に練り上げたアイディアの素が、露わになった気がしました。社会の問題に応えていくうえでの大きな手掛かりになるかもしれませんが、社会性から問題を抽出するところまでには到達していない感じがしました。
それから、私的なものを練っていっておもしろいものを手に入れたなと思うのは、森山さんの「mille-feuille」です。襞のある布の提案ですね。やはり僕も鉄板でアーチの開口をつくったのは間違ってるんじゃないかと思うんです。宮本さんがさっき言及されたとおり、彼女のプレゼンテーションで最もよかったのは、空気を含む壁、空気を含むボリュームというような言い方をした点です。空気を含ませただけでさまざまな可能性が生まれる。メーソンリーの石造りの建物では、開口部と壁は相対するものとしてある。しかしこの建物では、開口部と壁は単なる襞の問題に帰することができるので、開口部の考え方をこれまでとはまったく変えられるはずです。それなのに窓を空けてしまったのは残念だという思いがしたものです。
ではそろそろグランプリ作品を決めていきたいと思います。これまで話題に出たもの以外にグランプリ

に推そうというものはないと考えてよろしいでしょうか。大島さんの「支えられた記憶」は大野さん以外の4人が言及されています。大野さん、いかがでしょうか。

大野　大島さんの「支えられた記憶」は僕もいいなと思ったんですが、気になる点もありました。僕が挙げなかった理由を言ってみなさんが、そうじゃないんだとおっしゃっていただければ、また態度変わるかもしれません。サブタイトルに「7つの視界」とありますが、7つというのは挙げすぎじゃないかなと思ったんですね。網羅的で教科書をつくっているような態度が僕は気に入らなかった。例えばレースやコンクリートを貼るというのであれば接触的なことだけで延々やるとか、あるいはスケールの問題だけを徹底してやるなどとやったほうが迫力がある。これもできます、あれもできますというのは、確かに解説的でおもしろいけれども作品になりきらない感じがします。

手塚　おっしゃるとおりだと思います。

宮本　その点については僕も同意します。大島さんご本人が、「きっかけがある」という言葉で終えてしまった。それではもったいない。ここから建築をきちんとつくってほしい。古谷さんの言い方を借りますと、社会性に結びつけてほしいと思います。それが不満のひとつではありますね。

古谷　大島さんの「支えられた記憶」はグランプリにはふさわしくないと3人がおっしゃったということでしょうか？

宮本　いえいえグランプリには推します。

古谷　なるほど。青木さんいかがですか？

青木　デザインを含めたエンジニア的な側面と、アートに近い側面の両方を、建築がもっていることは間違いないと思うんですね。エンジニア的な意味というのは技術の問題です。ここに出てくる人はもうみなできているという前提で見ています。仮にできていなかったとしても、今回たまたま見せてくれなかったんだろうと思うようにしています。だから僕としては、修士設計だからうんぬんではなくて、ひとつのことができているかどうかが唯一の判断基準です。そのひとつのこととは、日常を見ているにもかかわらず、その日常が日常じゃなく見えてくるようなものになっているかどうかです。すでに常識としてある技術を、違う技術として考え直すような、日常的な視点を変えることができているかどうかが大きいと思うんですね。アーティスティックな側面ということで言えば、今の僕たちの周りの空間が、どうすれば変わりうるのかを見せられるかどうかが重要です。そういう意味で言うと、僕はこの大島さんがグランプリだと思いますね。ほかにももちろんいいのはあるけれども、いま言ったようなことに一番応えてくれたのはこの作品です。7つという数については、僕は別に多くたってかまわない。というのは、その7つに一貫性がなければ意味がないと思うんだけど、この人のなかでは完全に一貫しているんですね。バリエーションをつくったというよりも、ひとつの感覚のための7つのスタディなんだろうと思うんです。日常に対しての感覚が非常におもしろいと思いました。

手塚　少なくとも時代を超える、次の世代につながるものを選びたい気がしますよね。そういう意味では大島さんはグランプリにふさわしいと思うんですよ。

古谷　だいぶ旗色が戻ってきましたね。僕自身もさっき言ったように、大島さんは私的なことを客観視しながら自分の造形として手に入れるという作業をしたなかで、最も優れてると思うんですね。ここまで熟しているのですから、社会に対して提言、提案できるものになる可能性を感じます。僕も7つという数についてはあんまり問題にしなくていいと思います。僕の研究室では何かをやろうというときに

は、7つは例を出せって言うんですね。ウィリアム・エンプソンの『曖昧の七つの型』（岩崎宗治訳、岩波文庫）に引きずられているからでもあるのですが、複数の物語を自分なりにつくれるということは、その背後にあるコンセプトは確かなものだと僕には思えるんです。

手塚　審査とは関係ないんですが、空間が似ているという意味ではなく、建築に対するスタンスがルドゥーだと思って見ていたんですね。単なるケーススタディにも見えるけれども、深さをもてば時代を超えて訴える力をもつのではないかと。深さをどれくらいもたせることができるのかが重要だと思います。

宮本　であればこそ、社会的なところに間違いなく着地してくださいね。ルドゥーのまま終わってしまったらもったいない。あなたにはその義務がある。

古谷　大野さん、納得していただけたと思ってもよろしいでしょうか？

大野　反対する理由は特にありません。懸念は先ほど言いましたので。

古谷　では、今年のグランプリは、大島彩さんの「支えられた記憶」に差し上げることにしたいと思います。おめでとうございます。ここから後は審査員のみなさんにそれぞれご自分の名前をつけた賞を選定していただきます。去年の例にもありましたが、重複してもかまいません。

宮本　ぼくの個人賞は森山茜さんの「mille-feuille」です。空気を含んでいる壁という言い方に参りました。ただし、鉄板が構造体になっているのはおかしいので、それがないという前提で推したいということです。実際につくることもできるだろうし、「まねしていいですか？」というくらい可能性があると思っています。

総評の前に、気にはなっていたんですけど先ほどはコメントをしなかった梅中美緒さんの「小さな部屋／小さな時間」について一言だけ。『方丈記』という、言葉で書かれているものを模型なりドローイングなりに起こしてみようという取り組み方がとても興

味深い。ただグランプリに推さなかった理由があります。言葉で書かれたものはどこまでいっても言葉で書かれたものです。それを梅中さんというフィルターを通して私的に解釈したものが空間として立ち上がっているわけです。しかもそれは模型やドローイングであって現物ではない。そこに表現の不可能性が露わになっているというか、二重の意味でメディアが介在しているような感じがある。だから、そういったメディアを通したズレに自覚的になって、むしろそのズレをプレゼンテーションした方がよかった。具体的に言うと、模型なりドローイングからもう一度文章を起こしてみるというような批評的な伝言ゲームのような作業が必要だったんじゃないでしょうか。

総評です。最初に卒業設計との違いが見所になるかもしれないなという言い方をしました。一次審査でポートフォリオを見たときは時間がないですし、見方としては表層的なんですよね。視覚情報が大きくものをいう。きょうは短い時間でしたけれど、こうやって議論してみて、やっぱり修士設計は読み込むとそれぞれ味が出てくるものだと思いました。議論する価値をもった作品が多数あったという印象をもちました。

大野　私の最近の活動からすると味岡さんや高倉さんの作品にあげるべきかなという気もしますが、梅中さんの「小さな部屋／小さな時間」を選びたいと思います。大学院というアカデミックな組織に所属

しているわけですから、歴史は非常に重要な対話の相手だと思うんですね。そういうことを実践しているという意味もありますし、修士設計の性質——研究と設計の融合——を考慮した教育的観点からも評価できると思いました。
先ほど青木さんが、修士設計においてはみなさん技術はだいたい習得しているはずだという話をされていました。しかし実際はやはりそこまではなかなかいかないのではないかと思います。むしろテクニカルな部分でまずいものが多いという印象をもちました。やはりものをつくる技術者でもあるわけですから、技術的な成り立ちに対してもう少しセンシティブであってほしいと思います。技術的な側面においては今の日本の大学院教育はよくないと思う。教える人も少ないですからね。海外の教育現場では確かにつまらない実務家を育てているようなところがあるんです。だから日本の教育がだめだというわけではない。しかしテクノロジーに対しては総じて弱い傾向が作品に出ている気がしました。

青木　テクニカルなことはやはり大学院できちんと教育していただいて、修了までにはできるようになっていただきたいと思いますね。
ところで川嶋さんの作品についてなんですが、手塚さんは歩くべきだったと言われていましたが、じつは歩かなかったことがおもしろいのではないかと僕は思うんです。最終的には誰が線を引いたのかがわからなくなっていくことがテーマなのではないかと思ったんです。今回見せていただいた28個の作品に、この感覚が共通しているような気がしたんです。つまり、自分がつくったのでなくたっていい。できたものがよいものであればいい。自分が消えていく感覚があるのかと思うんですね。結果的に自分が消えている状態でつくるということですよ。みなさんがそういう感覚をもっていることがおもしろかっ

た。川嶋さんについては、建築としてどうかということでは僕も二の足を踏んでしまう。こういった感覚をもちながら建築的である作品は、やはり泉秀紀さんの「都市のcrack」だと思うんです。泉さんに青木賞を差し上げたいと思います。

古谷　社会に出て建築に携わることは、施主との関わりや構造家とのコラボレーションなど、共同作業に入っていくことです。突破しなければならない法規の壁もあるでしょう。ですから建築家としてひとりですべてをやり通せるほとんど最後の機会が修士設計ということになると思います。社会との協働を前に、自分は何を携えてそのなかに出て行くことができるのかを見極める大事な機会だと思うんです。だから修士設計のテーマは社会性をもたせるべきだと考える一方で、回答については自分のできるものでいい。はっきり自分が提示すべき能力やセンスをもっていることは大事だと思います。ですから僕は大島さんがグランプリになることには大賛成です。

一方で社会的なテーマをもちながら建築家の卵としてワタクシ的なものを提示することができるかどうかは、大変難しい問題だと思うんですよね。難しくてもそれを目標にしてもらいたいと思います。そこに挑戦しようとした人のなかから高倉潤さんの「隣地間研究」に古谷賞を差し上げたいと思います。では最後に手塚さん、いかがでしょうか。

手塚　修士設計をどう捉えるかというときに、さまざまなリサーチをして、理屈を通してきちんと人に説明できるようになるという教育的観点はもちろん大切ですが、僕は最終的にはものができてこなければいけないと思うんです。そういった観点から、大島さん、森山さんと並んで好きな作品ということで、手塚賞は最初に挙げた中川沙知子さんの「In pursuit of my scale」にしたいと思います。

受賞者紹介
グランプリ　大島 彩

（おおしま・あや）1982年バンクーバー（カナダ）生まれ。2005年東京藝術大学美術学部建築科卒業。
2006年～07年リヒテンシュタイン国立大学大学院交換留学生。花王財団助成金受給。2007年展示“The Ecological City”（Deutsches Architektur Museum、フランクフルト）。2008年東京藝術大学大学院修士課程修了（益子義弘研究室）。

「空（から）／赤坂見附駅—永田町駅、東京」（卒業制作）
1日に約17万人が通過する地下鉄の連絡口。その1kmに及ぶ通路に、巨大な空間をつくった。

Q:受賞した感想を聞かせてください。

A：大変光栄に思います。審査員の先生方、スタッフの方々、展示を手伝ってくれた皆さん、ありがとうございました。そして何より制作を全面的に手伝ってくれた友人と後輩に感謝しています。
そもそも「アンリアルなリアリティー」というテーマの客観性に自信がなかったので、どれくらい共感してもらえるものなのかを確かめてみたい、というのがコレクションに出展したきっかけでした。実際には思っていた以上に共感してもらえたので驚きました。さらに別の可能性も示していただけました。

Q：制作にあたって最も苦労した点は何ですか？

A：目的を据えない進め方にこだわり、何度も迷宮入りしたことです。
今回の研究はまず、気になる現象のサンプルをひたすら集め、「これらは何なのか？」を考えることからスタートしました。6月頃からその作業を始めたのですが、興味の拡散こそすれ、結局11月末になっても建築に結びつく兆しすら見えてこなかったので、焦燥感はありました。
けれど、全てのサンプルから総体をつくるというボトムアップ形式で研究を進めることにこだわりました。その結果、最後には納得のいく方向性が掴めたと思います。膨大な量のサンプルも、他の人との共通の視点をつくるのに役立ち、作品を共感してもらい易くなったと思います。
霧の中を彷徨うような取り組みを、はらはらしながらも意義あることと理解してくださり指針を示し続けてくださった益子先生をはじめ、沢山の方々に助けていただき、なんとか胴体着陸することができました。ありがとうございました。

Q:学内での評価はどうでしたか？

A：私的な部分から空間図像をつくり出したことや、難解なテーマへの取り組みを評価してくださる教授もいらっしゃいました。
理解する取っ掛かりがないという意見もあれば、説明がわかりやす過ぎる、という両極端な意見もあり、私としては、言葉ではなくもっと空間そのものを覗いて作品に入っていってもらえるよう促せたらよかったのだと受け取りました。

あとは表現手段についてですが、今回は模型がメインだったのでその内部空間を示す媒体として写真を多く用いました。ドローイングや水彩など様々な表現がある中で、写真という一見誰にでもできそうな表現を選んだことが、作品を弱くしてしまっているという意見をいただきました。これは結果としては、手塚さんがルドゥーのお話をしてくださったことにも多少は関係してくると思います。

Q:大学・大学院ではどのような活動、研究をしていましたか？

A:益子研究室では、世界のさまざまな原始的住居・集落の実測調査をしてきました。そのシリーズの最後として、フィンランドの伝統的な農村であるピエン・トイヨラという場所を訪れました。

個人的にも、スイスのコリッポなど、いくつかの現存するスイス固有の総石造りの村を図面を持って廻りました。

留学中は、その国々を母国とする友人達と旅をする機会に恵まれ、貴重な体験ができたと思います。同時に自分の日本に対する見方も少し変わりました。

留学先の大学院では、メキシコのコズメル港のコンペや、エリア・ゼンゲリスのスタジオで、スプロールなどの問題点を扱いながら設計に取り組みました。藝大では吉村順三展や益子先生の退官展を手伝わせていただき今となっては一人ではなかなかできない経験をさせていただいたと思っています。

Q:来年参加する大学院生へメッセージを…。

A:好きなことに真剣に取り組んでください。

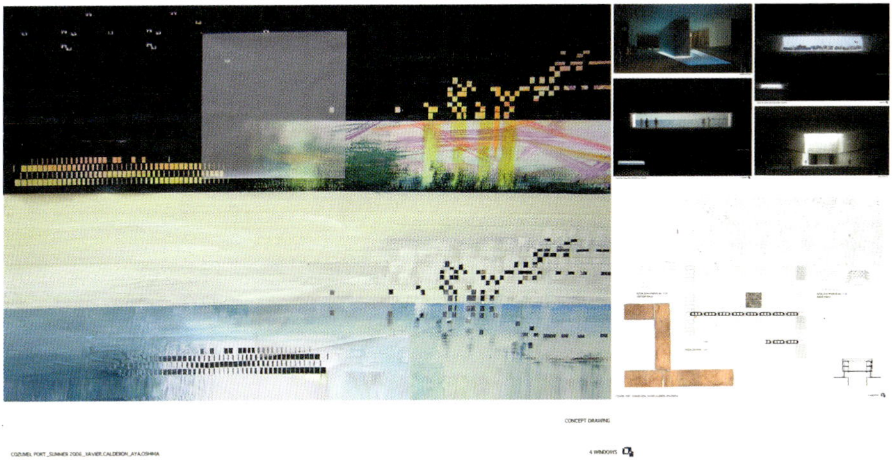

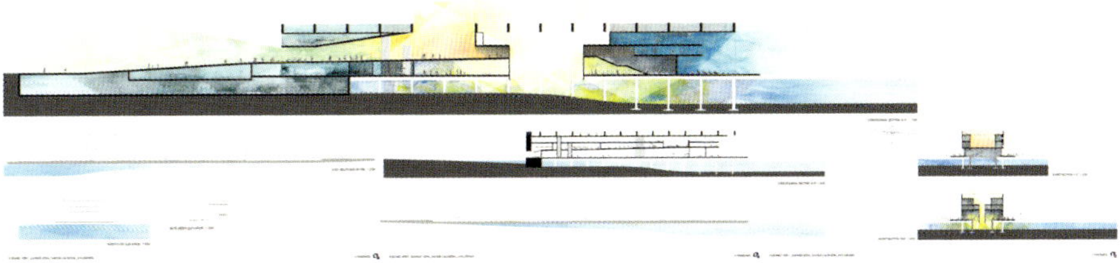

「新コズメル港案／Cozumel, Mexico」、「The Ecological city／around Zofingen-Olten, Switzerland」
「新コズメル港案」は島のリゾート開発と経済成長にともない、爆発的に増加する港の利用者に対応するための、実施コンペ。商業化の喧噪から切り離され自然と一体化するような窓を4つ、港の動線上に配置した。「The Ecological city」はスイスが近年抱えているスプロール問題の解決とエコロジカルシティーの提案。

受賞者紹介
青木淳賞　泉 秀紀

（いずみ・ひでのり）1983年愛媛県生まれ。2006年近畿大学工学部建築学科卒業。2008年近畿大学大学院修士課程修了（小川晋一研究室）。2009年～海外留学予定

「Edinburgh Sculpture Workshop Project」
エジンバラ郊外にあるスタジオ、作業スペースをメインとしたアーティストのためのワークショップの計画。

Q：受賞した感想を聞かせてください。

A：このような素晴らしい賞をいただき、非常に光栄に思っています。たくさんの人たちに自分の作品を見てもらい、評価していただいたことはとても貴重な経験でした。一次審査のときから、なんとか通れば、という思いでやっていたので、青木さんから賞をいただいたときは本当に嬉しかったです。お世話になった小川先生、研究室のみんな、手伝ってもらった人たちに深く感謝しています。ありがとうございました。

Q：制作にあたって、最も苦労した点は何ですか？

A：自分のテーマを見つけ出し、それを設計とうまく結び合わせることに苦労しました。色々なことに興味を引かれてどれも中途半端になってしまい、途中自分が何をしたいのかわからなくなってしまっていました。しかし、難しく考えずに自分らしいものをつくるということを一番に考え、最終的にはうまく自分を表現することができたように思います。あとは、模型制作に苦労しました。たくさんの人たちに手伝ってもらいましたが、大変時間と労力のいる作業でした。

Q：大学・大学院ではどのような活動、研究をしていましたか？

A：卒業設計では駅を設計しました。駅なのに駅とは思えないようなもの、人に未体験の感覚を与えるようなものをつくろうとしていました。また大学院では１年間、学校の交換留学で海外への留学を経験しました。向こうでは「ニュートラル」ということをテーマにワークショップの設計をしました。そこでは卒業設計とは反対に日常的なもの、特に日本人がもつ日常というものを抽出し、建築にしようとしました。そしてそこで考えたことを引き続き修士設計でも考えました。

Q：来年参加する大学院生へメッセージを…。

A：卒業設計もそうですが、修士設計は自分のつくりたいものを自分のやりたいように自由に設計できる唯一のチャンスだと思います。何よりも楽しんでがんばって下さい。

受賞者紹介
大野秀敏賞　梅中美緒

（うめなか・みお）1982年神奈川県／北海道生まれ。2006年工学院大学建築都市デザイン学科（澤岡研究室）卒業。2008年工学院大学大学院修士課程（澤岡研究室）修了。2008年～日建設計（設計部）。
主な受賞に、工学院大学卒業設計・最優秀賞、工学院大学修士設計・最優秀賞など。

「systema city」（卒業設計）
敷地は種子島宇宙センター（中型発射台跡地）。ロケット発射時期に合わせ急激に変化する職員数に適応した、可変・可動建築システムを提案した。

Q:受賞した感想を聞かせてください。

A：なぜ自分なのか、違和感がありました。28名も発表して、皆さんスマートでスタイリッシュで、自分より頭の悪い人はいない、自分は泥臭すぎると発表を聞きながら思ってましたが、賞が決まり振返ると一番後ろで後輩が手をあげて、その時はやってて良かったと思いました。「梅中美緒のやりたいようにやれ」と1年間言い続けてくれた彼らに感謝しています。

Q: 制作にあたって最も苦労した点は何ですか？

A：まったく修論らしくない作業をしているのに、先生は「美緒のことだから最後には何とかするんでしょ、信じて待ってるよ」という感じで不安でした。また、自分の知的好奇心の暴走を制御するのが難しかったです。砂漠で人のいない初源的空間に興味を持ってテーマを決めた後に、インド・ネパールへ行ってしまい、人間の生活に興味が沸いてしまい困りました。その変な経緯がこの修論の妙な空気感をあおった気がします。

Q:大学・大学院ではどのような活動、研究をしていましたか？

A:1年のうち3分の1は旅をしてました。日本では研究室での実施コンペがメインで、大学から雑用を任されることも多かったです。卒業設計を通じて学外に友人が沢山出来たので、グループを組んで映像展なども行っていました。

Q:現在はどのような進路を選び、どういう仕事をしていますか？

A:日建設計です。即日試験で鼻歌を歌って描いていたら拾われました。「お前みたいなやつが組織やっていけるはずがない」と散々止められましたが、今はめちゃくちゃ楽しいです。

Q:来年参加する大学院生へメッセージを…。

A：人に物申せるような立派な人間ではないのですが、あまりうまく喋りすぎるのは時々止めた方がいいんじゃないかと思ってます。私は自分の中の邪悪な塊を嗚咽のように吐き出してしまいましたが、自分にとって建築の「本当のこと」は何か、自分よりクレバーな皆さんのそんな言葉が聞きたいです。

受賞者紹介

手塚貴晴賞　中川沙知子

（なかがわ・さちこ）兵庫県神戸市生まれ。2006年早稲田大学理工学部建築学科卒業。早稲田大学大学院理工学研究科建築学専攻修士課程修了。2008年～日建設計設計部門勤務。

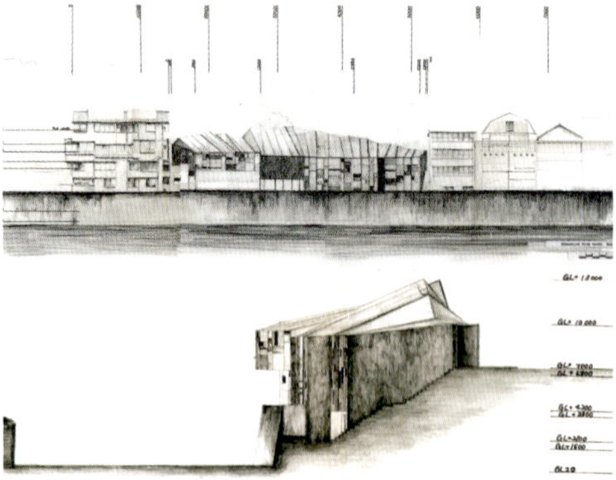

「Landscape archives」（学部課題）
お茶の水駅対岸に歴史資料館を建てるという学部の課題。来訪者は開口だらけの建築から独自の時間感覚によって都市の風景を切り取る。開口を動かす行為は、都市に新たな小空間を生み出し、視線や場所、個人の接続点として記憶される。

Q：受賞した感想を聞かせてください。

A：非常にうれしく思います。今回は実寸模型を扱うということで、一人では到底成し遂げることの出来ない設計でした。同期と励まし合い、多くの後輩に合宿まがいの作業手伝いをしてもらい、先輩方にたくさんのアドバイスを頂き、体力的にも精神的にもたくさんの力を頂きました。結果として素敵な賞を頂けた事は光栄ですし、支えてくださった皆さんにも喜んで頂けたのでほっとしました。手塚さん、審査員の先生方、修計に関わって下さった皆さん、本当にありがとうございました。

Q：大学・大学院ではどのような活動、研究をしていましたか？

A：学部3年の頃、有志の学生で「寄席空間の再考」をテーマに展覧会を企画し、小学校でワークショップを行ったり、現存の演芸場を調査し新たな寄席の姿を模索しました。卒業論文では幼稚園の歴史や子供スケールの空間の成り立ちを研究し、修士半ばまで約2年間、入江正之先生の下、幼稚園の実務設計に携わりました。初めての実務が子供の空間だったことは元々スケールが生み出す空気感に興味のあった私にとって非常にありがたい事でしたし、多くの発見を私にくれたので今回の修士計画のきっかけとなったと言えます。

Q：現在はどのような進路を選び、どういう仕事をしていますか？

A：日建設計に勤務し、主に海外プロジェクトや、国内の教育施設の設計をしています。

Q：来年参加する大学院生へメッセージを…。

A：私はこれから自分がどのように建築に携わっていくか、お世話になった先生方へ宣言する気持ちで修士設計を行おうと決めていました。ですから大学院での目標はなるべく手のとどかなそうなところに持って、これからもずっと自分の糧になるようなきっかけを日々の生活から発見していければいいと思います。修士設計展は多くの人に見てもらえる一度きりのチャンスです。同学年の友人も出来ます。ぜひぜひ参加してください。

受賞者紹介
宮本佳明賞　森山 茜

（もりやま・あかね）1983年福岡県生まれ。2006年京都工芸繊維大学工芸学部工芸学部造形工学科卒業。2008年京都工芸繊維大学大学院修士課程修了（米田明研究室）。2008年～Konstfack（スウェーデン国立工芸芸術大学修士課程）Textiles in the Expanded Fieldコース在籍。
主な受賞に、新建築住宅設計競技2007入選。

「アパート『タマゴのカラ』のカーテン」
三枚の硫酸紙で出来たカーテンは開口部をぼかしながら均一な光を室内に取り込んでいる。

Q:受賞した感想を聞かせてください。

A：未だに信じられない気持ちです。様々な反応に触れられたのが一番の収穫でした。ここに来るまでに支えてくれた沢山の人達に感謝の気持ちでいっぱいです。

Q：制作にあたって最も苦労した点は何ですか？

A：基本的なことですが、頭の中にある考えをものを通して人に伝える事がどんなに簡単なことではないか、ということを思い知りました。

Q:大学・大学院ではどのような活動、研究をしていましたか？

A：修士一年の時にはオランダのインテリア／ランドスケープ事務所「INSIDE/OUTSIDE」（ペトラ・ブレーゼ主宰）でインターンシップを経験しました。とても楽しいオフィスで、その後の自分のスタンスに大きな影響を与えることになる経験でした。

Q：現在はどのような進路を選び、どういう仕事をしていますか？

A：秋からスウェーデンのコンストファックという大学でテキスタイルを学びます。
空間とテキスタイルの楽しい関係を発見できたら、と思います。将来的には建築の可能性を広げるテキスタイルをつくりたいと考えています。

Q:来年参加する大学院生へメッセージを…。

A：この一年間は自分のテーマに没頭できる貴重な時間だと思います。トウキョウ建築コレクションのような学外の展覧会に参加して作品を外の風に晒すことで、何かしら次の一歩に進むきっかけを得ることができるかもしれません。純粋に楽しいと感じることを大事にして突き進んでください。

受賞者紹介
古谷誠章賞 高倉 潤

（たかくら・じゅん）1984年大分県生まれ。2006年工学院大学大学建築学科環境コース卒業。工学院大学大学院修士課程修了（山本理顕研究室,木下庸子研究室）。2008年～フリー。
主な受賞に、NTTdocomoケータイ空間デザインコンペ2006佳作。
CARVEL：http://crvl.net

ドイツ、ベルリンで行われたベルリン工科大学との共同ワークショップ。所属したグループの作品。古い倉庫を利用した仮設的工場の提案。

Q:受賞した感想を聞かせてください。
A:驚きました。応援してくれた人たちが喜んでくれてよかったです。

Q：制作にあたって最も苦労した点は何ですか？
A：すべてを決めない点です。また、変更がたくさん出る中、手伝ってくれた後輩にはとても感謝しています。

Q:学内での評価はどうでしたか？
A:最優秀賞でした。

Q:大学・大学院ではどのような活動、研究をしていましたか？
A：実施コンペや海外でのワークショップなどに参加することで、勉強になりました。

Q:現在はどのような進路を選び、どういう仕事をしていますか？
A：基本的に自由です。主に設計やWEBのお仕事をさせていただいています。勉強になります。

Q:来年参加する大学院生へメッセージを…。
A:僕自身もそうですが、ものを作る時の背景に注意したいと思います。がんばってください。

全国修士設計展

一次審査通過作品

木層

迫力ある架構をもつ歴史的木造建築が今なお残る中で、新しい木造建築は強く規制される傾向にあったが、2000年の建築基準法改正によりその道は大きく開かれた。京都府立総合資料館をケーススタディとして大規模木造建築を提案する。細かく分節された空間ではなく、光溢れる大らかなワンルーム空間の中を、個性のある柱が緩やかに居場所をつくる。小さなスケールではなく、大きなスケールだからこそできる木造のカタチを探った。

本郷 達也
Tatsuya Hongo
京都工芸繊維大学大学院
工芸科学研究科　建築設計学専攻
米田明研究室

部分模型外観

模型内観

敷地模型俯瞰

アトリウム内観

夜景

界隈性をもたらす建築体に関する研究および設計提案

人々の行為が風景をつくりだす。本計画は、都市の均質な外装をもつ建築群の中において界隈性を生み出す建築の提案である。使うヒトによって質の異なる場所に見える空間がウチ・ソトを反転していく。ここでは用途・人数・時間などによって様々な使われ方ができ、そこでの行為が作り出す空気が街に溢れ出しマチの空気と接していくことで界隈性をもたらしていく。人々の行為が建築のファサードとなる環境として建築の提案を行う。

田原 正寛
Masahiro Tahara
関西大学大学院
ソーシャルデザイン専攻
建築環境デザイン研究室(江川直樹研究室)

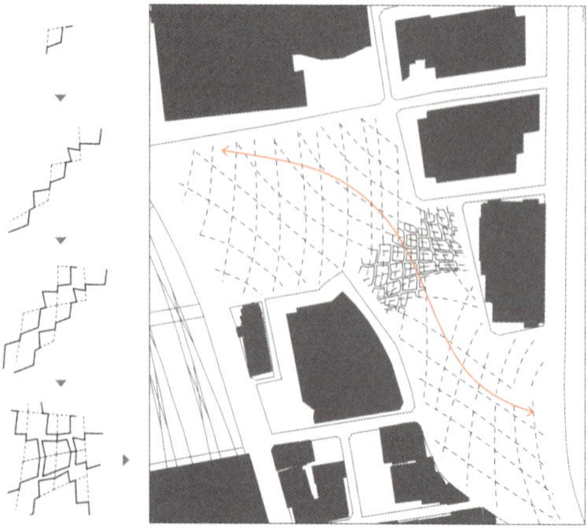

ダイヤグラム

各階（1-2 階／3-4 階／5-6 階／7-8 階）模型

本研究では住戸外空間の生活やその痕跡としての生活財の表出が顕著である御坊市営島団地（設計：現代計画研究所・大阪）の生活実態を調査・分析することで、この建築が街の中に縄張り領域にも似た島団地がもたらす領域性、つまり敷地の中にいるという感覚である敷地外とは異なる空気の質のような界隈性をつくり出していることの本質を探究することを目的としている。
これらの調査と「生活財、生活シーンが表出することにより界隈性が生まれ、そのことにより場所への愛着や建築がもたらすその場所の固有性を生み出す」という考えに基づき、場所への愛着、固有性、界隈性、領域性を生み出すための、生活財、生活シーンの表出をうながす、建築的特徴、空間的特徴を明らかにした。
これらの研究を踏まえ、都市部において界隈性をもたらす新しい建築のあり方の提案を行う。

－site－

計画地（大阪府大阪市北区茶屋町）は周辺をインフラで囲まれ、インフラ沿いに建つ大規模建築の奥側に位置している。また、計画地を含む周辺一帯に長屋の残されていた場所は地上げが行われ開発が行われようとしている場所である．将来開発されていく中で、区画単位の大規模な建物が建設され、この敷地の周囲は大通り沿いにファサードを設けられた建物が立ち並び、計画敷地はさらに奥側としての要素が強くなると予測される場所である。

－program－

この地域は現在、廃校になった小学校の跡地が目立つ地域である。将来、人口増加が予測されるこの地域に小学校が再度立地される可能性があると考えられる。本計画では小学校の持っている体育間や図書室、教室といったスケールを備えた空間を茶屋町が持っている小さなスケール(長屋・屋台)の空間を利用して構成していく。小さなスケールの集積によってつくられた大きな空間はアートホールや商業スペースといった現在の茶屋町のソトから見られることに特化した用途が挿入される。

御坊市営島団地

内観模型

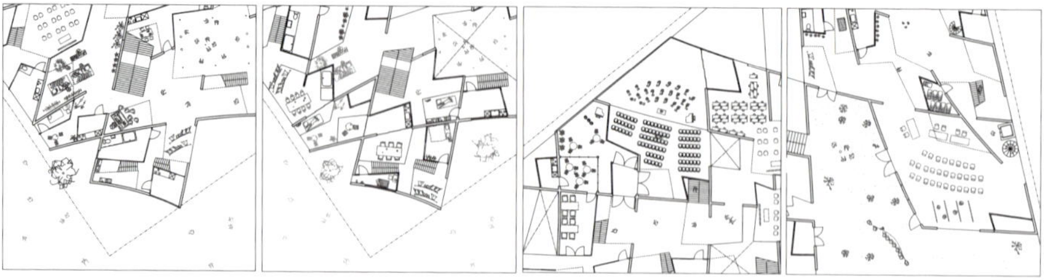
平面図

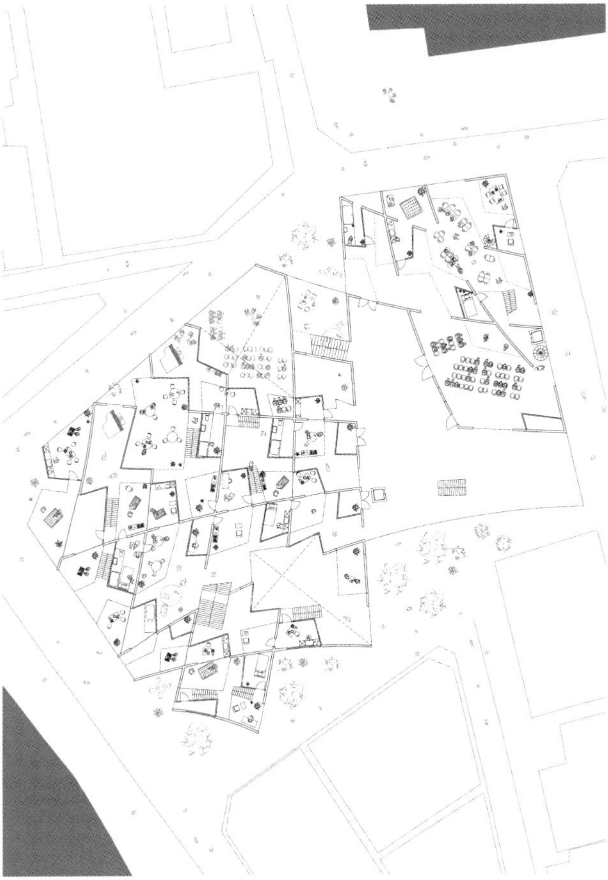

3-4 階平面図

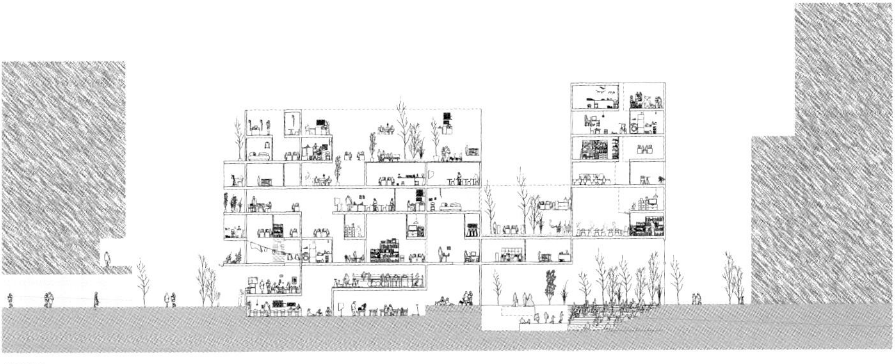

断面図

寄家景体
—住宅以上集落未満の建築の形　家胚と寄景の設計手法—

このプロジェクトは、切妻型空間の集合体を用いて、住宅以上集落(村、都市、路地、広場、町並み)未満の人々の住空間を作り出す試みであり、その研究と計画をココにまとめる。住み方の枠組みが、緩やかに崩壊し、多様で複雑になりつつある現代の生活に、複数の家型が奇妙に融合と分離と断片化した空間を用意する事で、家族以上もしくは家族未満の人々の曖昧な暮らし方と互いの関係が鮮やかに許容されるのではないかと考えた。ひとつの家が増殖や分裂や融合や分離して、家々、もしくは、集落のように成長した住空間に、家族のような人々が住み、個々の領域が緩やかにつながりながらも隔てられ、その生活達が奇妙につながった一体の風景となる。そして、住み手達が、つかず離れず、共に住むことを持続させていくような場になれば嬉しい。最終的には、STUDYとドローイングの積み重ねから得られた「寄家景体」の設計手法を用いて、個性的な5つの生活と建築を制作した。

湊 健雄
Takeo Minato
東京藝術大学大学院
美術研究科　建築設計専攻
六角鬼丈研究室

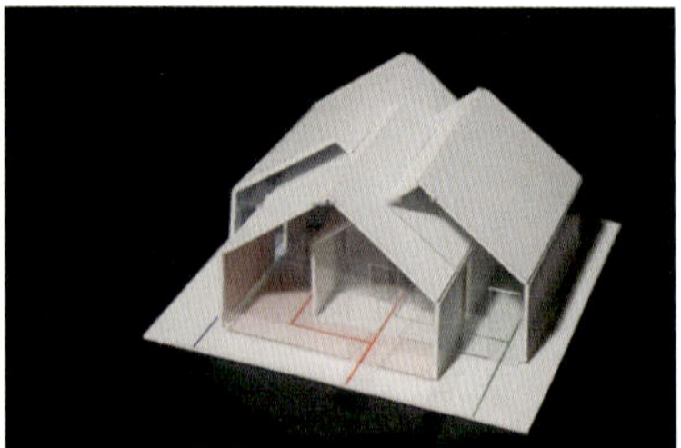
三重べん図住宅

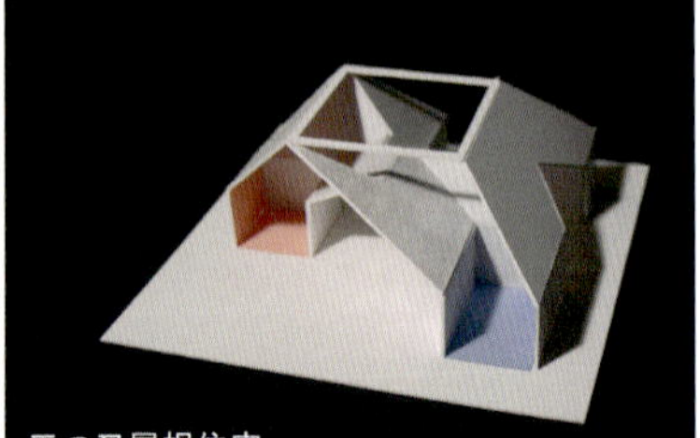
三つ又屋根住宅

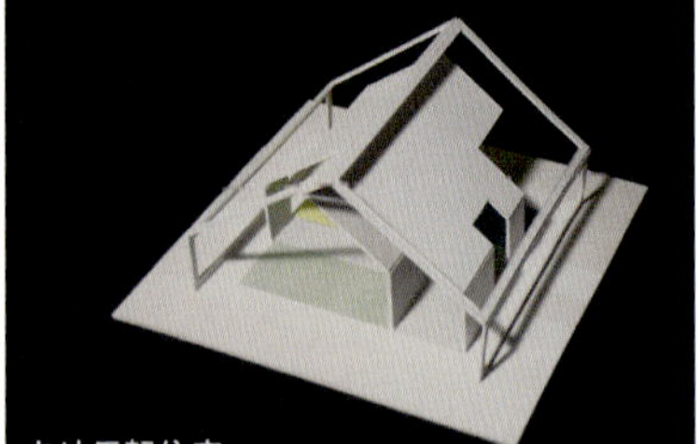
内外反転住宅

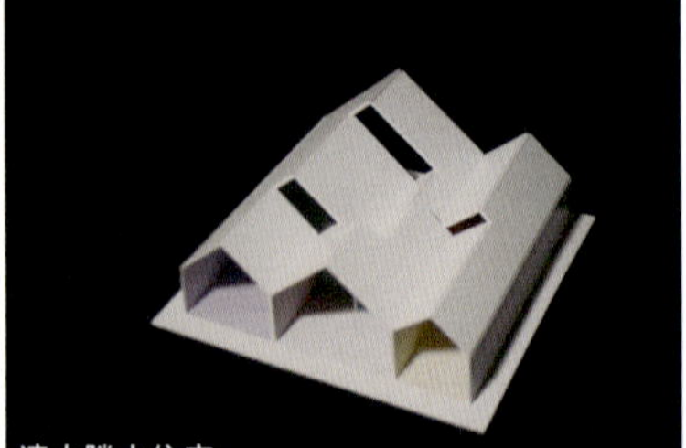
連立隣立住宅

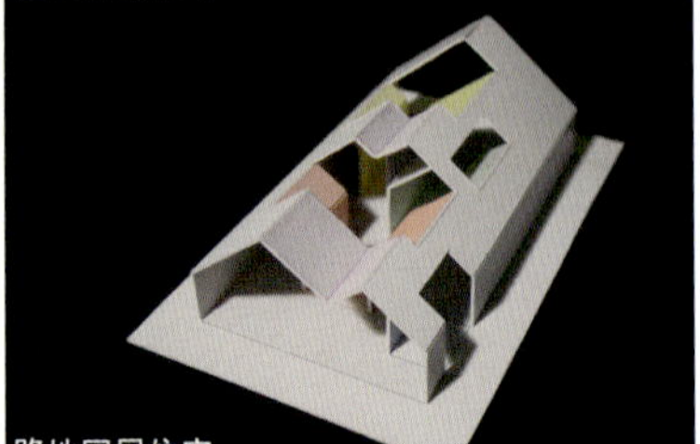
路地同居住宅

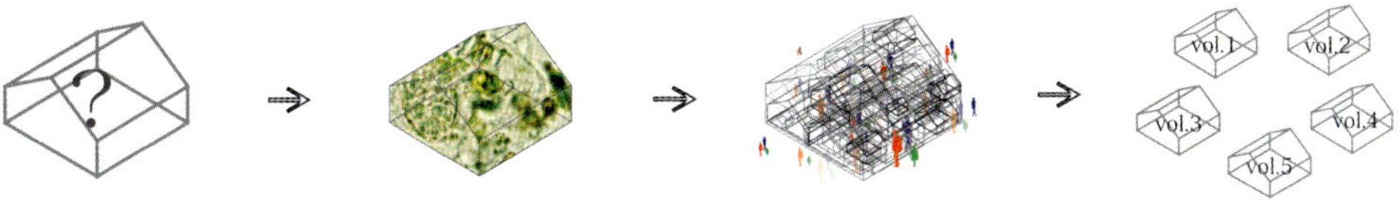

制作過程

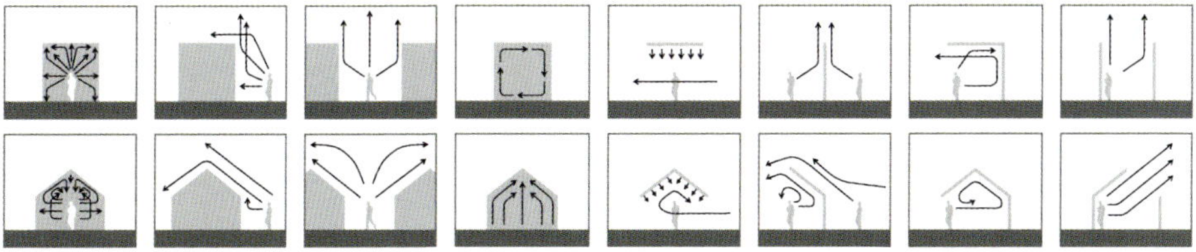

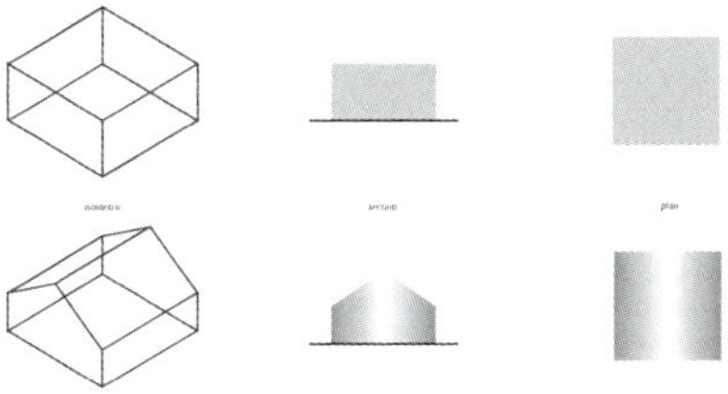

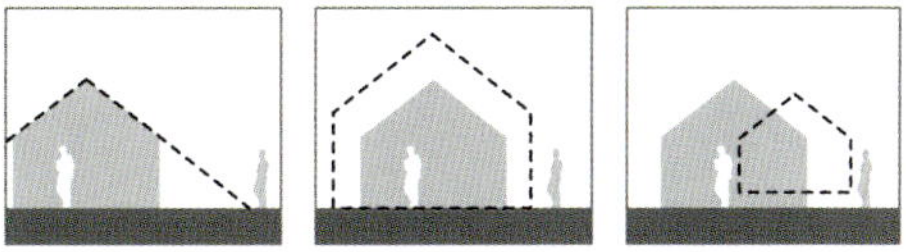

屋根の斜面の線の延長が地面へ広がり、

その意識によって
領域が拡張されたような感覚になり、
家の中の人の気配が染み出しているような
状態になっている。

内部と外部の間には、壁だけではなく、
何か共有される空気、
クッションのような空間が
出来ている。

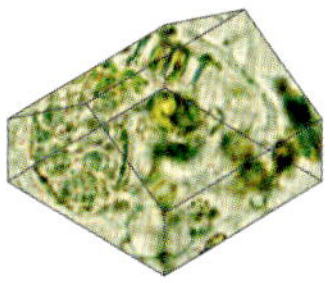

家型に広がった人の気配が、動き出して、広がっていくような感覚、生き物の細胞のように成長していくような印象を大切にする為、この対象の単一の空間に「家肝（ケハイ）」と名づけ、その空間を使った構成を考えていく。

そして、その家肝（ケハイ）が複数集まった状態を想定し、様々な関係を重ね合わせて行く事で、家の形から派生される新しい形態と空間が生み出されていくのではと考えた。家型の奇形が、家型を寄せ集めることで生まれる。その空間生成手法を『寄景化』と名づけ、その手法の特性を考える為、試作を始めていった。

観察

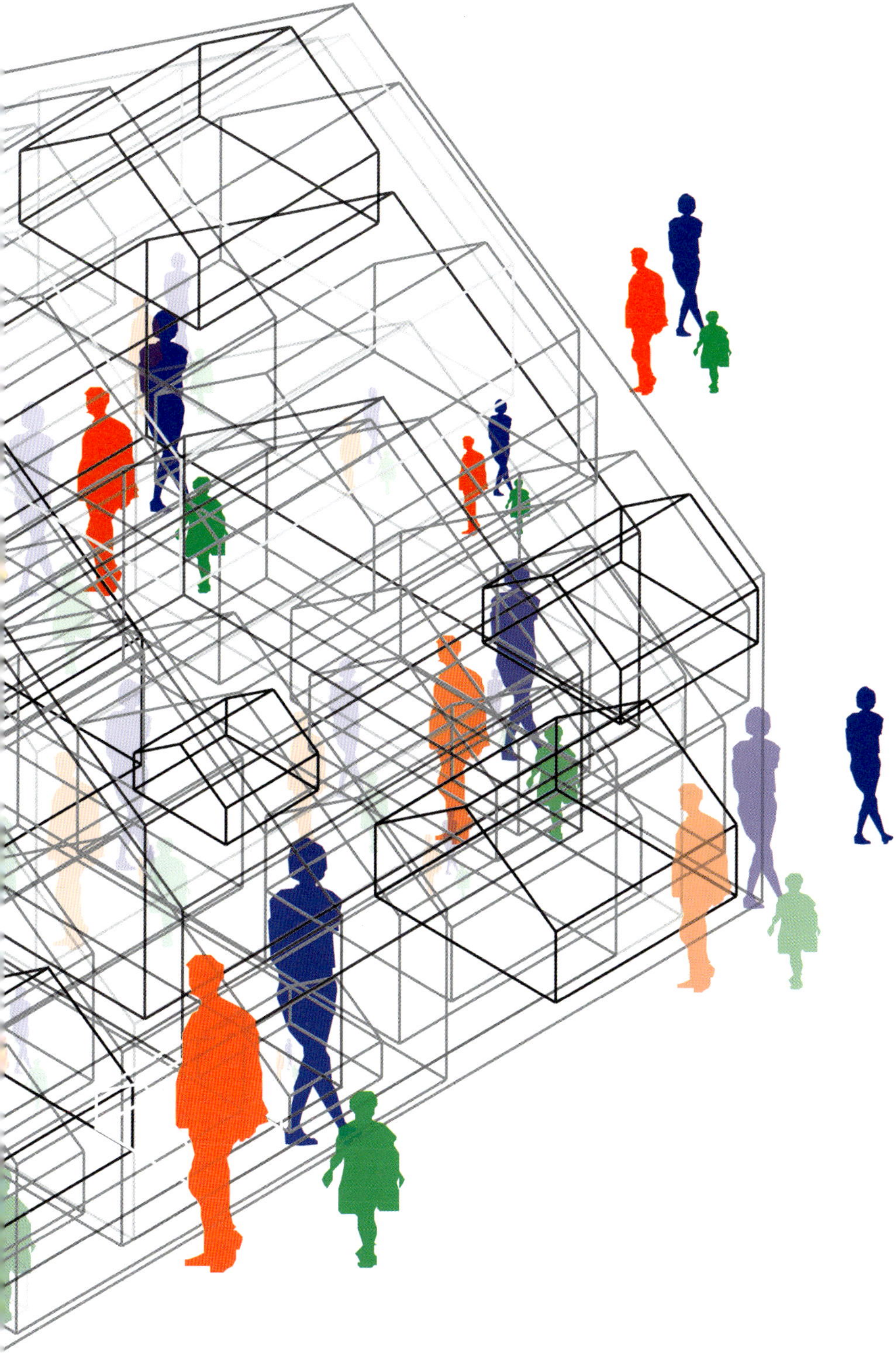

分離 / 分裂の STUDY

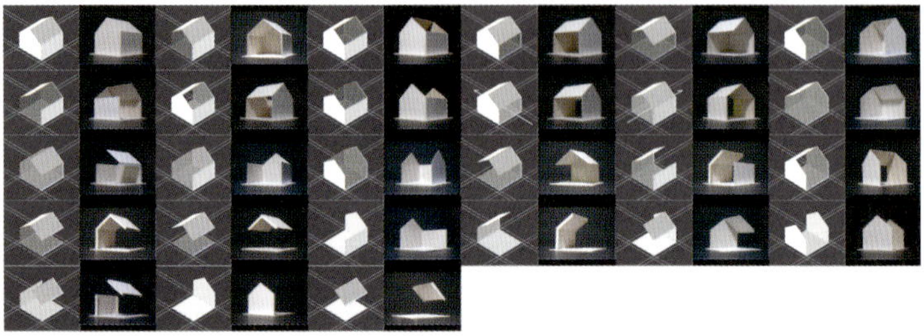

解体 / 断片化の STUDY

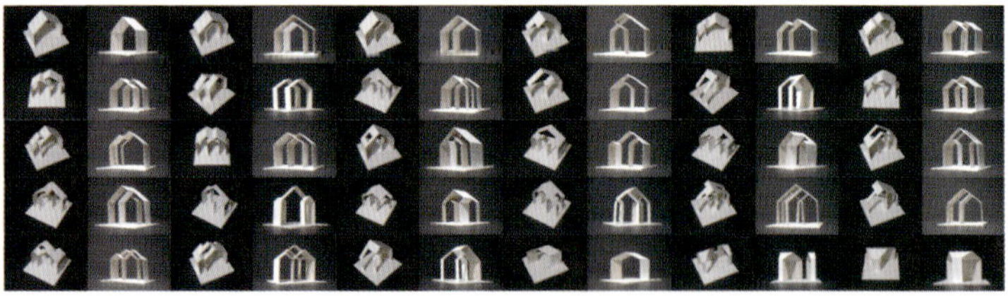

融合の STUDY

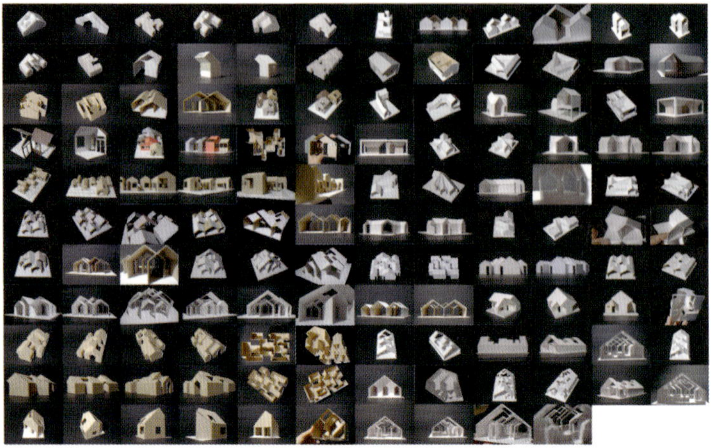

発展の STUDY

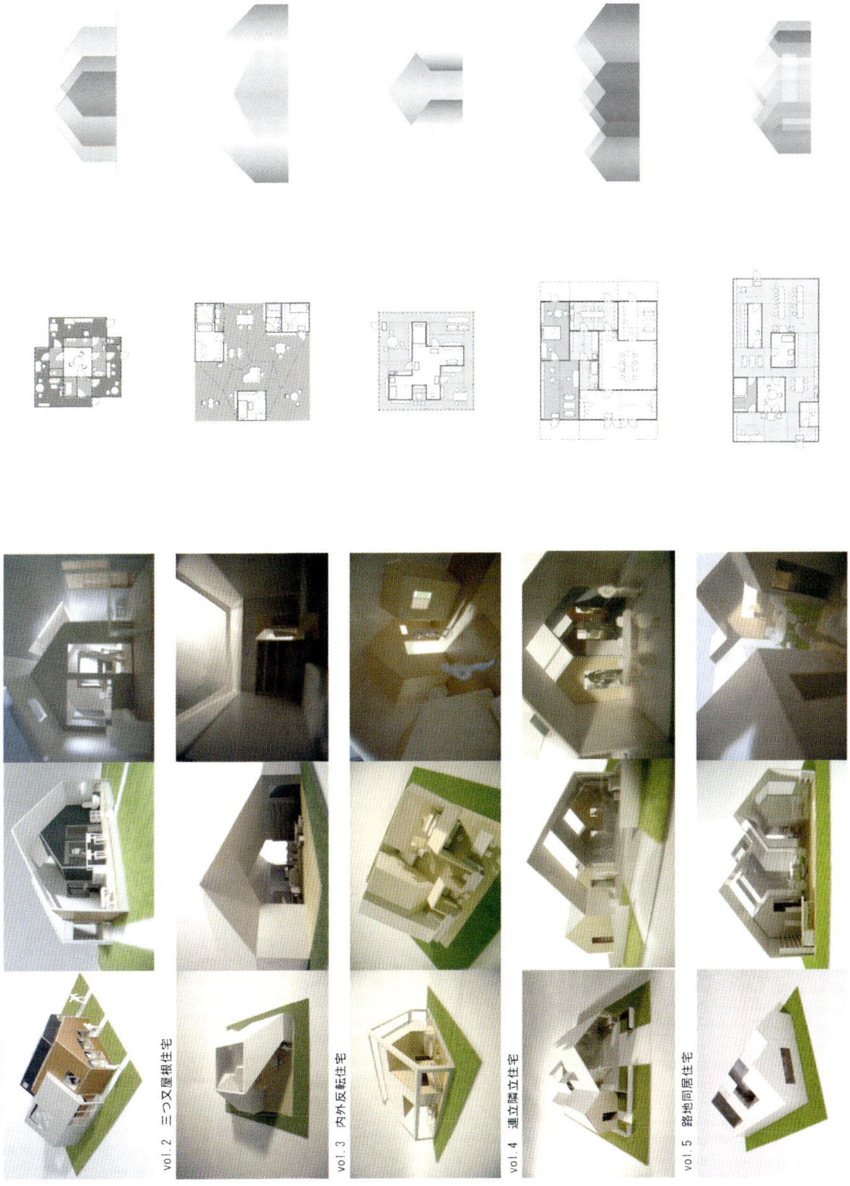
vol.1 三重べん図住宅
vol.2 三つ又屋根住宅
vol.3 内外反転住宅
vol.4 連立隣立住宅
vol.5 路地同居住宅

5つの計画

FRIEND ARCHITECTURE

家具や機能が居場所を規定しない建築。四畳半という最小限のスケールのもたらす身体性を鍵に、壁、床、天井、開口部、それらが作る環境という建築の基本的要素のみで成立する建築の在り方を模索する。それは、ありのままの建築の姿を受け入れる限りなく自然な関係。

加藤 渓一
Keiichi Kato
武蔵工業大学大学院
工学研究科 建築学専攻
手塚貴晴研究室

ありのままの姿の建築と生活できるように、何もない場所を作る。

壁と床、それらが作る空間の雰囲気というごく当たり前な建築的要素を、物質的にも感覚的にも近づけて住むということは、人の生活も変化すると共に、建築そのものも変化させる。機能のためだとか、より良い環境を作るとか、新しい空間を作るというような、建築的な役割から建築を解き放つ。人に最も近づき、いつまでも寄り添っていてくれそうな存在になった時、建築が「人生で一番高い買い物」というただの所有物として留まっていることができなくなる。共にくらしているかのような対等の立場として建築を捕らえ、「人と建築が仲良し」という新しい価値を作ること。それは、人も建築も機能に縛り付けられた従来の硬い建築ではなく、建築の吐き出す多様な雰囲気に合わせて人は動き回り、多種多様な感情を持つ人に合わせて建築は様々な環境の場を作り出す。そんなお互い思いの仲良しな関係がFRIEND ARCHITECTUREである。

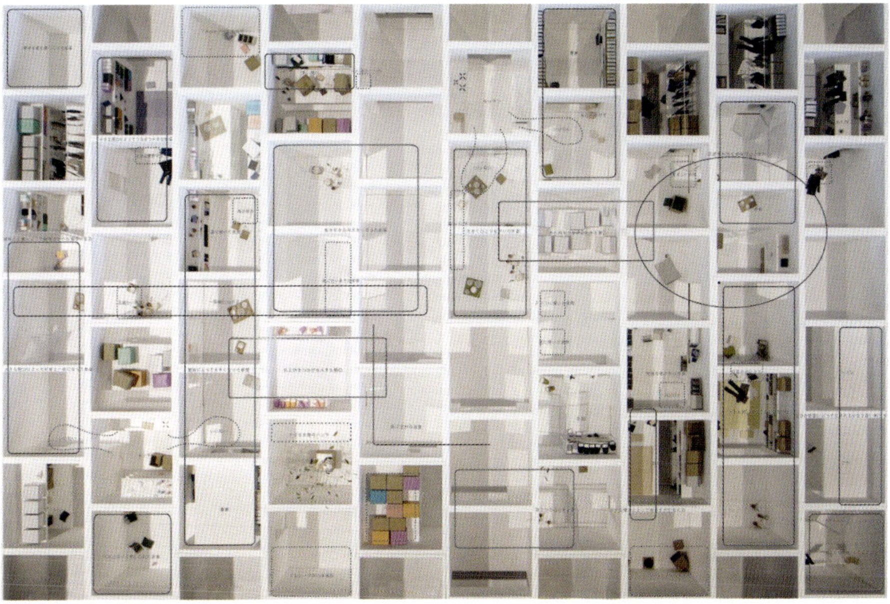

部屋の環境は無限につながっていくような関係によって作られる。

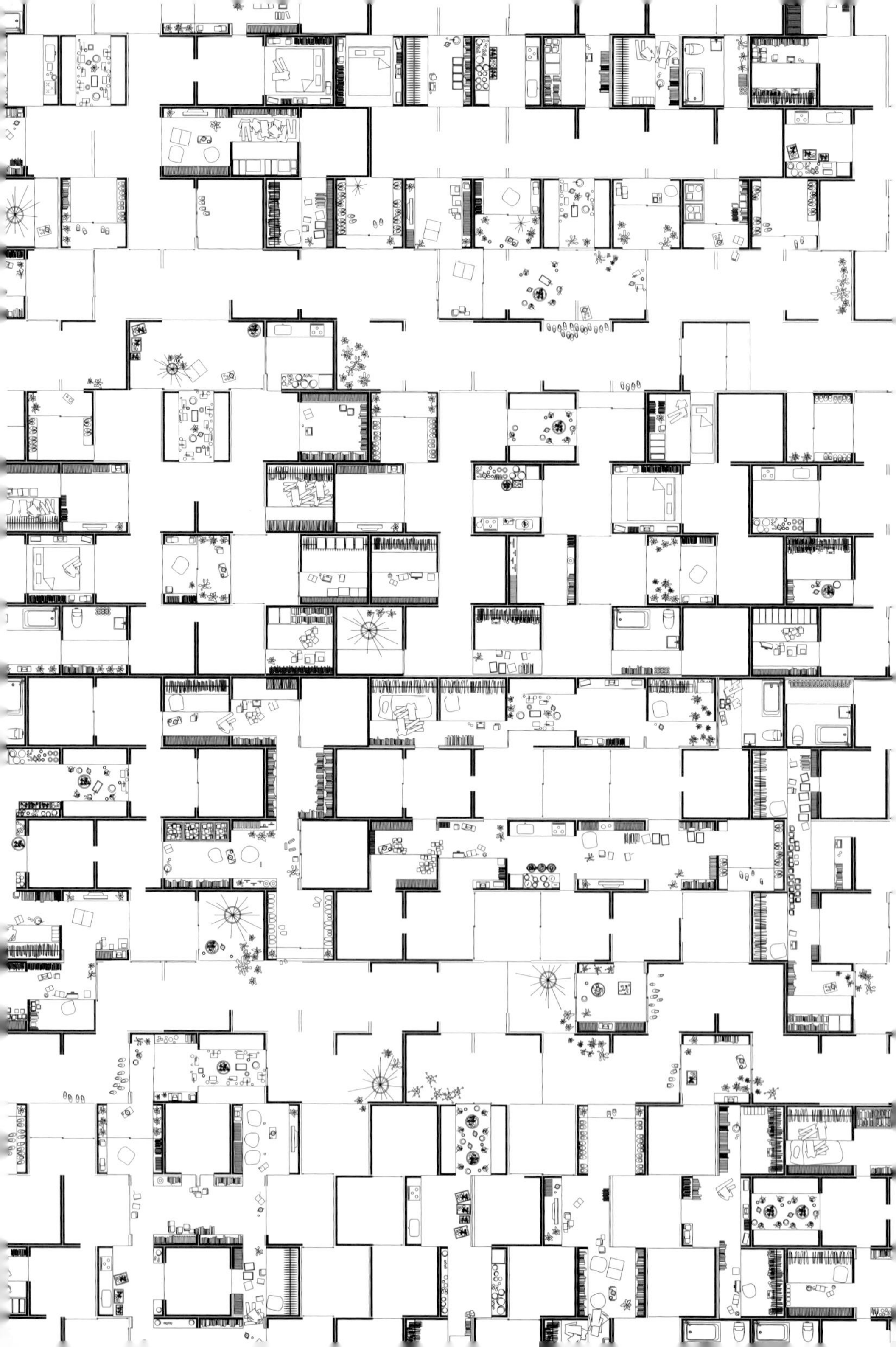

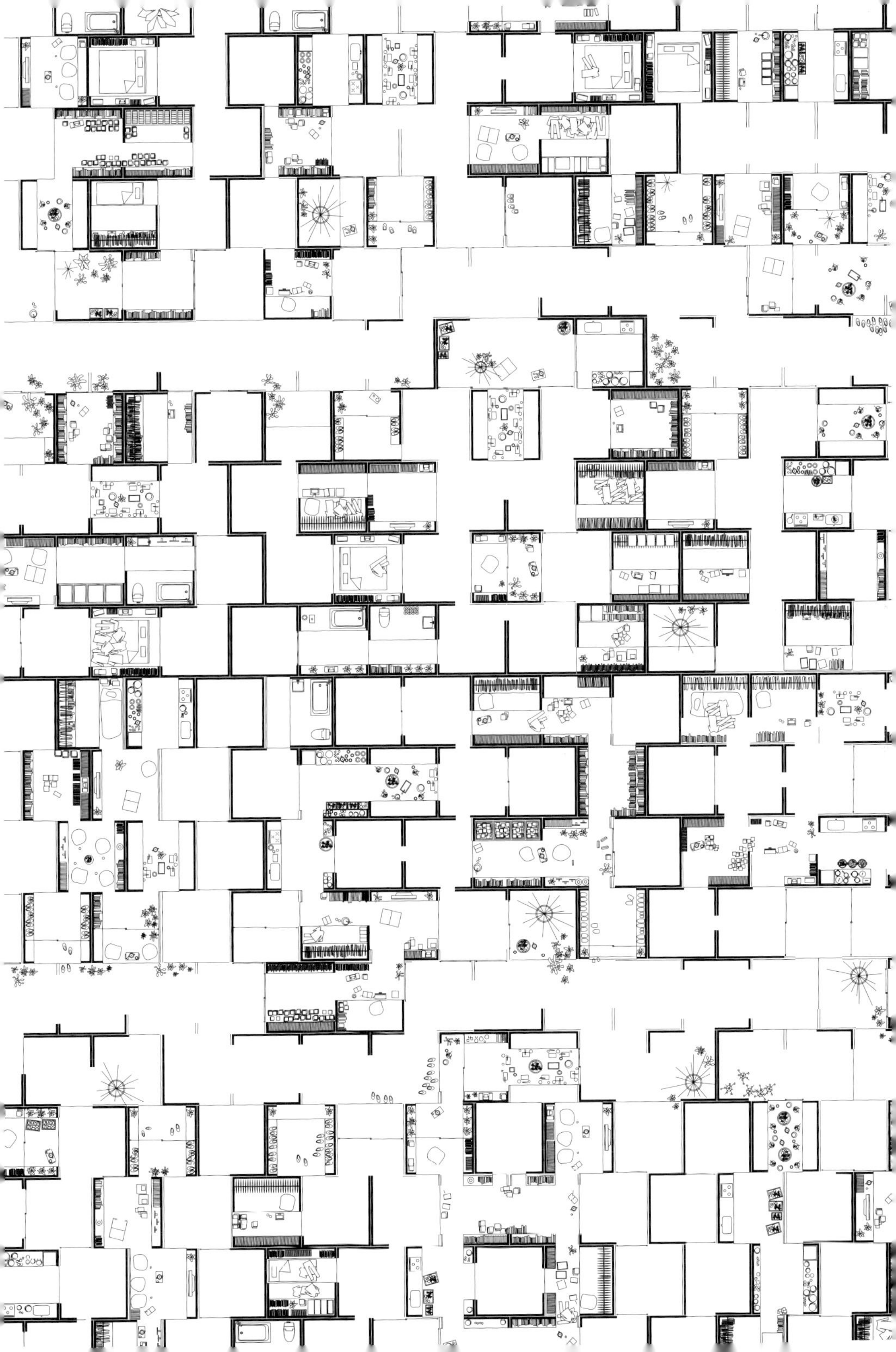

建築が作ってくれた様々な環境を人は受け取る。状況に合った環境がある部屋を選び、動き回りながら生活する。

一次審査通過作品｜加藤渓一『FRIEND ARCHITECTURE』

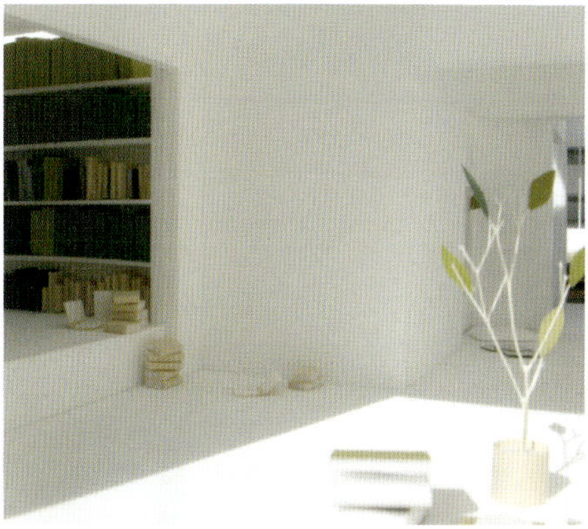

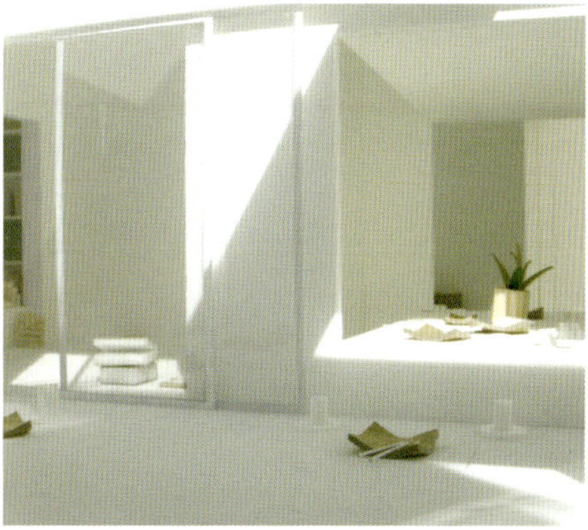

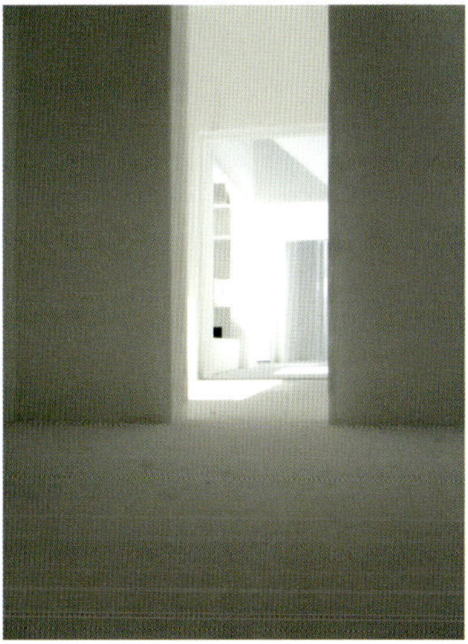

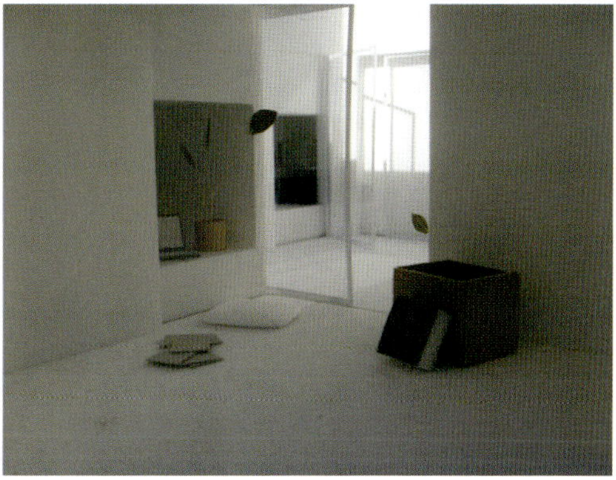

みんなのぶらんこ

みんなのぶらんこは『空から吊られたブランコのようなベンチ』である。ベンチから8.5mの棒(釣竿)がたちあがるだけで、公園内に新たな風景をつくりだす。その姿は朝陽とともにうかびあがり、曇空にとけこんで、夕方には夕陽がうつりこむ、そしてまた夜になると幻想的な姿となって西郷山公園にうかびあがるのである。ブランコにすわってひとやすみ。都市の喧騒から離れ、西郷山公園から望む最高の景色と時間を味わう作品となった。

斉藤 健
Takeshi Saito
千葉大学大学院
工学研究科　建築専攻
栗生明研究室（共同設計：石川智行／奥山枝里／高橋護）

みんなのぶらんこの単景

みんなのぶらんこの夕景

みんなのぶらんこを様々な角度から

みんなのぶらんこにすわった人々

おじいちゃんも、　おばあちゃんも、　おとうさんも、　おかあさんも、
おにいちゃんも、　おねえちゃんも、　わんちゃんも、　みんながすわるぶらんこ

アーバン リニューアル イン パッシブデザイン

本計画は環境負荷を軽減することを建築の空間に発展すること主題とする。内部構成を熱容量の異なる入子モデルから提案し、外部構成を風と建物の関係から考察、ケーススタディとして品川駅東口再開発地区を対象に建築群全体の空間構成を再編する。『環境に配慮すること』を設備的・表層的にするのではなく、建築空間や意識化されうるデザインとして体現することで、そこでの人々の行為や振る舞いにまで還元することを目指す。

吉田 泰洋
Yasuhiro Yoshida
東京工業大学大学院
理工学研究科　建築学専攻
安田幸一研究室

近年、地球温暖化が顕著となり、環境負荷を軽減するパッシブデザイン手法が数多く提案されている。しかし、ヒートアイランド現象や都市気候の大きな要因となっている大規模建築では、設備やファサードエンジニアリングの部位の提案にとどまるものが多く、環境配慮への意識を高めるためにもパッシブデザインを採用した全体空間構成を考慮する必要があると考える。

近代において建築のデザインは設備と一度離れてしまった。どんな場所にも建てることができるという思想は、その土地特有の外部条件を排除し、内部環境をすべてアクティブデザイン(＝機械的手法)に依存することで成立し、その土地に根付くことでのパッシブデザイン (＝建築的手法)は忘れ去られてしまったように思える。

しかし、現在の社会においてアクティブデザインを止めることは不可能であり、これからのパッシブデザインとアクティブデザインがハイブリットにされてゆく中で、新たにデザインされるべきものを定義する。

意識化されるデザイン

感覚とは人それぞれによって異なり、最適温度という言葉は存在しえない。建築には、外部環境を単純化することでの環境設備的な思想ではなく、複雑化したままで許容することのできるおおらかさが必要であると考える。パッシブデザインを空間構成に還元・体現し意識化することは、そこを使う人々の意識や行為・振る舞いに影響を与える。建築が複雑な外部条件下においての選択性を獲得することで、人々の行為から環境負荷の軽減を促す。

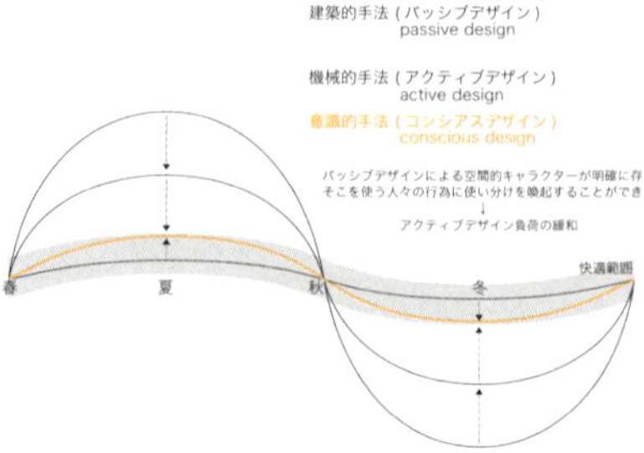

環境配慮 → 空間/形 → 意識/行為

概念

内部構成の視点

室内環境において部材の持つ熱容量に着目し、熱容量の大きさが異なる入子ﾓﾃﾞﾙを提案する。
熱容量を変化させ、室内環境に明確なバリエーションを作り出すことは、使用者の行為や移動による室内環境の選択性を高めることから有効な手段である。
熱容量の大きい部分を[安定]、小さい部分を[可変]と定義し、素材・構造・用途・設備・表層から検討を行い、空間構成ﾓﾃﾞﾙを導き出す。

入子モデル

中心を熱容量が大きい［ 安定 ］、周辺を小さい［ 可変 ］とする。室内環境に明確なバリエーションを作り出し、デザインとして体現することで、外部条件の変化に対し、機械空調によって室内環境をコントロールするだけではなく、まず使う人々の行為や移動によって室内環境を向上する。

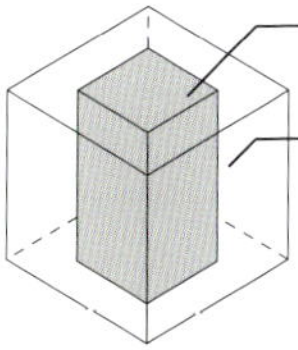

[安定]
熱容量が大きく、外部条件や室内環境の変化に対して安定的

[可変]
熱容量が小さく、外部条件や室内環境の変化に対して可変的

外部条件の変化に対する安定性

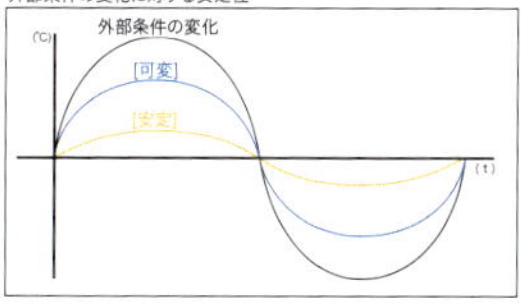

素材と構造

熱容量は容積比熱と容積の積であることから、どの部材として使われるかによって熱容量の値は異なる。［ 安定 ］は質量も大きくなることから、壁・床・柱など躯体として用いられ、構造体になりやすく、その空間は閉鎖的。また、［ 可変 ］は質量が小さいため、開口や軽量部材による開放的な空間。

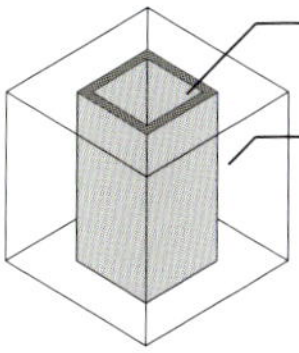

[安定]
空間を構成する部材の質量は質量が大きくなり、
壁・床・柱など躯体として用いられ、構造体になりやすく、その空間は閉鎖的

[可変]
空間を構成する部材の質量は小さいくなり、
開口や軽量部材による開放的な空間

容積比熱

素材	容積比熱[kj/m³K]
水	4,200kj/m³K
鉄	3,400kj/m³K
タイル	2,600kj/m³K
モルタル	2,300kj/m³K
大理石	2,300kj/m³K
アスファルト	2,000kj/m³K
普通コンクリート	2,000kj/m³K
ガラス	2,000kj/m³K
土	1,500kj/m³K
ひのき	900kj/m³K
せっこうボード	850kj/m³K

用途と機械空調

熱容量によって空間の性質が異なることから用途と、機械空調の方式を考察する。［ 安定 ］は、静的な用途に適し対流的。［ 可変 ］は、動的な用途に適し流動的とする。また負荷の大きい［ 安定 ］では長期的で定期的な機械空調の方法が有効であり、外部条件に影響を受けやすい［ 可変 ］では局所的で一時的な方法が有効であると考えられる。用途と機械空調は時間的な観点から一致が見られる。

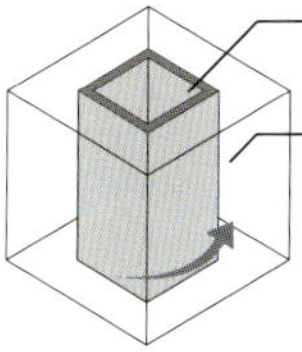

[安定]
静的な用途に適し対流的であり、
外部条件や機械空調に影響を受けにくいため、
長期的で定期的な機械空調が有効

[可変]
動的な用途に適し流動的であり、
外部条件や機械空調に影響を受けやすいため、
局所的で一時的な方法が有効

用途による使われ方と機械空調の方法

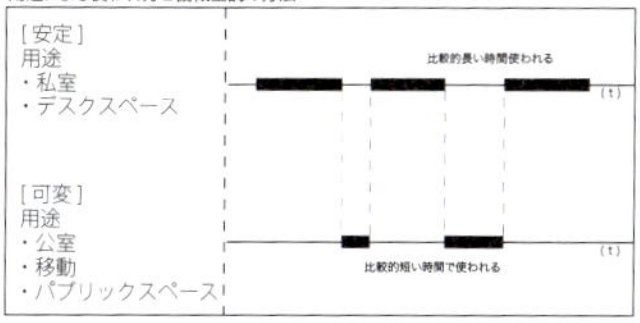

表層

表層を凹凸にすることで、［ 可変 ］において外部条件を整理し室内環境を向上する。南面を水平、東西面を垂直の凹凸とし、日と影を積極的に作り出す。温度差換気や、風の吹込みによる風換気を促すし、［ 可変 ］おいて自然換気を用いて室内環境を向上する。

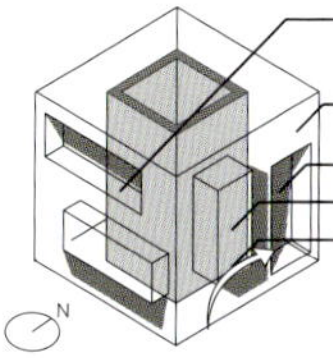

南面
水平な凹凸

東西面
垂直な凹凸

日と影を積極的に作り出し温度差換気

縦の吹抜けによる重力換気

風の吹込みを利用した風換気

空間構成モデル

熱容量による空間の安定性の違いから入子ﾓﾃﾞﾙを提案し、素材と構造、用途と機械空調、表層から検討を行い空間構成ﾓﾃﾞﾙを導き出した。これを各用途に応用させることで、内部構成を行う。

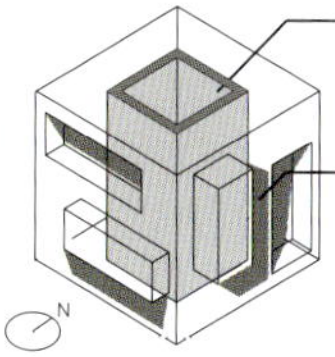

[安定]
中心の[安定]は重い素材の主構造であり、閉鎖的な空間となる。
用途は私的で空間の性質は静的で対流的とし、
気積が小さい方が熱的な安定は大きくなる。
温度変化への抵抗が大きく、機械空調と兼用する場合、
定期的に全体を制御する方が効果的である。

[可変]
周辺の[可変]は軽量部材を用いて構成され、開放的な空間となる。
用途は公的で空間の性質は動的で流動的とし、外部条件を積極的に変化させ、
熱交換を行うことで、室内環境全体を制御する。
温度変化への抵抗が少なく、一時的で局所的な機械空調が有効である。

空間構成モデルの概要

	安定	可変
素材の質量	大きい	小さい
部材の用途	躯体	軽量部材
構造の役割	水平荷重 鉛直荷重	鉛直荷重
空間の広がり	閉鎖的	開放的
用途	静的	動的
空間の性質	対流的	流動的
機械空調	定期的 長期的	一時的 局所的

外部構成の視点

風は建築及び室内環境を向上するうえで重要な要因であり、風の挙動と建物の関係から外部構成を考察する。

建物と風の関係

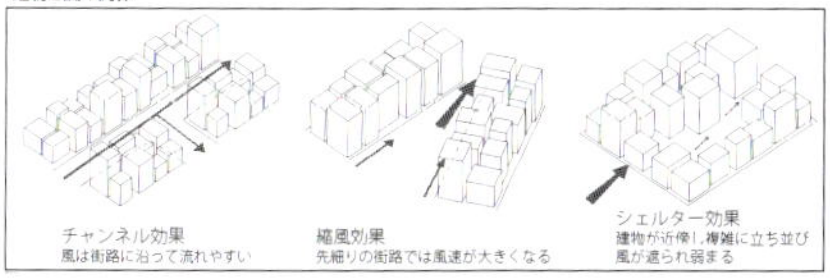

建物による風導入効果の比較

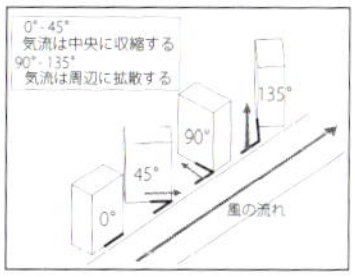

建物の凹凸による風の吹込み

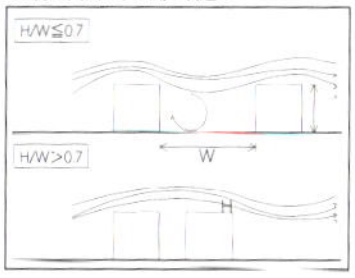

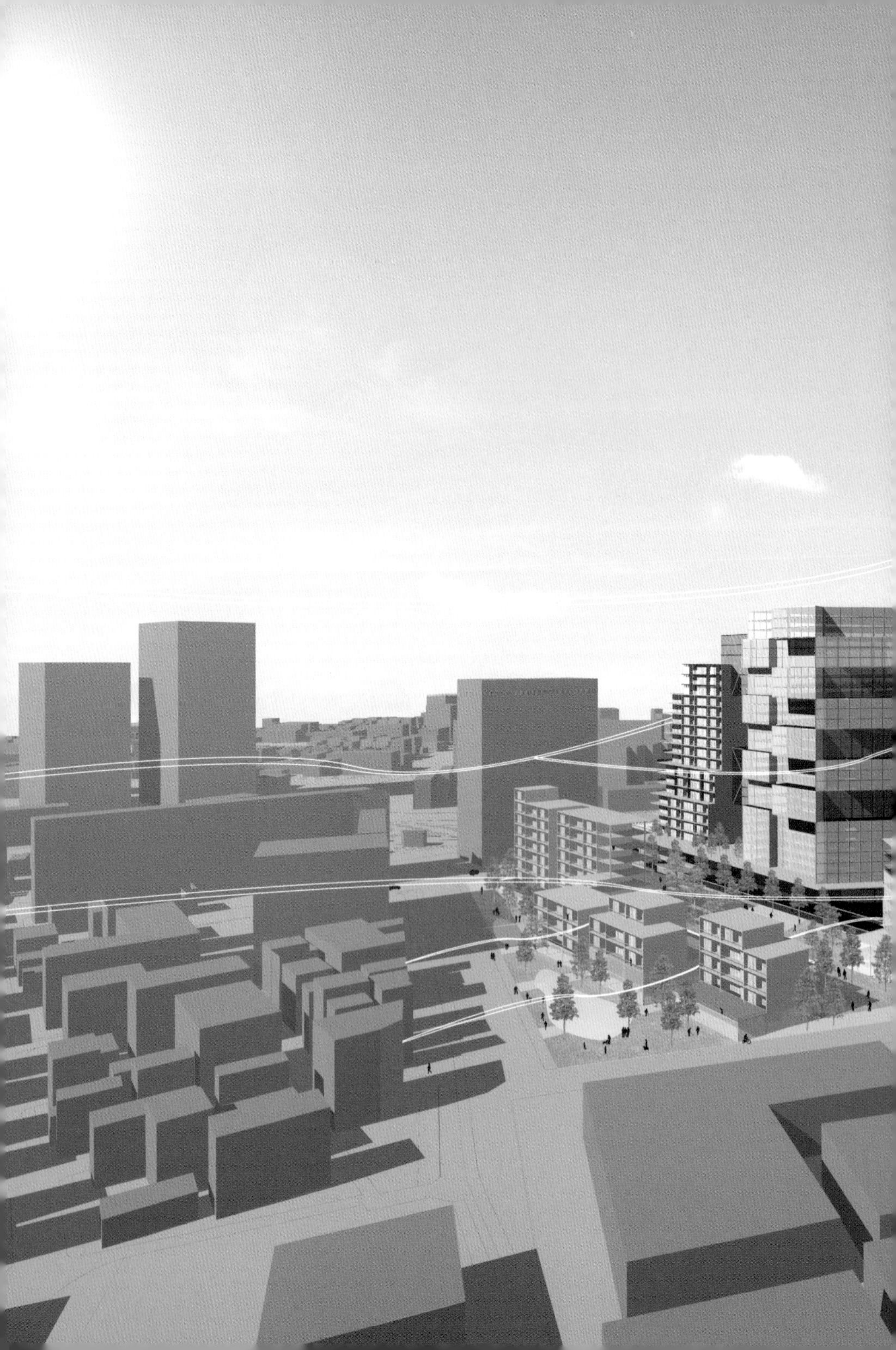

housing群

低層群に対応した住居施設は、単位面積が小さく、小さい気積の集合体である。中央に主構造としてのコンクリートコアを持ち、周囲をガラスや木などの軽い部材で構成する南北の開口から通風を確保し、周囲の[可変]は動的な公室として、天井の高い流動的な空間とする。表層の凹凸によって日射が調整され、コア部によってナイトパージやディハーシなどを促す。コア内の[安定]は気積の小さい静的な私室であり、[可変]にたいして開口を持つことで、室内環境を調整する。また室内の気積と開口の大きさを変えることで、住戸内に多くの室内環境を提案し、住民の選択性を向上する。

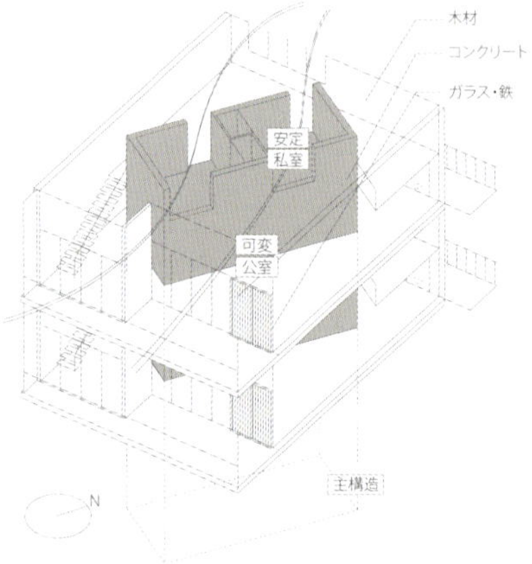

shop群

中層群に対応する商業施設は、流動的な性質が強い。中央をコンクリートによる主構造とし、周囲をガラス・鉄の軽い部材で構成し、表層の凹凸によって風を捕まえ自然換気を行い、日射を制御する。中央の[安定]は静的で閉鎖的な空間となり、開口により外部との接点を作り出す。また周囲の[可変]は開かれた空間なり、2つの明確な環境を用意することで、使用者の選択性を向上する。

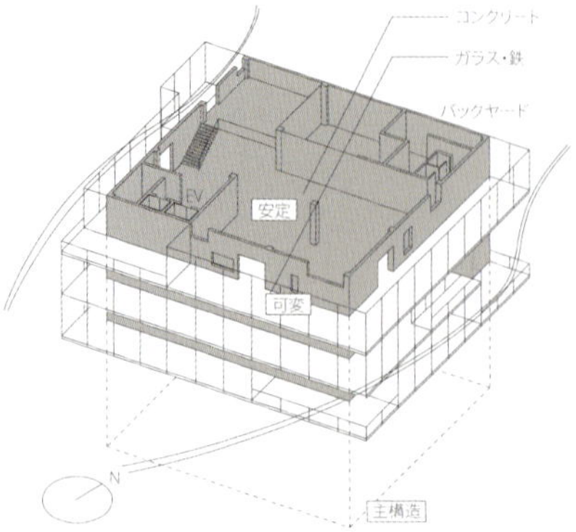

office群

高層群に対応する業務施設は、単位面積が大きく、壁量の少ない流動的な空間となりやすい。そこで中央にアトリウムを内包するﾄﾗｽ型の主構造を持ち、表層は軽い部材で構成する。アトリウムを中心とした天井の低い場所を静的な事務スペースとし、アトリウムからの安定的な給気行い、周囲の天井の高い場所を動線や会議スペースなど動的な用途とする。表層の凹凸に対し、部分的に南向きの壁を設けることで、日中、廊下や会議スペースなどに日陰を作り出し、使用者の選択性を高める。また壁の日射取得による温度差換気や、吹抜けをによる重力換気、風換気など[可変]において自然換気を積極的に行い、給気の原動力とする。

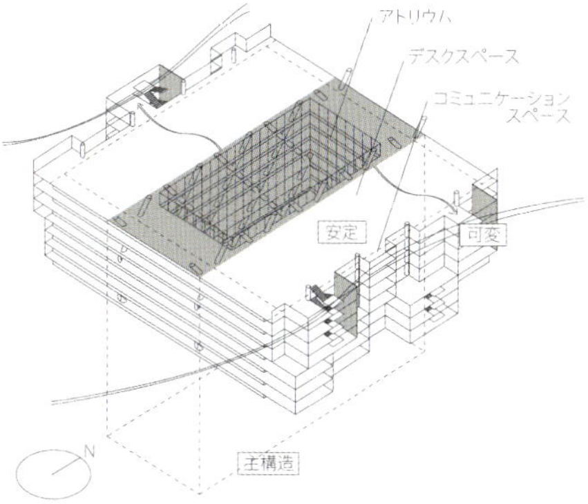

housing 群

上：housing ［安定］ベットルーム （2月 AM8:00）。中心に位置する私室には開口が設けられ、風や光を[可変]を介して取り込む。下：housing [可変]リビング（7月 AM11:00）。周囲に配され公室は光や風を取り込む。流動的なプランは、外部条件の変化に対し様々な表情と室内環境を作り出す。

office 群

上：office[安定]静的な空間 (8月 PM3:00) 。中央アトリウムを中心に天井高の低い静的な事務スペース。外部から深さをもつことで影響を小さくし、アトリウムから安定した給気を行う。下：office[可変]動的な空間 (8月 AM11:00)。外部に接する表層は天井高の高い動的な廊下や会議スペース。凹凸することで、光と影の場所を作り、それらを利用して自然換気を行う。

shop 群

上：shop [安定]閉鎖的な空間 (9月 PM2:00)。熱容量の大きい 材で囲まれ、外部条件による影響が小さく安定した室内気候を持つ。様々な開口を持ち、使用者の選択性を高める。下：shop[可変]開放的な空間 (9月 PM2:00)。周囲に対して開かれることで、夏の緑による木陰や冬の日射を取込み、表情を映し出す。

都市の新たなコンプレックス

—都市生活の新たな風景のためのデザイン—

本計画では従来の都市にある様々な制約を取り外し、平面的な構成ではなく立体的に重ね合わせることによって、現在の都市風景からこぼれ落ちている魅力的な新しい都市生活の風景を提案する。福岡市の天神、大名、今泉の3地区の12種類のプログラムの面積を算出する。それらを内部空間と外部空間に分けることで、割合が約2:1となることからルールを作り出し新たな都市を構成する。

正木 達彦
Tatsuhiko Masaki
近畿大学大学院
産業技術研究科　造形学専攻
空間デザイン研究室(川上秀人・金子哲大研究室)

都市空間の姿はそこで行われている経済活動を反映させた姿だと考えられる。都市の中の土地は誰かに所有されており、土地所有者は自らがより豊かになるようなプログラムを建築に込め、都市に供給させる。また、行政は都市空間の公共性を保つために経済活動や景観をつくり出す建築の姿に、ある程度の制約を与えている。どれだけの制約を与えるかによって都市の姿が秩序を保ちつつ、適度に変化していくのかを知ることは困難ではあるが、与えられている制約からこぼれ落ちている魅力的な都市の風景があるはずだと考えられる。近年、駅ビルや大型ショッピングモールなどの細分化された土地を集約し、巨大な建物の中に多くの用途を取り込むことで一つの街を形成しているような複合施設が多く出現しており、こうしたプロジェクトが歓迎されている背景には、単独で出店している店舗よりもはるかに集客力が強いという面もあるが、現実の都市空間では多くの要因により実現困難とされる様々な用途の複合化が可能であり、それによって生まれる新鮮な活動の魅力があるからである。法規・敷地・建物という古典的な縛りがないため流動的に変化することが許容され、常に新しい出来事の発生が期待できる。それは土地区分を前提とした平面的に広がる現実の都市がなし得なかった都市生活の風景である。

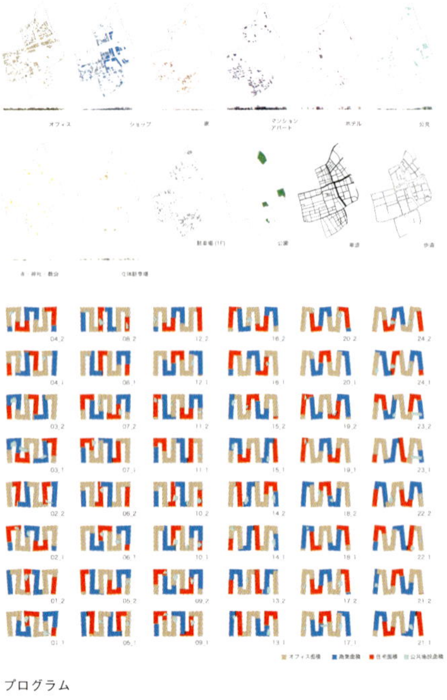

プログラム

アクソメトリックパース

外観模型

外観模型

内観模型

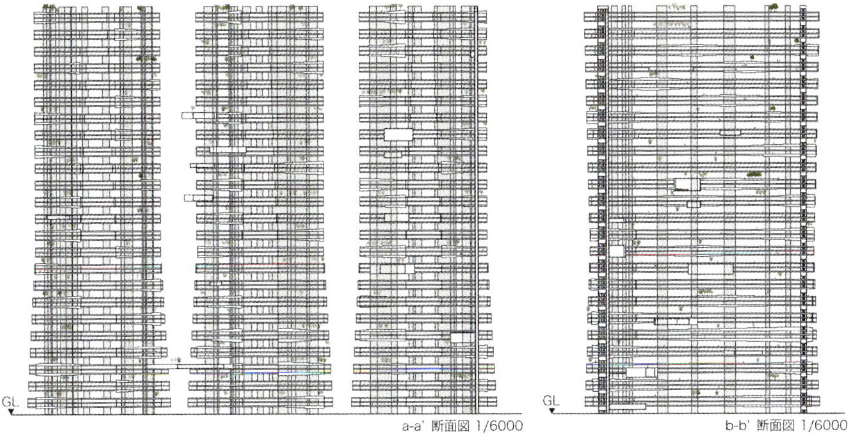

断面図

死を想う集落

—ウェブ社会における‘墓’、発電所跡地での人の集まり方の提案—

これは都市において見られるような偶然で不用意な人の集合ものではなく、感情や想いによる人の集まり方であり、そこでの生活を提案する。本計画ではWeb社会における集落を、火葬場と宿泊施設を備えた滞在型の火葬場として発電所跡地に計画する。日常から切り離された単純な生活の中で、生活であり‘生’を再考する。

奥野 幹
Okuno Miki
東北大学大学院
都市・建築学専攻
都市デザイン学講座

「ネットで検索できないものはないに等しい」。これは『ウェブ進化論』という本の中で著者である梅田望夫氏がこれから訪れるであろうWeb社会の状況について言及したものである。Web社会では、緊密な関係性はSNS（Social Network Servis）の中に存在する。構築される関係性の比重がSNSの中に移っていくとき、家族やその他周辺との関係は希薄になり、どちらにも完全に所属することのできない質量を持った物質としての人の存在は、置き去りにされ次第に曖昧になっていく。この集落はある人物が過去の記憶を話す様子を撮影し記録するための施設である。そしてここではそのデジタル化された情報を、Web社会における‘墓’として提案する。その為の生活を集落に計画する。

集落では滞在者一人ひとりが、塔状の生活空間を持ち、その上下移動の中で自分や周辺との対話を積み重ねていく。それにより、自分自身を形づくる過去の記憶を明確にしていく。この集落にあるのは身体的経験の積み重ねによる‘フィジカルな時間’であり、死をそばに感じる‘生きた人’である。その存在が‘生’を豊かにすると考えている。

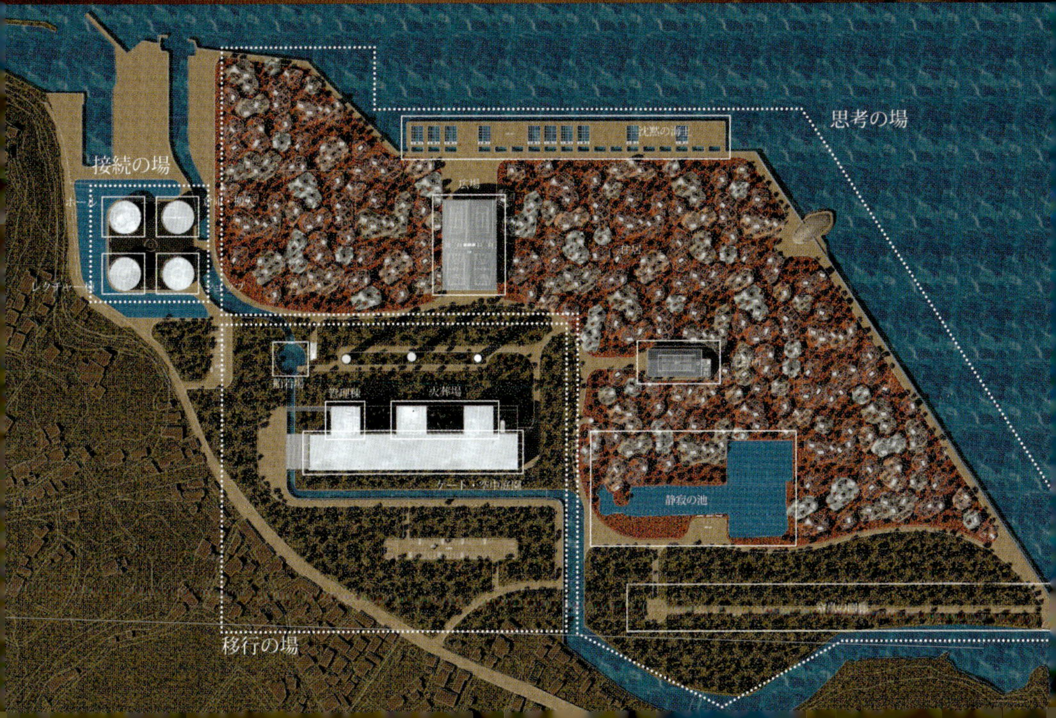
思考の場
接続の場
広場
管理棟
火葬場
静寂の池
移行の場

再帰的住居開発

—玉川学園における個からの再編成—

全体像

玉川学園の形成過程から、居住環境を形成しているインフラレベルの要素を分類し、時間軸によって評価・比較することで、住宅地を深層で支えている主構造を抽出した。この主構造に従いながら、宅地を新たな微地形へと再編成していく住宅地の新たな循環体系を構築した。更に、この手法の行程から必然的に発生する残土を、再帰的に住環境の空間性や快適性、周辺との良好な環境創造に活かしていくことで、新たな居住環境を提示した。

森屋 隆洋
Takahiro Moriya
東海大学大学院
工学研究科 建築学専攻
杉本洋文研究室

全体像

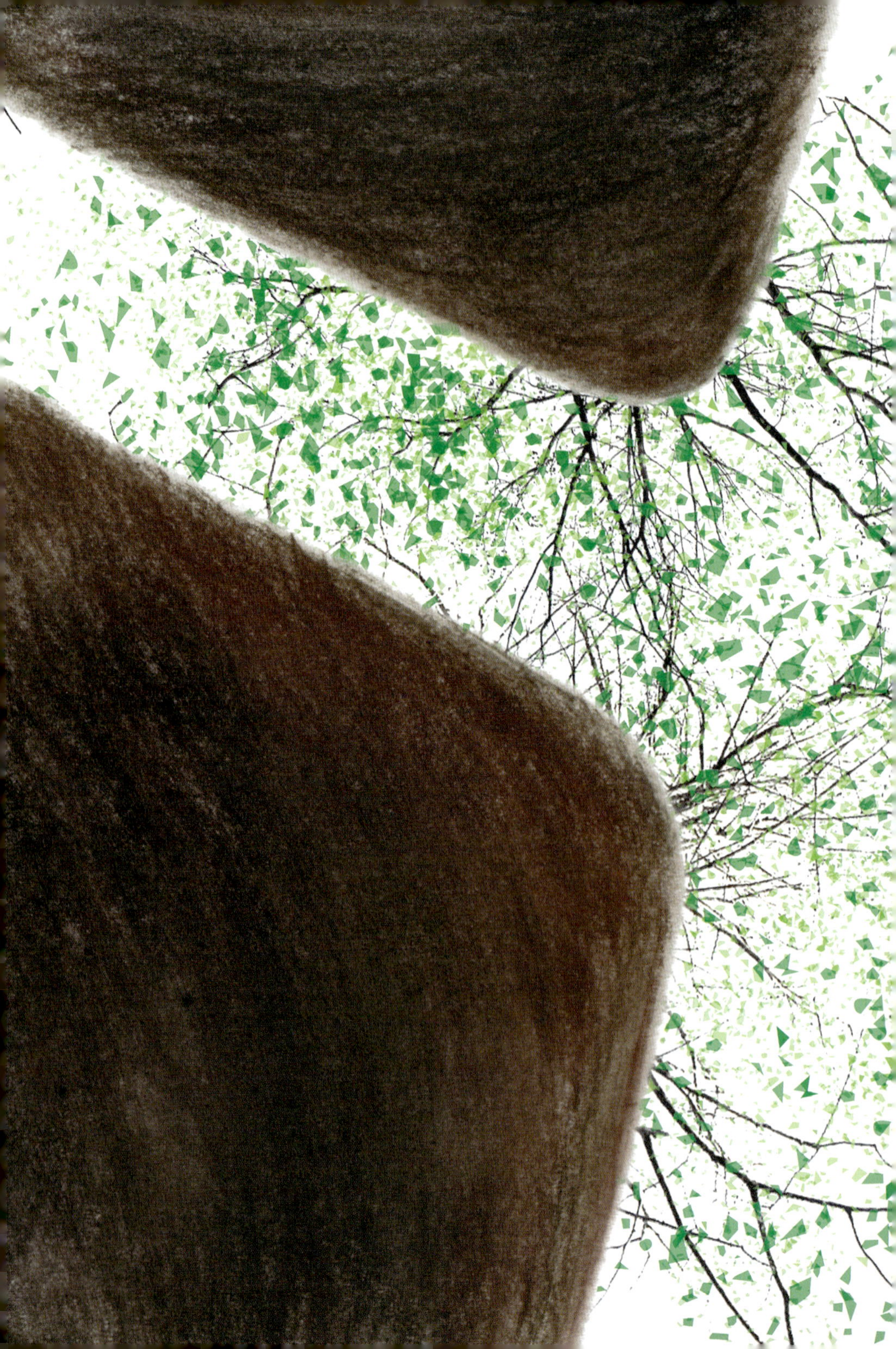

外観

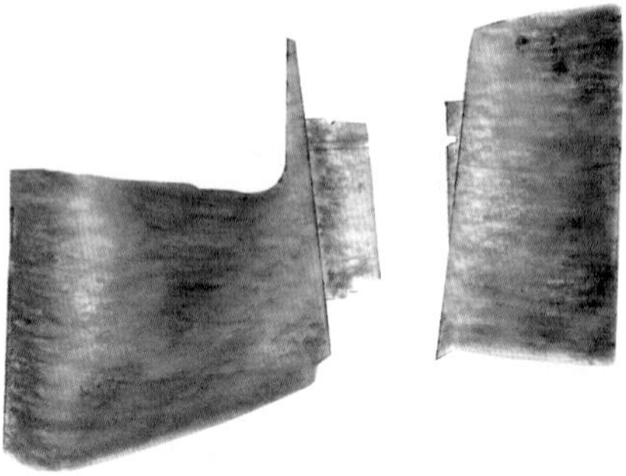
内観

内観

短手断面図

屋上は都市となりうるか

—5件の集合住宅における屋上改築の提案を通して—

都心居住の進展とともに、高密化によって集合住宅における共用部や近隣関係の喪失といった問題が生じている。本案は主にそうした共用部を、未だ都市のデッドスペースとして認識される屋上に担保させることで、屋上の有効利用を図るとともに、集合住宅における共用部の再構築を、「改築」という手法を用いて実現する。そしてその後屋上が都市を席巻するのか、あるいは…。本案を通じて「屋上」は前者のような可能性を持っているのではないかと考える。やがて都市は地上から消えゆくだろう。

斎藤 隆太郎
Ryutaro Saito
東京理科大学大学院
工学研究科　建築学専攻
大月敏雄研究室

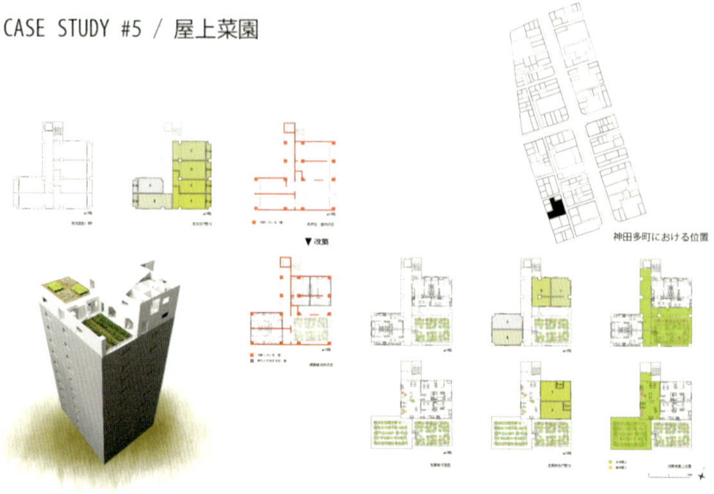

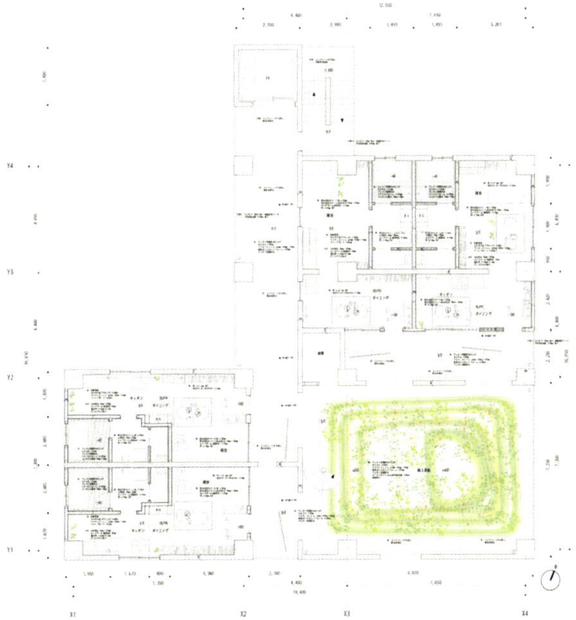

13階平面図

11階平面図

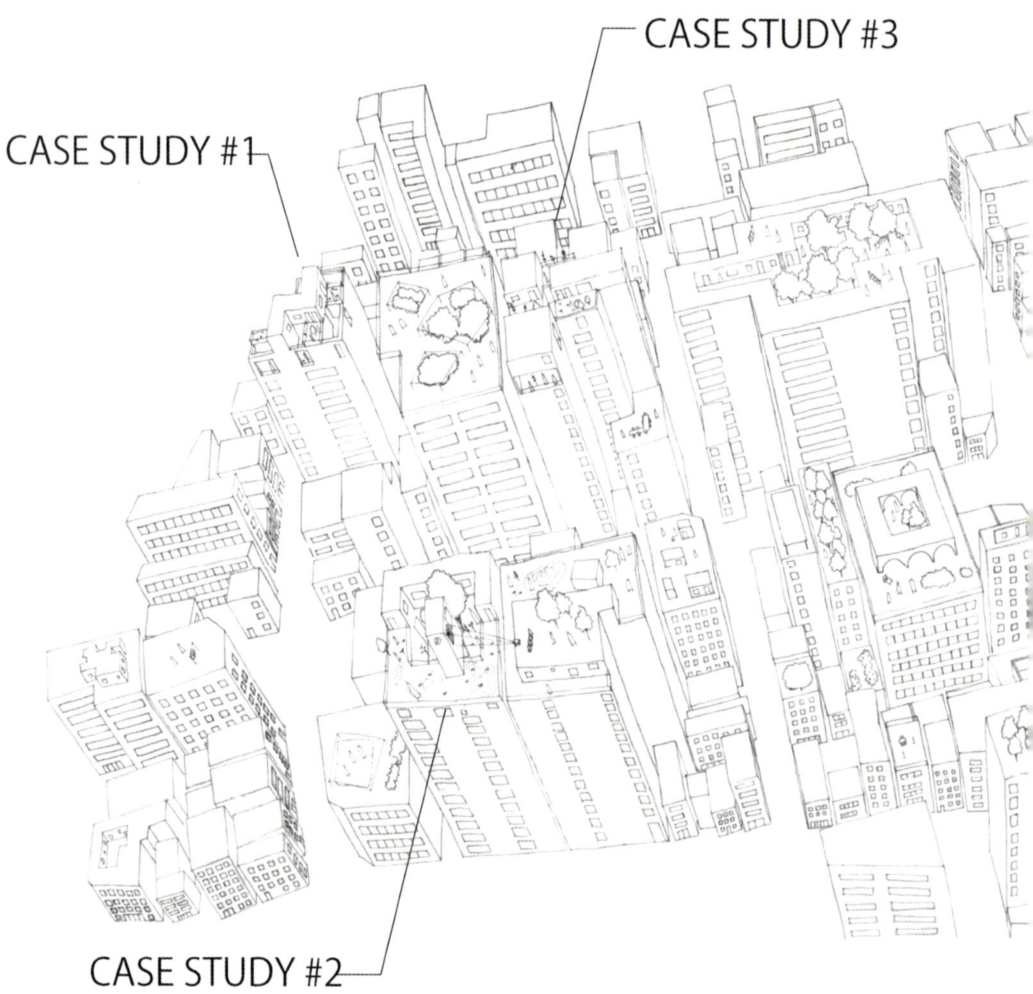

CASE STUDY #1

CASE STUDY #2

CASE STUDY #3

屋上の都市モデルランドスケープ

CASE STUDY #4

CASE STUDY #5

CASE STUDY #1

CASE STUDY #2

CASE STUDY #3

CASE STUDY #4

CASE STUDY #5

場所に応答する建築
—見立てを用いた設計手法—
architecture which response to the environment

私たちの時代は、普遍的なことが優先される世界観によって、全地球的に均一化が進んでいる状況にある。それによって、私たちのかけがえのない場所は死にかけている。建築は、場所から逃れられないものだということを認め、場所の再生について考えなければならない。本計画は、場所に先行する事物に対して、見立ての手法に倣い、場所に応答し、具体的に行為していくことで、新たな<世界>の可能性を示すことを行った。

成山 由典
Nariyama Yoshinori
早稲田大学大学院
理工学研究科　建築学専攻
入江正之研究室

敷地は浅草。私は様々なコンテクストが絡み合い、複雑な様相を呈している場所を発見した。その場所に内在する見えない力を可視化する形の可能性を引き出すことを行い、そこから得られたいくつかの結果を、組み合わせ、組み替えていくことを行った。
今回は結果として、42個のエスキス結果と、このような様々な姿を持つ建築のかたちが溶け合ったような包含的な形態が導きだされた。浅草のまちを表現する様な形態と形態の形が解け合い、周囲との関係性のみが残るごった煮のような建築になった。具体的な都市に対する応対として、交差点側のファサードは、まわりのビルと同化するかたちで開口のパターンを引き込んでおり、交差点の角にあたる上部は、軸を受け入れるかたちになっており、都市の顔になったのではないだろうか。全体としては、水平と垂直が強引に捩じ曲げられた状態になっており、それらが、壁から天井へ、波立つようにうねりながら連続的に関係性がつながっていくような構成になった。このように諸場所の場所に対してはローカルなルールによって応答し、全体としてはまちを異化するような建築が生み出された。
想像することは、創造することに繋がっている。わたしたちの心象風景は実際の風景と繋がっている。想像すること、対象化すること、組み合わせていくことを通して場所の創造は可能であることを示すことが本計画での目的である。

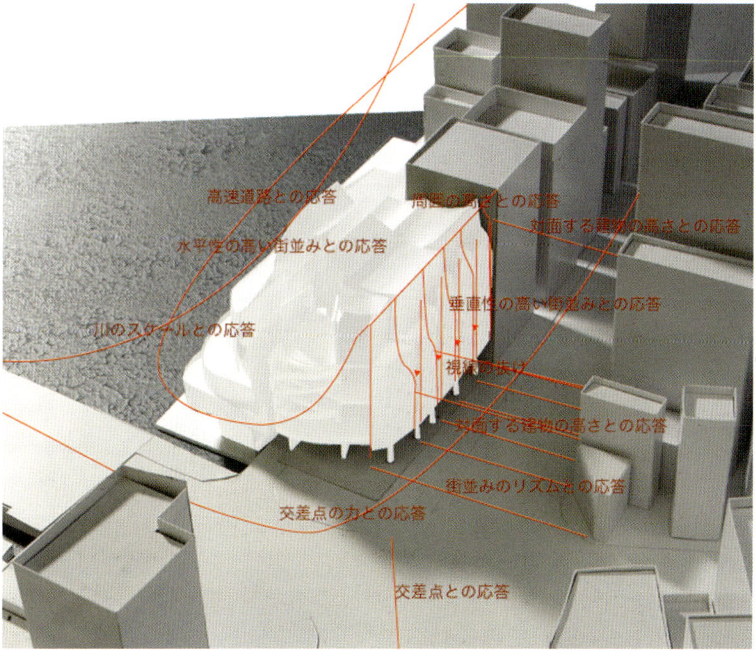

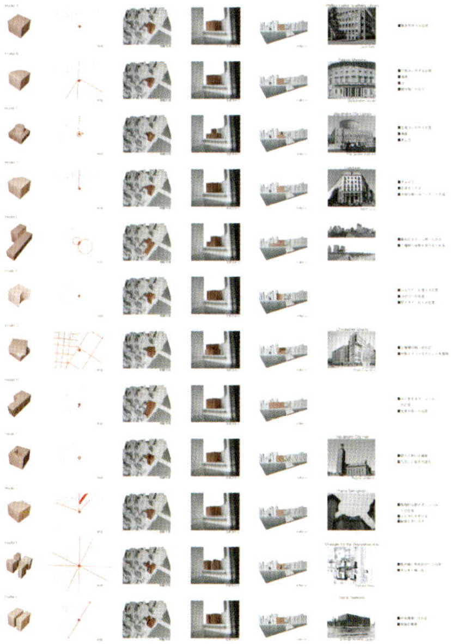
パラメーター

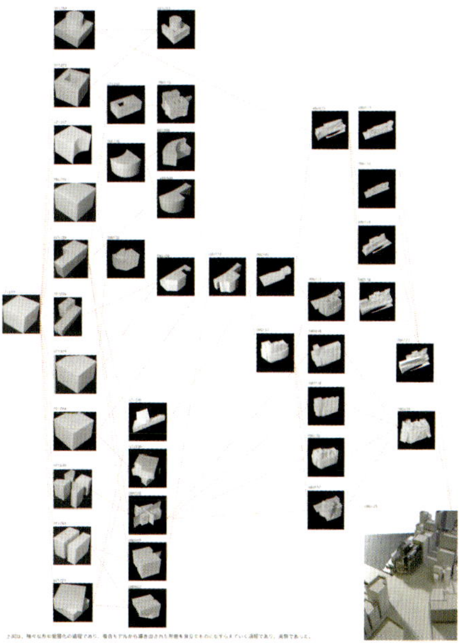
プロセス樹形図

外観

内観

建築空間における光の研究

光をテーマに住宅を設計したいと考えた。日々の暮らしの中で、住空間に入り込む光の位置や角度によって、新しい季節の到来を実感できたり、時間を確認できたりするような空間。さんさんと太陽の光が射し込むような住空間ではないけれど、日々の暮らしが自然に光とともにあるような、そんな住宅を考えてみたいと思った。

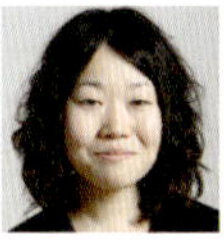

荒井 希
Arai Nozomi
工学院大学大学院
工学研究科　建築学専攻
木下庸子研究室

紀元前の昔から、人々は太陽の位置を非常に意識してきた。それは生活をしていく上での時間や季節の確認のためであり、また死と再生の象徴であった。世界各地に残る太陽の位置にあわせてつくられた遺跡は、どれもが太陽の光に意味をおき、神を見いだし、またその光が射す対象に重要な意味を、重要性を高めるべくものを据えているように思われる。古代の人々のように太陽に神を見いだすことが次第に薄れていくとはいえ、人々は常に太陽の光を意識し、建築を、空間をつくってきた。そのため、光は建築空間の形態にも大きく関わってきている。

現在、日本の住空間と光というと、どうしても4時間日照という数値としての光で空間の評価が成されているように思われる。数値化された光の量により住空間を評価する方法ではなく、長い間、人々が光に感じてきたような質による住空間の設計を試みた。建物の中心、または住戸内に太陽光を意図的にいれようとすると、自ずと太陽光の角度により建築形態は決まってくる。そのために、太陽位置図から各季節の太陽方位角や太陽高度を調べ、プランや建物のアウトラインの形状に反映するように考えた。また、計画敷地の周辺の建物がどのような影をおとすのかを日影図を描いて求め、その結果から建物の核となる光の中心を決定している。数値的にみれば条件の悪い住空間であっても、光の効果によって精神的な満足度を得られる住空間の方が、現在の多様化する生活習慣や社会においても、効果的なのではないかと感じている。

昼間の光

夕方の光

株式会社建築資料研究社 **出版案内** 2008.5
価格は全て税込

法　令

■基本建築基準法関係法令集
建築士試験場持込可

・タテ書き・脚注付き・2色刷の［建築系］総合法令集
・建築基準法・建築士法改正、最新・完全収録版！
・付録［カラー］インデックス・シール付き

定価2,940円
2月発売

■建設業者のための施工管理関係法令集

・現場実務向け、イラスト解説法令集
・建設実務・施工管理に関する法令を網羅

定価3,150円
2月発売

建築士受験

1級建築士合格のための
問題と解説シリーズ(全4冊)
①計画編 ②法規編 ③構造編 ④施工編

定価各1,680円

1級建築士合格のための
重要事項のまとめ

定価2,310円

2級建築士合格のための
問題と解説

定価2,625円

2級建築士合格のための
重要事項のまとめ

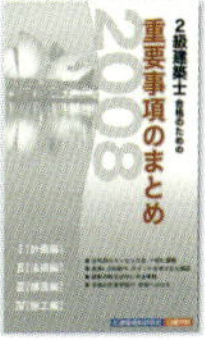

定価2,100円

積算ポケット手帳

■前期編

定価 3,000円
12月発売

■後期編

定価 3,000円
6月発売

■外廻り工事編

定価 3,570円
12月発売

■設備編

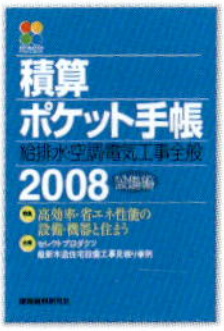

定価 3,570円
12月発売

■リフォームハンドブック

定価2,940円

■防犯・防災ハンドブック

定価2,940円

■輸入建材・設備ハンドブック

定価3,360円

■店舗デザインハンドブック

定価2,940円

■和のデザインハンドブック

定価2,940円

建築設計資料　現代建築のビルディングタイプを全て網羅!

1 低層集合住宅
2 体育館・スポーツ施設
3 老人の住環境
4 オフィスビル
5 地方博物館・資料館
6 保養・研修・野外教育施設
7 図書館
8 複合商業建築
9 コミュニティセンター
10 保育園・幼稚園
11 病院
12 工場・倉庫
13 美術館
14 心身障害者福祉施設
15 中・高層集合住宅
16 学校ー小学校・中学校・高等学校
17 歩行者空間
18 劇場・ホール
19 店舗併用住宅ー商住建築
20 地域産業振興のための施設
21 新しいオフィスビル
22 保健・健康施設
23 ペンション・ロッジ
24 シティホテル
25 スポーツクラブ
26 リゾートホテル
27 研究所
28 記念展示館
29 アーバンスモールビルー商業編
30 保養所
31 温泉・クアハウス
32 賃貸マンション
33 アーバンスモールビルーオフィス編
34 老人ホーム
35 庁舎
36 教会建築
37 社宅・寮
38 精神医療・保健施設
39 公衆トイレ
40 木造の教育施設
41 体育館・武道場・屋内プール
42 地方博物館・資料館2
43 図書館2
44 植物園・温室・緑化関連施設
45 保存・再生
46 葬斎場・納骨堂
47 建築家のアトリエ・事務所
48 コンサートホール
49 美術館2
50 集合住宅のメンテナンスとリニューアル
51 保育園・幼稚園2
52 地域防災施設
53 道の駅
54 公共の宿
55 高齢者・障害者の住宅
56 専門学校・専門校
57 地域福祉施設
58 地域の複合文化施設
59 シティホテル2
60 構造計画
61 木構造
62 自社ビル
63 演劇の劇場
64 地域の駅
65 公共住宅 建て替え
66 老人保健施設・ケアハウス
67 学校2ー小学校・中学校・高等学校
68 アーバンスモールハウジング
69 現代建築の改修・刷新
70 コミュニティセンター2
71 特別養護老人ホーム
72 病院2
73 寺院建築
74 公園内施設
75 木造の医療・保健・福祉施設
76 児童館・児童文化活動施設
77 工場・倉庫2
78 研修センター
79 清掃工場・リサイクル関連施設
80 グループホーム
81 旅館
82 温泉・クアハウス2
83 ホスピス・緩和ケア病棟
84 店舗併用住宅ー商住建築2
85 屋上緑化・壁面緑化
86 町のギャラリー
87 低層集合住宅2
88 拡張型博物館
89 消防署
90 診療所
91 保育園・幼稚園3
92 盲・聾・養護学校
93 高齢者のグループホーム
94 障害者の地域活動拠点
95 環境共生建築
96 コーポラティブハウス
97 図書館3
98 用途変更
99 ケアハウス・有料老人ホーム
100 OMソーラーの建築
101 SI住宅
102 美術館3
103 ユニットケア
104 児童福祉施設
105 学校3ー小学校・中学校・高等学校
106 小規模多機能福祉拠点
107 オフィスビル3
108 大学施設ー高度化・多様化・市民に開く
109 葬斎場・納骨堂2
110 水族館

1～60 定価3,975円　但し、35は 定価3,680円　61～ 定価3,990円

夕方の光

朝日

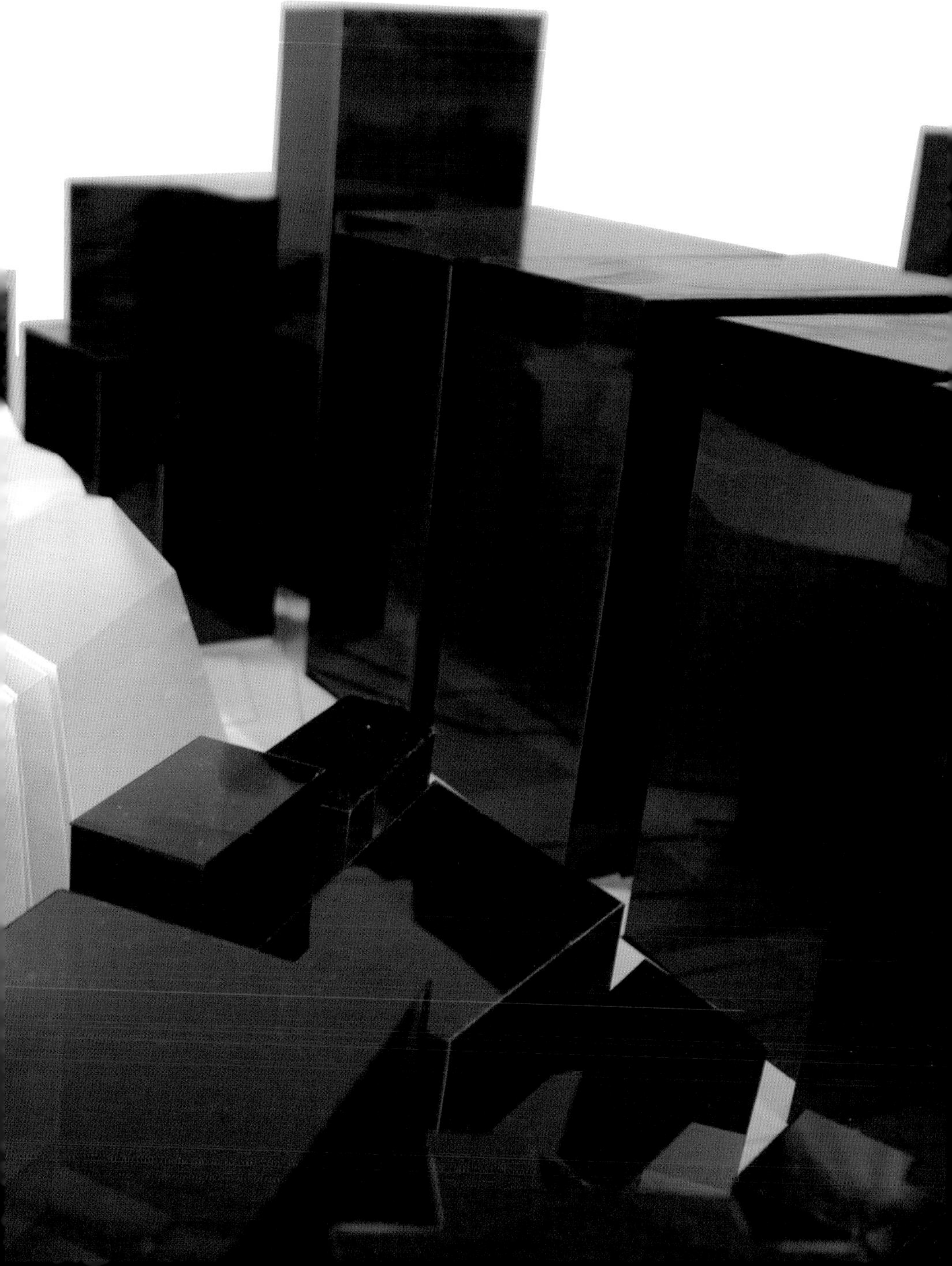

夕日

スリットを道路側からみる

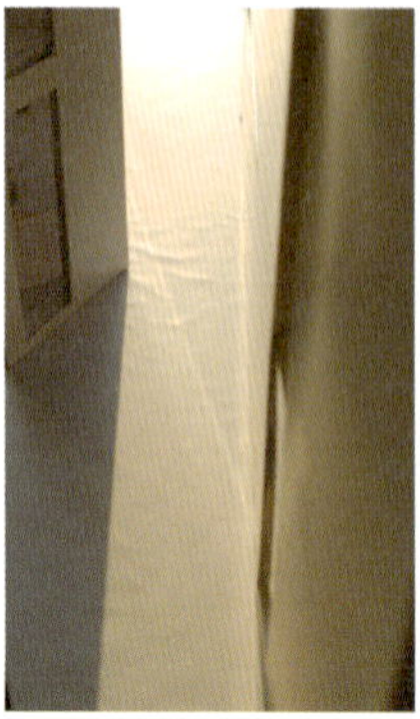

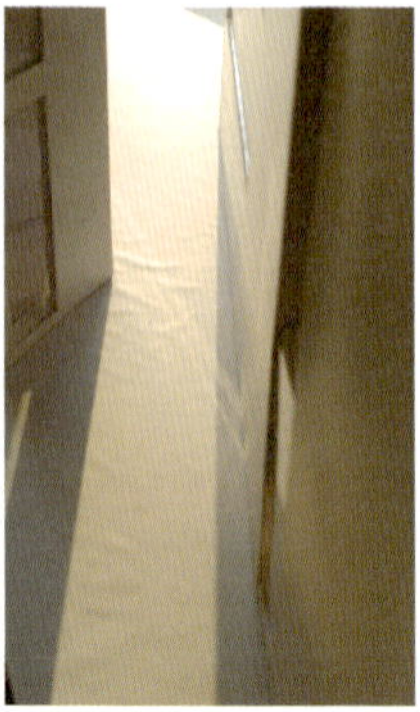

内部からみたスリット。光がうつり変わる様子

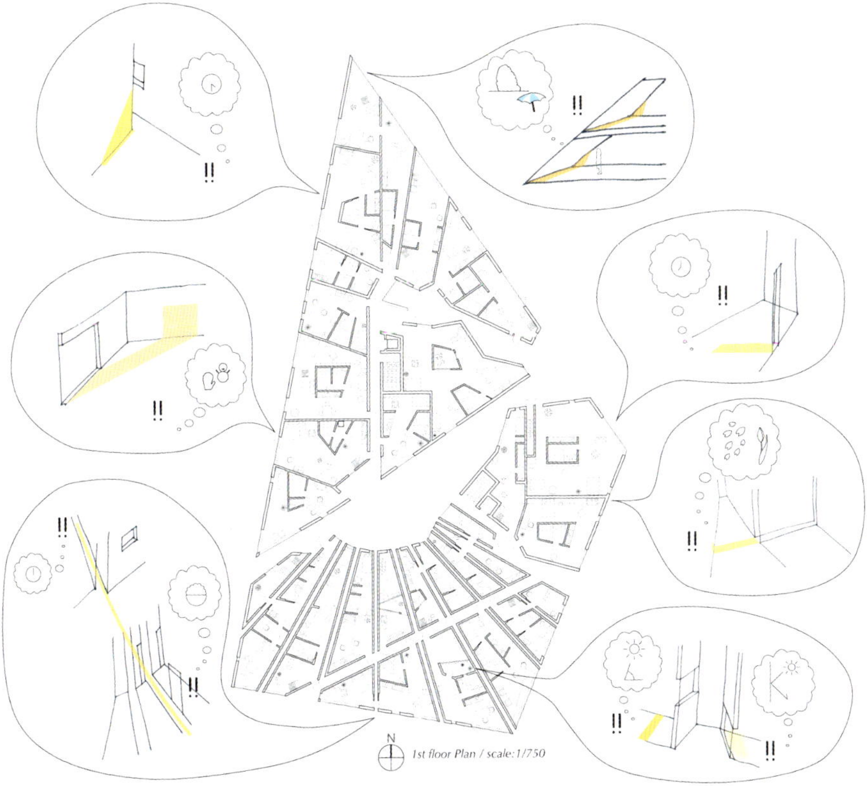

planと住宅内に入る光の関係

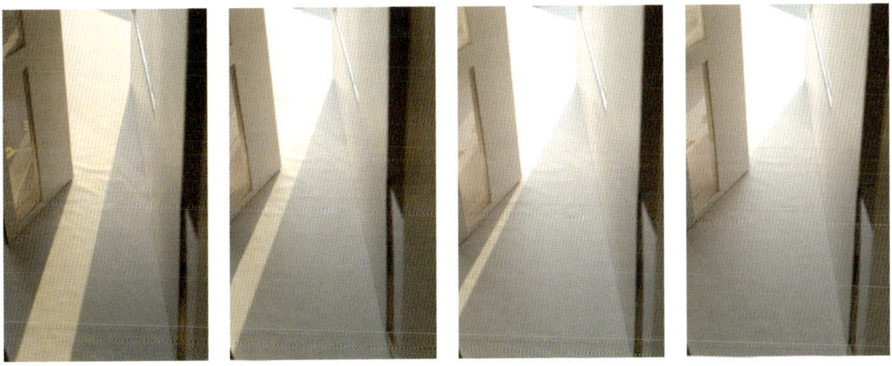

会離の水楼
—都市における墓地建築のプロトタイプ—

日本の都市における墓地は、近年の個人化に伴う社会現象の影響と土地の狭小化によって用地確保が困難となり、精神性より効率を優先した様々な形態の墓地が生み出されているが、世俗と近接するため本来の墓地空間としては不完全である。本修士設計は、世俗を遮断し別領域へと赴くアプローチを「離俗空間」と定義し、その空間操作と墓地の立体化により、墓地本来の空間性を保持しつつ容積の確保を可能とした墓地建築の設計である。

信田 健太
Kenta Shinoda
東海大学大学院
工学研究科　建築学専攻
杉本洋文研究室

模型

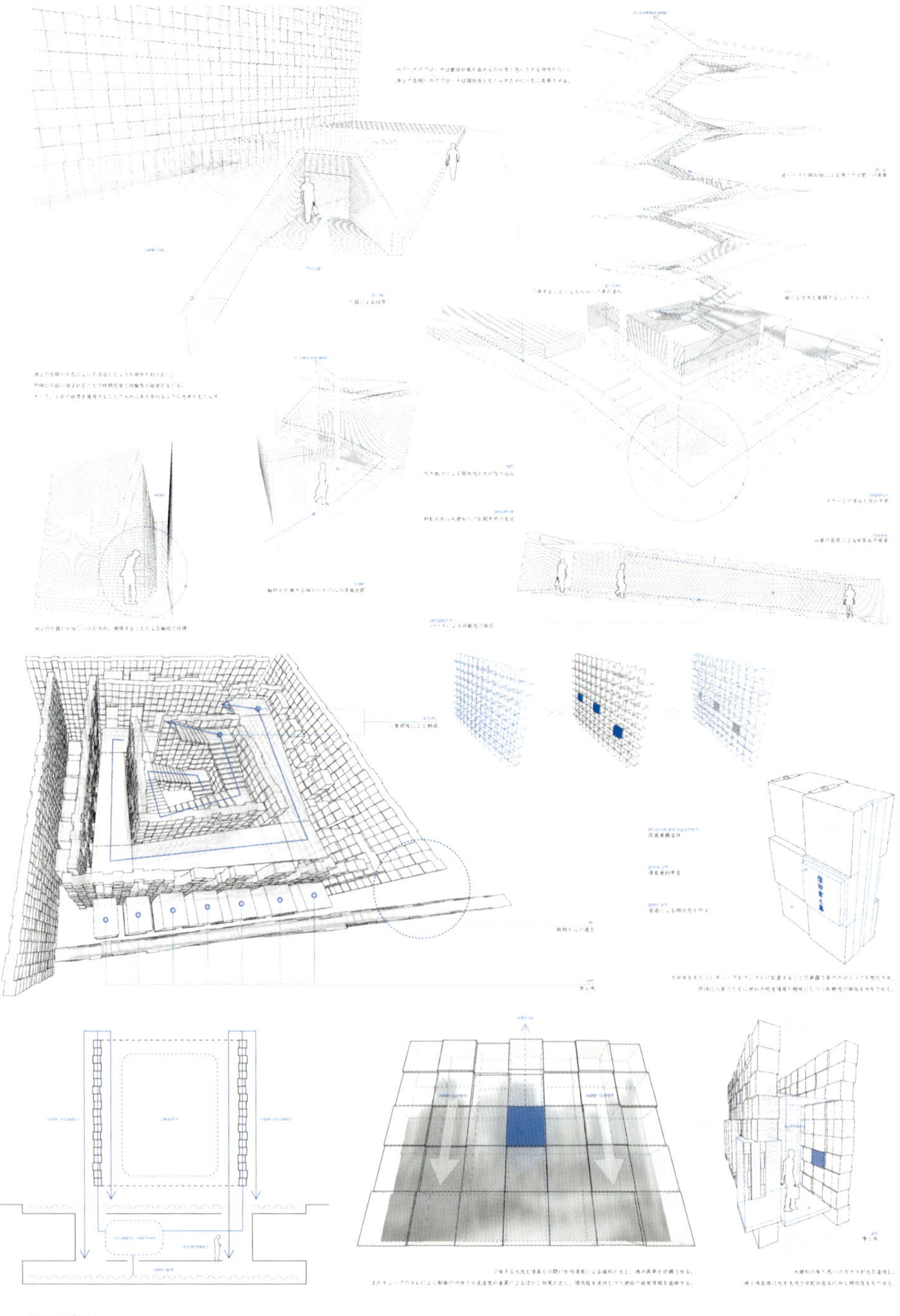

ダイヤグラム

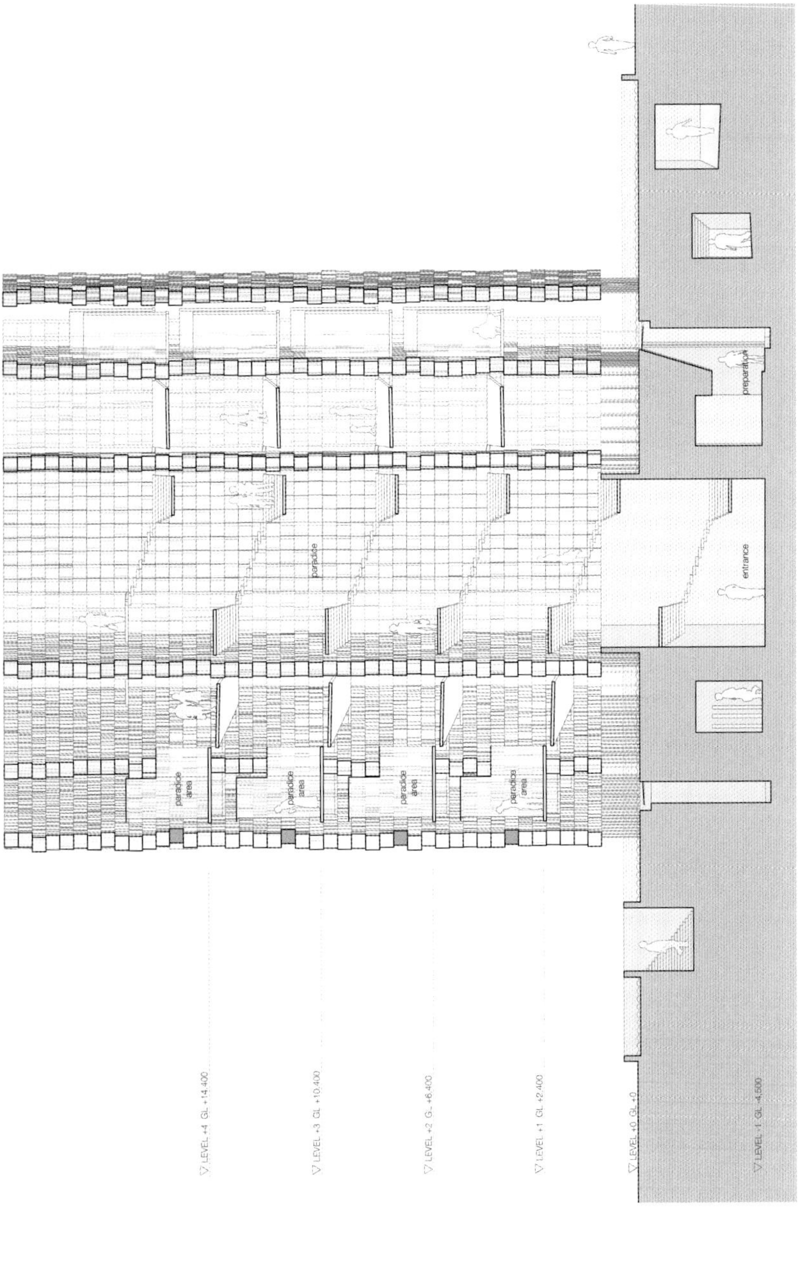
preparation
paradice
entrance
paradice area
paradice area
paradice area
paradice area
▽ LEVEL +4 GL +14,400
▽ LEVEL +3 GL +10,400
▽ LEVEL +2 GL +6,400
▽ LEVEL +1 GL +2,400
▽ LEVEL +0 GL +0
▽ LEVEL -1 GL -4,500

断面図

空間図式試行

原広司の著書『空間 機能から様相へ』中の空間図式論をテキストとした一つの思考実験である。これは設計プロセスにおいて建築化される以前の祖形状態かつ、いかようにも解釈可能な空間図式への憧憬と懐疑であり、情景図式―構造図式―論理図式を自在に横断する試みといえよう。この状態は可能性の一つの断面である。

西山 尚吾
Shogo Nishiyama
近畿大学大学院
総合理工学研究科　環境系工学専攻
建築設計・意匠研究室（小島孜教授）

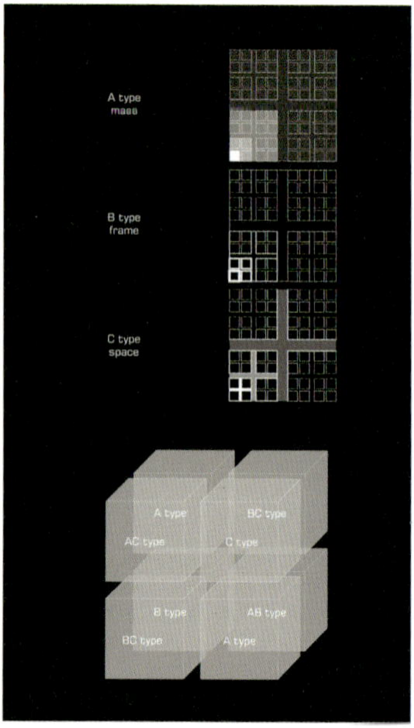

領域横断

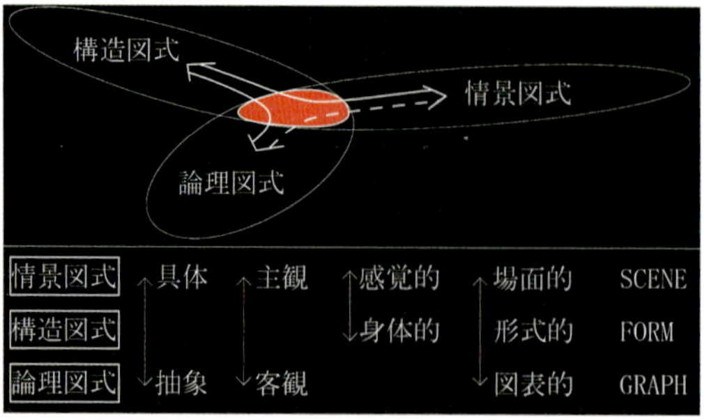

〈情景図式〉〈構造図式〉〈論理図式〉の関係図

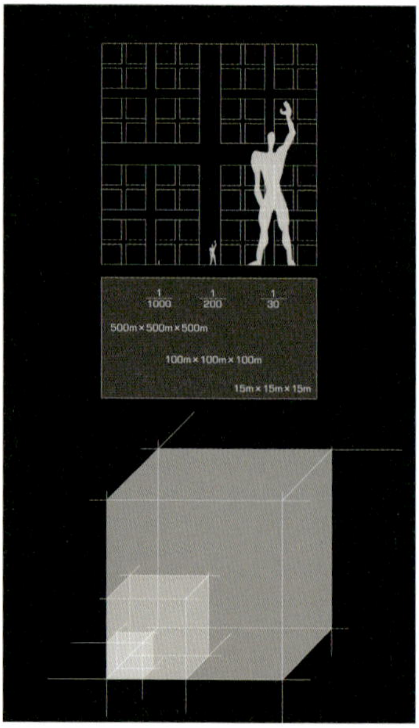

Scale 横断

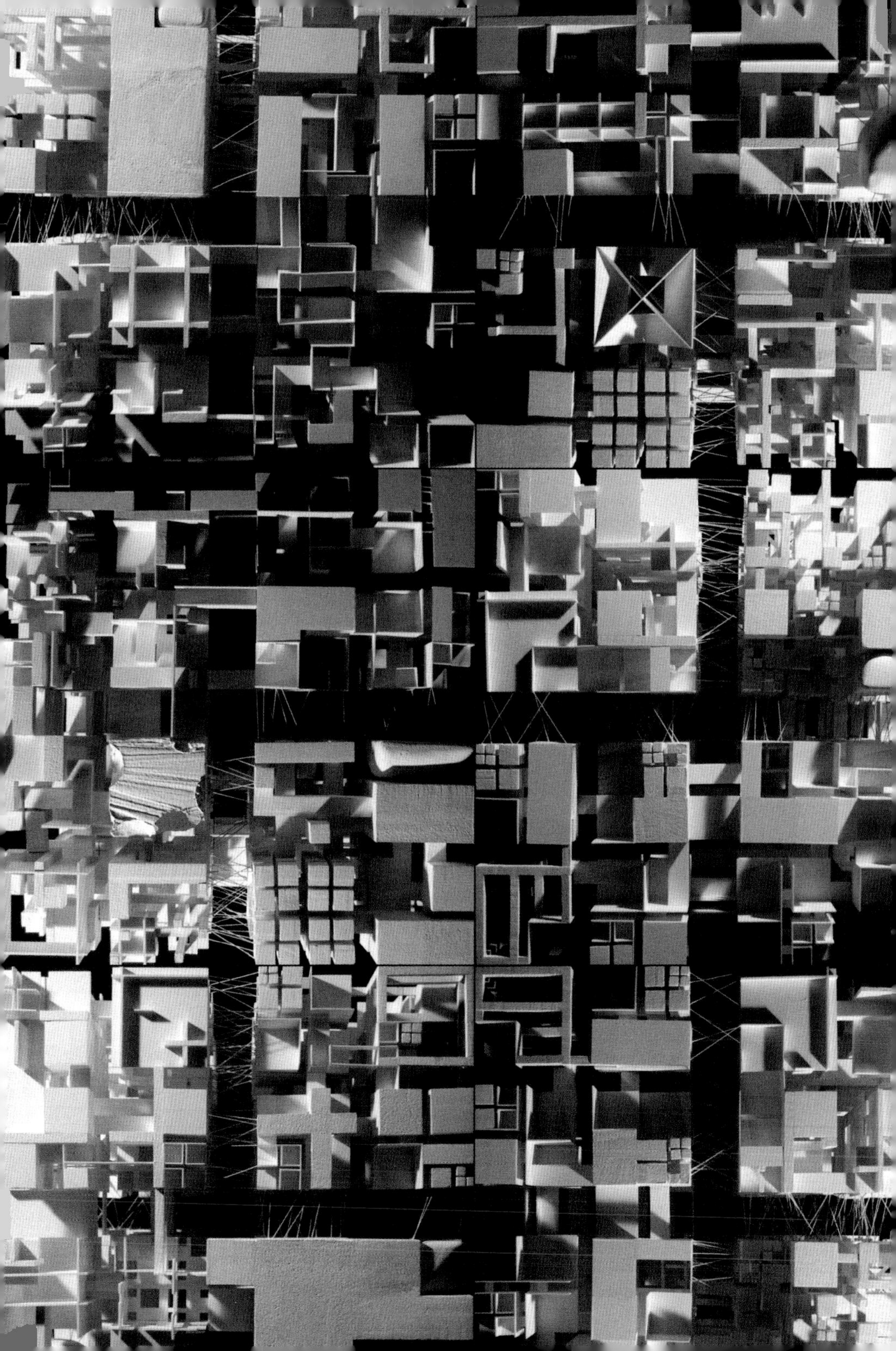

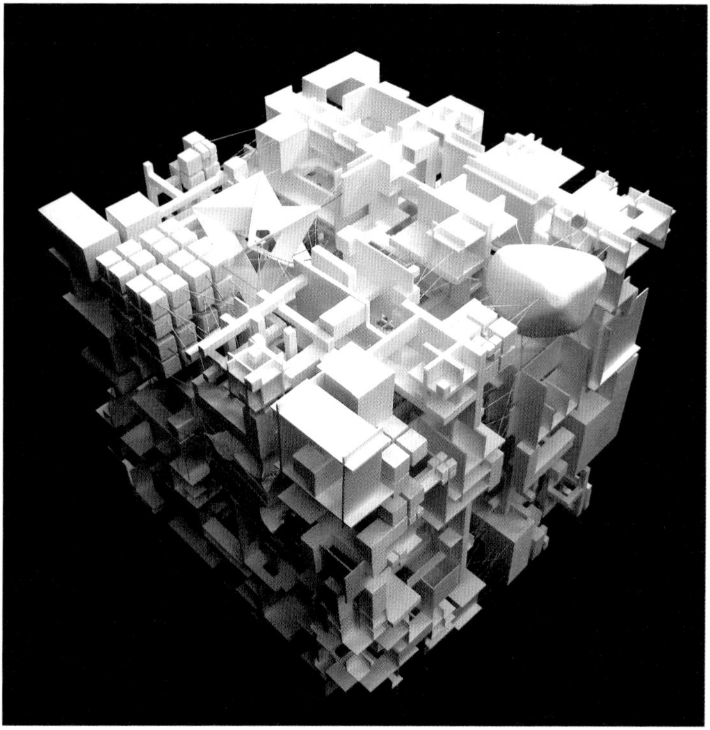

ここで考察する空間図式の射程を、
・単純な図式をもってして多様さへ向かい、
・如何にScale横断を促し、
・如何に領域横断を想起させるか
として、
思考実験モデルを0.5m×0.5m×0.5mとし、3つのScaleを与る。
思考実験モデルに3種類の属性を与え、かけあわせる。

また全体の形成としての骨格は都市的発想（マクロスケール＆トップダウン）でゾーンニングを行いながらも、各単体の構成要素はscale横断と領域横断に注意を払いながらの建築的発想（ミクロスケール＆ボトムアップ）で形成している。空間図式試行での思考実験モデルではこの両者の狭間に垣間見ることが出来よう。

怪物的空間を創出するための6つの試行

本修了制作では、研究室のプロジェクトを中心に、実際に1分の1として設計、施工した6つのプロジェクトを、私の2年間の修士の成果としてまとめたものである。修了制作のために制作したものも含めて、家具から地域的なアートプロジェクトに渡っている。これらを、怪物的空間を創出するための試行として紹介する。怪物とは古来より、人々はその時代の知識、技術による価値観、リアリティのもと世界と対峙してきた。その価値観の中で、説明できない現象と出会ったとき、人々の想像力がその説明不可能な状況に対するリアクションとして生み出してきたのが怪物であった。人類の想像力や好奇心が未知なるものの創造へとむかわせた。リアリティの外へ創造行為を向かわせることで、リアリティの輪郭をはっきりと実感したかったのかもしれない。現代においても、未知なる、新たな状況に直面したとき怪物的なリアクションは有効な表現といえるのではないか。怪物、モンスターにみられる創造性。

宮崎 晃吉
Mitsuyoshi Miyazaki
東京藝術大学大学院
美術研究科　建築設計専攻
六角鬼丈研究室

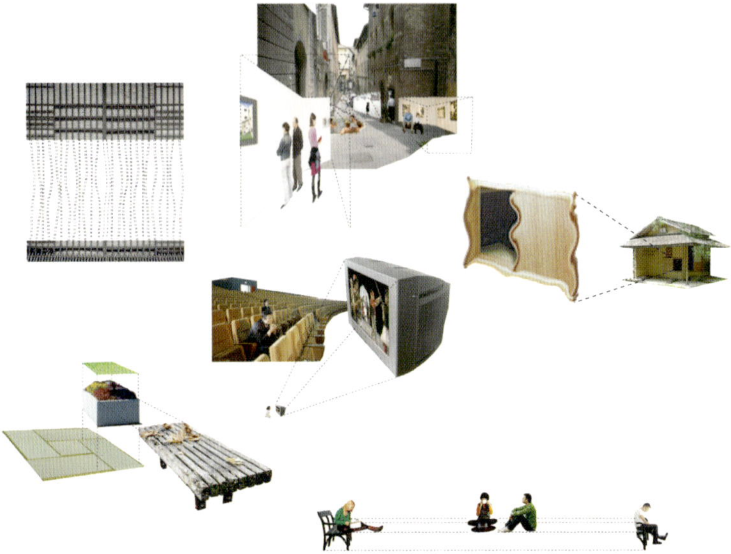

今昔物語

舞台美術
May 2006
紗膜
カーテンレール
プロジェクター

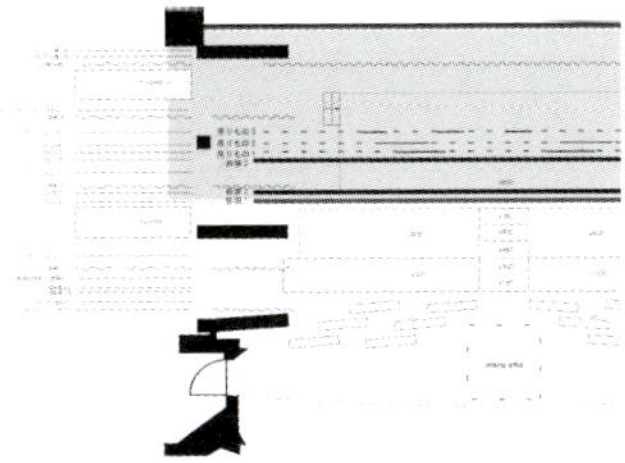

芝生ベンチプランター

屋外家具
March 2007
芝、アクアソイル、合板、キャスター

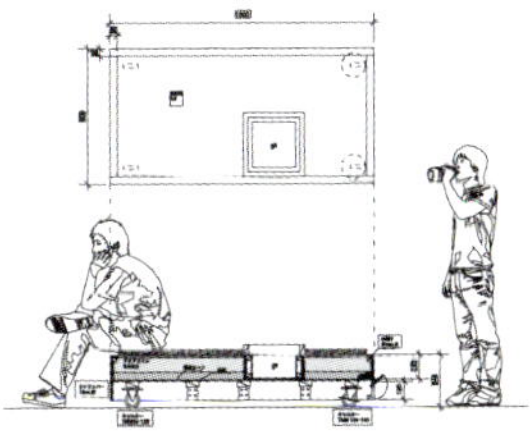

づーま

舞台美術
September 2006
ゴムロープ
木
キャスター

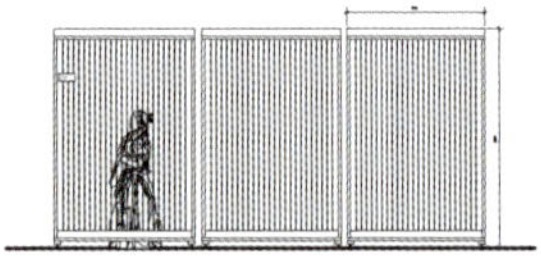

世田谷ものづくり学校

インテリア
August 2007
シナ合板
2×4 材

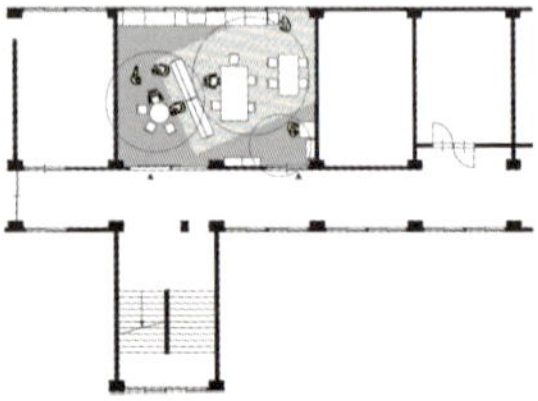

MACHI-YATAI PROJECT

アートプロジェクト
September 2007
木、布、簾、水

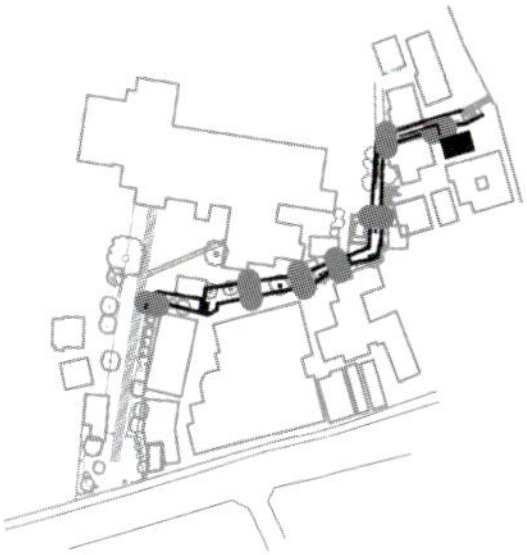

茶室

パヴィリオン
February 2008
ゴムロープ（提供 ㈱ユタカメイク）
木

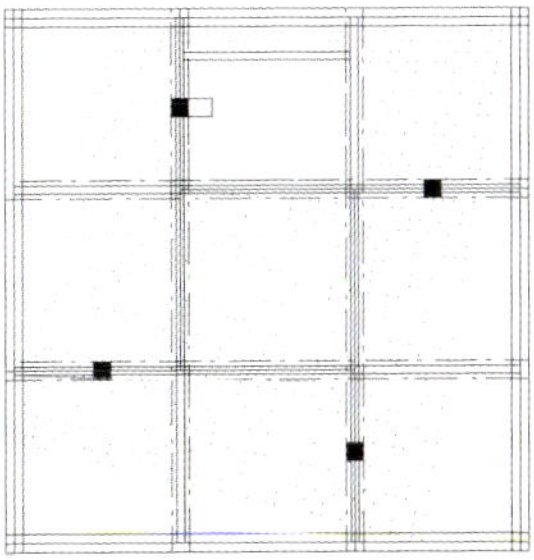

諸場所の諸相

豊かな自然環境から都市のワンルームに住むようになって、五年目の秋、採光など気にしないと割り切られ、見捨てられた窓の外に開かれていたささやかな自然に、ふと気づく。人の生活、器としての建築、それを取り巻く都市環境の三つの相関関係をとらえ、ある敷地の諸処の場所の見えない価値や豊かさを記述し、発見し、プリミティブに定着させた都市居住の諸場所。

岡山 直樹
Naoki Okayama
早稲田大学大学院
理工学研究科　建築学専攻
入江正之研究室

「諸場所の諸相」というタイトルは、「ある敷地において、諸処の場所に様々な人の生活を誘発する起点が存在しているはずで、その潜在的な力を時に建築が暴力的に払拭してしまうのではないか」という危惧から考えた。以下の一節は私にとって、現代においてなお示唆的であると感じている。「建築家たちは自分の最初のスケッチに左右される。そしてそのスケッチは、ふつう自然光の中で見えるような形か、または建築スケッチの中にだけ存在するような抽象的な一般光の姿をあらわしている。」──レイナー・バンハム『環境としての建築』(鹿島出版会、1981年)
この一節に出会った時、ある場所について、すでに存在している見えない価値を建築として物理的に定着させることを意識した。手をかざせば光をたたえられるような場所はいつもすぐそばにあり、都市居住において、そのような諸場所をどうすれば定着できるのかを考える。
日照の平面的な記述では敷地に対する自然光の立体的な挙動を把握することは困難であるため、敷地の東西南の三方向で細分化し、積層させる。1/200の日向の立体的なパターンを作製し、敷地に対して日向を空間的に把握し、敷地境界においてそのレベルを見出す。把握を経て、建築的操作においては敷地を垂直性の日向のヴォイドと陰のヴォイドに切り分け、お互いが十全と接着されることで自然光の価値が最大化されることを考えた。ヴォイドの接着面には正方形の開口が穿たれることにより、外部に暴露された場所と奥性の強い場所にランダムネスを付加し、ヴォイドの大小、明暗と相まって、様々なファンクションが誘発される。このような潜在的価値を伴った生活の諸場所を都市環境に定位・定着し、たたずむような建築、そのような在り方を自身の計画の切り口として模索した。

site analysis _ sunny void _ Winter [08:00 - 16:00]

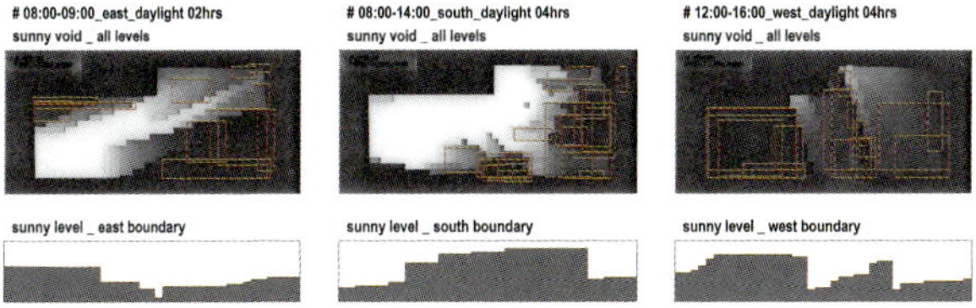

cut into 02 voids

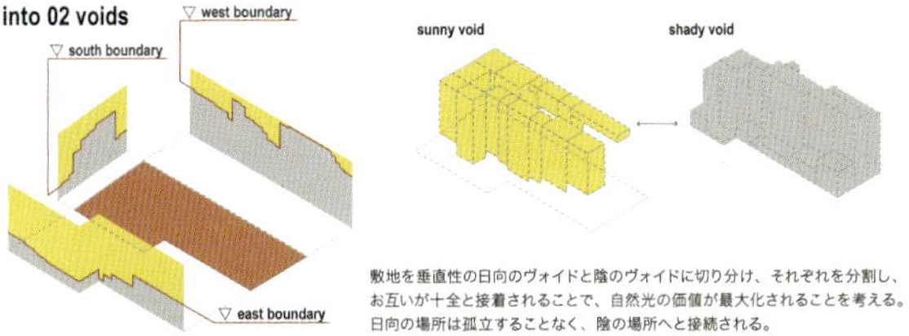

敷地を垂直性の日向のヴォイドと陰のヴォイドに切り分け、それぞれを分割し、
お互いが十全と接着されることで、自然光の価値が最大化されることを考える。
日向の場所は孤立することなく、陰の場所へと接続される。

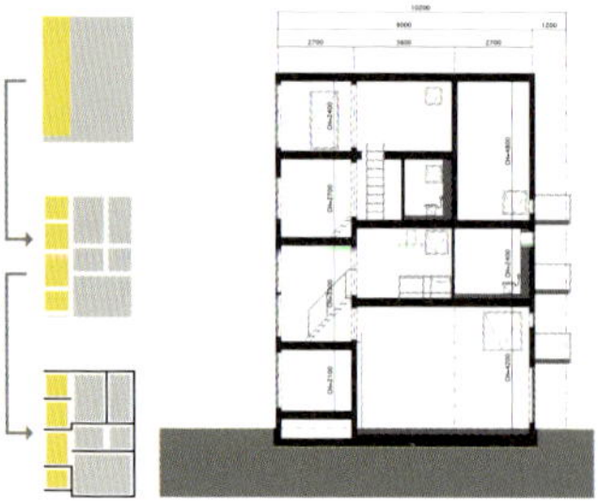

cross section E　1:450

03rd level floor plan　1:450

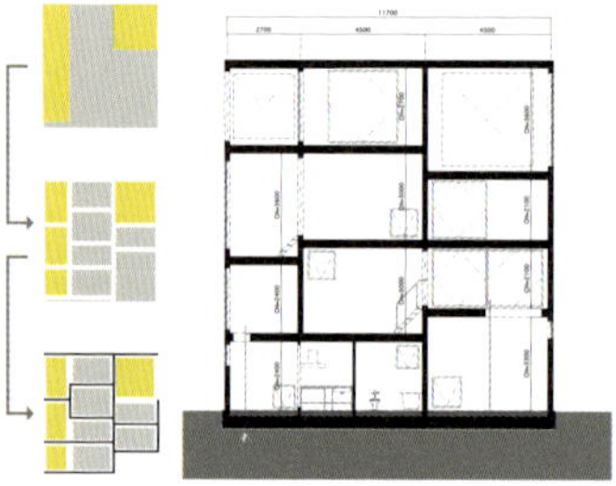

cross section F　1:450

05th level floor plan　1:450

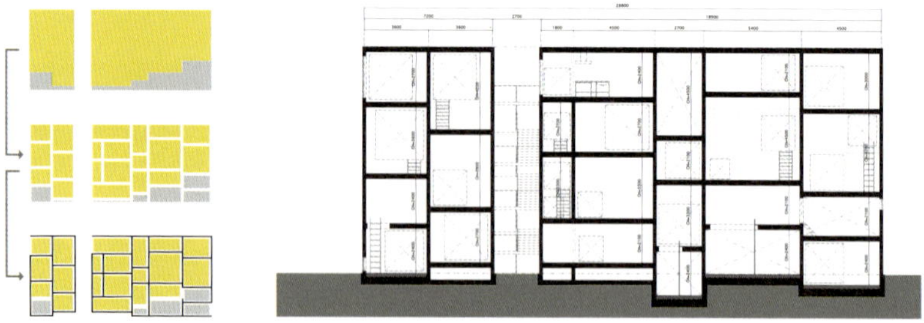

longitudinal section　1:450

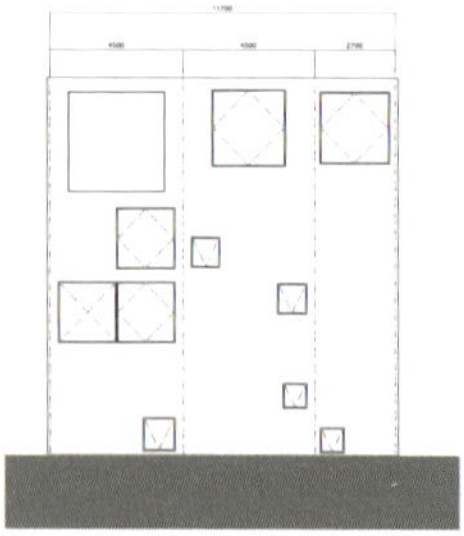

south elevation　1:450

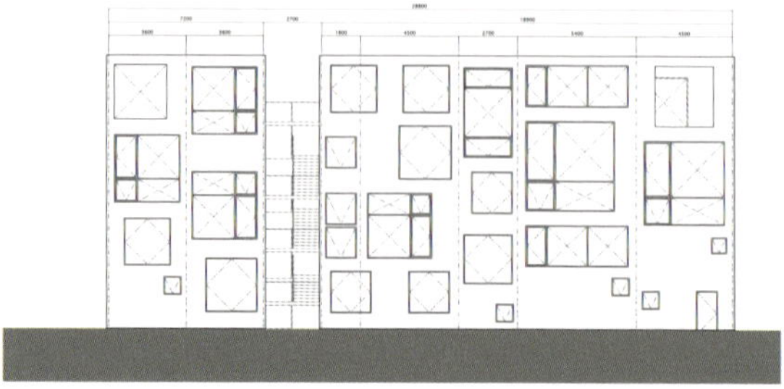

east elevation　1:450

境界閾建築

あらゆる空間の境界線上とは、光や音、風や匂い、熱、素材、など様々な要素が通り過ぎたり、ぶつかりあったりする環境の変化が多様にして最大の場所である。つまり、その場に留まることができたなら、境界をはさんだ双方の環境を享受できる多様な場となるのではないか？そのような場をつくる建築を考える。

橋本 剛
Tsuyoshi Hashimoto
熊本大学大学院
自然科学研究科　建築学専攻
田中智之研究室

近代建築は技術の発達により、大開口をもった建築表現を手に入れた、それは境界に開放感を与え、内外の境界を曖昧にすることを可能にしたが、一方で麻痺した自然を用意する結果をも招いた。このような内外の境界の損失は、一方で「窓際」のような際の繊細な居場所の喪失を引き起こした。

「窓際」は内外の光や風、音や匂いといった多様な要素が『収束し行き交う場所』である。つまり建物において最も感受性豊かな場所、環境変化の多様な場であると言える。このような場を考えることが麻痺した自然を真に享受できる方法なのではないかと考えた。このような疑問を、ワークショップにおける、「窓際」という空間に足湯を設置するという実践をきっかけとして検証した。その経験から「振り返る」という小さな動作における大きな効果の可能性を確認し、手法として展開した。

敷地は熊本県。「二地域居住」というライフスタイルを基に、田舎での拠点となる「滞在型市民農園＝クラインガルテン」の設計を通してその手法の有用性を提案する。

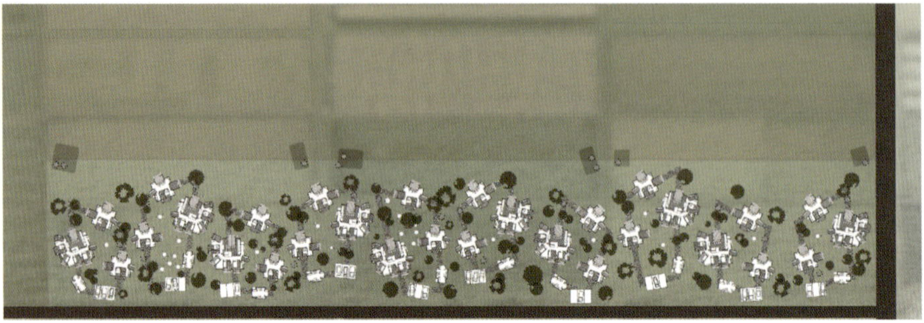

配置図

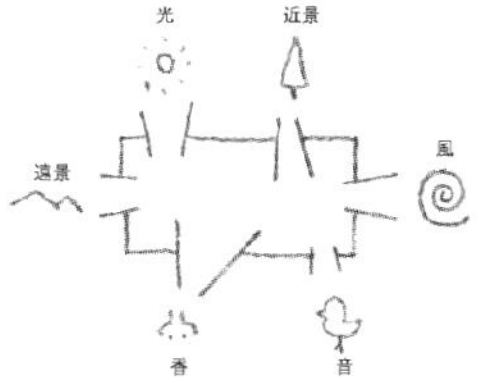

平面ダイヤグラム

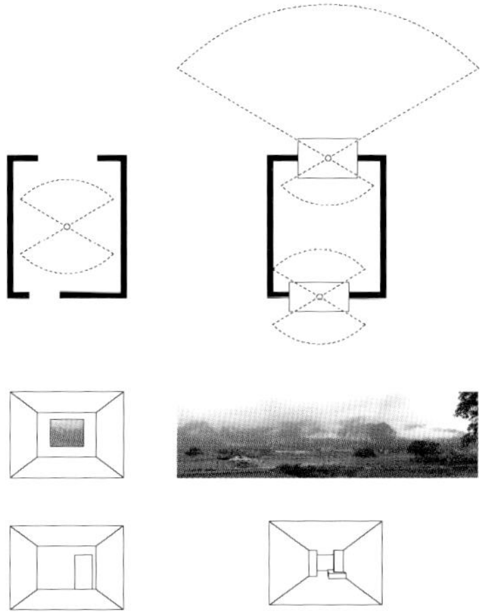

窓としての境界閾　室としての境界閾　家としての境界閾

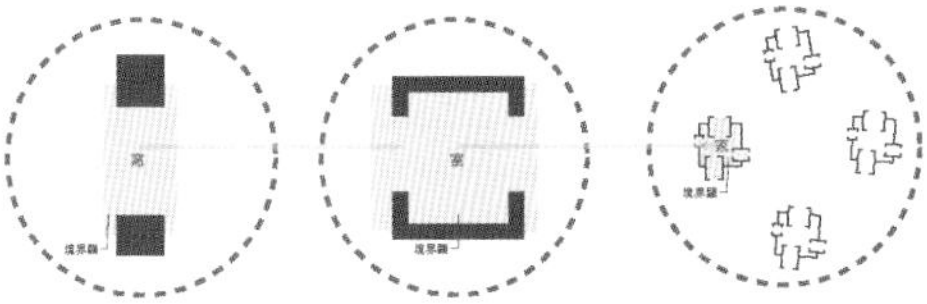

細部から全体の境界閾建物の外壁をまたぐ「窓としての境界閾」から、諸室同士の内部と内部を繋ぐ「室としての境界閾」、そして一つの住居集合を繋ぐ境界線上にある「家としての境界閾」という入れ子の関係がある。家の中の生活と生活、生活と外部の自然、家と家、プライベートとパブリック、あらゆるレベルにおいてその境界は、場同士の変曲点（線･面）であり、変化に富んだ場である。その場所をデザインすることによって多様な関係・生活、交流が生まれるのではないか。

室内の視野／境界線上の視野「振り返る」という小さな動作──部屋の中に居るときの、「振り返る」という行動は、二つの壁にはさまれた状態にあり、前後の視界に大きな変化はない（上左図）。対して、境界上にある場においては「振り返る」という小さな行動一つで、眼前に広がる風景から奥行きのある室内までと、見えるものがガラリと変わってしまう（上右図）。視覚的特徴としては、このように境界閾という場は、変化の激しい場であることがわかる。

境界閾での生活の様子

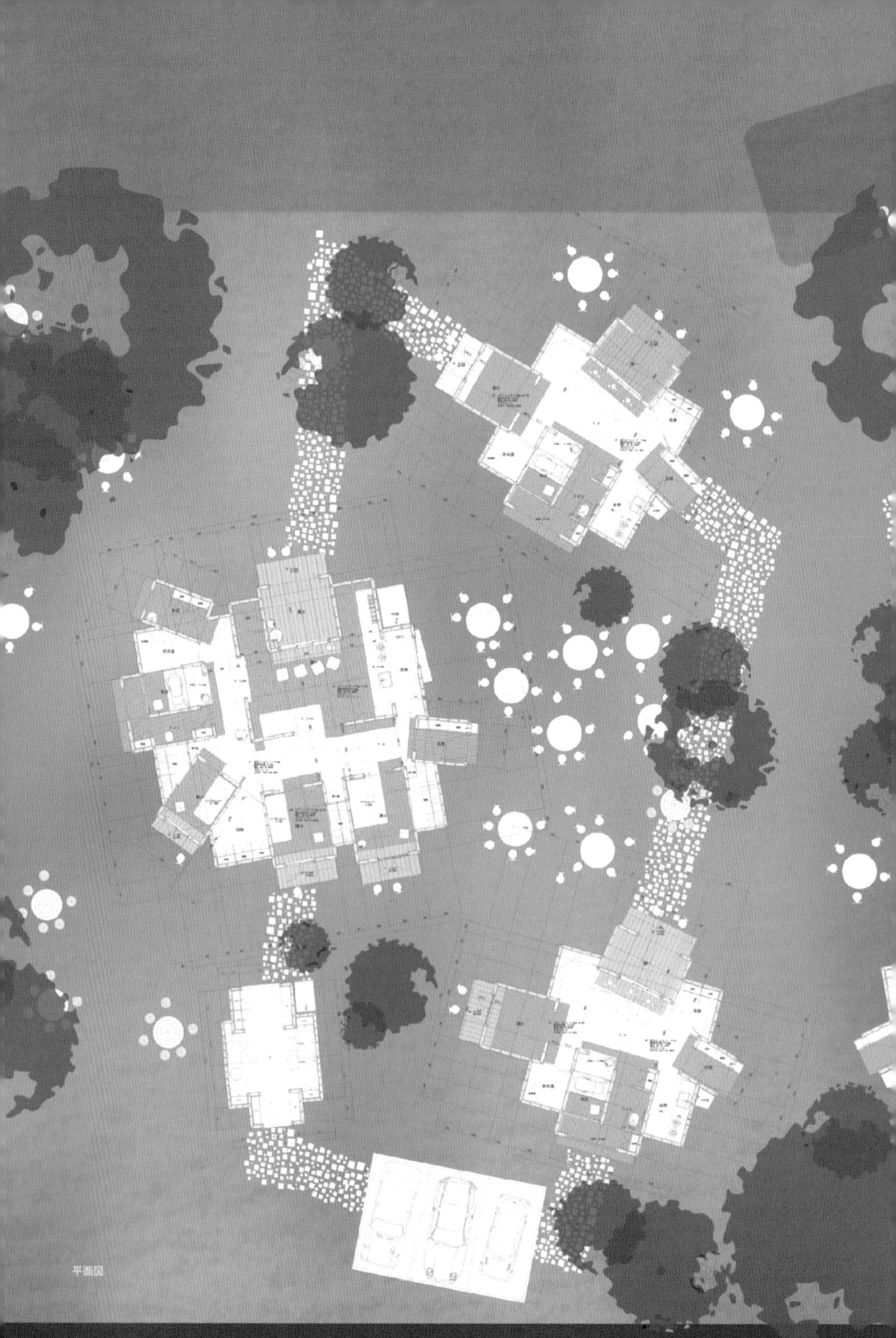

平面図

[写真上段から]境界闇の生活／境界線上の生活／気配が広がる生活

Curtains Mountains

大阪駅の駅舎の提案。教会のようなおおらかさとあやしさを持った、あかるく大きな駅をつくる。高層ビルが林立する街に、白い山脈か氷山の固まりもしくは大きなテントのような、街に全く異質の幾何学をもったスカイラインを与える。内部には、リニアな配置のプラットホームを分節するゆるやかな曲線を描くドレープ状の壁と、逆ドーム状のシャンデリアのような天井。装飾的な操作が木漏れ日の中のような環境をつくり出す。

尾野 克矩
Katsunori Ono
京都工芸繊維大学大学院
工芸科学研究科　建築設計学専攻
角田暁治研究室

高層ビル街の中にとがった山脈のようなボリュームが現れる。

上空から見た駅。建物でもあり地形でもあるような存在。

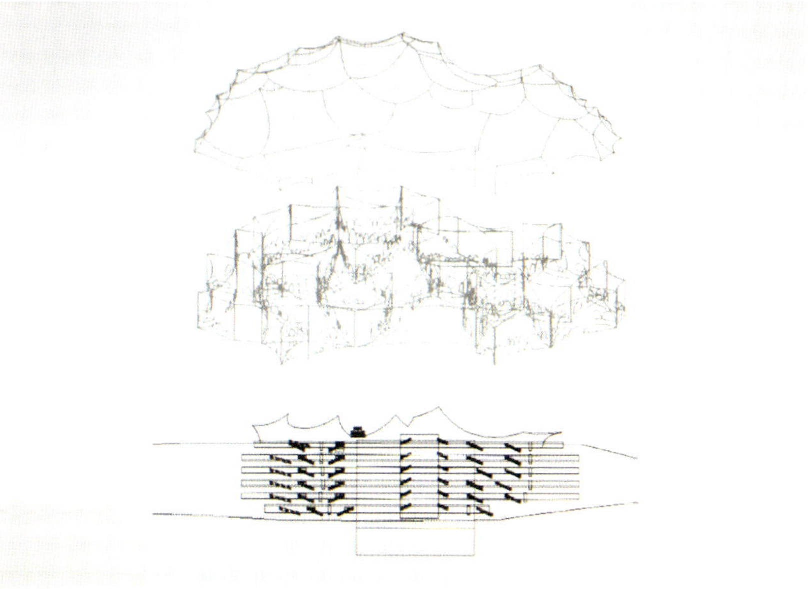

山脈とその尾根線から下ろされた壁そしてプラットホームという構成。
ボリュームはある直方体を無数の球体でくりぬかれたかたちである。

高い天井のもと鏡面仕上げのエレベータの
ヴォリュームが整然と並ぶ。

円形格子の屋根とそれをかけわたすドレープ状の壁。
それらはスチールによって作られている。

屋根を通り過ぎた太陽の光が壁や床に影を落とす。
無数の図形のところどころに花柄のような模様が浮かび上がる。

多くの人や電車がそのいろいろな動きごとあるひとつの空気の中で
同時に存在する。建築が風景と環境の混じり合った状態となる。

靴磨きの男の家

—時間推移に伴う空間の様相変化に着目した設計提案—

僕が見ているのは、部屋全体の一つの断片に過ぎないけれど、例えば、テラスを向いて回れ右をしてから、もう一度回れ右をすれば、手摺に鳥がいたりする。もう少し具体的に言うと、僕が20㎡の部屋を毎日掃除すれば、1週間で140㎡、ひと月で600㎡掃除している。つまり、空間は映画のように、たくさんの瞬間でつながっている。

沢田 聡
So Sawada
首都大学東京大学院
都市環境科学研究科　建築学専攻
小林克弘研究室

1838年に撮影された、ルイ・ジャック・マンデ・ダゲールによる「パリ、タンプル大通り」は、カメラの発明後ほどなくして撮影された。この写真は、初めて人間が写った写真として知られている。写真の左下で靴を磨いている男がそれである。当時のカメラは露光時間が非常に長く、この写真においては数十分程度の露光時間を要したと言われている。そのため、大通りを行き交っていた人々や馬車などは光のなかに消えてしまい、靴を磨いていた男達だけが写っている。この写真には、露光時間に必要とされた数十分の時間推移が隠れている。また、その時間推移に伴って現れた様々な空間様相のうち、写真のなかに写ったものと写らなかったものの存在が認められる。そういった意味で、この1枚の写真は非常に興味深い。

ダゲールの撮影したような都市空間であっても、一つの居住空間であっても、別な時間帯には異なった空間様相となることはどうやら明らかである。これをより厳密に考えれば、ある瞬間と、その次の瞬間では、既に別な空間様相になっている、ということになる。空間様相は空間を捉えるための一つの断片に過ぎないので、空間様相の違いは空間自体の違いに言い直すことができる。すなわち、時間推移に伴って、常に、瞬間ごとに、空間は一様ではなく変化し続けていると考えられる。

すると、いままで壁などで囲われたある輪郭を持ち、空間と呼んでいたものの広がりは、その輪郭以上の広がりが認められる。分かりやすい例を挙げるならば、20㎡程度の部屋を毎日床掃除するとすれば、1週間で140㎡、ひと月で600㎡掃除したことになる、ということ。また、家具のレイアウトを変えたり、壁に絵を飾るだけでも、部屋の印象が大きく変わることがある。つまり空間の様相変化によって、その空間は、空間を形づくっている輪郭以上の広がり、まさに無限の広がりが獲得される。

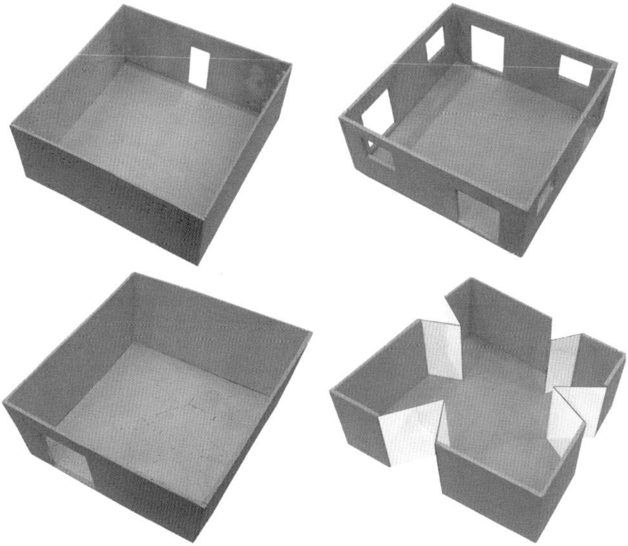

空間の様相変化を伴うコンセプトモデル

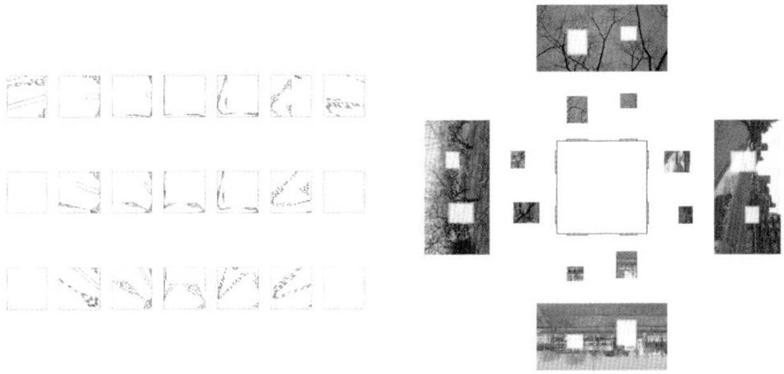

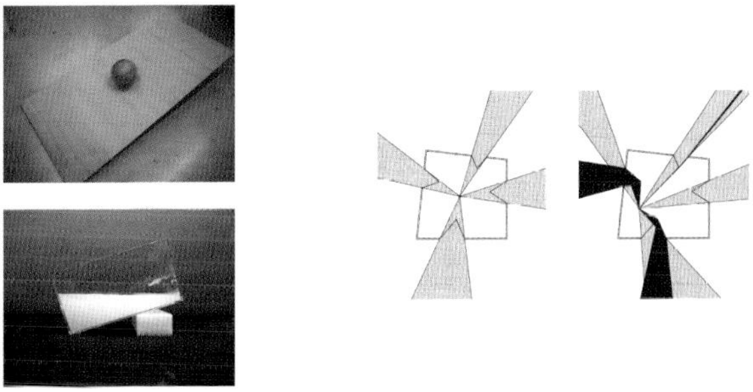

コンセプトモデルのダイヤグラム

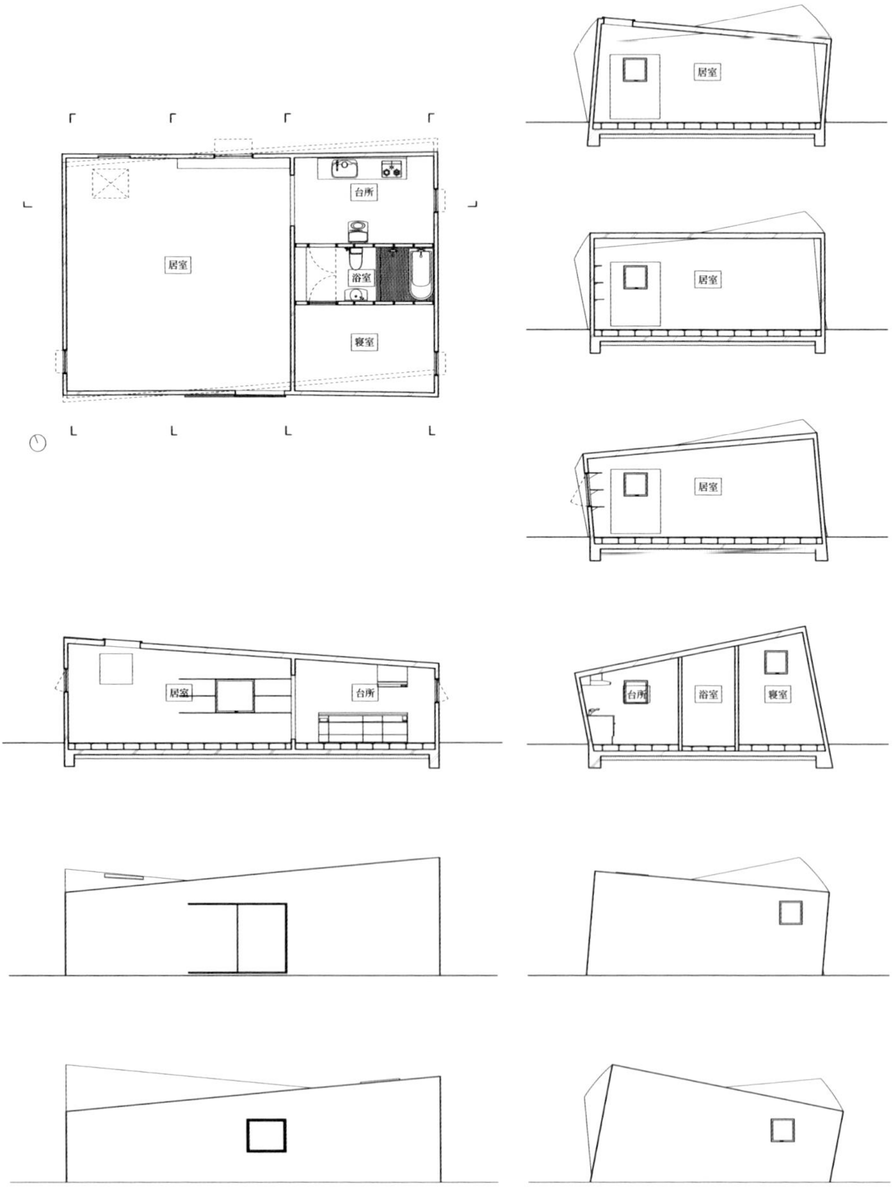

平面図、断面図、立面図

「パリ、タンプル大通り」ルイ・ジャック・マンデ・ダゲール、1838 年

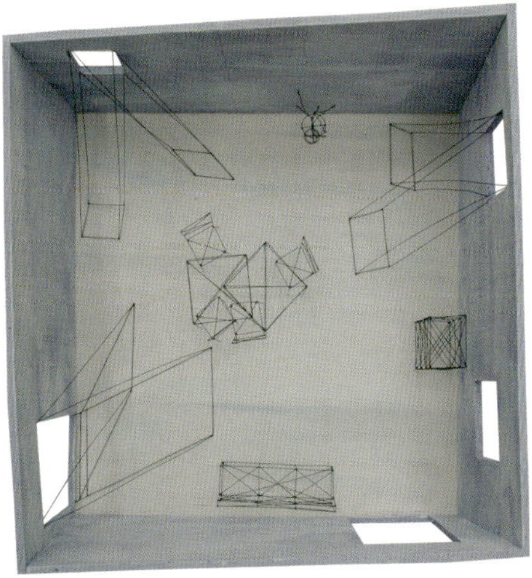

時間推移を伴った靴磨きの男の家

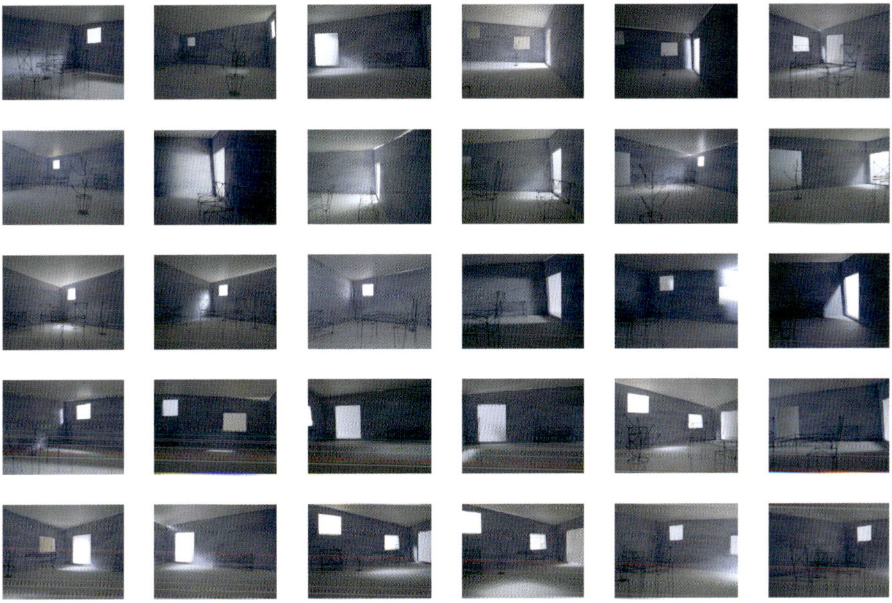

空間の様相変化、靴磨きの男の家

こどもの城

―関係発達論を用いた子どもの発達支援・交流センター―

「全生園」の中にただひとつこどもの城を作ることで、全生園の在り方や都市との繋がりを再構築しようとする。こどもの城は同じ方向を向いた、異なる大きさのロの字型のハコの組み合わせで構成される。中や外で行われる行動は自発的な行動と誘発された行動の2通りに分類され、ひとつずつのハコの性格が伝達して全体を構成する。部屋同士が関係性を持ちはじめる。子供はこの関係の中から自らやりたいことを見つける。

大塚 直
Nao Otsuka
武蔵工業大学大学院
工学研究科　建築学専攻
手塚貴晴研究室

自閉症の子どものために「こどもの城」を設計する。こどもの城の中で行われる行動は自発的な行動と誘発された行動の2通りに分類される。自発的な行動は一つ一つの部屋でおこる出来事で、部屋の中で完結する。テクスチャーなど部屋の特性によって部屋で行われる行為は異なる。部屋（ハコ）はそれぞれ独自性を持っている。色を纏うハコ、光を纏うハコ、音を纏うハコ、臭いを纏うハコ、本を纏うハコ、動きを纏うハコ。行う行為によってハコを作り、それを組み合わせる。他のハコで行われている行為を視覚や聴覚、嗅覚などで感じられるようにする。個々のハコの大きさを自閉症の症状を踏まえたうえで決定される。誘発された行動は周りとの関係性によって起こる出来事であり、行われる出来事は周囲のハコや建物を取り巻く外部空間に依存する。この考えは関係発達論に基づいており、子供は周囲との関係の中で成長していく。周りの部屋で遊んでいるのを見る、隣のレストランの臭いを感じるといった受動的な関係だけでなく、本棚をくぐるなどの部屋を移動するような能動的な関係化からも出来事は生じる。ひとつずつの部屋（ハコ）の色が伝達して全体を構成する。子どもはこの中から「やりたいこと」を見つける。

ここを病院や訓練の場所にはせず、遊びや会話を通して成長する場とする。障害があるからこそゆっくりといろいろ経験してやりたいことを見つける。できることを増やしてあげるのではなく、子供自身がやりたいことを増やす場にしたい。自閉症の子供と自閉症ではない子供を区別せず、自閉症の子供にとっても自閉症ではない子供にとっても、大人にとってもそれぞれが自分にあった使い方や過ごし方を見つけられる場を提案する。

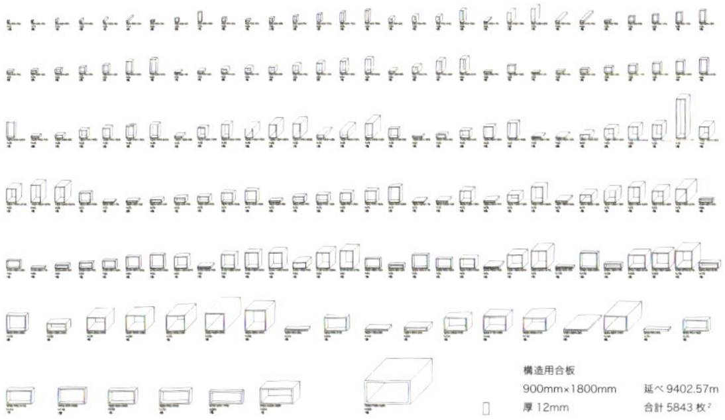

297個の異なる大きさの口の字型のハコの組み合わせで構成される。

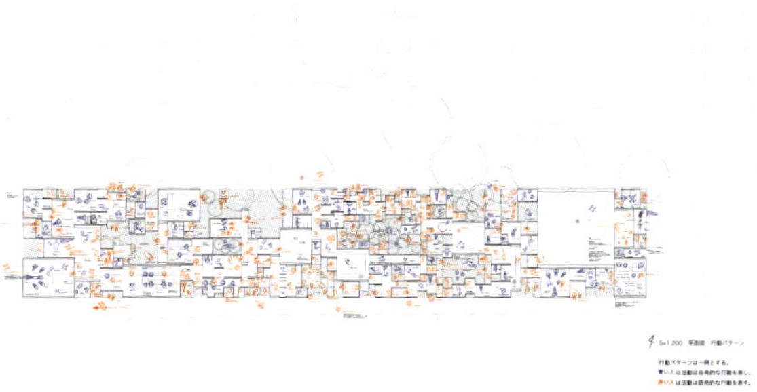

ひとつずつの部屋（ハコ）の色が伝達して全体を構成する。

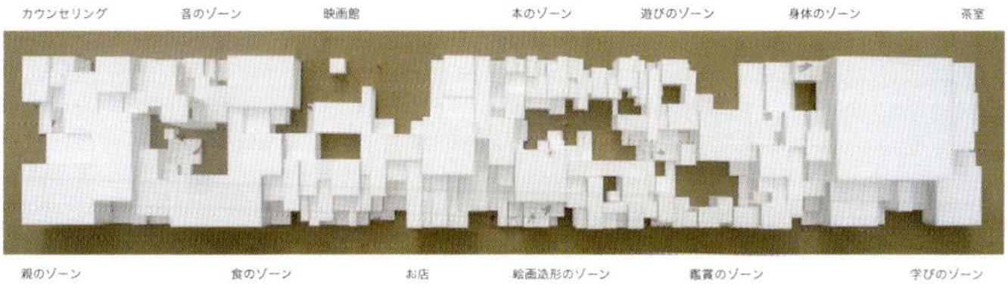

子供は周囲との関係の中で成長していく。
「できること」を増やすのではなく、「やりたいこと」を見つける。

子どもの活動はやがて建物の外へと溢れ出す。

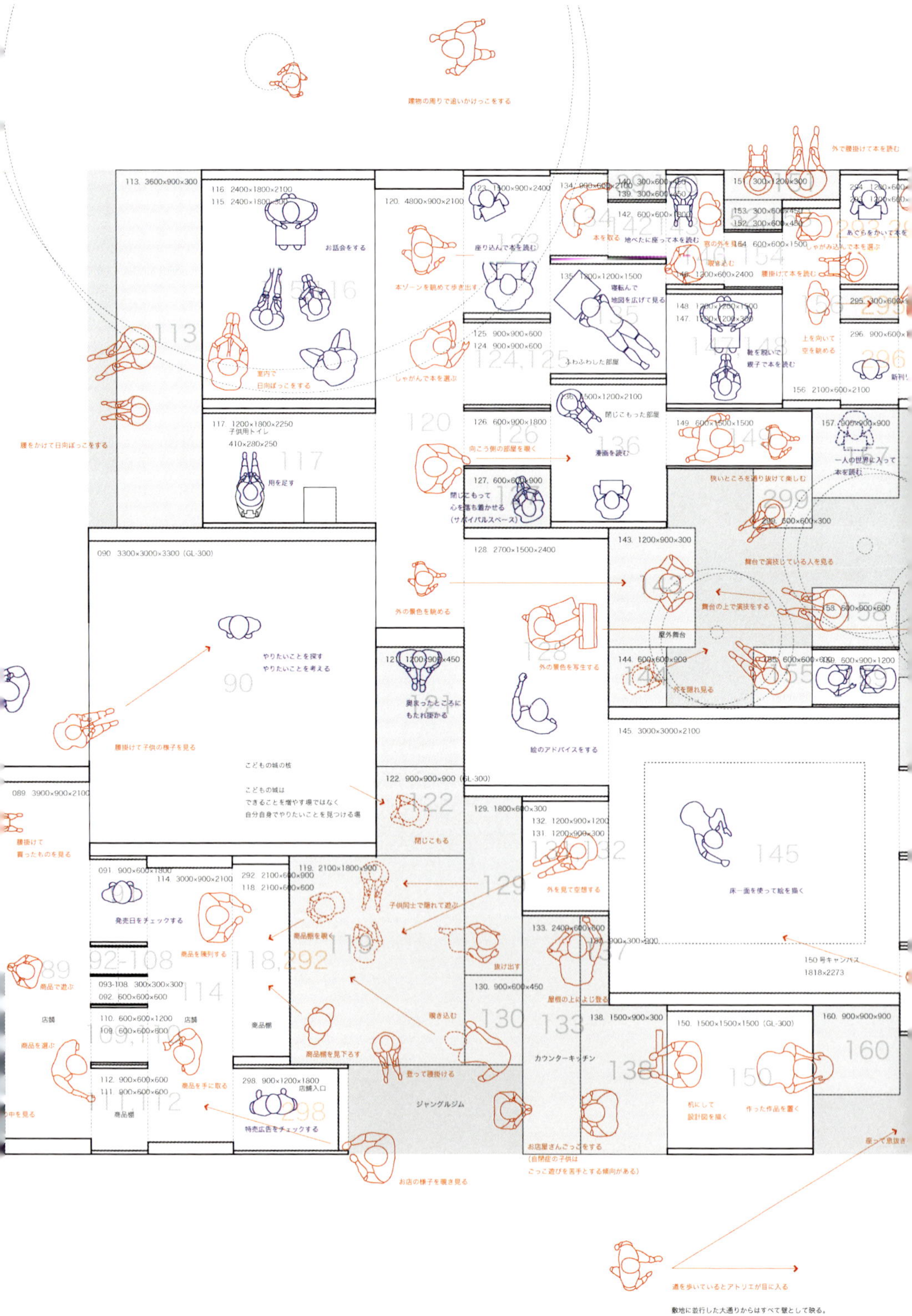

建物の周りで追いかけっこをする
外で腰掛けて本を読む
113. 3600×900×300
116. 2400×1800×2100
115. 2400×1800×300
お話会をする
120. 4800×900×2100
123. 1500×900×2400
座り込んで本を読む
本ゾーンを眺めて歩き出す
134. 900×600×2100
140. 300×600×450
139. 300×600×450
142. 600×600×1800
本を取る
地べたに座って本を読む
151. 300×1200×300
153. 300×600×450
152. 300×600×450
154. 600×600×1500
窓の外を見る
覗き込む
146. 1200×600×2400
腰掛けて本を読む
294. 1200×600×
293. 1200×600×
あぐらをかいて本を
しゃがみ込んで本を選ぶ
135. 1800×1200×1500
寝転んで
地図を広げて見る
148. 1200×1200×1500
147. 1200×1200×300
靴を脱いで
親子で本を読む
上を向いて
空を眺める
295. 300×600×
296. 900×600×
新刊
156. 2100×600×2100
室内で
日向ぼっこをする
125. 900×900×600
124. 900×900×600
しゃがんで本を選ぶ
ふわふわした部屋
136. 1500×1200×2100
閉じこもった部屋
漫画を読む
117. 1200×1800×2250
子供用トイレ
410×280×250
用を足す
腰をかけて日向ぼっこをする
126. 600×900×1800
向こう側の部屋を覗く
149. 600×1500×1500
157. 900×900×900
一人の世界に入って
本を読む
狭いところを通り抜けて楽しむ
127. 600×600×900
閉じこもって
心を落ち着かせる
（サバイバルスペース）
299. 600×600×300
090. 3300×3000×3300 (GL-300)
128. 2700×1500×2400
143. 1200×900×300
舞台で演技している人を見る
外の景色を眺める
舞台の上で演技をする
158. 600×900×600
屋外舞台
やりたいことを探す
やりたいことを考える
121. 1200×900×450
外の景色を写生する
144. 600×600×900
外を隠れ見る
155. 600×600×600
159. 600×900×1200
奥まったところに
もたれ掛かる
腰掛けて子供の様子を見る
絵のアドバイスをする
145. 3000×3000×2100
こどもの城の核
こどもの城は
できることを増やす場ではなく
自分自身でやりたいことを見つける場
122. 900×900×900 (GL-300)
089. 3900×900×2100
129. 1800×600×300
132. 1200×900×1200
131. 1200×900×300
腰掛けて
買ったものを見る
閉じこもる
091. 900×600×1800
114. 3000×900×2100
292. 2100×600×900
118. 2100×600×600
119. 2100×1800×900
外を見て空想する
床一面を使って絵を描く
子供同士で隠れて遊ぶ
発売日をチェックする
商品を陳列する
商品棚を覗く
抜け出す
133. 2400×600×600
137. 900×300×900
150 号キャンバス
1818×2273
商品で遊ぶ
093-108. 300×300×300
092. 600×600×600
屋根の上によじ登る
130. 900×600×450
店舗
110. 600×600×1200
109. 600×600×600
覗き込む
138. 1500×900×300
150. 1500×1500×1500 (GL-300)
160. 900×900×900
商品を選ぶ
商品棚
商品棚を見下ろす
カウンターキッチン
登って腰掛ける
112. 900×600×600
111. 900×600×600
商品を手に取る
298. 900×1200×1800
店舗入口
ジャングルジム
机にして
設計図を描く
作った作品を置く
中を見る
商品棚
特売広告をチェックする
座って息抜き
お店屋さんごっこをする
（自閉症の子供は
ごっこ遊びを苦手とする傾向がある）
お店の様子を覗き見る
道を歩いているとアトリエが目に入る

敷地に並行した大通りからはすべて壁として映る。
大通りとガラスが直交することで、ただ正面を向いて歩くことで視線に直交してガラス面が映り、中の様子をうかがい知る事ができる。

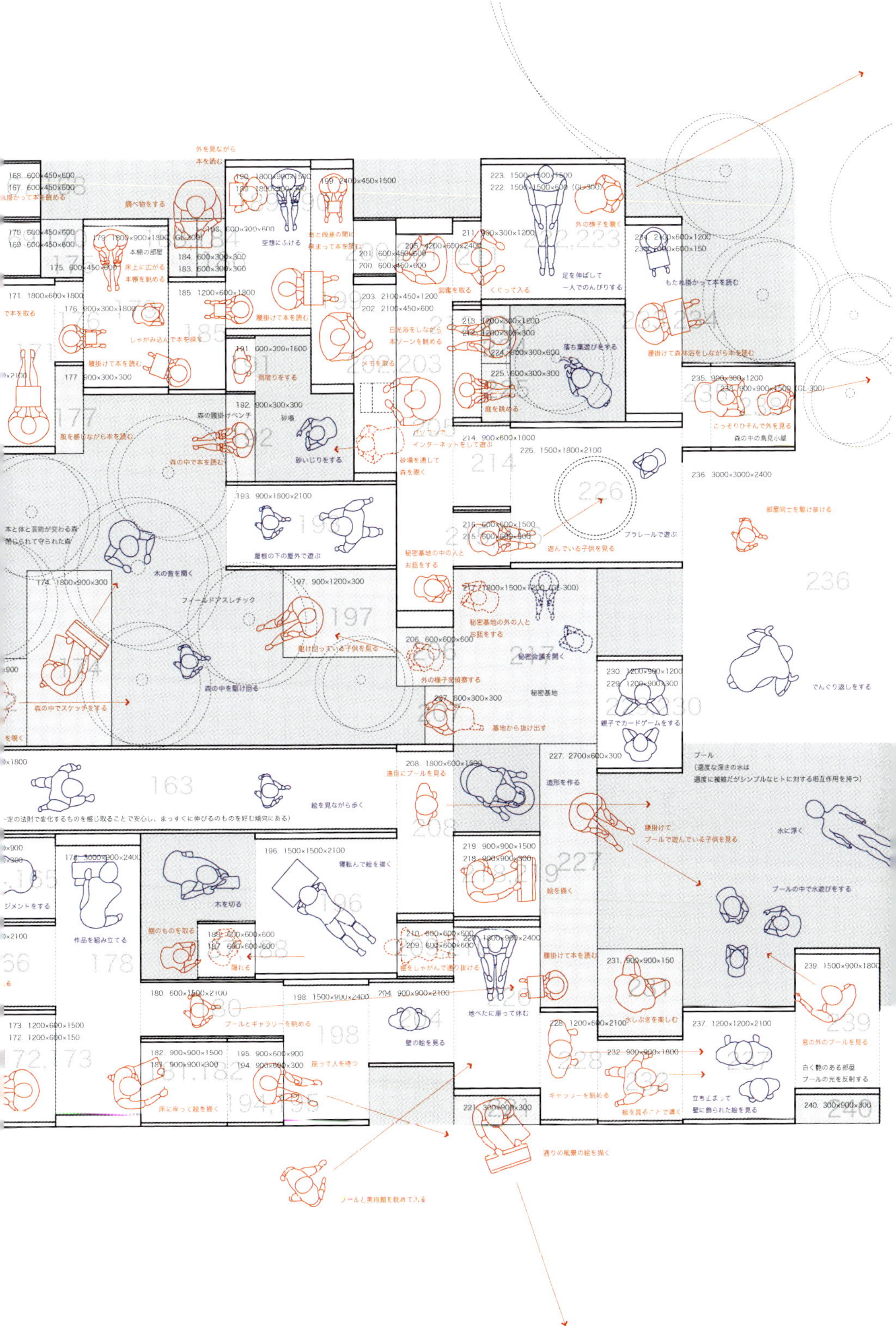

168. 600×450×600
167. 600×450×600
掛かって本を読める
外を見ながら
本を読む
調べ物をする
190. 1800×900×1500
189. 1800×900×1500
199. 2400×450×1500
223. 1500×1500×1500
222. 1500×1500×600（GL-300）
外の様子を覗く
170. 600×450×600
169. 600×450×600
179. 1800×900×1800（GL-200）
186. 600×300×600
本棚の部屋
床上に広がる
本棚を眺める
184. 600×300×300
183. 600×300×300
空想にふける
本と段差の間に
挟まって本を読む
201. 600×450×600
200. 600×450×600
205. 1200×600×2400
211. 900×300×1200
224. 2100×600×1200
233. 2100×600×150
足を伸ばして
一人でのんびりする
もたれ掛かって本を読む
175. 600×450×600
171. 1800×600×1800
176. 900×300×1800
185. 1200×600×1800
腰掛けて本を読む
203. 2100×450×1200
202. 2100×450×600
図鑑を取る
くぐって入る
で本を取る
しゃがみ込んで本を探す
日光浴をしながら
本ゾーンを眺める
213. 1200×300×1200
212. 1200×300×300
224. 300×300×600
225. 600×300×300
落ち葉遊びをする
腰掛けて本を読む
191. 600×300×1600
腰掛けて森林浴をしながら本を読む
メモを取る
×2100
177. 900×300×300
背伸びをする
235. 900×300×1200
238. 900×900×1500（GL-300）
192. 900×300×300
森の腰掛けベンチ
砂場
庭を眺める
こっそりひそんで外を見る
森の中の鳥見小屋
星を眺めながら本を読む
インターネットをして遊ぶ
214. 900×600×1000
226. 1500×1800×2100
砂いじりをする
森の中で本を読む
砂場を通して
森を覗く
236. 3000×3000×2400
193. 900×1800×2100
部屋同士を駆け抜ける
本と体と芸術が交わる森
閉じられて守られた森
216. 600×600×1500
215. 600×600×600
プラレールで遊ぶ
秘密基地の中の人と
お話をする
遊んでいる子供を見る
屋根の下の屋外で遊ぶ
木の音を聞く
174. 1800×900×300
197. 900×1200×300
217. 1800×1500×1200（GL-300）
フィールドアスレチック
秘密基地の外の人と
お話をする
駆け回っている子供を見る
206. 600×600×600
秘密会議を開く
230. 1200×900×1200
229. 1200×900×300
×900
外の様子を偵察する
森の中を駆け回る
秘密基地
でんぐり返しをする
207. 600×300×300
親子でカードゲームをする
森の中でスケッチをする
基地から抜け出す
を覗く
×1800
208. 1800×600×1500
227. 2700×600×300
プール
（適度な深さの水は
適度に複雑だがシンプルなヒトに対する相互作用を持つ）
適度にプールを見る
造形を作る
絵を見ながら歩く
一定の法則で変化するものを感じ取ることで安心し、まっすぐに伸びるものを好む傾向にある）
腰掛けて
プールで遊んでいる子供を見る
水に浮く
×900
×300
178. 3000×900×2400
196. 1500×1500×2100
寝転んで絵を描く
219. 900×900×1500
218. 900×900×300
木を切る
絵を描く
ジメントをする
プールの中で水遊びをする
×2100
作品を組み立てる
棚のものを取る
188. 600×600×600
187. 600×600×600
210. 600×600×600
209. 600×600×600
220. 1800×900×2400
腰掛けて本を読む
隠れる
腰をしゃがんで通り抜ける
231. 900×900×150
239. 1500×900×1800
180. 600×1500×2100
198. 1500×900×2400
204. 900×900×2100
地べたに座って休む
水しぶきを楽しむ
プールとギャラリーを眺める
173. 1200×600×1500
172. 1200×600×150
228. 1200×600×2100
237. 1200×1200×2100
窓の外のプールを見る
壁の絵を見る
182. 900×900×1500
181. 900×900×300
195. 900×600×900
194. 900×600×300
232. 900×900×1800
座って人を待つ
白く艶のある部屋
プールの光を反射する
ギャラリーを眺める
立ち止まって
壁に飾られた絵を見る
床に座って絵を描く
絵を見ることで遊く
221. 300×900×300
240. 300×900×300
通りの風景の絵を描く
プールと美術館を眺めてふる

建物の長辺方向は奥まで見通せる。
目で見ることで部屋の性質を知る（自閉症の視覚優位）。

ホールからラウンジを通して、食堂を感じる。
ご飯を食べている人の様子（視覚）と、食事の匂い（嗅覚）を感じることで
ホールにいる人の関心を食堂に導く。

本があることで隣接するハコで「本を読む行為」が誘発される。
ハコの大きさや質感、他のハコや外部との繋がりによって、異なった読む環境がつくられる。

ハコは遊具にもなる。屋外に接したハコは、ハコの外も行為を誘発する。
ハコの外は舞台になり、ベンチになり、机になり、ジャングルジムになる。ハコの中と外を同じに扱う。

みちにある家

—街の魅力を残した計画手法の提案—

今回の計画では、建替えが急務とされている密集市街地の再計画の提案をする。密集市街地は、災害に弱いなどの問題点を抱えており建替えが必要とされているが、そこでは都心で希薄になってきているコミュニティが残り続けているなど、狭いながらも工夫して生活を楽しんでいる様子が伺われる。そのような街の個性を残した再計画の提案をしたいと思う。

味岡 美樹
Miki Ajioka
武蔵工業大学大学院
工学研究科　建築学専攻
手塚貴晴研究室

コンセプト模型。家がみちにはみ出すように建っていて、あたかもみちの上に建物が建っているように感じられる。

全体計画。数件単位で建替えを行うので、赤い部分が少しずつ増えていく形になる。ポケットパークや既存の公園へ繋がる災害時の避難動線を設ける。

木密空間の分析とモデル化。密集市街地の魅力を作っているものを分析し、計画手法として応用できるようにモデル化を行う。

密集市街地に行くと、家がみちにはみ出すように建っていて、あたかもみちの上に建物が建っているように感じられる。そのような特有の魅力を持つ空間が、密集市街地には多く見られる。密集市街地の空間の魅力を作っているものをモデル化・分類し、計画手法として応用できるようにと考えた。密集市街地の建替え方法はいくつかあるが、今回は数件単位で同時に建替えをし、まとまった庭が取れ、接道条件がクリアできる協調建替えで設計を行った。

計画地は東京都北区赤羽に想定する。高密度で狭小な敷地、迷路のような細い路地が多くオープンスペースがないという居住環境の問題を抱える密集市街地の1つである。全体計画としては、数件単位の建替えが徐々に計画地内に広がっていく形で行う。協調建替えをしたところには、ポケットパークや既存の公園に通り抜けられる災害時の避難動線を作る。

個々の計画としては敷地境界に2重の耐火壁を建て、もともとの自分の敷地に新しい家が建てる形で行う。法規上は長屋の増築扱いになり、接道していない住戸の建て替えが可能となる。敷地境界が曖昧になっているため庭はセミパブリック空間となり、地域の人だけが通れるような通路やコミュニティ形成の場となることが予測される。

密集市街地の再計画においてはこのような、防災や継続的な建替えの問題を解決し、街の個性を残しながら密集市街地の多くを良好な住環境に更新していくことのできる具体的な計画が必要とされていると考える。

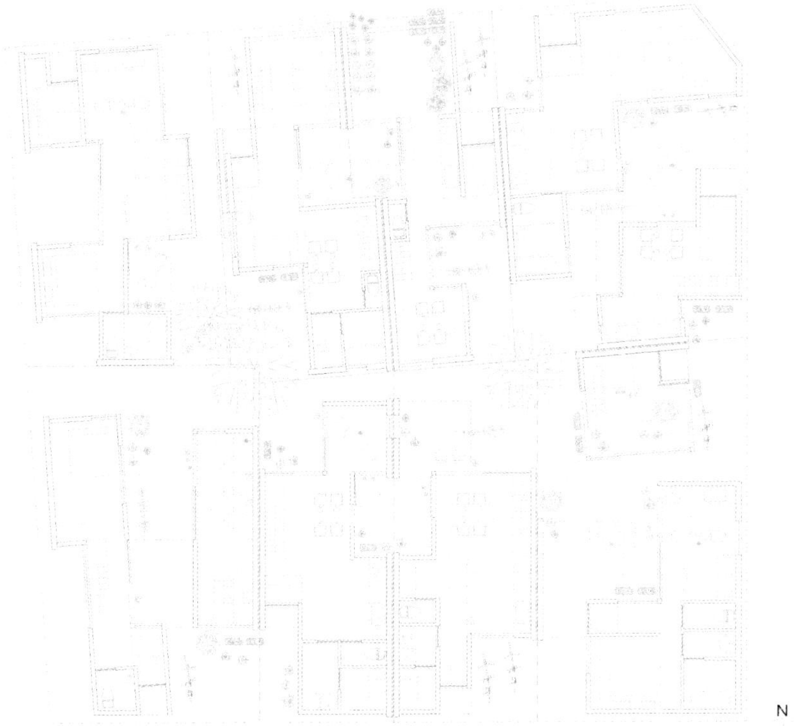

1階平面図　1:200

平面図。機能ごとにボリュームを細分化し、内部も外部もヒューマンスケールの連続になっている。また、家と家の境界が曖昧になっている。

模型鳥瞰写真。8軒の住人が住み続けることを想定し、
壁共有の協調建て替えを計画する。

模型内観写真。建物内部から共用庭を望む。

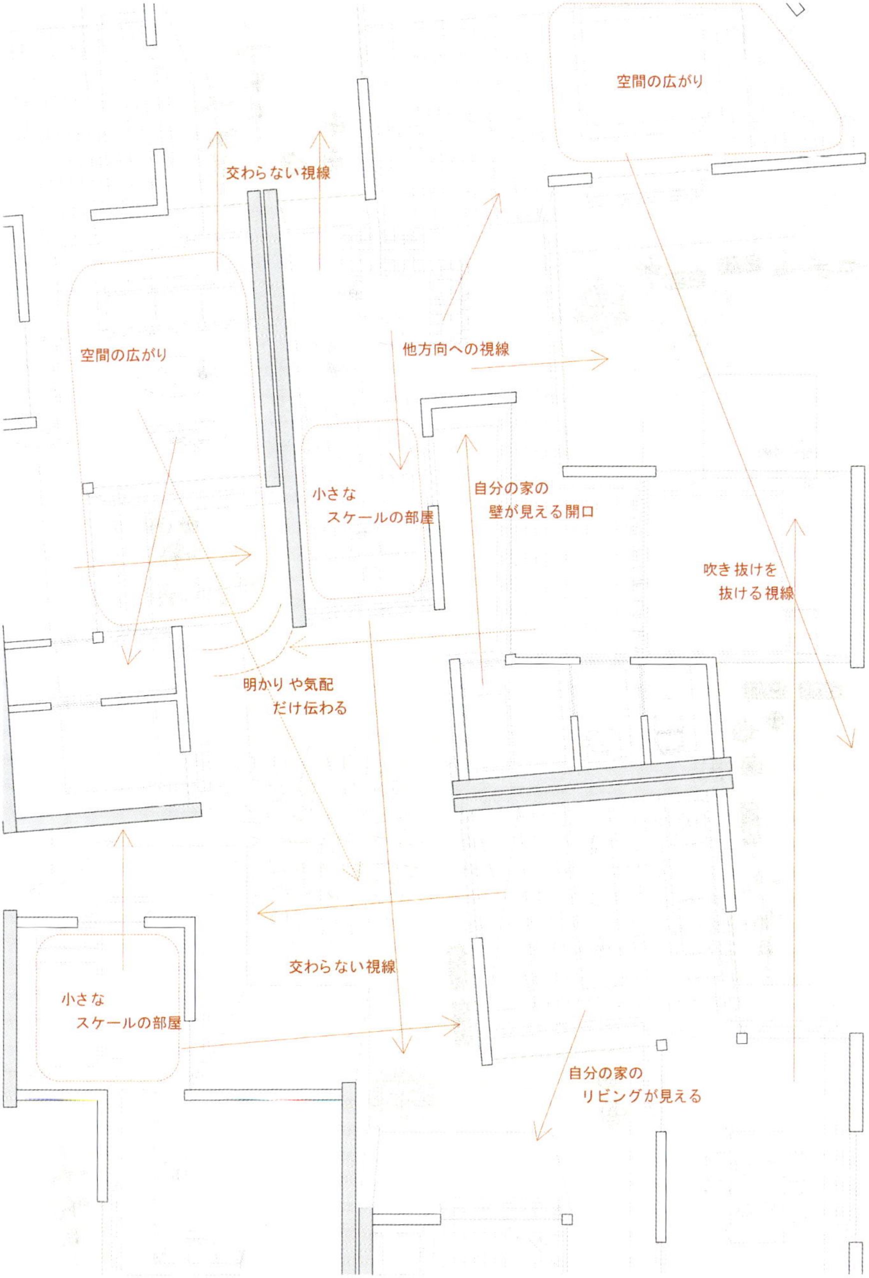

平面パース。ここには4軒の家が入っている。非常に密集した環境なので、お互いの関係性は計画的に作り出している。

無題

都市に線を引いた　泥の線を引いた　ただの汚れにも見える泥の線を引いた　その線は展示室である大学の教室を通過点とした　その線は都市の中に約100km続いている　距離に意味は無い　道順に意味は無い　場所に意味は無い　目的地は無い　ただの汚れにも見える線が続いている

川嶋 洋平
Yohei Kawashima
武蔵野美術大学大学院
デザイン専攻 建築コース
宮下勇研究室

永福町
Eifukucho
渋谷
Shibuya
井の頭通り
下高井戸駅前
ShimotakaidoSta.
4 首都高

OMOTE
SANDO
HILLS

ヒルサイドプラザ
04(火)
14:00
槇文彦特別講演
「東京」を語る
17:00
05(水)
13:00
全国修士論文討論会
「過去」を読む
懇談会
18:00
06(木)
13:00
全国修士論文討論会
「現在」を観る
懇談会
18:00
07(金)
13:00
全国修士論文討論会
「未来」を拓く
懇談会
18:00
08(土)
10:30
全国修士設計展
プレゼンテーション
13:30
16:30
全国修士設計展
公開審査会
18:30
授賞式・懇親会
20:00
D
C
P
B

全国修士論文討論会

「全国修士論文討論会」開催概要

「全国修士論文討論会」は全国から募集した建築系大学院学生の様々な分野の修士論文を厳選し、作者の発表ならびに論文の内容に対して、各分野の専門家を交えて討論を行うシンポジウムである。代官山ヒルサイドテラス・ヒルサイドプラザを会場に、全国修士設計展の会期中の3日間、「『過去』を読む」(3月5日)、「『現在』を観る」(3月6日)、「『未来』を拓く」(3月7日)というテーマで討論会が行われた。今回、論文企画のディレクターに八束はじめ氏を迎え、それぞれのコメンテーターとして『過去』のテーマに青井哲人氏と太田浩史氏、『現在』のテーマに佐藤淳氏、馬場正尊氏、藤村龍至氏、『未来』のテーマにアニリール・セルカン氏と陶器浩一氏を招いた。まず、事前に3つのテーマに対して50点の論文作品が寄せられ、その梗概を用いて査読会を行い、『過去』と『現在』を各10作品、『未来』を8作品として、計28点を選出した。それぞれのテーマの討論会当日、論文の作者がプレゼンテーションを行い、それに対してディレクターやコメンテーターと質疑応答を行う形で議論を交えた。討論終了後は懇親会を行った。

全国修士論文討論会 ディレクター・コメンテーター紹介

Director ディレクター

八束 はじめ (やつか・はじめ) /建築家

1948年山形県生まれ。1972年東京大学工学部都市工学科卒業。1977年東京大学工学系大学院博士課程満期退学。1977 ～ 83年磯崎新アトリエ勤務。1983年UPM設立。2001年～芝浦工業大学建築工学科教授。主な作品に「美里町文化交流センター＜ひびき＞」。主な著作に『思想としての日本近代建築』。

Commentator コメンテーター

『過去』を読む

青井 哲人（あおい・あきひと）／建築史家

1970年愛知県生まれ。1992年京都大学工学部建築学科卒業。1994年京都大学大学院修士課程修了。1995年神戸芸術工科大学助手。2000年博士学位取得。2001年日本学術振興会特別研究員。2002年～人間環境大学准教授。主な著作に『植民地神社と帝国日本』、『彰化一九〇六年～市区改正が都市を動かす』。

太田 浩史（おおた・ひろし）／建築家

1968年東京都生まれ。1991年東京大学工学部建築学科卒業。1993年東京大学工学系研究科修士課程修了。2000年デザイン・ヌーブ設立。2002年より東京ピクニッククラブを主宰。2003～2008年東京大学国際都市再生研究センター特任研究員。世界諸都市の再生事例を、公共空間戦略を中心に研究している。

『現在』を観る

佐藤 淳（さとう・じゅん）／構造家

1970年愛知県生まれ。1993年東京大学工学部建築学科卒業。1995年東京大学大学院修士課程終了。1995年木村俊彦構造設計事務所入社。2000年佐藤淳構造設計事務所設立。主な作品に「クリスタル・ブリック」（設計：山下保博／アトリエ・天工人）、「公立はこだて未来大学研究棟」（設計：山本理顕設計工場）など。

馬場 正尊（ばば・まさたか）／建築家・編集者

1968年佐賀県生まれ。1994年早稲田大学大学院修士課程修了。博報堂、早稲田大学博士課程、雑誌『A』編集長を経て、2002年Open A を設立。2008年～東北芸術工科大学准教授。著書に『R the Transformers　都市をリサイクル』、『POST-OFFICE　ワークスペース改造計画』など。都市の空地を発見するサイト「東京R不動産」を運営。

藤村 龍至（ふじむら・りゅうじ）／建築家

1976年東京都生まれ。2002年東京工業大学大学院修了。2002～2003年ベルラーヘ・インスティテュート（オランダ）。2003年～東京工業大学大学院博士課程。2005年藤村龍至建築設計事務所設立。設計実務とともに、研究論文、批評の執筆、フリーペーパー『ROUND ABOUT JOURNAL』の発行やイベントの制作も手がける。

『未来』を拓く

アニリール セルカン（ANILIR SERKAN）／建築家・宇宙物理学者・宇宙飛行士候補

1973年ドイツ生まれ。1995年イリノイ工科大学建築学部建築学科卒業。1999年バウハウス大学大学院修士課程修了。2003年東京大学大学院工学系研究科建築学専攻博士課程修了。2003年日本宇宙航空研究開発機構（JAXA）講師。2007年～東京大学大学院助教。

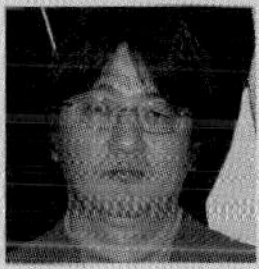

陶器 浩一（とうき・ひろかず）／構造家

1962年大阪府生まれ。1984年京都大学工学部建築学科卒業。1986年京都大学大学院修士課程修了。日建設計勤務などを経て、2006年～滋賀県立大学教授。主な作品に「積層の家」（設計：大谷弘明）、「ハンカイハウス」（設計：宮本佳明）など。

「全国修士論文討論会」について

八束はじめ（建築家／全国修士論文討論会ディレクター）

設計ならば図面を少し見ただけでもある程度理解できる。しかし論文となるとそうはいかない。（図面の）一瞥と（論文の）一読は訳が違う。当初のセレクションは梗概のみとはいえ、最終的に寄せられた論文は全部読まないわけにはいかない。力作を寄せてくれた学生諸君への最低限の礼儀でもある。とはいえ、分野違いのものもあるし、30点近くの論文を読み通すのは容易ではなかった。しかし、予定していたドバイ行きをやめてこの通読の作業に打ちこんだだけのことはあった。自分の理解が行き届かない分野のものであっても、意義や熱意や準備のほどは感じ取れる。チョムスキー風のいい方を借りれば、表層の構造は違っても、深層の構造を伺い知ることはそれなりに可能だ。でなければ、今回のようにインタージャンルで一同に介した評者と学生（著者）たちが議論を交わすという企画自体が成立しない。

私見では、設計では既に卒業設計で、論文

なら修士論文で、ある局面に限るならば、教員を超えることは可能である。私も自分の大学で、自分にこれだけのことを生み出せるかどうか自問したことは多々ある。審査の醍醐味である。もちろん、経験を積んでいるだけ懐は当方の方が広いとはいえるかもしれない。どんな議論をされてもそれなりに対応できるくらいでないと審査は務まらない。その意味で、こうした機会は、争いではないまでも、ひとつのせめぎ合いである。評者に一方的に叩かせるようでは論者の負けで、評者も面白くない。読む方にも収穫を味わわせてくれるようでなければいけない。この点、今回は十分に堪能できた。学生諸君及び他のコメンテーター諸氏には感謝したい。もうひとつ、極めて熱心にこの企画を推進してくれた実行委員会の諸君の熱意にも敬意を表したい。それがなかったら、私もここまでの労をとらなかっただろう。もうひとつの感謝とこの企画の今後の成功を祈って感想にかえたい。

論文目次

257 論文作品「過去」

258 小野陽子
『南イタリア・ガッリーポリの都市と建築』

260 坂巻直哉
『郭内の空間変容に関する研究』

262 北島祐二
『戦時・戦後復興期における
東京の土地所有形態』

264 寺崎雅彦
『再生・転用建築の新たな尺度』

266 本郷健太
『AdolfLoosにおける
『逆行的/仮想的』設計手法研究 』

268 法澤龍宝
『ABCグループの建築論』

270 水野裕太
『<思考形式>としてのドローイング』

272 齋賀英二郎
『剣持勇論 』

274 辻泰岳
『戦後建築の「周辺」』

276 渡邉麻衣
『N邸にみる磯崎新のメランコリア 』

278 討論会「過去」を読む

289 論文作品「現在」

290 高瀬淑也
『GAを用いたラチスシェル構造物の
形態デザイン手法に関する研究』

292 荒木美香
『測地線上に部材を配置した
木造ドームに関する基礎的研究』

294 南方雄貴
『戦後日本における鉄筋コンクリートシェル
構造建築の軌跡』

296 田中剛
『近現代建築における光と熱』

298 金野千恵
『住宅作品におけるロッジアの空間的性格』

300 籏藤麻木
『介護者の自領域から考察する介護施設計画』

302 北雄介
『経路歩行実験による都市の様相の記述と分析』

304 木曽久美子
『建築・都市空間が誘発する
人間行動の記号過程に関する研究』

306 鎌倉敏士
『都市表層から見た信濃川下流域 』

308 古澤圭太
『チャンディガール、コロニーNo.5地区における
生活実態と住居形態の調査・研究』

310 討論会「現在」を観る

321 論文作品「未来」

322 大河内重敬
『関節疾患に着目した住宅のテーラーメイドデザイン
に関する研究』

324 大西直紀
『風害抑制を目的とする設計支援手法の開発に関する研究』

326 榎本孝司
『NURBS立体を用いた3D拡張ESO法による構造形態創生』

328 後藤一真
『相互依存空間構造の形態解析
ならびに設計支援システムの開発』

330 向尚美
『風の景観操作考 』

332 榊俊文
『東京・水辺まちづかい論』

334 浦田裕彦
『南イタリア・プーリア州の都市と地域の再生』

336 日高香織
『郊外ニュータウン居住者の住環境変化に対する意識調査と、
人口減少地域における今後の住環境の在り方に関する研究』

338 討論会「未来」を拓く

全国修士論文討論会

論文作品「過去」

南イタリア・ガッリーポリの都市と建築
—重なり合う居住空間—

小野 陽子
Yoko Ono
法政大学大学院
工学研究科　建設工学専攻
陣内秀信研究室

研究背景・目的・方法

ガッリーポリは、南イタリアのプーリア州、サレント地方のイオニア海側に位置する都市である。旧市街は周囲を市壁に囲まれた島で本土とは1本の橋で繋がり、本土側には新市街が形成されている。古くに形成された社会組織を受け継ぎ都市の構造を維持した上で、住人は「空間」と「営み」を巧みに融合させ、街を使い続けている。私はガッリーポリの都市空間について、建築と生活がつくりだす迷宮的な都市の構造を読み、都市空間がどのようにつくり上げられたのかを分析することが、「都市が生き続けるための手法」を明らかにすることに繋がると考える。

本論文はガッリーポリの居住空間と建築、都市空間の関係を明らかにすることを目的とする。都市に最も多く存在し、多様な形態を見せる住宅に主な焦点を当て、さらに意識や生活環境の変化など、人々の生活に関する視点を加えて考察した。2004年から2007年にかけてガッリーポリの現地調査を行い、現地調査で得た実測、聞き取り調査などの情報を基に分析、考察を行った。4年間の実測調査では、住宅69軒・都市施設16軒の図面を得ている。また、歴史については現地で収集した文献や建築史書などを参照した。

第一章　都市構造

ガッリーポリの歴史的背景と都市施設、他都市との関係などを述べ、ガッリーポリの骨格とも言える点について把握した。また、ガッリーポリはオリーブオイル産業で富を得たという歴史を持つ。それによりさまざまな文化が持ち込まれ、港湾都市としての発展が都市にどのような変化生み出したのかを明らかにした。社会的階層の発達や宗教施設、建築様式など産業の繁栄によって、ガッリーポリには独自の文化が発達したのである。

第二章　住宅

住宅をその空間構成や規模、住人の社会的階級などにより五つの形式に分類し、立地や歴史的発展などを定義した。また、住人の社会的階層と住宅の関係や旧市街の中での住人同士の関係など、「そこに住む人」とう視点を踏まえて考察し、建築と生活の関連について論じている。さらに、都市空間のバロック化やそれに伴う空間構成の変化なども考察した。

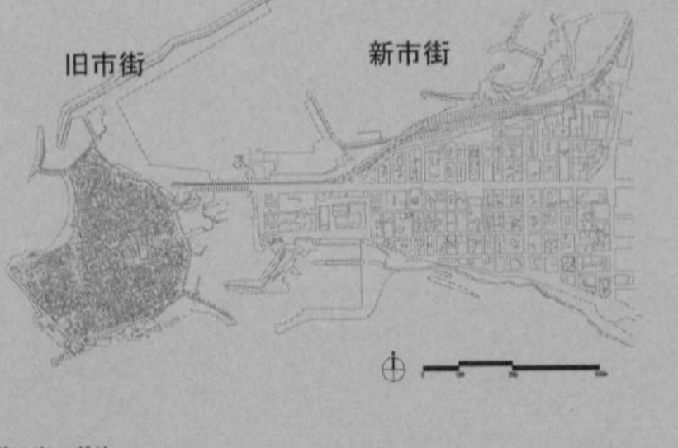

ガッリーポリ

袋小路を囲む住宅

第三章　建物の変遷

現在見られる高密で複雑な都市空間がどのように形成されてきたのか、さらに集合住宅という居住方法について分析した。住人は生活状況の変化に合わせ内部空間を統合や分割させることで巧みに対応させ、建物の内部空間は時代を経るごとに複雑さを増していったのである。さらに複数の世帯で戸外空間を共有することで住宅は集合住宅のような構成に発展したのである。また、建物は既存の建物を取り込むように新しいものを重ねてきた。古い時代に形成された都市の構造を壊すことなく、融合させることで建物を積層させ拡大しきたのである。

第四章　建築と都市空間の関係

第三章で論じた建築の変遷を踏まえ、建築と都市空間の関係を、ある一つの街区に注目して分析することで明らかにした。まず一つの街区の中にはそれぞれの空間形成を辿ってきた異なる住宅形式が存在し、面する街路によって建ち並ぶ住宅形式が異なる。街区はさまざまな形式の住宅が街路との関係をもって立地することで構成されており、それらの異なる住宅形式は、街区のなかで街路の公共性に基づき立地しているのである。また建物は、街路の公共性に加え、街路の形態や距離などの街路がもつ性質によって、都市に対する意識が変化するのである。そこには建てた人の階層と意識が明らかに表れ、それによりバリエーションに富んだ表情が生まれている。

第五章　都市での生活

都市の現状として住人の現在の生活と観光化について考察した。ここで評価できるのが、住人の手による観光促進の動きと、歴史的価値を最大限に活かした住人の手による施設運営である。小さな港湾都市に上手く合った経営体系が、都市の価値をより一層高めていると言える。旧市街には今、古い建物の良さを生かした宿泊施設やレストランなどが多く存在する。観光化という新しい流れの中で、既存の文化をいかに守って行くか、また新しいものをどのように融合させていくかが大きな課題となっている。

結論

旧市街での生活は不便なことも多いにある。しかし人々は街を評価し、住み続けてきた。積み重ねた歴史のなかで、社会組織を受け継ぎ都市の構造を維持しながら、住人は巧みに街を使い続けてきたのである。今日多くの人を魅了している都市空間は、長い年月をかけて住人の手によって形成されたものである。建築は、住人の手により空間を変化させてきた。そしてそれにより都市空間は複雑なものになった。また、住人の都市への意識というものが、都市空間に豊富な表情を与えてきたのである。都市と建築の間には、必ず使い手である住人がいる。住人が長くにわたりそこで生活を営んできたからこそ、結果的に現在見られる魅力ある高密で複雑な都市空間がつくり上げられたのである。

パラッツォと袋小路を囲む住宅平面図

ミニャーノのある前庭型住宅を改装したB&B

郭内の空間変容に関する研究
—江戸／東京における首都性について—

坂巻 直哉
Naoya Sakamaki
東京理科大学大学院
工学研究科　建築学専攻
伊藤裕久研究室

本研究は、江戸期の郭の形成から近代までの郭内空間の変容を通史的に明らかにし、それをもとに江戸／東京の首都性について再考を試みたものである。ここで、「郭内」とは外濠によって規定される範囲を指し、その外側を「郭外」と言う。

江戸初期の郭内の空間構成は、慶長期の絵図における屋敷の拝領者名から、城郭を中心に身分ごとに各地区に空間の序列があった。そして、寛永期には親藩の新設により、吹上・北の丸を上位とする序列に変容しながら、重臣邸地として拡充していくが、その後の外濠建設は、初めて江戸の都市に「内外」という概念を創出するのである。

明暦の大火(1657年)前の江戸全域について、郭内では都市化の進行が著しく、一方、郭外では遅延が認められる。ここで城門の配置に着目すれば、いずれも有力大名邸や重要寺院、あるいは主要五街道と郭内外を連結するよう配されている。こうして、郭の構築による内外の分離は、城門によって連結され、内外の関係性を築きながら、都市化が進行していく。明暦の大火後、大名屋敷の郭外転出をはじめとする変革がなされる中、焼失した天守閣は再建されなかった。都市の象徴の消失は、城が都市全体を統合する求心力を保持していないことを意味し、さらに、この時都市に町人から不可視の空白の中心を生み出したのであった。内外を隔てながら、かつ両者の関係性による成長をもたらした点に郭という構造の持つ特異性が浮上していた。

明治に入り新政府は、改めて郭内外の範囲を明確に再設定するが、両者の接点であった城門については外濠城門が撤去、内濠城門が保存された。さらに、地券が発行されたことで、郭内への市民の居住が可能となり、郭内には急激に市民生活が流入する一方、城門を保存した皇城はより強調された存在となった。明治初年の内外の再設定で、新政府の新しい官省建設の空間として位置づけられた郭内では、明治5・7年にそれぞれ内郭に官省の集中計画が起こった。どちらも実現はしないものの、この間各施設は頻繁に移転を繰り返しており、内郭に皇城・官省の空間の形成を目指したことが示唆される。しかし、立憲政体への方針転換、かつての江戸城への各官省集中が物理的に限界であることにより官省は皇城周囲に溢れ出し、分散的に配されたのであった。そんな諸官省の中で当時の郭内の大部分を占有していた陸軍施設の郭外移転のきっかけとなったのは市区改正計画である。当計画における旧設計では、大通りで宮城を囲い込み、特化する意識が見られる一方、新設計では囲い込みの意識は希薄となり、むしろ丸の内・霞ヶ関を向くような構図へと変化していた。このとき、創出されたのが、東京駅と宮城が初めて向かい合う空間としての行幸通りであり、幅員の大幅拡張からもこの行幸通りの実現が極めて重要視されていたといえるだろう。こうして、市区改正は、新設道路と市電開通による外郭の解体と同時に宮城の強化にも作用していたのである。ところが、昭和4年に桜田門外に建設中であった警視庁庁舎ドームは、この行幸通りの唯一性を揺るがし、周囲から宮城を見下ろす視線を生み出してしまう。これを受けて宮内省は、周囲から宮城を覗けない100尺、150尺の軒高制限を設定、さらに昭和8年の美観地区では、丸の内・霞ヶ関へ大きく偏心するよう再設定した。この美観地区は、明らかに行幸通りを意識した領域指定と思われ、絶対高さを整斉した新たな郭内ともいうべき空間の創出を志向したものであったと考えられる。

｜**結論**｜

寛永の江戸城普請は、郭の構築とともに都市空間に初めて内外という概念を創出した。しかし、郭内における空間序列の変化や天守消失のように、城郭は必ずしも都市全体を統合するのでなく、むしろ郭内外の関係性によって都市に成長をもたらしたと考えられる。また、明治初期の城門の解体と保存は、郭内への市民の流入や官省の溢れ出しを招き、市区改正も外郭を解放する一方で、行幸通りにより宮城という郭を強固にしていた。このように成立した新たな郭は、美観地区という領域として表現されたのである。こうした郭の変容と内外の関係性が、江戸／東京の首都性を創出してきたのではないだろうか。

現在の皇居周辺

戦時・戦後復興期における東京の土地所有形態
―旧東京市本郷区を対象として―

北島 祐二
Yuji Kitajima
東京大学大学院
工学系研究科 建築学専攻
伊藤毅研究室

序章

本論文は、土地細分化が進んだとされる戦時・戦後復興期における本郷区の土地所有に関する研究である。戦前における少数の大土地所有者と大多数の借地借家人の併存という構造が崩壊し、所有規模の平均化・持地持家化が急速に進められたと考えられている戦後復興期において、これまで研究対象となりえなかった中規模とも呼べる宅地所有者の土地経営の変遷を追うことで、従来の研究では見られなかったより一般的な土地所有形態の変遷のあり方を議論の遡上に上げるとともに、それが宅地細分化とどのように影響したのかを明らかにすることが本論文の目的である。

第1章　戦時・戦後復興期の土地関連制度・法律

戦時・戦後復興期の土地所有形態は土地に関する制度や法律に大きく影響された。そこで、まずは土地所有の背景に存在した諸制度・法律（地代家賃統制令、宅地建物等価格統制令、借地・借家法改正、財産税）を概観する。

第2章　戦時中所有形態の分析

第1章で見た土地関連制度、法律による背景を踏まえ、実際の土地所有において見られる変遷を分析した。対象地区として選んだのは、旧東京市本郷区全域である。本郷区において阿部の所有する宅地の変遷と、中規模土地所有者の変遷を比較することで、当時の土地所有者におきた変遷を辿った。

本論文の対象とする所有者層を本郷区全宅地の3割を占める1千坪から1万坪の中規模宅地所有者133名に限り、その所有形態から類型化を行った。なおⅢ型の在住地と不在地に均等の割合で宅地を所有する形態は本郷区においては確認されなかったため、以降の分析はⅢ型を抜いた、「Ⅰ型類型者：在住所有地のみ所有する類型」、「Ⅱ型類型者：一町丁内に不在所有地のみを所有する類型」、「Ⅳ型類型者：在住地に偏って宅地を所有する類型」、「Ⅴ型類型者：不在地に偏って宅地を所有する類型」、「Ⅵ型類型者：不在所有地を複数町に渡って所有する類型」の5つの類型に対して行った。

第3章　財産税課税期の土地処分の分析

中規模の宅地所有者において、財産税課税期に

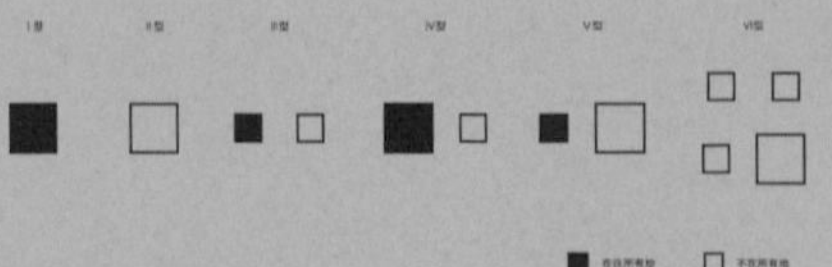

類型概念図

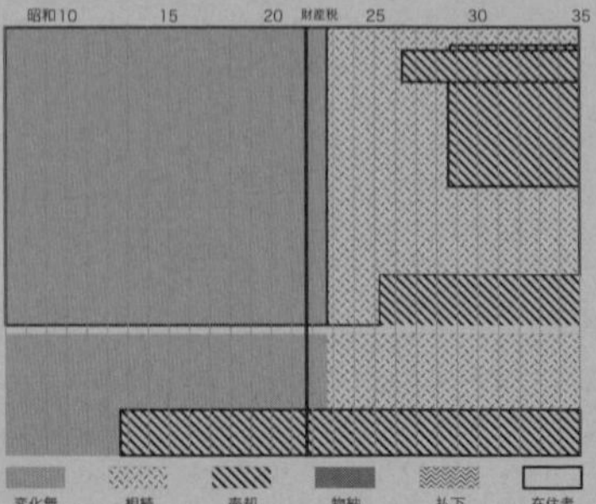

A型：継続型（Ⅳ型類型者の場合）

いかなる細分化が行われたかを分析した。調査対象には、大規模宅地所有者との比較から中規模の中でも所有宅地面積の少ない2千坪前後を所有する宅地所有者、資料的制約から昭和７年から昭和21年の財産税公布まで、相続を含めて所有形態を継続した宅地所有者を対象とした。各類型から２名ずつの計10名の宅地変遷を追ったところ、財産税処分に関しては「A型：継続型」、「B型：一括物納型」、「C型：細分化・売却型」の3つの類型を見ることが出来た。A型は財産税納税による影響が宅地の所有形態にみられず、財産税公布以前の所有形態を維持する類型で、1型の類型者1名と、Ⅳ型の類型者2名が相当する。Ⅳ型の所有者２名がいずれも昭和25年以降に宅地細分化による売却を行っていることから、同じ継続型ではあるが、財産税納税後の所有形態には差があることが伺えた。また、B型は所有する宅地を一括して物納する類型で、財産税の影響が宅地所有に強く現れる類型であるが、Ⅰ型、Ⅱ型、Ⅵ型の類型者１名ずつが当てはまった。そして、C型は財産税納税に向けて土地細分化などを踏まえた売却を行う類型で、Ⅱ型類型者1名、Ⅴ型類型者2名、Ⅵ型類型者1名が当てはまった。

土地細分化再定義

土地の細分化が行われた時期と細分化を行った主体から、戦後東京の土地細分化に関する再定義を試みた。

【Ⅰ期：財産税課税による土地細分化】

財産税納税のために昭和21年以降に多くの宅地が細分化された。この時期における土地細分化は財産税対策を主眼においたものであり、宅地経営としての利潤でなく、納税額における有利性を考慮した細分化であることから、消極的細分化と定義できる。

【Ⅱ期：物納地払下と、資本対象としての細分化】

戦後不況を脱し経済が回復の兆しを見せ出す時期にも新たな宅地の細分化が行われていた。財産税納税期における細分化と異なり、この時期に行われる細分化は、宅地経営における利益を視野にいれたうえでの細分化であることから、積極的細分化と定義できる。

結章

先行研究において、東京の土地細分化は財産税期における大土地所有者に見られる細分化と物納地の払い下げがその主たる原因とされてきた。その観点に間違いがないことは、本論文の分析からもわかることであった。しかしながら、土地認識の変化に端を発すると思われる、新たな宅地細分化の主体が存在した。この中規模土地所有者という新たな宅地の担い手において、土地を流動的資産として捉える認識が一般化することが、東京の土地細分化を推し進める最大の要因であったのだと私は考える。

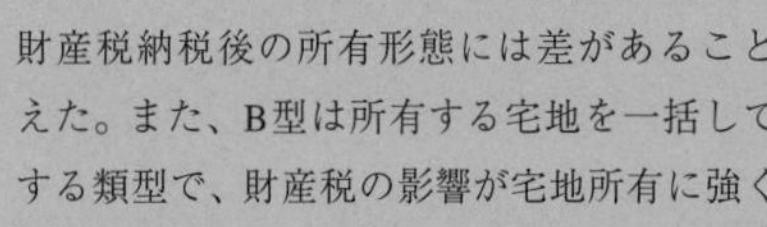

B型：一括物納型（Ⅱ型類型者の場合）

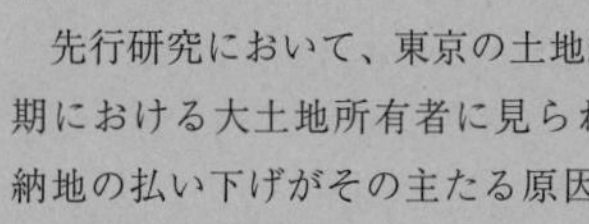

C型：細分化・売却型（Ⅴ型類型者の場合）

再生・転用建築の新たな尺度

—19世紀の「キャラクター」概念の有効性—

寺崎 雅彦
Masahiko Terasaki
東京大学大学院
工学系研究科　建築学専攻
難波和彦研究室

本研究は、新旧の調停という共通する与条件をもつと考えられる、19世紀の初期鉄骨造建築と現代の再生・転用された建築の２つを対象とする。その表現的な解決を促した19世紀の建築理論、特に「キャラクター」概念を整理・翻訳することと、それらを現代の再生・転用建築の評価に導入することで、そのデザイン手法の拡大を図るとともに19世紀建築の新しい可能性を発見することが本研究の目的である。

現代では、再生・転用建築の必要性が増すと予想される。実践的側面から論じられることは多いものの、デザイン手法については十分ではない。再生・転用のデザインは、既存の建築に大きく左右されるため特殊性が高く差別化も図りやすいことが魅力だが、特殊性ゆえにそのデザインの一般論を直接的に抽出することは難しい。

両者の共通点は新／旧の調停にある。再生・転用建築は、新築とは違い既存の建築を何らかの形で残すことからデザインが始まる。現代において主流である、一つの論理やコンセプトを基にする設計手法を再生・転用に適用することは難しい。既存の建築は設計者にとって他者であり新たな一貫した論理で完成させられないからだ。課題は、新しい設計者の論理と、古い建物や論理とをどのように調停しデザインするかということになる。

19世紀は技術・制度・思想などにおいて、新／旧の衝突した典型的な時代であった。社会は変化していたが、古典的な制度・思想は根強く残っていた。一般的な歴史では、建築家たちはこの中で混乱していたとされるが、近代建築に続く表現と古典的な美学や規範とが共存している例もあった。言い換えれば、一つの建築の中で新／旧が調停されているということであり、その手法に現代の再生・転用建築へのヒントを見出せるのではないか。

混乱を極めた19世紀においても、建築家や理論家は様式や理論を確立しようとしていた。その基準として導入されるのが「キャラクター」と「真実」であった。カントは、美学が道徳や宗教から独立したものだと主張し、建築には独自性と客観性が必要になる。この独自性と客観性を表わす概念が「キャラクター」と「真実」であった。

	再生・転用	19 世紀
新しいもの	設計者の理論	新しい技術・美学・制度
旧いもの	既存の建築	古典的な美学・制度

現代の再生転用と19世紀建築における新／旧

①カントによる美学と科学の分離（18 世紀末）
②ボフランが建築に導入
③ブロンデルが発展
④アカデミズムによる構成との関係の明文化
⑤ワットリーが象徴・模倣・原型の３タイプ提示
⑥ゲーテが美の根拠と定義
⑦効果や趣向を重視する構成の試行
⑧ピクチャレスクの横行と批判（19 世紀中頃）
⑨「キャラクター」の客観化の要請
⑩「真実」の追求
⑪効果のための構成への回帰（19 世紀後半）
⑫定着（19 世紀末）
⑬構造合理主義による衰退（20 世紀初頭）

「キャラクター」にまつわる歴史

エイドリアン・フォーティの「言葉と建築」における「キャラクター」と「真実」の分類を踏まえ、現代にも適用できるようその要因に翻訳しまとめて5つの「キャラクター」として再定義する。用途の「キャラクター」は建築の用途を様式・マスの配置など外観で表現することをさす。構成の「キャラクター」は様式や構成による視覚効果であったが、設計者による構成のルールと翻訳する。コンテクストの「キャラクター」は場所の表現をどのように取り込むかである。

19世紀の建築家は「キャラクター」による独自性のみを追求し「真実」による客観化が必要になる。これを唱えたのがラスキンとヴィオレ＝ル＝デュクであった。ラスキンは表面仕上げに人が痕跡を残す方法に注目し、パターンやテクスチャーが「真実」の表現であるとした。またヴィオレ＝ル＝デュクは、構造や材料の原理を表現すれば優れた建築を作れると主張した。彼らは「真実」が優れた建築に必要と考えていたため、ラスキンの「真実」をテクスチャー、ヴィオレ＝ル＝デュクの「真実」を技術の「キャラクター」と再解釈する。

翻訳された5つの新しい「キャラクター」は独自性をもたらす要因や客観性の指標である。これをもちいて19世紀の建築と現代の再生・転用建築の分析を行った。19世紀の建築は技術の「キャラクター」を論じるために鉄骨構造を含む建築に限定する。また構成やルールの「キャラクター」は最も恣意的であり恣意性を低減するために新旧と構成の関係をA.置換型、B. 対比型、C ハイブリッド型の3つに分類して進める。

A. 置換型は古い形態やルールに新しいものを当てはめる構成のルールである。B. 対比型は新／旧を分離し、明確に対比する構成である。C. ハイブリッドは新／旧を分節しながらも相互に何らかの干渉をもたせる構成のルールである。

構成のタイプと新旧に対する「キャラクター」の関係を分析した。注目すべき点は置換型とハイブリッド型において、19世紀建築ではテクスチャーを古いものが担っているが、再生・転用建築では新しいものが作り出そうとしている事例が認められることである。

このテクスチャーやパターンは19世紀建築において様式との関連が強く、再生・転用建築ではコンテクストあるいは他のキャラクターとの相互関係によるものと言える。

19世紀は、現代まで続く5つのキャラクターを定義しおのおののルールでその多くを関連づけようとしていたと言える。再生・転用建築の目標としての5つの「キャラクター」の可能性は19世紀に示され、コンテクストやテクスチャーを中心とした関連づけによってより魅力的な建築の姿がみえてくるのではないだろうか。

5つのキャラクター（とその要因）	フォーティによる「性格」と「真実」
①用途（の表現）	建物の特定の用途の表れ（としての性格）
②構成（とそのルール）	特有な気分の喚起（としての性格）
③コンテクスト（の表現）	土地の感覚・場の表現（としての性格）
④テクスチャー（やパターンの表現）	表出的真実・歴史的真実
⑤技術（的合理性の表現）	構造的真実・歴史的真実

「キャラクター」の対応一覧

3つの構成ルール

Adolf Loosにおける『逆行的／仮想的』設計手法研究
—villa Mullerを主軸として—

本郷 健太
Kenta Hongo
早稲田大学芸術学校
建築計画研究コース
鈴木了二研究室（共同研究：林素行）

1. 概要と研究方法

本研究の目的は、アドルフ・ロース晩年の作品、「ミューラー邸」を分析し、ロースの設計手法を導きだすことにある。一般的にモダニズムの初期、先駆者として位置づけられるロースであるが、その手法のルーツを追求していく過程において、この評価は見直されるべきと考えるに至った。

上記の結論に至る理由は、以下の3つの建築との比較によって明確になる。

1つ目の比較対象は、後にロースによって大幅な修正が加えられることになる、「ミューラー邸・初期案」である。彼のパートナー、カレル・ロータの描いた図面には、既に近代的なグリッドによって整理されたプランが記されており、この案と最終案の比較から、均質な空間に“ある操作”を加えることで空間を複雑化し、モダニズムの範疇に決して収まりきらない、独特な空間を創出しようとするロースの姿勢が伺えるのである。

2つ目の比較対象は、ル・ポートル設計でフランス・バロックの代表作、「オテル・ボーヴェ」である。この建築は、コーリン・ロウの主著『コラージュシティ』で「サヴォア邸」と比較され、近代建築とバロック建築は“図—地”の関係にあることの例証として使われている。ロースはこの建築から、シンメトリーのデザイン、そしてプランニングのパターンを抽出し、それを近代建築の枠組み内で使用することによって、新たなデザインを模索している。

3つ目の比較対象は、英国、ヴィクトリアン・カントリーハウスの一つ、「クラッグサイド」である。設計者は、ヴィクトリア朝の建築家であり、ピクチャレスクな作風とドローイングで知られているノーマン・ショウである。彼は、19世紀半ばから後半にかけて数多く作品を残しているが、その中に、古いカントリーハウスを増改築したものがいくつかある。「クラッグサイド」は、その中で最も規模が大きいものの部類に入る。増改築の際、既存のカントリーハウスに、新たな吹き抜け空間を付加する際に生じる、垂直方向の空間のゆがみを如何に解消するか。この解法として、ノーマン・ショウが創出した特異な階段室を、ロースは繰り返し自らの設計手法として用いるのであ

建築作品	建築家	傾向／地域	年代
セミラミス女王・空中庭園		／オリエント	不明
ヴァルトシュタイン宮		／プラハ	
ベルヴェデーレ宮		／ドイツ	
パラッツォ・ピッティ	ブルネレスキ	ルネサンス／フィレンツェ	1446 年
パラッツォ・ファルネーゼ	ミケランジェロ	ルネサンス／ローマ	1547 年
リヒテンシュタイン宮	ドメニコ・マルティネリ	バロック／ウィーン	17c 末
アウグスブルク市庁舎	エリアス・ホル／ヴォルフガング・エブナー		
シュテファン聖堂			
パラヴィチーニ宮	ヘッツェンドルフ・フォン・ホーエンベルク	／ウィーン	
ヴァイルブルク城館	ヨーゼフ・コルンホイゼル	／オーストリア	1823 年
	L. ミッゲ（庭園家）	バロック	
	ル・ポートル	バロック／フランス	1621 － 1691
	フィッシャー・フォン・エルラッハ	バロック／ウィーン	1656 － 1723
	シュリーター	バロック／北ドイツ	1660 － 1714
	シンケル	新古典主義／ドイツ	1781 － 1841
	ゴットフリート・ゼンパー	新古典主義／ドイツ	1803 － 1879
（ウィーン美術アカデミーの建築）	テオフィール・ハンゼン	バロック／ウィーン	1813 － 1891
	フリードリヒ・シュミット	ゴシック・リヴァイヴァル	1825 － 1891

表1 『装飾と犯罪』で言及される建築作品と建築家

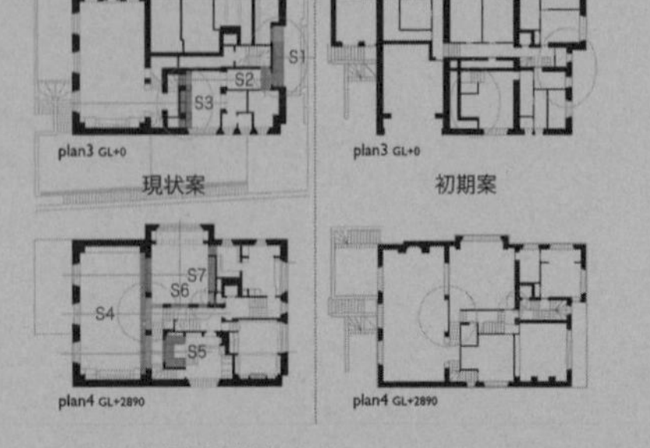

ミューラー邸の初期案と現状案の比較

る。つまり、バロック建築から平面的操作を抽出したロースは、新たにこの建築から、垂直方向にも空間を不均質性にする手法を得ることになる。

以上の比較を中心に、ロースの設計の意図を探っていきたい。その詳細は結論、考察で述べるが、重要なことは、ロースは根本的に、前時代的なものを理想としており、れっきとした階級主義、貴族主義者であるということだ。ここが、他の近代主義者達と最も異なる点であり、ロースの作品を他の近代建築と同列に並べられない所以である。乱暴に言ってしまえば、近代主義とは、過去から決別し、理想(ユートピア)を目指して普遍化・平均化を目指すものである。つまり、近代主義の理想と、ロースの理想—イギリスやアメリカのドメスティック・リヴァイヴァルを訴え、労働者は労働者らしく、貴族は貴族らしくと、身分相応に暮らすことを訴えたロースの理想—とは、根本的に相容れないものなのである。もちろん、ロースはオットー・ワーグナー等の近代主義者からも影響を受けたが、これを超えていくための、あるいは決別していくための手段として考えられた彼の手法は、全てその前時代に端緒を見出すことができるのである。

2. 比較対称の選出理由

比較対称の選出理由については、(表1) を参照されたい。これは、ロースのエッセイ集である『装飾と犯罪』から、ロースが賞讃している建築家と、建築をリスト化したものである。一瞥すると、バロック建築（家）に対する言及の多さが確認できる。とりわけ、フランス・バロック建築家として有名なル・ポートルは、パリを中心に大邸宅を多く手掛けているので、ロースとの比較が無理なくできること、また、代表作である『オテル・ボーヴェ』に多くの関係性を発見できたので、本論分の比較対称として選出した。　また、リスト上には表れてこないが、ロースの作品を見る上で見逃せない重要な点がある。それは、先にも少し述べたが、ロースのイギリスとアメリカに対する憧憬である。とりわけ、両国の農家やカントリーハウスに対する言及と賞讃は、「住まうことを学ぼう！」(1921) や「近代の集合住宅」(1926) 等のエッセイを中心に数多く見られる。具体的な建築家や建物の名前こそ出てこないが、その影響の強さはロースの作品を見れば自明である。

ではイギリス・アメリカのカントリーハウスから、ミューラー邸の比較対称として何を選出するかであるが、ノーマン・ショウ設計の『Cragside』を選出した。理由の詳細は本論に譲る。

以上の観点から、ミューラー邸の分析を軸に、ロースの設計手法に迫りたい。

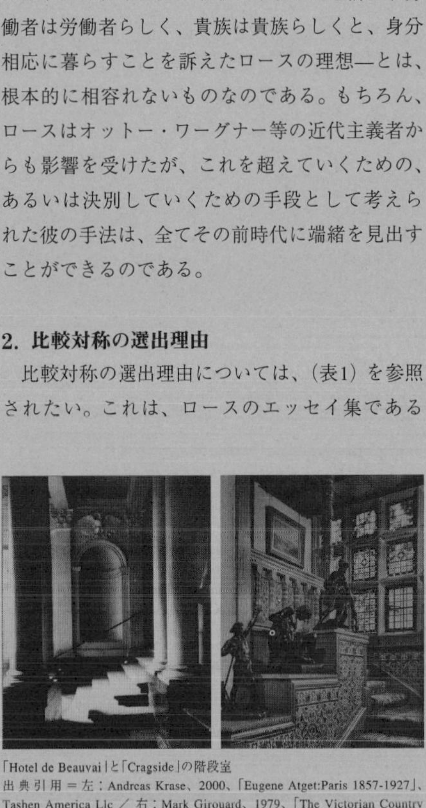

「Hotel de Beauvai」と「Cragside」の階段室
出典引用＝左：Andreas Krase、2000、「Eugene Atget:Paris 1857-1927」、Tashen America Llc ／ 右：Mark Girouard、1979、「The Victorian Country House」、Yale University Press

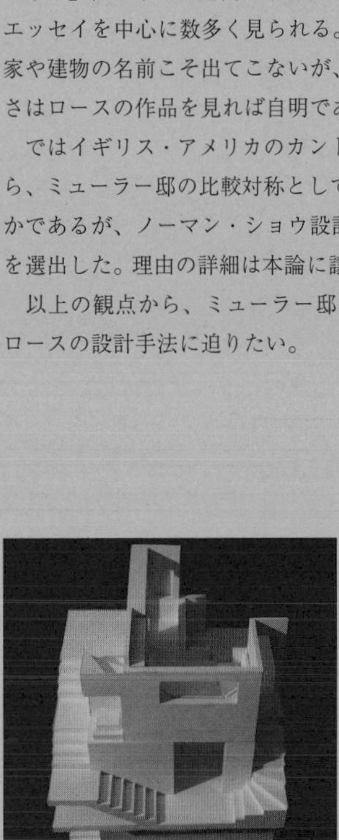

「Villa Muller：Staircase Model」

ABCグループの建築論
—雑誌“ABC：Beiträge zum Bauen”よりみる、その近代建築理念の特質—

法澤 龍宝
Ryuho Hosawa
明治大学大学院
理工学研究科　建築学専攻
建築史建築論（田路貴浩）研究室

はじめに

第一次世界大戦後の復興と、構成主義運動をはじめとする新しい芸術運動の影響を受け、1920年代、西欧諸国でモダニズム建築が大きく進歩した。とりわけドイツ語圏においては、ドイツのW･グロピウスやオランダのベルラーヘ、J.J.P.アウトらの活動を中心に、その実践と理論の構築が盛んにおこなわれた。その過渡期の状況下で、スイス人を中心とする建築家集団、ＡＢＣグループは独自の理論を構築し、積極的にモダニズム建築を受入れ、スイス建築の近代化に大きく貢献した。彼らは自身の設計活動に平行させ、1924年～28年の間に、雑誌「ABC：建設への貢献（ABC：Beiträge zum Bauen）」（以下、雑誌「ＡＢＣ」）を編集・刊行し、誌面上で、過去の象徴的な古典主義や無駄の多い伝統的な建築様式を否定し、工業製品の使用に基づいた機能性と経済性を重視した自らの近代建築理念「バウエン」を提唱した。

1. 雑誌「ＡＢＣ」とＡＢＣグループの概略

雑誌「ＡＢＣ」はオランダ人のマルト・スタム（MartStam、1899-1986）とスイス人のハンス・シュミット（Hans Schmidt、1893-1972）、エミール・ロート（Emil Roth、1893-1980）らが中心となり、チューリヒやバーゼルで編集・執筆された雑誌である。また、当時スイスに結核の療養に訪れていたエル・リシツキー（El Lissitzky、1890-1941）は、編集上の相談役としてこの雑誌の刊行に密接に関わっており、彼もまた多くの記事を投稿している。

2. 研究対象・方法

雑誌「ＡＢＣ」（ドイツ語版）を研究の対象とし、「雑誌の読解」、「資料からキー・コンセプションを把握」、「キー・コンセプションの相互関係の考察」、「ＡＢＣグループの建築論の考察」の手順でその分析をおこなう。本研究では、既往研究を参照しながら、雑誌「ＡＢＣ」をより細かく読解し、マルト・スタム以外のスイス人建築家にも着目し論考をおこなう。

3. キー・コンセプションの把握

本編では雑誌「ＡＢＣ」より抽出したキー・コンセプションを11とりあげ、4つのカテゴリーにわけて、分析と考察をおこなった。

fig.1　雑誌「ABC」第1部1号
出　展　＝“ABC: Contributions On Building:1924-1928”(Reprint Edition), Edited by Mart Stam, Hans Schmidt, El Lissitzky & Emil Roth. Lars Muller Publishers, 2001, serie 1, heft 1, s.1

fig.2　雑誌「ABC」第2部4号
前掲書, serie 2, heft 4, s.1

例えば、バウエン(Bauen)は、「建設すること」、あるいは「構築すること」を意味する語である。雑誌「ＡＢＣ」上では様々な局面で使用を確認することができ、広義では「バウエン」はＡＢＣグループの建築理念そのものを指す語として理解することもできる。また、「形成（Gestaltung）」は芸術などを含む、全事物の形を作ることを対象とした概念として誌面上で扱われる。

誌面より、「生物の形成」、「生存競争(競争原理の導入による生産の向上)」、「生の要求(人間が生きるために必要な衣食住等の行為)」の、3つの「生(命)」への論点を把握することができる。

4. キー・コンセプションの相互関係

前項で抽出したキー・コンセプションは、＜基礎的要因＞、＜生産プロセス＞、＜現れ＞の3つの段階に整理することができる。ここでは、その相互関係を示し、彼らの建築論の特質を考察することを目的とする。

考察により、「キー・コンセプションの相互関係図」(fig.3)を示すことができた。ABCグループの建築論は＜プロセス＞に重点を置いて論考されていることがわかった。もちろん、工業製品の使用という前提も重要である。しかし、ここで重要なのは、生産の基礎を「機械」と「生(命)」の対立する2つの普遍的な要因においていること、建築を成立させる諸要因を細部まで解析し、部分(要素)と機能(要求)の対応関係を再定義したのちに、全体へと再構築（組織化）させているということである。

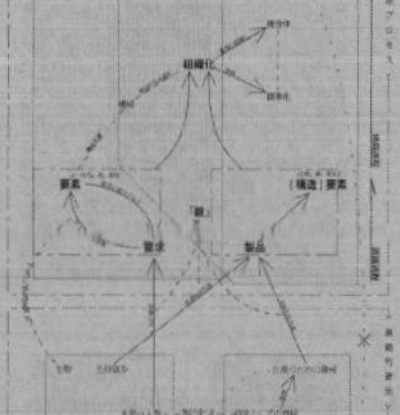

fig.3 キー・コンセプションの相互関係図

まとめ

1) ＡＢＣグループは未だ観念的な(古典、伝統)建築(Architektur)の在り方と、大量生産や都市化といった下部構造の変化に矛盾を感じ、そのなかで、普遍的な「機械」と「生(命)」の理念に可能性を見いだし、上部構造(社会)と下部構造(生産)の両方向からパラダイム・シフトを提唱した。

2) 「バウエン」と「形成」は、そのパラダイム・シフトに則った生産概念であり、「機械」と「生(命)」の観点によって、機能性と経済性が要求される。

3) 「バウエン」と「形成」は、＜認識過程＞と＜構築過程＞の2つの手順によって成立っている。

4) ＜認識過程＞においては、建物に課された要求を明確に把握し、それに適する要求?要素（素材)の関係を見つけ出すことが求められる。

5) ＜構築過程＞においては、その見いだされた要素を、優劣をつけず、等価な関係において組織化することが求められる。

6) 「バウエン」において、形態とはプロセスを経た上で得られた最終型の現れである。

今後は、ＡＢＣグループの初期 CIAM での活動について見ていきたい。

＜思考形式＞としてのドローイング
—カルロ・スカルパからよみ替える—

水野 裕太
Yuta Mizuno
早稲田大学大学院
理工学研究科　建築学専攻
古谷誠章研究室

設計者は未だ存在しない建物を想像するために、あるいは人に伝えるために何かしらの媒体を用いて建物を疑似体験する（あるいは、させる）。特に、ドローイングという媒体なしに建物が建設されることは稀である。カルロ・スカルパは、「私の建築は、建築家の媒体つまりドローイングで、しかもドローイングだけで済む」といった。本論の目的は、ドローイングへの信頼を示した建築家スカルパのドローイング形式から、それをよみ替えることである。

[chapter_1]　既に資料や他者の言説からしか知ることのできないスカルパのドローイングに対する姿勢を整理するため、約3万字のテクストを精査する。そのことによって、本論でのスカルパのドローイングの“見方”を明らかにする。

スカルパは“模型”でのスタディを行なわず、また“言語”による建築的思考を避けた（彼は自身によるまとまった著作を残していない）。スカルパのドローイングに対する姿勢を端的にまとめると以下の二点が挙げられる。

(ⅰ)スカルパは視覚化されないイマジネーションに疑いをもち、常に描くことで自らの考えを“確認”していた。

(ⅱ)スカルパは視点を一点に限定する透視図法より、あらゆる視点を自由に想起させる“正書図”、特に内部の視点を想起させる“平面図”を好んだ。

本論は“一枚”のドローイングから感得できる形式の独自性から議論を始める。というのも(ⅰ)による設計過程において自らのイマジネーションを“確認”しその是非を“判断”する作業はドローイングの“順列”ではなく、その“一枚”から得られる視覚的直感に依拠するからである。

[chapter_2]　この“見方”にならったとき発見される“選定基準”によってスカルパのドローイング形式を“類型化”する。カラー・ドローイング2,089点を“選定基準”によって70点に限定し、それらを“類型化”する。またここで、その“類型化”の際に設定した基準で評価したときのドローイング形式の“到達点”をみいだす。

“選定基準”はスカルパによる[fig.1]のドローイングから導かれる。左のドローイングはライト調

fig.1　カルロ・スカルパのドローイング「apartment building in Piazza Spalato」(1947)

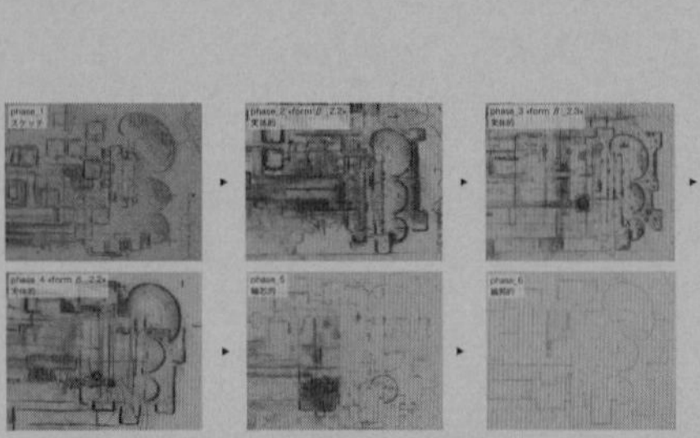

fig.2　ドローイングのスタディー過程「Galleria Nazionable d'Arte Messina」(1974)

の形態を正確に伝えることを目的とする“輪郭線“を強調した画法である。よって、“塗り”つまり“ヴォリュームの関係”を強調した画法により描かれた右のドローイングがスカルパのライトに対する独自性といえる。このように、実体化されない“輪郭線”ではなく、“実体”としての塗りが優先して描かれていることを本論での“選定基準”とする。そして、ドローイングを選別し、“類型化”の結果、平面図において“断面”や“空間”を“実体”つまり“塗り”で描く画法が“到達点”であるとできた。本論はまた、ここに“類型化”された輪郭線を描かないドローイングに現れる“面”を“実体（空間と物体）としての面”と定義する。

[chapter_3] [chapter_2] での“類型化”の“到達点”とできるドローイング（[fig.2]の[phase_3]に該当）を含むプロジェクト（メッシーナ国立美術館／アンビルト, 1974）を詳細に分析する。プロジェクトに該当する平面図をスタディ過程に従って並べると[fig.2]のようになる。この“順列”から、スカルパには“スケッチ”→“実体的”→“軸芯的”→“輪郭的”なスタディ方法の移行があると言える。“軸芯的”→“輪郭的”の短絡的な移行が一般的なドローイング技法であるが、メッシーナ国立美術館では三枚もの“実体としての面”によるドローイングが認められる。以上の考察から明らかにされたスカルパに特有の“実体としての面”の技法をまとめると次のようになる。

(a)すべてのドローイングが同スケール(1/400)で扱われている。つまり、線の“面積”にスケールの意識が及んでいる。

(b)“面積”を意識した線によって実体(物体と空間)を描き出す技法である。これは、スクリーン上の無限個の点を任意に選択して“物体”あるいは“空間”を形成する感覚を与える。

(c)“物体の断面”にその切り出された感覚を得る“黒”を使う。“空間の断面”にその切り出された感覚を得る“色彩”を使うことがある。

(d)“実体としての面”を“軸芯や輪郭によるドローイング”で体系化を図る。

最後に、この画法による“立体”を模型により検証する。立体の作成法は“物体、空間”の双方の断面を描く[phase_3]の画法に従って、“物体”／“内部空間”／“外部空間”それぞれを示す立体、計三つを製作して検証する[fig.3]。それぞれの名称を“物体モデル”、“内部空間モデル”、“外部空間モデル”とした。

“泡”が水の内部から発生し、ズレをもった“多中心”の場を水面につくり出すように、スカルパの描く“実体（空間と物体）”も軸芯や輪郭線に統御されないズレをつくり出し“多中心”的体験を想起させる。スカルパの<思考形式>としてのドローイングは、途切れることない“水平面”の一片をきりとり、それに“泡”のように内部から発生する“実体”を凝結させたものである。

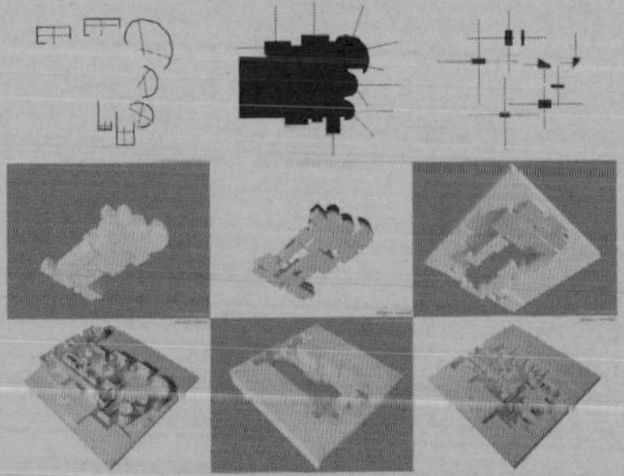

fig.3 “物体”／“内部空間”／“外部空間”の立体的検証「Galleria Nazionable d'Arte Messina」(1974)

剣持勇論
—日本の近代工芸デザインが抱えた問題—

齋賀 英二郎
Eijiro Saiga
早稲田大学大学院
理工学研究科　建築学専攻
石山修武研究室

少なからず周囲への影響を与えた剣持の死から1週間を経た、1971年6月10日に東京青山葬祭場で行われた葬儀にはおよそ2000人の弔問客が居並び、一体人の列はどこまで続くのかと思われたという。2年の後には、自身もグッド・デザイン展を企画したりの縁があった銀座松屋にて『剣持勇　その発想と造形』展が開かれ、同年10月20日『剣持勇の世界』全1巻5分冊が宮内嘉久、杉浦康平、松本哲夫らによってまとめられ、限定1000部で河出書房新社より刊行された。出版に先立っては『SD』誌において、剣持勇の特集が組まれている。

自死を選んだデザイナーに対しての反応は決して小さなものではなかったと言えるだろう。しかしながら、死後およそ40年経とうとしている現在、2005年に松戸市教育委員会によって『ジャパニーズ・モダン　剣持勇とその世界』展が松戸市立博物館にて開かれたのが唯一の回顧展である。剣持に関するまとまった評論などもない。それでは、葬儀への弔問客や全集の少部数の発行は、自殺という衝撃に突き動かされての現象だったというのか。勿論そういった側面があったことは否めないし、『剣持勇の世界』には死者に対する論者たちのえも言われぬ感情が時に垣間見られるのは致し方ないことかもしれず、むしろ当時の人々の心情を残しているという意味において価値ある資料となっている。しかし、今では剣持が悲劇的な死を迎えたことを殊更大げさに捉えたりすることなく、一連の仕事を把握する評論がなされても良いはずでありながら、その気配はどうにも希薄だ。

インテリア・デザイン、椅子をはじめとする家具の設計、インダストリアル・デザイン、工芸指導所に勤めた役人としての顔。これらの色々の側面は、近代化を遂げてゆく戦前戦後の工芸デザインの領域における、日本的なモダン・デザインの試みという括りでまとめられてしまう。彼の名からすぐに想起されるのは籐で編まれた椅子であり、それにはニューヨーク近代美術館に永久保存される名誉を得たものであるとの記録がついて回る。その籐椅子も、すべて手作業にて作られるため、一人の職人がかかりきりで月に十脚程の生産が限度だといい、日本では淘汰されゆく職のひとつになってしまっている。役人時代、家具の工業生産体制を整えることに

ブラッセル

奔走した立場にあった彼の代表作が手仕事の椅子であることは少しばかり皮肉でもある。例えば北欧におけるフィンランドやスウェーデンのように、日本を世界においても市場を持つ工芸デザイン立国にすることを目論みながら、遂にそれを果たすことが出来なかったのが剣持勇という人物でもある。それはつまり、日本において、「剣持勇」に興味を抱く人々を増やすことが出来なかったということと表裏の関係にある。剣持の夢は果たされることがなかった。結果、自殺という事件は時代のヒトコマとして忘れられてゆき、剣持像はあやふやのままにある。しかし、それは剣持を語らないことの十分な理由になるだろうか。才能あるものの成功の物語ではあり得ないながら、時務に殉じた悲劇的なデザイナーとして片づけることは出来ない。

剣持勇の人生を一瞥してみると、国籍を問わず様々の著名な建築家、デザイナーたちとの出会いを途切れなく見つけてゆくことになる。あまりの登場人物の多さに少々面食らってしまうほどだ。ブルーノ・タウト、丹下健三、シャルロット・ペリアン、イサム・ノグチ、チャールズ・イームズ、バーナード・ルドフスキー……。一人でも近代建築史、デザイン史の一角を担えそうな顔ぶれがづらりと並ぶのだから壮観である。彼がむやみやたらと人懐っこい性格であったことも、人脈の広さを説明する一つの手立てとなるし、第二次大戦をまたいで、官立の機関において指導的な役割を果していたという事実も、付されるべき注釈となるだろう。それほどに彼は、人に出会う機会に恵まれていたし、自ら話を聞きに出向きもした。しかし、交友の履歴を手繰ってゆくと、彼が生きた59年の間にこれだけの人々からの影響を受けとめようとしたこと自体が驚異的なことではなかったかと思われてくる。ノグチと出会えば、ノグチの出生に難癖をつけたりせずに、自身との才能の隔たりを自覚してしまうのが、剣持である。打ちひしがれてしまったり、自分との差異を見つけ出そうとしたり、といった思考には進まない。彼の態度を見ると、数多くの出会いは、ある意味で健康な挫折の連続であったのではないかとの印象を持つ。作家論の体裁をとりながら、彼の作品について言及するよりは、建築家たちとの関係、デザイナーたちとの関係、彼自身の世界への視線の投げかけ方ばかりに記述を費やしたのは、故なきことではない。本来挿話にとどまるべきこれらの事柄を積み重ねてゆくことが、より彼の本質へと迫りうる手段であろうと、筆者には考えられたからである。迂回に次ぐ迂回を繰返して、物事からの影響全てを自身に取り込もうとした剣持の情熱の不可解さを探ることが、剣持を語る方法となる。

戦後建築の「周辺」

—建築ジャーナリズムと芸術の総合—

辻 泰岳
Yasutaka Tsuji
東京大学大学院
工学系研究科　建築学専攻
藤森照信研究室

戦後建築とは、何か。そんな途方もない問いに対し、布野修司は著書『戦後建築の終焉』で応ずる。この著書で彼は、1945年から70年という一定期間を「戦後建築」と呼び、それ以降の歴史に対し、「終焉」という言葉で明確な線引きを行う。「終焉」の後に残された、建築の質的、文化的貧困に彼は慟哭する。建築は、終わってしまったのか。

戦後建築の「周辺」

本論文は、建築ジャーナリズムと芸術の総合を、建築の「周辺」として設定し、戦後における建築の動向を、それらの「周辺」から考察することを目的としている。「戦後建築」において、これらの「建築のようなもの」という「周辺」は、あたかも「これも建築である」というように扱われる。例えば、『新建築』の一編集者に過ぎなかった川添登は、岡本太郎が発見した「縄文」というキーワードを借り伝統論争を仕掛け、建築家と肩を並べて記述される。また、デザインコミッティーや現代芸術研究所などの、諸ジャンルにまたがる芸術運動において、岡本太郎や剣持勇などの、美術、デザインを担う作家たちは、建築家の指揮の下で、異なる表現形式の総合を目指した。

戦後建築の「中心」

建築ジャーナリズム、芸術の総合という「周辺」は、建築と呼ばれうるものの領域を広げていく。その一方で、それらの「周辺」から、「これが建築である」という同意、つまり戦後建築の「中心」があぶりだされる。伝統論争とは、丹下健三を戦後におけるオピニオン・リーダーとして「演出」するための、川添による仕掛けであった。また、20世紀における芸術運動の延長線上に、自分達の運動を据えたいという野望と共に、「作家としての建築家」として、「総合」を牽引したのも丹下であった。つまり丹下健三こそが、それぞれの「周辺」の中心軸における交点なのだ。丹下は「総合」の集大成として、大阪万博などの60年代の国際的大舞台を作り上げていく。彼は「建築・彫刻・絵画の統一について」という文章の中で、「創造的な世界では、建築も絵画も彫刻も一つ」と述べる。だが、他の表現を束ねる「総合者」である丹下にとって、絵画、彫刻という他の表現形式は、建築の支配下に置かれるものでしかない。よって丹下の「総合」

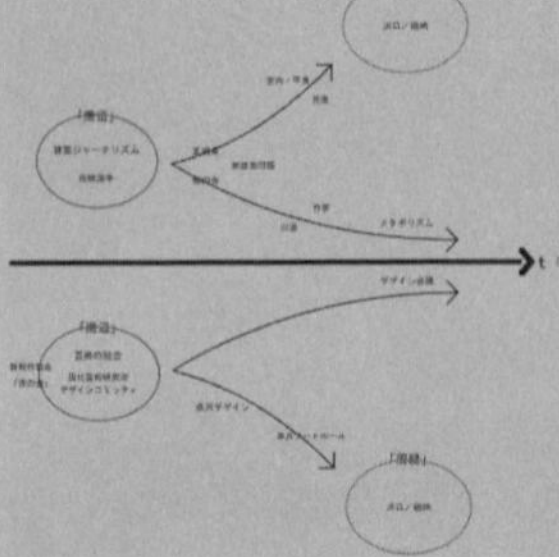

論文構成ダイアグラム

看板と丹下健三「電通大阪支社」(1960)
出典引用＝『グラフィックデザイン大系　第一巻　ビジュアルデザイン』(勝美勝ほか、美術出版社、1961)

とは、「建築＋彫刻＝家具、展示会場」、「建築＋絵画＝壁画」が限界となる。

戦後建築の「周縁」

丹下が他の表現形式を、建築と主従の関係で捉えるのに対し、浜口隆一はそれらを、建築と等価に捉える。彼は61年の「他の分野との連帯性について」という文章の中で、看板と建築による都市空間こそが、建築とデザインとの総合の場であり、それらは互いに呼応する、表現の相互作用性が無ければならない、と訴える。浜口は看板だけでなく、臨海部の工業地帯や超高層ビルも、建築として肯定するようになる。彼は猥雑な都市を横目で見ながら、デザインとの連帯という、新たな建築家像を描かない限り、建築家は都市の隙間にしか表現の場所がなくなると、訴えているのである。浜口は、「中心」が汲み取ることができない、近代の歪みを乗り越えるための基を、いち早く建築に組み込んでいく。

岡本太郎もまた、表現の相互作用性を目指す1人である。彼は建築家が作り出した空間に対して衝突することで、自身の表現を建築空間と「総合」させる。こうして万博における丹下のスペースフレームによる大屋根を、岡本の太陽の塔が突き抜けることとなる。磯崎新は、この岡本の相互作用性の美学に強く影響を受け、それを建築に取り込んでいく。62年の「未来都市の生活」展で、磯崎は「孵化過程」というハプニングを行う。観客が好きな場所に釘を打ち、それにコードを巻きつけることによって、蜘蛛の巣状の都市が出来上がる。もはやこの都市は、建築家の指揮下にはない。この作品では建築家として、都市を創造することへの彼の二律背反が、生々しく露出されている。磯崎は、相互作用性を二律背反として保管することによって、建築を概念のまま表現として提示し、建築という思考の枠組みそのもの、「これが建築である」という同意に、反旗を翻す。

そして「終演」へ

丹下が用意した舞台は、代々木の総合競技場として完成し、それは戦後建築の金字塔となる。だが浜口や磯崎が予期していたように、建築家は都市から退場させられる。こうして戦後建築は、幕を下ろす。磯崎の著書『建築の解体』は、その引導の役目を負ったに過ぎない。再び問う。建築は終わってしまったのか。

磯崎は64年の「闇の空間」という文章の中で、「戦後の建築ベスト12」の1つとして、遊園地の「見世物」を挙げる。彼は建築を演劇とみなしている。彼にとって、非実態的な「見世物」こそが建築であり、「演出」こそが表現なのである。建築の「その後（ポスト・〜）」は、それもまた建築である（すべてが建築である）ことを示している。

戦後建築は「終演」しただけである。幕はもう、上がっている。

大屋根を突き抜ける岡本
出典引用＝『岡本太郎宣言』（山下裕二、平凡社、2000）

磯崎新「孵化過程」（ハプニング）
出典引用＝『日本の夏　1960－1964（展覧会図録）』（水戸芸術館現代美術センター）

N邸にみる磯崎新のメランコリア
―序曲・建築と芸術―

渡邉 麻衣
Mai Watanabe
早稲田大学大学院
理工学研究科　建築学専攻
石山修武研究室

イコンとしてのN邸

1964年、大分に建てられた磯崎新の処女作、N邸は、ほとんど評価されないまま取り壊され、1998年に秋吉台芸術村において磯崎自らの手により再建された。当初この論文は、なぜ磯崎新がN邸を再建したのかという素朴な疑問にはじまった。

N邸の抱える観念を磯崎は闇と虚と呼んだ。闇の空間は象徴的空間を、虚の空間は抽象的空間を意味し、人間の感知できる空間はそのいずれかに分類される。N邸は、その闇と虚の間に生じるズレと矛盾を浮き彫りにすると同時に、常に建築と芸術の狭間にたち、二律背反の要素を内包していく磯崎新の生きざまの象徴、イコンといえるのだ。

「虚」、瀧口修造と磯崎新

N邸を設計するにあたり、磯崎が参考にした文献に『不思議の国のアリス』がある。N邸における架構システムと間仕切り配列の意図的なズレにはアリスの記号的迷宮の空間が反映されている。その美学はシュルレアリスムだが、日本にシュルレアリスムの概念を持ち込んだ第一人者、瀧口修造は、当時の日本を代表する前衛芸術家たちから絶対的な信頼を得ており、パトロン的存在となり彼らを育てた。

瀧口は、磯崎のデビュー作ともいえる『孵化過程』の仕掛け人であり、未来都市と廃墟を結びつけた独特の終末思想を最初に評価した人物であった。磯崎の廃墟志向は、瀧口自身の夢や無意識のシュルレアリスム思想に通じるものであり、二人を結んだのは真実としての虚構という共通概念であった。二人の姿勢は「虚」をめぐる芸術と建築の関係性の一つのあり方を体現しており、N邸はその最初の試みだったのだ。

「闇」、白井晟一と磯崎新

N邸の設計にあたり、磯崎が参考にしたもう一冊が『陰翳礼賛』である。日本の建築空間は、絶対的な闇のなかに光が明滅するときにたち現れる。磯崎はN邸設計時に、闇に蠢く日本の妖気やエロスを建築で表現するという課題に行き着いたと述べていたが、それを少なからず実現した建築家が白井晟一である。白井晟一は、瀧口修造と並んで磯崎が最も尊敬する人物であり、白井のマニエ

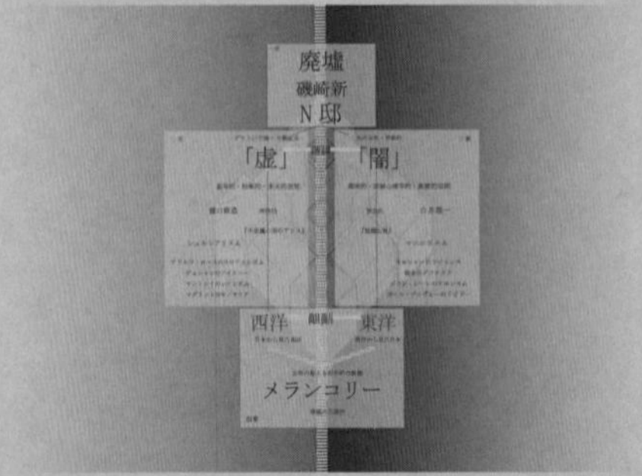

論文構成ダイアグラム

オリジナルのN邸(『現代の建築家　磯崎新1』より)

リスムを磯崎が指摘した頃から、二人は交流を深めていった。

白井の建築は、光を押し殺して情念の闇が選びとられる。白井の闇は今日の通俗的な明るさに対置されており、闇こそが、白井が現代の日本に提出した最も強力なメタファーであった。磯崎は、コンセプトを一番裸の状態に還元できる形式が、N邸において初めて眼に見えて立ちあがったと述べていたが、そこには白井晟一の影響が見てとれる。闇という個人的観念を純粋な状態で建築に投じ、社会批判にまで高めるという困難を、白井は奇跡的に実現していたからである。

建築とメランコリア

N邸の闇と虚に象徴される二極は、白井と瀧口を通じて、アーティストとプラトニストという磯崎の二面性を浮かび上がらせると同時に、東洋と西欧の決定的な観念のズレという、芸術の根本的な問題に通じている。そのズレをつきつめていくと古代ギリシアのロゴスにぶつかる。西欧の観念は、ロゴスから脈々と続くロジックの歴史の上にたっており、芸術さえも理性で論じられるが、理性に基づく心身二元論は人間の暗黒部を否定する考え方であり、そこに西欧の芸術概念の限界があるといえる。

それが克服された唯一の思想が、メランコリーである。メランコリーは、アリストテレスにはじまり、16世紀のイタリア人文主義によって大成された思想であり、西欧理性が否定しきった人間の怠惰や憂鬱を天才の概念に結びつけ、精神の高みにまで位置づけた。メランコリーの概念が徹底的に研究されたデューラーの銅版画『メランコリアⅠ』に登場するプラトン立体と球体はメランコリーの象徴とされているが、N邸はそれらの立体によって構成されていた。

またベンヤミンによれば、メランコリーはアレゴリーに満ちた都市の廃墟を志向する。アレゴリーは、一神教であるキリスト教に対峙する、多神教的な古典古代の神々が宿る歴史の断片であり、その点においてアレゴリーはいわば虚と闇の対立そのものであるといえる。ここに、原風景としての廃墟、磯崎新、N邸、そして闇と虚によって導かれたメランコリーの概念が、一筋に結ばれている事が見えてくる。すなわちこの四つの要素は、闇と虚—東洋と西欧のズレとしてのアレゴリーそのものを内包し、それが驚異的な創造の原動力となっているのだ。

磯崎は自らの内に、東西の芸術をめぐるあらゆる亀裂をつくり続け、その裂け目に生まれるアレゴリーを露わにしていくことで境界を飛び越えていこうとした。その磯崎新の生の方法論はロジックから解放されたメランコリー思想の系譜にあり、N邸はそのイコンとして全く新しい建築と芸術のあり方を象徴しているのである。

〈孵化過程〉
（1962『美術手帖』より）

デューラーの銅版画
〈メランコリアⅠ〉

全国修士論文討論会『過去』を読む

八束はじめ　『過去』に分類した論文は、最初に歴史的な都市構造を扱ったものが3名。それからヨーロッパの建築家ないし運動を扱ったものが4名。最後に戦前・戦後における日本の活動を論じた論文が3名となっています。それではまず、最初の3名からいきましょうか。小野陽子さんの『南イタリア・ガッリーポリの都市と建築』(p.258) と坂巻直哉君の『郭内の空間変容に関する研究』(p.260)、北島祐二君の『戦時・戦後復興期における東京の土地所有形態』(p.262)についてコメントをお願いします。

青井哲人　まず小野さんの南イタリアの論文ですが、街路の骨格から始まって、都市施設を整理して、住居類型を明らかにして、そこで得られた知見を分割・統合というミクロな組み換えのプロセスへと読み解いていく。僕が見るところ、フィジカルな大枠が動かない中での見えにくい微細なダイナミズムのようなものを見ようとしているのではないか。しかしそれを見届けるには難しい部分もあったのではないかと思うんですね。特にその分割や統合、浸食というものが起こっていく過程を生で目撃することは現実には難しい。だからティポロジアという方法論が意味を持ってくる。それからもうひとつ、これはかなり立体的に入り組んだ所有形態になっていますが、土地や建物の所有の登記というのがどうなっているのか教えてほしいですね。

小野陽子　まず今回の論文の中では、街区のひとつを詳しく分析するということがやりたかったこととしてあって、実際に模型を使うというのが切り口になるのかなと思ってます。それから所有に関してはわかりません。というのは1階の所有と2階の所有でまったく違いますし、共有してる中庭なども多分明確な所有があるのでしょうが、又貸しの又貸しなどのケースもありますし、ひとつの建物の中でも所有がばらばらになってしまっているんです。

青井　でもそれだと税金が取れない。

小野　市役所に行ったらわかると思うんですけど、そこまでは手が届きませんでした。

青井　いずれにせよ、土地でスパッと切れない所有というか、そういう街が持っている複雑さやおもしろさみたいなものを、もう少し土地や不動産の観点からアプローチしていくと、もっと見えにくい微細なダイナミズムのようなものが描けたんじゃないかという気がしました。

続いて坂巻君ですが、おそらく坂巻君の研究の意義は、近世から近代にかけて通史的に郭内に関する史料をすべて追ったことだと思うんです。ただ論文の序論のテーマ設定のところで首都性と言ってるけれども、結論のところで、首都性の議論が尻切れトンボな感じで終わっている。そこで坂巻君の論文でも引用されていた松山恵さんの論文を僕も読んでみたんですね。そうするとおもしろかったのは、東京が首都に選ばれるというのは、幕末・明治初年までは、既定路線ではなかったと。大阪遷都もありえたし、東京と京都の二京制みたいなものもありえた。そのなんとも危ういどっちに転ぶかわからない状態で、なぜ東京が選ばれたのか。そういうところから論を起こさなければいけないと言ってます。端的に言うと、東京の最大のアドヴァンテージは武家地のストックを持っていたことだと。それをお上が没収して、京都にあった内裏の空間や、新しい官庁施設などに転用すればいい。一方で、財政が非常に厳しい明治政府が武家地を売りさばいたり経営することによって財源を確保するといった面もある。その両面の線引きをするのが郭内外の線の意味だったという話ですね。

坂巻直哉　実は松山恵さんは僕と同じ研究室の出身なんです。首都性なんて言葉を全然聞いたことがなくて、先生から突然言われて目を通しました。僕の場合は、東京オリジナルの都市の発展が、実は江戸の時に用意されていたんじゃないかということがまずあったので、江戸城の濠ができたところから研究を始めました。もともとひとつの大きな都市環境としての江戸の中に濠を造ったことで、内側と外側というものが結果としてできてしまった。でも、実はその外側にも重要なお寺や人物がいて、外側も同時に意識しないとやはり都市全体として発展しにくかったのではないか。そうした中、火事によって江戸城という象徴が消失する。皇居の空間というのはいまだに何もないけれど、空白の中心部分を意識しながら都市がつくられていったと思うんですね。エンデ＆ベックマンの官庁計画などは、皇居とは別に中心軸をつくろうとした結果、破綻したと言えるのではないかと。首都性について結論が出ているかと言われると、結局再考を試みたという段階でとまってしまったと言わざるをえませんが、その辺が江戸・東京オリジナルの首都性という部分につながっていくと考えています。

青井　地方の都市でも城下町などは、江戸の論理を縮小再生産するようなことをやっているはずで、そういうところにも今後は議論が進んでいくかもしれませんね。

次に北島君の論文ですが、学生の若さでよくこういう領域に実感が持てるなというのが素直な感想です。非常によくできた論文で感心しましたが、景観の再現というのは意識しなかったんでしょうか？

北島祐二　先ほど坂巻君の論文にもあったように、ストックとして武家地というのは、東京でかなり大規模な土地があったのですが、財産税によって大蔵省に土地が物納される際、ほとんどが建築に規制されるかたちで土地が細分化されたんです。建物の下に土地の引線を引くわけにはいかないですから。それが建て変わる時には、今度は逆に建物が土

地に規制されるわけです。そういう意味では、現状の零細宅地をつくってきている状況を幾分か見てとることはできるかもしれません。

青井　今の話はすごくおもしろくて、建物と土地が交互に転換しながら連鎖していくわけですね。ですから今の状況から遡れる可能性もかなりあると思います。

八束　昨日、槇文彦さんが講演をされて、大変感動的な講演だったんですね。そこで槇さんがおっしゃっていたのは、なぜ日本では社会資本としての住宅がいまだに成り立たないのかということで、今の話に密接に関係があるし、小野さんの話にも繋がっていくような気がします。

小野さんの発表に関して言うと、向こうの研究者に教えてもらいながらやってきた部分があると思うのだけど、イタリア人というのは自分たちの方法が確立しているし、決められた手順でやりますね。そこに日本人が入っていくと、イタリア人には見過ごされるようなことでも変だと思って、何か発見してしまうことがある。それが向こうの学会をひっくり返すような大発見なのかどうかはともかくとして、そういう発見というのはありましたか？

小野　それは都市の公共空間を私有地として庭のように使っていることですね。日本から来た私には新鮮で本当に驚きました。それから向こうの人たちは南向きというものに全然拘ってないんですね。環境が違うというのもあると思いますが。戸外空間は今回はそんなに見られなかったので、もっといろいろ見ていくとおもしろい発見があるんじゃないかと思ってます。

八束　次に坂巻君の研究ですが、これはちょっと青井さんのコメントの続きみたいになりますが、郭内や旧城址といった特異な構造がどう変わっていったかというのは、必ずしも江戸だけの問題ではなかったのではないかと思うんですね。江戸城が焼失して象徴性が失われたことで、ロラン・バルトの言うような虚の中心みたいな言い方がされるけれども、おそらくここで重要なのは、中心に建っている天守という点ではなくて、二重三重にある濠という線でもって面を分割していくことだと思うんです。これは北島君のテーマにも繋がっていきますが、その分割された面では、宅地割が当然、上級の武士と中級の武士とでは違いますから、不揃いがいろいろと露呈してくる。江戸時代にははっきりしていた境界が消失していくと、その境界によって分けられていたものが、いきなり不連続線として出てきてしまう。そういうところが非常におもしろいんじゃないかと思うんですね。

それから北島君ですが、これは渋いテーマだけど、非常に優秀な論文だと思います。こうした土地所有形態の話というのは追いかけていくのが大変ですね。ただ、これは僕がもともとデザイナーだからなのかもしれないけれど、この手の問題というのはビジュアルで表現していくと東京がどう変わっていくかというのがもっと目に見えて追えるんじゃないかと思うんですね。欲をいうとそれがあったらよかった。とはいえ最初の取っかかりを示してくれたという点で高く評価できる論文だと思いました。

北島　実は研究室のほうでCOEのプロジェクトの関係で同時に本郷の研究をしてまして、そちらのほうでは土地台帳と火災保険図の分析から、土地の細分化が長屋の住人レベルまでされているというところまでわかっています。ですから今回は、自分が扱える範囲のデータでどこまでこのことが正確に言えるのかと。そういう部分で修士論文を書いてみたんです。

八束　となると伊藤研究室ではその研究を引きとった別の人が論文を書きそうなんですか？

北島　やはり法律用語などの部分で最初の抵抗が

生じてしまうので、とっつきにくいのかなというのはどうしてもありますね。できれば後輩がやってくれればいいなとは思いますが。

八束　こういうところで彼の論文を持ちあげると後続が出てきそうですね（笑）。そういう教育的な効果があるとこの企画もいっそう意味のあるものになると思います。太田さんからは？

太田浩史　そうですね、そのレベルにきてようやく小野さんの、ストックとは何かとか都市居住とは何かという話に繋がっていくように思いますね。先ほど出た松山さんは同僚ですが、彼女は火災保険の話もやってるはずです。ですから、ようやく都市史も国際比較がそういうレベルでできるのかなという感慨がありますね。

それから坂巻さんの論文に関しては、いろいろと手広くやりすぎているという印象を受けたんですが、もしひとつだけ重点的に追いかけるとしたら何になりますか？

坂巻　確かに対象が長期間に渡るので広く浅くなってしまい、そのことは学校でも指摘されました。首都という言葉自体が近代以降の言葉なんじゃないかということもあるので、その辺は議論を要するかと思います。ただ、引用で使った松山さんの論文では官省の移転の話を中心にされていて、建物の話はあまりなかったんですね。僕は建物が移転しながら限界に達してある段階で新築される、その時どういうふうに定位置にセッティングされていったのかといったところに興味がありました。

太田　僕は近世史は明るくはないのですが、いろんな日本の地方都市を見ると、お濠というのは悲惨な結末を迎える例が多いんですね。内外のヒエラルキーを崩すためにかなり濠が埋立てられた。やはり首都性というよりも都市一般論として濠、もしくは内外、そしてそれをどう崩していったか、もしくは保存したかというのをもっと批評的にやってもおもしろいかなと思いました。

八束　それでは、次にヨーロッパの建築家や運動を扱った4名に行きます。寺崎雅彦君の『再生・転用建築の新たな尺度』（p.264）、本郷健太君の『AdolfLoosにおける『逆行的/仮想的』設計手法研究』（p.266）、法澤龍宝君の『ABCグループの建築論』（p.268）、水野裕太君の『<思考形式>としてのドローイング』（p.270）です。このセクションでは、最初に私がコメントをさせていただこうと思います。寺崎さんの論文は、最近いろいろな意味で問題になってきているリノベーションとかコンバージョンとか、そういうデザインの方法や概念の整理として、19世紀のキャラクター論を扱っています。確か「現在」のカテゴリーに応募されたと思いますが、勝手に「過去」に変えられてしまい迷惑だったかもしれません。ただ僕の感想としては、あまり現在のものはそんなに多くやらないほうがよかったのではないかと。応用対象を広げすぎたために結果としてキャラクター概念も拡張せざるをえなくなって、キャラクター概念と構成概念がほとんど同じになってしまったのではないか。特に18世紀から19世紀に出てきた理論というのは、それなりの歴史的背景を持って生まれています。ミシェル・フーコーの本を読めばわかるとおり、ある概念というのは連続して生命が保たれていたわけではなくて、その時代の特徴的な布置によって可能になっているので、それが動いてしまうと概念そのものが有効性を失ってしまうわけです。ですから論文としての完成度を上げるならば、概念をもうちょっと整理したほうがよかったのではないのかというのが私の意見です。

次に法澤君のABCグループの論文ですが、私は随分昔にハンネス・マイヤーという建築家に関心を持って、文章にしたり本にしたりしてるんですね。その

後はこの辺の話にはつき合っていないのですが、今回読んでみて、実はあまり新しい発見はなかったなあというのが印象です。この『ABC』という雑誌は何度か復刻が出て私も持ってますけど、それをきちんと読んでレポートしてくれたというのは他にない。その意味で、日本の文脈ではとても貴重な貢献と言えるのだけれど、30年前につき合った私から欲を言うと、彼等がどう言っていたかということより、彼等が言っていたことはどういう背景で意味を持ったのかという話にしたほうが、意味があったような気がするんですね。

それから本郷君ですが、ロースの建築がモダニズムからの逆読みで位置付けられているのは違うのではないかという話は、今では割と常識になりつつある。ミュラー邸は彼の後期の作品ですが、今回分析されたシンメトリーを巡ってのいろんな話は、それ以前のロースにも見られたわけです。その辺のことがミュラー邸だけで言えてしまうのかという疑問はあります。ル・ポートルやノーマン・ショウの話にしても、例えばル・ポートルのホテルは、パリの高密な住宅地の中に押し込められたがためにシンメトリーをキープできないという条件があったし、ノーマン・ショウにしても改装だし、そうした特殊な条件下でやったものと比較するのは、説得力に欠けるような気がしました。

最後に水野さんですが、多分時間が全然足りなかったのではないかなと。本編を読むと、非常に膨大な量のドローイングの分析があって、圧倒されました。ただ前半のいろいろな前提の整理に関して、ドローイングの話を自立的なデバイスとして扱うという最初の入りはいいのだけれど、その後のところが僕にはよくわからなかった。エヴァンスを使われているのはおもしろいと思うけど、ルネサンスとバロックの違いを説明するのにヴェルフリンがやっている話をここに持って来れるかどうか。その辺をもうちょっと整理をして、この膨大なドローイングの分析があれば、むしろ美術史学の学会などに発表して、その意義を問うてもいいのではないかと思いました。

青井　おひとりずつ質問をしていきたいと思います。まず寺崎君のキャラクターを使った議論ですけれども、事例分析の際に使っている指標みたいなものが3セットあるように読めます。ひとつが「キャラクター」で、用途、構成、コンテクスト、テクスチャー、技術の5つのセットになっている。2つ目が「構成の3類型」というもので、置換型、対比型、ハイブリッド型とある。そして3つ目が「新旧」ですね。この3つのセットがあるわけですが、構成の3類型と言っているその構成が、最初の5つのキャラクターの中に含まれてしまっているでしょう。ここで既にロジカルタイプが混乱してしまっていると思うんです。それからもうひとつ、新旧といいますが、何をもって新しい／旧いというのかということが規定できていないんですね。その辺がうまく整理できていないので、かなり恣意的な感じを受けてしまいました。

寺崎雅彦　再生・転用建築における新しいもの旧いものということに関してはざっくりと定義したつ

もりですが、いざ分析を進めていくときに、新旧についてはかなり主観的にならざるをえなかったところはあります。それは覚悟の上で、この両者をキャラクターというひとつの概念で捉えることに意義があると考え、最後まで突き進んだ次第です。

青井　そうですね、粘ってほしいところですけど、実は最初に概要を読ませてもらった時には、これは是非本論を読みたいと思った論文だったんですね。それで読んでみて、前半は19世紀のキャラクター概念の整理になっていて、僕はこの辺はほとんど予備知識がなかったので勉強になるなという感じで読ませてもらったんです。ところが後半は未整理のままというか、最終的な感想としては、キャラクターという概念を使わなくてもよかったかもしれないと思ってしまったんですね。

それから本郷君のは、これもまた厳しい言い方になってしまいますが、研究論文としての量と密度にやはり欠けていましたね。内容的には、シンメトリー云々の形態の議論と近代主義か否かというイデオロギーの議論がどうクロスするのかしないのかという話は、本当はそんな単純な話ではないと思いますね。

本郷健太　普通のシンメトリーは近代建築でももちろんあります。コルビュジエのサヴォア邸にもありますし、いろんな人がやっています。ただ、例えばクローゼットを使って無理矢理動線が2つあるように見せるというのは、かなりバロック的な操作であると思っています。

青井　それから法澤君ですが、これについては僕が持ってる知識が八束先生の書かれた『近代建築のアポリア』だけなので、僕が言ってもしょうがない話なんですけれども（笑）、やはりコンテクストですね。建築に限らずどんな世界でも、語られる言葉、書かれる言葉というのは、どう読ませたいかとかどう読まれるかというメタコミュニケーショナルなメッセージが必ずついて回るはずだけれども、それはテキストには直接は書かれない。そこで歴史家の出番なわけです。

法澤龍宝　僕としてもその辺りの文脈を細かく読

む時間が修論の中でとれなかったというのが、ひとつの反省としてあります。

青井　すごくきちんとした論文だったと思いますけど、その辺は言説について扱った研究が陥る問題ですね。言説とコンテクストもそうですし、それから言説と実作を結びつける時にも陥る問題で、それをどう結びつけるかは、論じる人がかなり戦略的に設定する必要があると思います。

それから最後に水野君には質問ですが、先ほど八束先生からヴェルフリンはまずいんじゃないかというお話がありましたけれど、実は、僕はその辺がおもしろいなと思ったんですね。建築のドローイングが線と塗りでできているというのは確かにそうなんだけど、普通はそんなこといちいち拘らない。スカルパは「塗り」なんだというところにあえて拘ろうとした理由は何ですか？

水野裕太　建築というのは模型やコンピュータといった様々なツールで体験して設計することができますが、原初的なドローイングの描き方がどのように設計に反映されてくるかというところを突き詰めたかったっていうことがいちばん大きいです。ドローイングをどう読むのかということとどう描かれたかということが、論じている間にすり替わっていくような瞬間が自分の中でもあって、その隙間がうまく埋められたらよかったなというのが書いた後の感想です。

青井　そこがいちばん大事なところですよね。読む作業を通じて、描かれた作業を追体験的に復元してるんですよね。確かにギャップを埋めるための方

法論はもっと簡潔でよかったのかもしれませんが、読むことと描くことの関係を、なんとか論理的に導こうとして相当なエネルギーをかけている。そこは評価したいですね。

太田　全体としての感想は僕もだいたい同じで、言葉をもっと大事にしたほうがいいんじゃないかということですね。まず寺崎さんの論文ですが、いちばん疑問に思ったのは「構成」という言葉です。それは設計をやるにはものすごく重要な言葉なんですが、本人は全然疑問に思ってないかもしれない。対比というのは構成？

寺崎　ええと、構成ですね。

太田　僕は違うと思うんですよ。対比というのは比べることですね。それはものを構成することとは違う。構成した後のことですから。構成というのはもっと量や位置に関わることなどを含んでいる概念であって、対比の場合には差分を言わない限り構成論にはならないのではないのかと。その点がまず気になった。「ハイブリッド」や「統合」に関してはもっと遠い。例えばひとつ例を挙げると、MoMAのコンペでヘルツォーク＆ド・ムーロンが2つの案を出してきたんですね。僕はすごく印象に残っているんですが、コングロマリット案とアグロマリット案という2つを出した。辞書で引くと両方とも「統合」と書いてある。では何が違うのか。そのとき彼は、要素の分節が溶け込んでいるのか際立っているのか、それによって2つの案を出したのだと言うんですね。設計をするなら、それくらい言葉に対する敏感な感度を持ったほうがいいと思うんです。

それからロースに関しては、僕もオテル・ボーヴェの例が本当に正しいのかなという気がしてて、直感で言ってしまうと、最終的にロースが表現しようとしていたのはもうちょっと内部の歪みや軋みみたいなものなのかなと。そうした歪みをダイナミズムとして内部に埋め込もうとしたのではないかと。プランを見るとそう思うんですよね。

本郷　その歪みというのがバロック的シンメトリーだと僕は思っています。オテル・ボーヴェの場合は、不整形な土地の中にシンメトリーを作っていくことでバロック的シンメトリーが生まれていますが、ミュラー邸は逆に、整形な形の中に不整形なシンメトリーを入れることで、今おっしゃったようなダイナミズムが生まれているというふうに僕は感じているんですね。

太田　ああ、それだとおもしろいですね。比較の結論のところで僕は逆の読み取り方をしてしまったみたいです。その歪みはロースの特有のものだったんでしょうか？

本郷　シンメトリーを崩すというのは、この時代の作家はみんなやっていたことです。僕の中ではシンメトリーでは平面の歪みしか説明できない、断面の複雑さまでは説明できないと思っていて、それで最後にノーマン・ショウを持って来ました。さっきジョセフィンベーカー邸の写真が出ましたが、特にアンビルド作品の図面を見ると、あたかもそこに既存の建物があったかのように仮想して、それにかぶせてリノベートしていくような、そんな設計手法が想像できました。初期案の図面を見た時も、同じ手法を使っているのではないかとピンときたのです。つまり仮想既存と仮想増築部分の衝突による垂直方向の歪みです。この平面と垂直方向の2つの動力があって、内部の歪みのようなもの――よく内蔵の中に入っているようだと言われますが――が出たのではないかと。それは追々まとめていかないといけないと思っています。

太田　だとするともう少し先が読みたいですね。さっきの寺崎さんのでも思うんだけど、構成とか設計の場合、意外と内部の歪みや不整合や矛盾みたいなものはなかなか拾いきれない。平面を読み解く時にそういうものを意識して分析することは、とても実践的な試みだと思います。
それからABCの論文ですが、言葉の整理から入っているんだけど、選んだ言葉の見立てが僕にはよくわからなかった。結論で「形態とはプロセスを経た上で得られた最終型の現れである」とありますね。これはおそらく古代ギリシアから続く「質料」(ヒュレー)と「形相」(エイドス)の論争の延長にあるのかなと思ったのですが。

法澤　そこはちょっと僕の推論みたいなものも入るんですけれども、彼等が活動した時代の背景に、新古典主義的な流れに対する批判があったんです。おそらく彼等はギリシアやローマの形を模倣するということを批判しようとしていたように思います。

太田　だとすると、僕だったら形相のところをもうちょっと調べますね。それからもうひとつ、バウハウスだとモホリ=ナギがいるから質料研究をやりますね。ヒュレーとエイドスの両方があって、それが生産と結びつく。でもABCを見てると意外と素材論が少ない印象で、それがいったいどういう運命を辿るのかという点は知りたかったですね。

法澤　素材の話は雑誌上ではないわけではないのですが、僕の研究の進め方として、あくまで言葉の上でやると方法を定めてしまったので、あえて入れなかったということがあります。

太田　最後にスカルパですが、これもとてもおもしろかったし共感もできる。しかし聞きたいのですが、なぜスカルパに描かれている建築の要素は、輪郭がぼやっとしているのでしょうか?

水野　そこは自分の論の骨子でして、スカルパは描いたものを見て喚起力を得るというような言葉を残しているんですね。輪郭がぼやけていることで、寸法もここは何ミリと厳密に決まらないところがあって、そこから形態が想起され、ズレて見えるところがあるのではないかと。

太田　それは結論としてもったいないですね。実体=substanceという言葉を使ってますが、substanceと表面というのは関係がない。実体論でよく言われるんですけど、実体とは物質の内奥の事象であって、表面はフェイクにすぎないんです。だからこそsubstanceを描こうとすると輪郭はぼやけざるをえないのではないか。これは僕の読みというか意見ですけどね。面で実体を示そうとしたところまでは非常におもしろいわけだから、寸法上の遊びというだけではなくて、そこでなぜ輪郭がぼやけるようになったのかというのを、もっと知りたいなあと思いました。

八束　それでは最後の戦前·戦後における日本の活動を論じた3名について話したいと思います。齋賀英二郎君の『剣持勇論』(p.272)、辻泰岳君の『戦後建築の「周辺」』(p.274)、渡邉麻衣さんの『N邸にみる磯崎新のメランコリア』(p.276)です。

青井　このグループに共通して言えることは、文章が非常に丹念に書かれているという点です。ただ辻君に関しては、残念ながら論文本体を先ほど手渡されたばかりなので読んでいません。ですから概要からしか伺えないのですが、まずジャーナリズムの問題を巡っては、背後にドロドロとしたものがあると思うんですけれど、その辺りはインタビューにせざるをえないのかなということですね。その辺りも含めまだ歴史になりにくいテーマというところがあって、これを進展させるとすれば苦労されるのかなと思います。
齋賀君と渡邉さんの論文はかなり引き込まれましたね。もう少し年配の方が会場に来るのかと思っていたくらいすごい文章です。非常に注意深く、丹念に、繊細に、読み解くべきところを読み解いて、一つ一

つの言葉にエネルギーをかけて書かれていて参りました。齋賀君の論文は、木檜恕一の話にしても、畳の制約の話にしても、建築に対する工芸デザイナーの位置を巡る議論にしてもおもしろかった。何より剣持が、いかにタウトに無理解だったかとか、いかにあっけなくイサム・ノグチに降伏したのかとか、このあたりの描写がすごい。皆さんもこれは是非読んでください。読まないとわからないです。

それから渡邉さんの論文は、端的に言うと始点と終点にNとN'を置いて、左と右に瀧口修造と白井晟一を置いて、磯崎を包み込んでしまったというか、磯崎自身を書いてしまったという感じですね。このフレーム設定が非常に巧みです。これは虚構なんだろうと思いますが、おそらくこれまでの磯崎論と違って、磯崎の理論的には語りにくいパトスみたいな部分を、それに重なり合うであろうイマージュをとにかくしつこく反復的に記すことで埋めるように描いていった。だからこそ結果的に、論文自体がN邸にも増して磯崎のイコンになってしまっているところがある。磯崎に渡邉さんが同一化してしまっていて、それでいいのかというところが最後に気になる点です。

太田　僕もそんなにきちんと読めてないのですけど、非常におもしろかったです。だけど青井さんほどではなくて、もうちょっとみんな別のところに連れて行ってほしいという気はしました。ですから、自分の対象がもっと絞れた時に何を書くんだろうという意味で、次回作に興味があります。特に国内の、割と時代の近い人たちについての論ですので、共有

されている部分も多いわけですが、英語などで、インターナショナル・オーディエンスにどう伝えていくかというところがかなり大きな問題になってくるのではないか。多分書き方も変わってくると思うんですね。いろいろと通用しない論理展開も出てくるし、情報の押さえ方も変わってくると思うので、そのくらいのことを考えて次回作を書いていただくと、とてもいいんじゃないかと思います。

八束　おもしろかったのは第2グループの主題が海外で、第3グループの主題が国内なんですが、書き方が全然違うんですね。要約してしまうと別におもしろくないんだけれど、本論を読むと全然違うというのがこの第3グループの特質です。それは、今太田さんが言われたように、英語にした時にどうなんだろうという話にも共通していて、日本の近代建築についての、ジャーナリズムも含めてのナレーティブがどうもそういう構造をしているんじゃないかなと。それは辻君の師匠である藤森（照信）さんもそうだし、渡邉さんのテーマである、僕の師匠でもある磯崎さんもそうですね。磯崎さんという人は見事に自分をフィクション化する人ですから、コンペの審査をやっても、審査員がいちばんかっこよくなるような書き方をしてしまう。渡邉さんの論文はそれを更にかっこよくした、磯崎さんに対する一種のオマージュですが、自己オマージュをやる人に、更に本人にも書けないようなオマージュをやってしまったところがある。そういう構造は海外の建築家のナレーティブではほとんど見たことがない。特に齋賀さんと渡邉さんの早稲田勢の筆力は恐るべき

もので、この辺は僕もほとんど青井さんと同じ感想ですね。齋賀君の論文は、最初に梗概を読んだ時にはそれほどでもなかったんだけれど、本文読んだら唸ってしまった。僕は今年で60になりますが、いまだにこういう抑えた文章は書けない。そのぐらいの文章です。

渡邉さんのところでロースのミュラー邸が出てきますが、渡邉さんのほうから本郷君に何かコメントはありますか？

渡邉麻衣　モダニズムの中に歪んだバロックを入れたということだと思うのですが、内装に石などの素材を使ってますよね。ああいう内装もバロック的だったりマニエリスムだと思うんですが、内部空間にはあまり触れないで、図面だけで切っていたのが気になりました。その辺はいかがですか？

本郷　内装に関しては、今回の論文では分析上、割愛しました。うちの研究室でミュラー邸の先行研究があります。その研究では、中央にある階段室の色と素材が外壁と同じであることから、ロースにとってあそこは外部だったのではないかと。ただ、今回の論文はラウムプランの正体に迫っていくようなやり方をしたので、その辺は今後の課題ですね。

僕はこのN邸というのは初めて見たんですけれど、非常にシンメトリカルで、見てびっくりしました。この『不思議の国のアリス』というのは？

渡邉　あの本には、ひとつの空間モデルが提示されているんですね。アリスが穴に落ちていろんな旅をするんですけれども、そこで描かれている空間というのは建築に還元できそうなおもしろい空間なんです。端的に言うと、古典的な時間法とか遠近法が破壊されているような空間が提示されている。磯崎自身、結構『不思議の国のアリス』を引用することが多くて、そうした空間は、N邸においては架構システムと家具ユニットのズレというかたちで具現化されていると思います。

辻泰岳　私の卒論は『磯崎新と反芸術』というタイトルで、ダダからミニマリズムまで続く芸術運動の分析と、それらが磯崎に及ぼした影響について考察を行いました。建築の芸術性、そして磯崎新というテーマは、私の中でも一貫しています。そこで渡邉さんにお聞きしたいのですが、闇と虚の対比のところで『陰翳礼讃』と『不思議の国のアリス』を挙げてられていますが、磯崎が「闇の空間」における対比は、『陰翳礼讃』とカフカの『城』だったはずです。なぜカフカを外したのか。それから、N邸の復元に際し、パトスなり情感が出ているというのは、磯崎の日和見なのではないかと。丹下らの世代が建築家としてデビューする足掛りであったのが小住宅であったのに対し、彼は都市を描き、語ることで建築家になった。磯崎新という建築家にとって、住宅は建築なのか。住宅を復元するなど、彼にとって自嘲そのもののような気がします。

渡邉　まず最初のほうですけれども、『城』が出てくるのは『空間へ』に収録されている文章だと思うんですけれど、『城』から磯崎が読んだ記号論というのは、空間論というよりは都市のシステムについてのものだったと思うんです。『不思議の国のアリス』のほうは空間論なんですね。『不思議の国のアリス』をN邸設計時に参照したというのは磯崎本人が記録しています。二つ目の、N邸を復元したのは感情移入みたいなものなんじゃないかということですが、もちろんそれもあると思うんですけれども、磯崎という人は感情をそのままさらけ出すことはなくて、常に若い時から自己批判をしてきた人です。著作が多いのも、自分を客観化していく作業を常にしてきたということでもある。それは私の見方で言えば、虚の系列の中の磯崎新なんです。そこに闇の部分が加わったのがN邸で、どうしても残したかったというのは情念があったからこそですが、ただ情念だけでは説明できない。私の中では、復元もやはり闇と虚の軸の間にあるという位置づけです。

八束　辻君の論文には齋賀君のテーマである剣持勇も出てくるけど、コメントはないですか？　なんだか東大対早稲田という構図になってるけど(笑)。

辻　建築とデザインの従属的な関係というものが、齋賀君の発表の中で出ていましたが、それは剣持勇個人の問題もさることながら、当時の建築とデザインの関係そのもののような気がするんですね。理論的にも、仕事的にも、デザインという分野が建築という分野に完全に寄りかかっていた。だから剣持が評価されないというのは、建築とデザインとの従属関係そのものを反映しているのでは、ということがひとつ。それともうひとつ、なぜ剣持が評価されないかというところに加えたいことがあります。剣持は通産省の官僚を1954年に辞めるんですけれども、そのタイミングが遅かったということが挙げられるのではないか。つまりデザインという分野が官主体では、建築に寄りかかる関係のままであって、もっと早々と民に対してデザインという領域を開いていたらどうだったか。グッドデザイン運動というのが当時あって、企業が抱える存在としてのデザイナーを、同時期の浜口隆一や勝見勝は擁護している。でも剣持はあくまで個人、作家としてのデザイナーにこだわった。その点はどうでしょうか？

齋賀英二郎　まず建築とデザインの関係ということについては、剣持勇を代表して書いているところがかなりあります。というのは、丹下健三という建築界の中心にいた人物とデザインの領域においていちばん直接的な関係があったのが剣持だった。更にデザインというものが全般的に建築に従属する関係にあったというのは確かにそうなのですが、それは日本における特殊な状況だったと言えると思うんです。そのことを剣持勇個人を通して述べたかった。もうひとつ、剣持の作品がなぜ残らないのかという点ですが、彼が官僚を辞めたタイミングは関係ないと思っています。おそらくそれは剣持自身のデザイナーとしての資質の問題のほうが大きい。というのは、これは論文にも書いたことなんですが、彼の場合は健康的な挫折がものすごく多いんですね。素直に感動してしまう。ブルーノ・タウトに会ったらタウトがいいと思っちゃうし、シャルロット・ペリアンに会ったらペリアンがいい、アメリカに行ったらイームズがいいと。素直な感動屋さんといった部分がかなりあった人で、自身との距離を測る人ではなかった。そういった彼自身の資質のほうがより大きいと考えています。

全国修士論文討論会

論文作品「現在」

GAを用いたラチスシェル構造物の形態デザイン手法に関する研究

高瀬 淑也
Toshiya Takase
法政大学大学院
工学研究科　建設工学専攻
佐々木睦朗研究室

序

本論で扱う離散構造要素で構成されるトラス、フレームなどの構造物における最適化問題は、位相問題や規格の鋼材を用いた配置問題などの離散変数による整数計画問題に帰着される。これらの問題では微分不可能な変数を用いるため物理量の感度などを用いる最適化手法を用いる事ができず、組合せ問題として表される。しかし、構造物最適化における組合せ問題では変数の入力サイズに対して指数関数で組合せ数が増大することが指摘されており、解析領域の大きい問題に対しては数え上げ法などによる解析は事実上不可能となる。そこで本論では発見的な手法による最適化として遺伝的アルゴリズム(以下GA)を採用し、離散変数の最適化問題の検討を行っていく。本論では離散構造要素の構造物として単層ラチスシェル構造物を取り上げ、重量最小化問題と歪エネルギー最小化問題に対してGAによる探索によって得られる最適解の検討を行い、離散構造物の形態デザイン手法の可能性を示す。

問題の記述と適合度定式化

節点配置x、部材断面積Aによって表現される離散構造物における目的関数最小化問題を以下で表す。

Minimize　$$Object(x,A) \quad (1)$$

Subject to　$$g_i \le 0 \quad (2)$$

なお、giは制約条件を表す。構造総重量は式(3)で表される。

$$W(x,A) = \sum_{1}^{M} l_i A_i \rho_i \quad (3)$$

M:総部材数, l:各部材の部材長, ρ:密度を表す。また、歪エネルギー は式(4)で表される。

$$U(\mathbf{r},A) = \frac{1}{2}\mathbf{d}^T(\mathbf{r})\mathbf{K}(\mathbf{r},A)\mathbf{d}(\mathbf{r}) \quad (4)$$

r:節点位置ベクトル, d:節点変位ベクトル, A:部材断面性能ベクトル, K:全体剛性マトリクスを表す。GAにおける適合度関数は目的関数Objectを用いて式(5)に表される。

$$fitness = \frac{1}{Object(x,A)}\prod_i \gamma_i \quad (5)$$

適合度は目的関数の逆数とペナルティ関数の直積によって表現される。ペナルティ関数は制約条件を表し、本論では制約条件として部材応力、節点変位を与え、式(6),(7)に表現される。

Shape	Square plan:　20m×20m
	Rise: 10m　Span divided into 8
Composition	Rigid
Support	Pinned at each corner
	$E=2.1\times10^7$ N/cm^2, $\nu=0.3$

E:Young's modulus, ν＝Poisson's ratio

Table.1　Analytic Conditions

No.	φ (mm)	t (mm)	I (cm^4)	A (cm^2)	W_0 (N/m)	Z (cm^3)	i (cm)
1	48.6	3.2	118	4.564	35.1	4.86	1.61
2	139.8	4.5	4380	19.13	147.0	62.7	4.79
3	190.7	5.3	13300	30.87	237.2	139	6.56
4	267.4	6	42100	49.27	379.3	315	9.24

Table.2　Material Performance

$$\gamma_{\sigma i} = \begin{cases} 0 & \sigma_i / \sigma_{\lim} > 1 \\ 1 & \sigma_i / \sigma_{\lim} \leq 1 \end{cases} \quad i = 1, M \qquad (6)$$

$$\gamma_{\delta j} = \begin{cases} 0 & \delta_j / \delta_{\lim} > 1 \\ 1 & \delta_j / \delta_{\lim} \leq 1 \end{cases} \quad j = 1, N \qquad (7)$$

N:節点数, σ lim:応力制限値（許容応力度設計法、個材座屈を考慮）, δ lim:節点変位制限値を表す。

数値解析概要

単純GAを用いて解を3000世代進化させる検討を行った。解析モデル諸元をTable.1に、変数とする鋼材断面4種類の性能諸元をTable.2に示す。なお、Table.2において、ϕ：丸型鋼管径、t：鋼管厚さ、I：断面二次モーメント、A：断面積、W_0：単位重量、Z：断面係数、i：断面二次半径を表す。

数値解析

□重量最小化問題：節点変位制限値δ lim =2.0cmとした重量最小問題における数値解析結果を示す。

・中央集中荷重 1000kN　変数：位相・断面

本例題ではシェル中央の頂部1点のみに荷重を与える検討を行った。Fig.1に初期個体と最適解における鋼材断面の分布を示す。鋼材断面分布の番号はTable2に示した鋼材No.を示す。

最適解は1885世代に得られた。力の流れが大きい場所に強い鋼材が残り、主に初期形状の縁部分における位相が削除され、鋼材断面が小さい部材に置き換えられることで重量の最適化が行われている。形状としてテンションリングと圧縮部材がはっきりと形成され、力の流れが明確に現れた形態が得られた。また、最終的な形態は節点変位制限値近傍まで構造体の削減が進行し、制約条件に即した重量減少の進化が確認できる。構造重量は初期形態の9.20E+4(N)から最適解では2.70E+4(N)となり、初期形態と比較して29.2%まで低減された解が得られた。

□歪エネルギー最小化問題：形状修正を行うことで歪エネルギー最小の合理的な構造形態を探索する。節点Z座標の変域をグランドストラクチャー上より+10mを上限と設定した際の数値解析結果を示す。

・等分布荷重 50kN/node　変数：節点Z座標

Fig.2に初期個体と最適解401世代目における形態を示す。自由端であるシェルの縁におけるライズが上昇し、HPシェルを形成して形態抵抗することによって歪エネルギーを減少させる形態が得られた。歪エネルギーは初期形態の1.25E+5(Ncm)から最適解では6.13E+4(Ncm)まで減少し、初期形態と比較して49.8%まで低減された解が得られた。

結

本論では離散変数によって表現される構造最適化問題について、GAを用いた解法を示し、基礎的なモデルにおける検討を行った。重量最小化問題では目的関数と制約条件に即した位相・寸法最適化の結果を得る事ができた。また、歪エネルギー最小化問題ではHPシェルの形状による形態抵抗型の合理的な形状への進化が行われたことを示した。

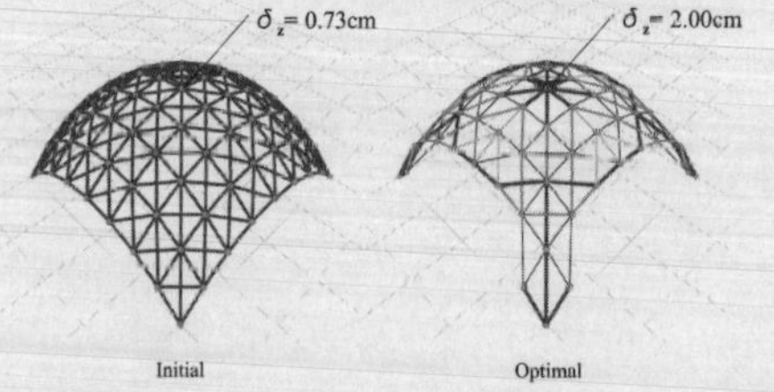

Fig.1　Minimize Weight

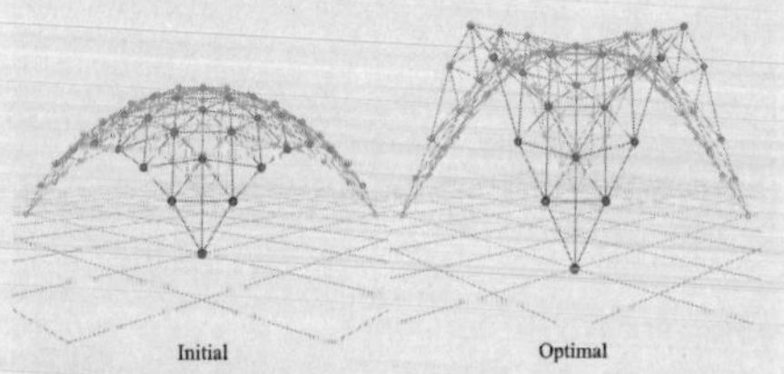

Fig.2　Minimize Strain Energy

測地線上に部材を配置した木造ドームに関する基礎的研究

荒木 美香
Mika Araki
東京大学大学院
工学系研究科 建築学専攻
松村秀一研究室

1. 序

本研究は、木造ドームの新たな構法として、薄板の構造部材を格子状に組み合わせた構法の発案と、その実用可能性の検証を目的とした研究である(図1)。薄板で曲面を形成することで、初期曲げ応力を低減することができ、現場で強制的に曲げながら形態の自由度の高い曲面を覆うことが可能である。また天井高をなるべく高く確保できる、格子部材同士の接合がしやすいなどのメリットがある。問題は、格子部材の交差部の接触面積が増えるため、両接触面の法線方向がばらつくと接合が困難となる点である。そこで本研究では、交差する部材同士の接合に伴う応力を軽減するような部材の配置方法として、曲面の測地線上に配置する方法を提案し、実例を対象にその応用可能性及び基本的力学性状について検証することを目的とする。

2. 測地線上部材配置手法の提案と描画プログラムの開発

測地線とは、ある曲面上に糸をピンと張ったときに糸が描く曲線のことである。この曲線上に部材を配置すれば、交差部でのねじれは起こらないことが予想される。図2のように、曲面上に描いた1つの曲線Cを考える。同図右に示すように、点Pにおける曲線の曲率ベクトルkが曲線の法線ベクトルnの方向に一致することがある。曲線上のすべての点でこれが成立するとき、この曲線を測地線と呼ぶ。曲面上の交差する2本の測地線を考える。その交点に着目すると、両曲線の法線方向はいずれも、その交点における接平面の法線方向を向いていることになる。これはすなわち、部材軸が測地線の接線方向に向くように測地線上に部材を配置すれば、交差部の中心における両部材の法線方向は常に一致することになるため、接触面の不一致を最小限に抑えられることになる。座標がz=z(x,y)で与えられる曲面上の測地線をXY平面に投影した曲線の関数y=y(x)を求める常微分方程式は次式で表される。

$$\left\{1+\left(\frac{\partial z}{\partial x}\right)^2+\left(\frac{\partial z}{\partial y}\right)^2\right\}\frac{d^2y}{dx^2}-\frac{\partial z}{\partial x}\frac{\partial^2 z}{\partial y^2}\left(\frac{dy}{dx}\right)^3-\left(2\frac{\partial z}{\partial x}\frac{\partial^2 z}{\partial x\partial y}-\frac{\partial z}{\partial y}\frac{\partial^2 z}{\partial y^2}\right)\left(\frac{dy}{dx}\right)^2-\left(\frac{\partial z}{\partial x}\frac{\partial^2 z}{\partial x^2}-2\frac{\partial z}{\partial y}\frac{\partial^2 z}{\partial x\partial y}\right)\frac{dy}{dx}+\frac{\partial z}{\partial y}\frac{\partial^2 z}{\partial x^2}=0$$

方程式の数値解を得ることで、曲面形、部材間

図1 薄板を格子状に組み合わせた木造ドーム

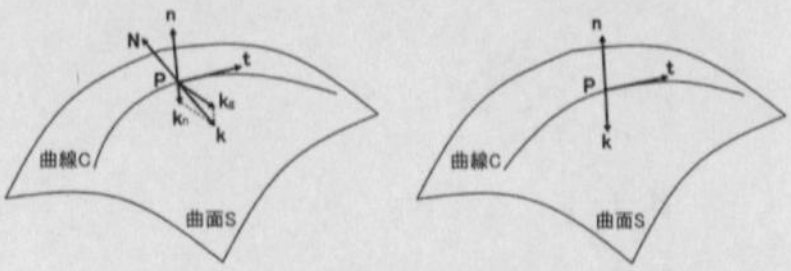

図2 測地線の定義

隔及び部材幅を主なパラメータとして、曲面の測地線上の部材配置を求めるプログラムを開発した。このプログラムを用いて、球面及び矩形四次曲面を対象に、測地線上の部材配置図及び部材展開図を求めた結果を図3に示す。これにより、曲面の特徴や、部材及び交差部の数、また曲面の端部で隣接する部材同士が重なり合う様子等を視覚的に捉えることが可能となった。

3．薄板ドームの基本的力学性状の把握

薄板によるドームの構造性能及び安全性を把握するため、実施設計が進められている建物（図4）を対象に解析的に検討を行った。本建物は、薄板の集成材(900×120mm)を1800mmピッチで2方向に架け渡した屋根構造とRC造の躯体により構成されている。

3-1．実験

[接合部実験]

接合部は継手・交差部ともに相欠きの集成材をウレタン樹脂で接着しラグスクリューで接合したものを設計しており、断面欠損に伴う断面性能の評価がしにくい。よって、継手は1方向、交差部は正負交番の繰り返し加力による4点曲げ試験を行い、接合部の断面性能について検討した。実験で得られた初期剛性から、接合部の梁せいが母材に換算してどの程度であるかを算出したところ、交差部の切り欠きが引張側にある場合で最も小さく、64.9mm相当であることが分かった。

[風洞模型実験]

薄板による木造ドームはRC躯体に対し木屋根の重量が軽いため、屋根面の法線方向に作用する風荷重が支配的になると考えられる。よって風洞模型実験を行い、屋根面等の風圧係数を求めた。

3-2．全体モデルのフレーム解析

本建物の全体モデルについて、長期荷重(4980.787tf)、地震荷重(140.041tf)、風荷重(速度圧0.16tf/m²)に対するフレーム解析を行った。屋根の梁断面は接合部実験の結果に基づき900×62mmであるとした。また風荷重は、正圧、負圧で最も大きい風圧係数が分布した風向について、負圧に対しては内圧係数の分0.2を加算して設定した。その結果、弱軸曲げに対して、正圧を示す風荷重が支配的であることが分かった。

4．結論

本研究では、曲面形、部材間隔及び部材幅を指定すると、曲面の測地線上の部材配置を求めるプログラムを開発することで、部材配置の視覚的検討、部材長の計算、部材展開図の描画等、様々な検討が容易に行えるようになった。また薄板の木造ドームについて解析的に検討を行い、正圧の風荷重による弱軸曲げが支配的となることが分かった。今後の課題として、より複雑な曲面の検討、部材の厚みの検討、仕上げ材の形の検討等が挙げられる。

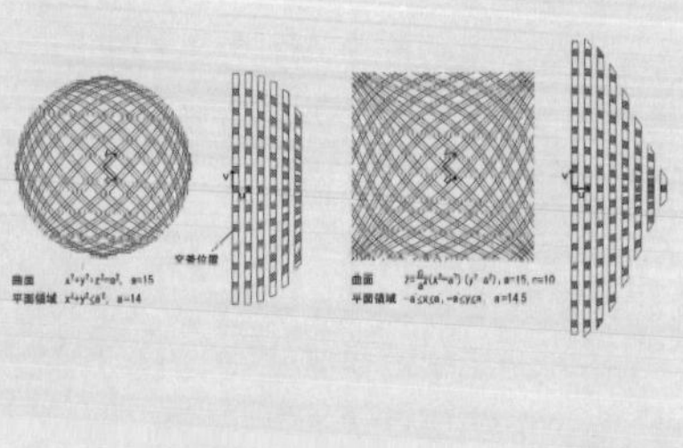

図3　曲面上の測地線と部材展開図

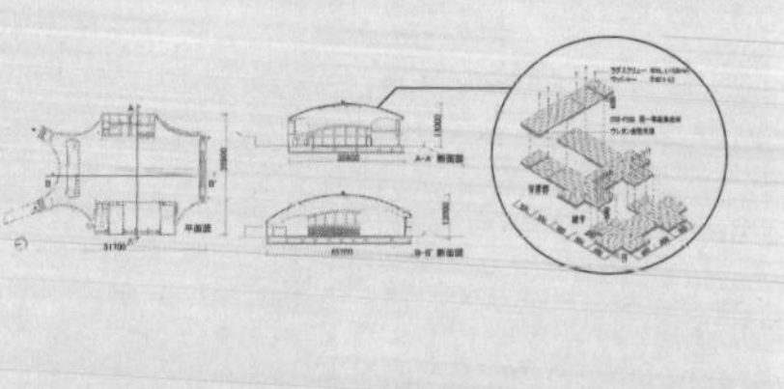

図4　設計概要

戦後日本における鉄筋コンクリートシェル構造建築の軌跡

南方 雄貴
Yuki Minakata
福岡大学大学院
工学研究科　建設工学専攻
太記祐一研究室

人類は技術の革新と共に文化を発展させてきた。建築においては例えば20世紀、「機械」をモデルとして近代建築を発展させた。21世紀を迎えた現在、注目すべき技術は「情報」であろう。「機械」に取って代わった「情報」の象徴はコンピューターであり、その進歩に伴う構造解析技術の躍進が建築に影響を与えている。建築はいま、大きな過渡期を迎えているのではないであろうか。

本研究は日本における鉄筋コンクリートシェル（以下RCシェル）構造建築の歴史的変遷をまとめるものである。研究にあたって『新建築』誌に掲載されているRCシェル構造建築、74作品を抽出した。本研究を通して、現在、大きな過渡期を迎えている建築に1つの指針を示したい。

日本において初めて実現したRCシェル構造建築は1951年に小野薫と加藤渉によって試みられた「鶴見倉庫」であるといわれている。ここから日本におけるRCシェル構造建築の歴史は始まるが、その道を拓いていくのは建築家、丹下健三である。

1950年代には33作品が掲載されている。丹下によって起こされたRCシェル構造建築の波は構造家、坪井善勝の支持を受けて、その勢いを増していく。全33作品中、坪井とその門徒たちが担当した作品は14作品に及ぶ。用途としては講堂関係と工場が多く、シェルの型をみるとシリンダー型が19作品で圧倒的に多い。これは上述した用途との関係性に加え、構造計算や施工の容易さ、それに伴う経済性の高さに起因している。

1960年代には22作品が紹介されているが、作品は前半に偏っている。この時代も引き続き講堂や工場関係の作品が多く、型は12作品でHP型が用いられている。HP型は構造的合理性を有する上に施工も容易で、RCシェル構造建築の隆盛に大きく寄与した。加えてPC工法が実用化されたのもこの時代であり、構造解析に関しては未だ模型による実験がおこなわれてはいるものの、解析理論が発達し電気計算機も普及し始めている。このように技術や学術的な側面が洗練されたことがこの時代の特徴である。

1970年代に入ると時代はポストモダン全盛、RCシェル構造建築の波は穏やかになる。1970年

figure.1 「東京カテドラル聖マリア大聖堂」内観

figure.2 「北方町生涯学習センターきらり」外観

代に掲載されているのは僅か3作品であり、1980年代も5作品に留まっている。この時期になると、初期にみられた大スパン建築の必要性や、経済性といった事柄は話題にのぼらなくなる。用途も区々で、どの作品においても設計者の意図や計画の意義が重要視されている。1990年代には7作品が掲載されているが、状況は少し違った様相を呈し始める。ポストモダンは自然消滅的に姿を消し、世間は「情報」の初期微動に揺れる。コンピューターの発達に伴って構造計算技術は格段に飛躍し、3D-CADの登場によって設計の現場は新しい局面を迎える。この新しく現れた状況に対して、建築家や構造家たちは手探りにその歩を進めていく。例えば葉祥栄は3D-CADを駆使し、精力的に自由な形態のシェル構造作品に取り組んでいる。RCシェルは次第に自由な形態を求めていく。

世紀が変わって2000年代、前世紀末に提示された「情報」が本質的に実用化され始める。その最たるものは構造的合理性を備えた自由曲面シェルの実現である。2000年代には4作品が掲載されているが、そのうちの3作品がこの自由曲面であり、構造を担当しているのは佐々木睦朗である。また構造解析技術の革新によって、設計のプロセスも大きく変貌を遂げている。これまでの構造解析は主に、模型実験によるか局所的な修正を延々と繰り返すかのいずれかであったが、技術の発達により構造解析はコンピューターを用いて短時間におこなうことが可能となった。更に佐々木はこの技術を応用して一般に「最適化手法」と呼ばれる設計方法を考案している。これらはコンピューターで構造解析をするに留まらず、形態までも自己生成的につくり出してしまおうという試みであるが、ここでは人間による判断が特に重要になる。何れにしても、この方法によって生まれたのがここで登場する3つの自由曲面シェル作品である。

日本におけるRCシェル構造建築は1960年代前半に1つの絶頂を迎え、「情報」が到来した現在、再び隆盛の兆しをみせている。シェルの型をみると20世紀中期の「機械」の時代、主流はHP型であり、21世紀を迎え「情報」の時代となった現在、主流は自由曲面である。HP型は施工が用意である代わりに形態的自由度が低く、自由曲面は形態が自由である代わりに施工が困難である。これらの特徴が、それぞれ「機械」、「情報」の特徴と重なることは示唆に富んでいる。

数多ある情報の中から有用な情報を選び取る能力であったり、最適な形態を選択し決定する能力であったり、施工現場で実際にものをつくり上げる能力であったり、情報化社会というのは迅速に情報を処理できる社会であるからこそ逆に、人間の能力によって、最終的にはものごとの真価が問われる、そんな社会なのではないであろうか。

figure.3 「アイランドシティ中央公園中核施設 ぐりんぐりん」外観

figure.4 「瞑想の森 市営斎場」内観

近現代建築における光と熱
—被膜にみる表現と性能について—

田中 剛
Tsuyoshi Tanaka
東京大学大学院
工学系研究科　建築学専攻
難波和彦研究室

近代の構造(コンクリート／鉄)や、設備(照明／空調)技術は、自由な立面とともに自由な環境をつくりだし、建築の光と熱環境に大きな変化をもたらした。それは内と外の関係を希薄化させる危険性をもっていたために、建築家達は被膜において内外を関係づけるよう試みてきた。そこで、建築の内外の境界面を被膜と定義し、光と熱の視点から建築の被膜の表現と性能を考察していく。

1851年に建設されたクリスタルパレスはガラス被膜の新たな可能性を示した。それは建築家達を魅了し、被膜自体の軽さや、ガラス被膜で覆われた空間での交通動線露出、室内全体に広がる均質な光といった「非物質的」な表現がなされた。性能に関しても温室での環境技術の応用がみられた。これらは太陽の光と熱に関するものであった。

人工照明による光は建築家達を魅了し、水平・垂直の幾何学や、流線形といった表現が外部照明に与えられ、夜の光は建築に順応させられていった。また、管状電球による幾何学や、ライティングレールによる可動性といった「非物質的」な表現が室内でもなされた。照明器具は発光時に熱を伴うので、人工照明においても太陽光と同様に光と熱は関係し合っており、表現と性能の問題があった。

近代では、被膜の構造的制約の解放や空気調和などの設備機器の普及から被膜の環境技術の選択範囲は広がり、建築家達は被膜を考え直さなければならなかった。

ミースの被膜はシーグラムビル(1958)でみられるように、光学的性質によって周囲の風景を被膜に映し込み、色を与えることで被膜に表情を与えるものである。構造とのモデュール統一による被膜の構成は古典美学に通じるものであり、その表現は被膜付近に設置された空調グリルや室内の設備機器によって性能を補われるものである。

ガラス被膜で覆われたアトリウム空間では、都市の喧噪から離れた社交の場、階段・エレベータ・回廊といった交通動線の露出が表現される。また、被膜で覆われた空間は温室効果によって冬場は暖かくなるが、夏場は内部が非常に暑くなるため自然換気や通風だけでなく、機械的な冷暖房

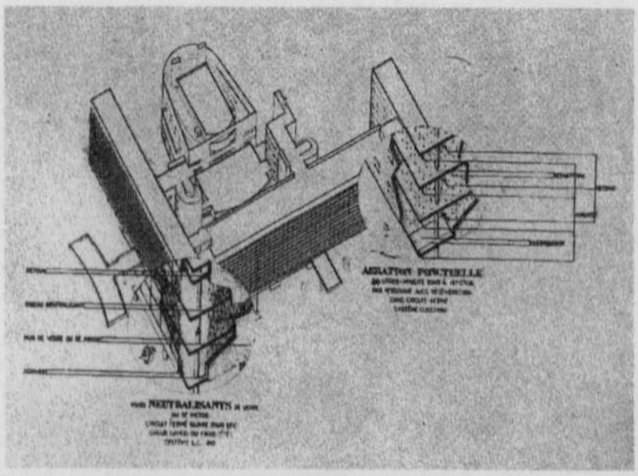

fig.1　セントロソユース館設備図 出典引用＝ウィリ・ボジガー編／吉阪隆正訳『Le Corbusier 1910-1929』(A.D.A.EDITAtokyo、1979)

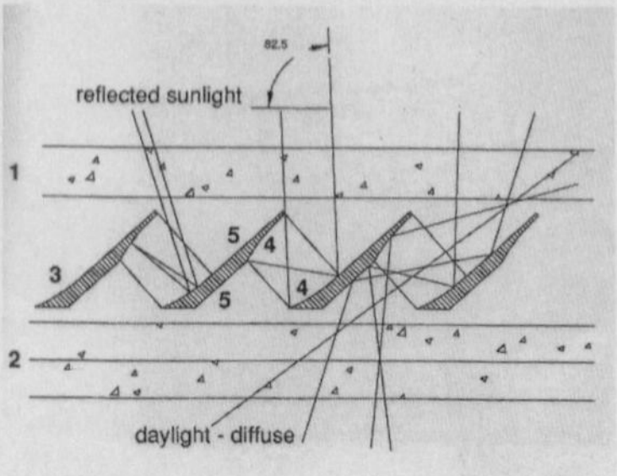

fig.2　デザインセンター・リンツ　光学処理ガラス 出典引用＝Thomas Herzog『Solar energy in architecture and urban planning』(Munich、1996)

空調と組み合わされ性能が補われている。

ル・コルビュジエの被膜はセントロソユース館(1928、fig.1)でみられるように、ガラス被膜は冬季の日射取得を可能にするだけでなく、断熱のための二重ガラスの隙間に温度の調整された暖気や冷気を流し込むというやり方で、被膜の表現と性能を成立させている。また、ユニテダビタシオン(1949)でみられるように、太陽方位や高度によって形状や向き、大きさが決められた被膜付近でのバルコニーの張り出しやブリーズソレイユは、夏場の日射を遮蔽するために統合的に光と熱が考えられている。

ガラス被膜にはその時代の熱性能に対する技術をみることができる。ガラスの家(1931)で用いられた無垢のガラスブロックは光を室内に拡散し、当時としては熱貫流率が低く高性能な素材であった。現在では、グレアや夏場の日射、冬場の保温といった問題に対して、光学処理されたガラスや、テフロン加工された膜によって統合的な光と熱の問題解決がなされている(fig.2)。

このように被膜表現は多種多様であると考えられるが、被膜性能は気候によって大きく左右されている。

寒冷地にあるラルフ・アースキン自邸(1963)では、室内の熱で雪が融けて雨樋が凝結しないように、屋根を二重にして躯体から離し、雪を屋根の上にのせたままにすることが考えられている。これは北欧先住民の屋根にヒントを得たものである。

亜熱帯にあるグレン・マーカットのマグネイ邸(1984、fig.3)では、シドニーの伝統的なテラスハウスにみられるように、水廻りなどのコアが南側に配置され、煉瓦とコールゲート板を組み合わせた南面コアの被膜は、冬季の日射を蓄熱するように考えられている。

灼熱の都市ドバイに計画中のホプキンスアーキテクツのゲートヴィレッジ(fig.4)では、敷地内に高密に建て込むことで、個々の建物にあたる日射を制御し、積極的に外部に日陰をつくっている。これは、シバームのような中東地域の伝統的な集落の環境技術にヒントを得たものである。

気候差によって普遍的な環境制御の方法がないことが分かったことで、環境条件を被膜の表現に取り込むことができる。その場所の気候下での熱の取得や遮蔽といった被膜の性能によって表現は吟味され、そして、室内の設備の存在が被膜の性能を補う。これによって、これまでの「非物質的」な表現とは違った、地域に応答する光を被膜によって表現できる。つまり、現代では建築は被膜を通して「地域の気候」を表現する新たな可能性を獲得していると言える。

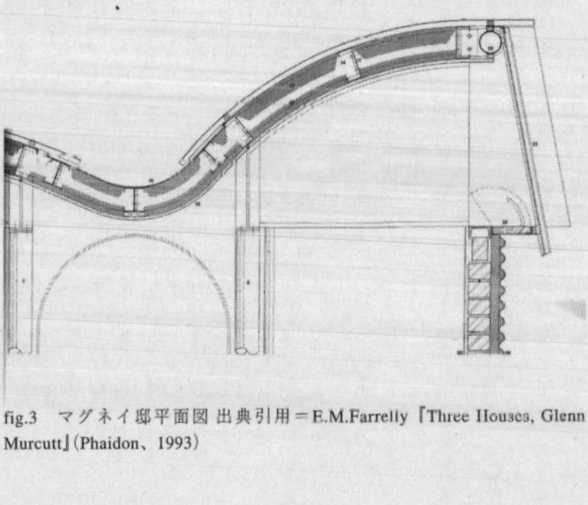

fig.3　マグネイ邸平面図 出典引用＝E.M.Farrelly『Three Houses, Glenn Murcutt』(Phaidon、1993)

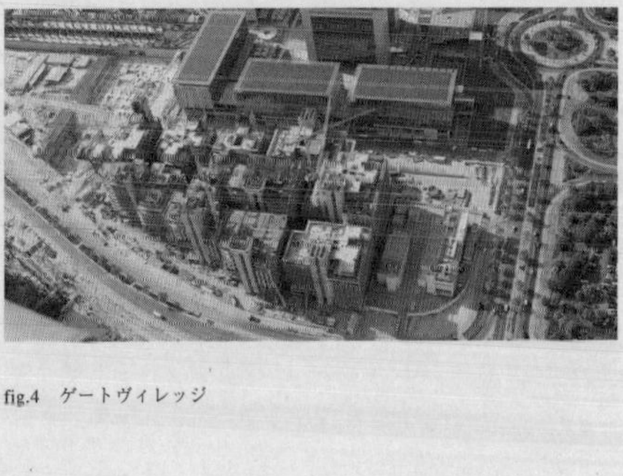

fig.4　ゲートヴィレッジ

住宅作品におけるロッジアの空間的性格

金野 千恵
Chie Konno
東京工業大学大学院
理工学研究科　建築学専攻
塚本由晴研究室

1. 住宅における、ロッジアと呼ばれる半屋外空間は、季節·天候·朝夕の変化を取り込むことで生活に彩りを与える場所として地域や文化の違いをこえて世界中でつくられてきた。こうした屋外で食事をするなどの生活を楽しむ場所は建物の中だけでなく自然環境や都市環境を含むより大きな広がりの中に生活を位置づけるものとして捉えられることから、これからの地球環境を意識したライフスタイルや街の風景にとって重要な建築要素になりうると考えられる。

ロッジアという空間の質は、形式や形態のみでは捉えられず、日照の変化や、それを受けて表情を変える建築部位、そこで営まれる生活の重ね合わせで捉えられるものと考えられる。そこで、本研究では、夏·冬、朝·昼·夕といった日照の変化、それら日照変化を翻訳する天井·垂直面·床面といった建築部位の素材と構成、隣接する内部の室、建築全体におけるロッジアの位置づけの4つの重ね合わせとしてロッジアをもつ建築の特徴を明らかにする。

2. まず、全資料95作品中の121の各々のロッジアの性格を捉える。資料作品の3Dモデルから日影図を作成することで、各々のロッジアにおける地域·方位·プロポーションを考慮した時間·季節ごとの日照を記述する。ロッジア平面における日照変化は季節·時間帯による周期的な特徴をもち、朝陽をより多く受けるもの、昼の陽が多いもの、夕陽が多いもの、冬のみに陽を受けるもの、一年中影という日照パタンにわけられた。次に、これら時間帯·季節により異なる日照を建築部位がどのように受けるかで、光を室内に透過させる、光を溜め明るさを保つ、影を面へ映すといった表情の差異があり、それらを6つの建築の受光面の種類としてまとめた。また、ロッジアに隣接する室、リビング、ダイニング、寝室、キッチンについて日照パタンとの関係で捉えた。さらに、今回扱った資料では光を受ける位置に配されたロッジアが約9割みられたことから、ロッジアには太陽に向かう『向日性』があるとした上で、ロッジアが建築全体においてどのように位置づけられているかを、建築の日照を受ける間口『受光間口』に対するロッジアの占有形式から検討した。

3. 以上、日照パタンと受光面の種類、隣接室、受光間口の占有形式の関係から、ロッジアをもつ建築の類型を導いた。受光間口を部分的に占有してリビング·ダイニングと隣接するもので、屋根の一部をフレームとし、日中の陽を直接下へ透過させるパーゴラダイニングタイプ。内部との境界にガラスと壁を併せて用い、冬の低い光を受ける半外ダイニングタイプ。受光間口全体を占有し、夕·冬の低い陽を室内との境界面全面のガラスで受け室内へ届ける夕陽·冬の陽フィルタータイプ。受光間口の部分に、内部との境界面を壁面のみで構成し室内とは連続せず、より純粋に夕陽を享受する夕陽背もたれ壁タイプ。受光間口の部分に朝陽の差す寝室が隣接する朝陽寝室タイプ。同系色の天井·壁·床面によって全体が囲われて影になり、キッチンに隣接する遮光壁包囲キッチンタイプ。建築ボリュームの両端にロッジアを持つことで、朝·夕の陽を取り入れ、年中一日中の日照を取り込むものの中で、建物の単独面の全体を占有するロッジア2つからなる朝夕対極全体タイプと、隣接する2面を部分的に占有するロッジア2つからなる朝夕対極部分タイプがある。並列日照強調タイプは単独面の部分に日照パタンの同じロッジアを複数もつもので、特定の日照の性格を強調するもの。分棟日照バリエーションタイプは複数棟の各々に日照パタンの異なるロッジアをもつもの。受光間口の占有形式が特徴となるものは、ロッジアが建物ボリュームを貫通し、内部の室同士を接続するロッジア接続タイプ、隣接する二面の受光間口全体をロッジアが占め、内部の室を包囲して建物の外観を支配するロッジア包囲タイプがある。

4. これら各類型の比較を通してロッジアをもつ建築の特徴を以下のように明らかにした。まず、日照変化のリズムを建築のどういった部分の差異として位置づけるかで2種類みられ、パーゴラダイニングタイプ、半外ダイニングタイプ、朝陽寝室タイプ、遮光壁包囲キッチンタイプは、日照変化と寝食のリズムを対応させメリハリのある生活を想像させるもの。朝夕対極タイプ、並列日照強調タイプ、分棟日照バリエーションタイプは、複数のロッジアにより日照変化のリズムが強調されるもの。さらに、ロッジア包囲タイプ、ロッジア接続タイプ、朝夕対極タイプは、外部との結びつきが強調され、外観を支配して開放的なファサードとなるものである。

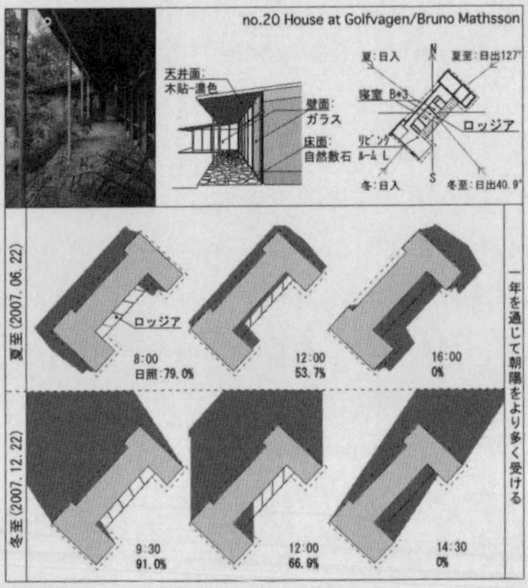

分析例

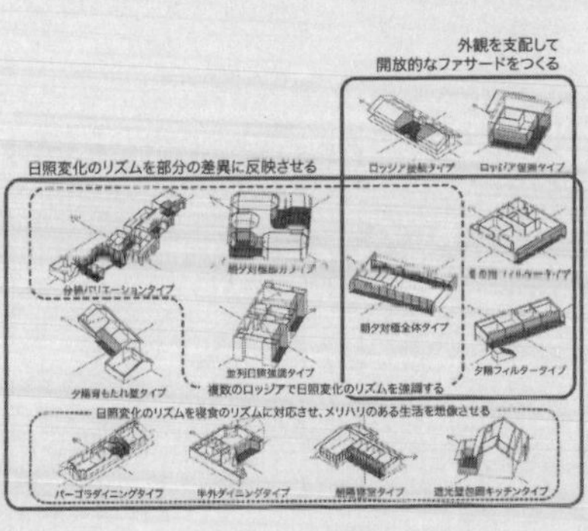

考察図

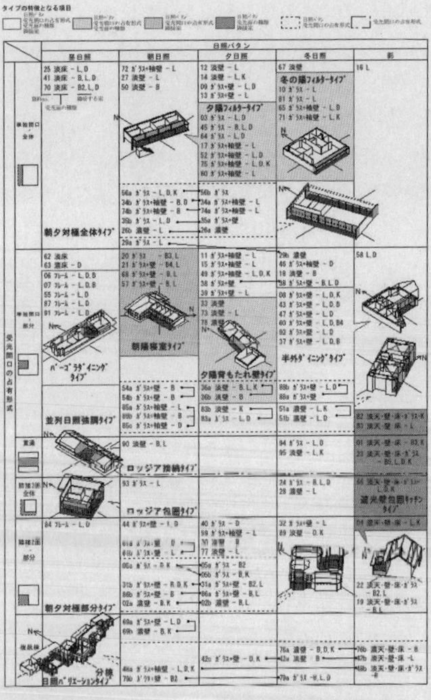

日照パタンと建物壁面の占有形状によるロッジアをもつ建築のタイプ

介護者の自領域から考察する介護施設計画

簾藤 麻木
Maki Suto
早稲田大学大学院
創造理工学研究科　建築学専攻
渡辺仁史研究室

背景

高齢社会と言われるようになって既に久しい。かつて姨捨山と揶揄された介護施設は、管理単位から空間計画がなされており、住まいのスケールを逸脱した、一括処遇のケアを起こし易い環境だった。しかし時を経て、個別ケア・プライバシーへの配慮から、2003年に個室ユニット型が制度化し、生活単位から空間計画がなされるようになり、施設はすまいへ近づく一つの転換期となった。ユニット型とは、約10人の要介護者を一単位としてユニットを構成し担当の介護者が付く事で、住宅のスケールの中で個別ケアを行えるというものである。これによる要介護者への高い効果は多々報告されているが、介護者の負担へのアプローチは保留にされているのが現状である。重度者優先となった入居基準の改正や、入居している要介護者自身の老齢化に伴い、いま現場では介護の重度化が起こっている。職員不足も重なり、過度な介護負担の中、重度化に対応出来ないユニット型の空間計画が、更に状況を困難にしている。要介護者の生活単位を守りながらも、介護者負担を考慮した計画が、今望まれる。

目的

介護者の心理・身体両面の負担の要因と平面計画の関係性を明らかにし、介護者負担を考慮した設計評価を行う事で、計画を展開させる。

調査

行動観察調査として、特養、有料老人ホーム、介護老人保健施設7施設で働く11名の介護者について、9～18時の間行動観察調査を行った。また、アンケートを行い、6つの介護内容と、5つの心理的負担についてそれぞれどの程度感じているかについて尋ねた。

行動のモデル化／身体的自領域

行動観察調査より、介護者から58の介護動作とその場所の遷移が得られた。58の動作を26の介護動作に分類し、それらを20の介護行為、そして14の介護行動へとまとめた。本研究においては、介護動作(motion)が組み合わさり介護行為(activity)となり、介護行為が組み合わされて単位介護行動(behavior)が構成されるとする。

場所の遷移モデル2種により、介護内容ごと及

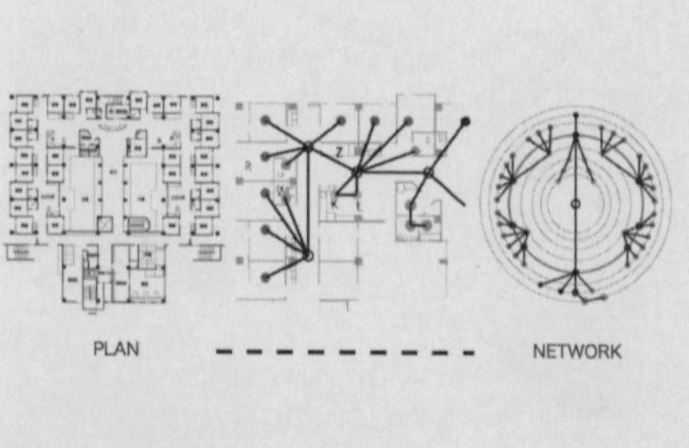

ネットワーク図への変換

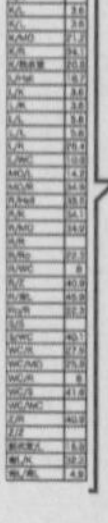

排泄介助

	DW	H	K	L	Lo	LA	MO	PT	R	Ro	S	SK	WC	Z	ME	Of	Ba
DW			28	45							40						
H			13	19					34								
K				3.6	32		21	21	34	34	44	44	28		21	21	21
L				5.8	32	3.6	14	14	26	26	45	45	11	5.5	14		16
Lo							14		46		45	45					
LA									34		44						
MO									35	35	43		26				
PT																	
R										22	40		8	41			
Ro														41			
S													42				
SK													42				
WC																	
Z																	
ME																	
Office																	
Ba																	

総計 912.2M

身体的負担評価モデル

び1日全体について平面計画から推定動線距離が求められる。これいより介護者の行動する範囲・距離と、その回数から行動による場所の遷移の疎密が把握可能であり、介護者の身体的自領域の推定が可能となる。以上より、本モデルにおいて以下が可能となる。①身体的負担を考慮し、計画の練り直しが可能。②介護者の行動範囲の把握が可能。身体的負担を考慮して、情報機器の導入や介護内容ごとに職員の増員など、ソフトでの代替も検討可能。③既往研究より、介護内容別の作業負荷が求められるため、平面計画から動線と作業負荷両面から、負担を推定出来る。

心理評価／心理的自領域

次にアンケートにて、介護内容について尋ねた心理的負担の値と、その介護行動を行う上で利用する場所との関連性を分析した。結果、いくつかの不安については介護行動中に通過する曲り角の数、及び距離と相関が見られた。そこで、施設のプランを居室をノードに置き換え、平面図をネットワーク図に変換することで、介護行動中に通過するノードと不安との相関を分析したところ、高い相関が見られた。ここから、「距離・曲角の数・ノード数」と不安度の相関グラフを作成し、これを用いて、平面計画から不安の推定が可能となる。本モデルより介護者の心理的負担からみる心理的自領域が推定出来る。以上より、本モデルにおいて以下が可能となる。①介護行動ごとの心理的負担を平面計画から推測が可能なモデルである。②計画案上で不安の内容が明らかになるため、視線によるカバー、職員の配置等の別のファクターによる不安軽減の検討が可能となる。

まとめ

本介護行動モデルは、計画における介護者の身体的及び心理的自領域を顕在化させることを試みたものである。以上より、平面計画のみでユニット型・従来型両者において動線距離の算出及び心理的負担の推測が可能となり、施設計画において身体心理両面からの設計案の検討を可能とした。

展開

本研究より、T字型のように介護者の視認性を考慮した様に見える計画でも、実際の介護者の心理的領域形成からみると、大きくゆがみが生じている事が明らかとなった。また、研究を進める中で、ユニットの独立性が高すぎるが故に、介護者同士の身体心理両面の領域がユニット間で断絶されている現状がうかがえた。本研究で得られた介護行動モデルは、計画段階において他ユニット介護者同士の心理身体の領域を推定し、介護者同士の領域を重ねる為にどう配置計画するかの検討が可能となる。ユニット間の介護者同士の領域形成を検討·考慮する事で、現在問題とされているユニット間の連携につなげ、更にはケア体制から起こっている要介護者の生活単位の崩壊抑止に展開出来ると考える。

	目が届かない不安	音が聞こえない不安	手がすぐに届かない不安	他の介護者が見えない不安
排泄介助	曲角	曲角	ノード数	ノード数
食事介助	距離	距離	ノード数	
居室内介助(臥床起床)	距離	ノード数	距離	距離
昼の見守り	ノード数	ノード数	ノード数	距離
事務作業(管理・記録)	ノード数	ノード数	ノード数	ノード数
移動(歩行介助・誘導)	ノード数	ノード数	曲角	ノード数

各心理負担と相関の高いファクター（心理的負担評価モデル）

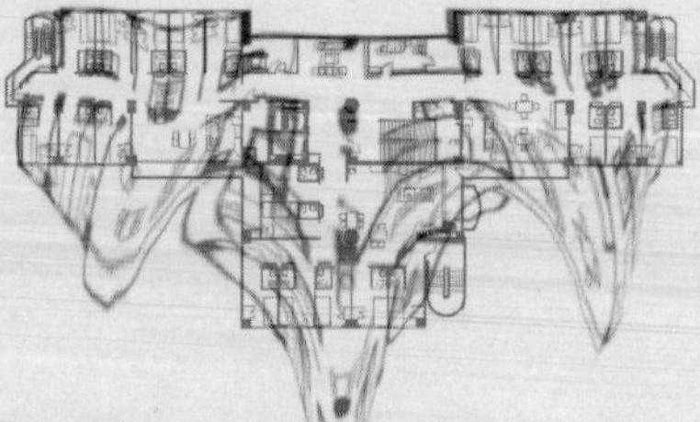

心理的身体的負担から見る空間のゆがみ

経路歩行実験による都市の様相の記述と分析

北 雄介
Yusuke Kita
京都大学大学院
工学研究科
建築学専攻　門内輝行研究室

1. 研究のきっかけと概要

筆者は、鯖街道（京都 -小浜）やしまなみ海道（尾道 -今治）を歩破した経験から、道を歩いているときに大きく雰囲気の変わる場所があることに興味を持った。本論では環境と主体の織りなす全体性を指す「様相」という言葉をキーワードとし、この現象の解明を試みた。我々が都市をいかに捉え、そこで何を感じているのか、その全体性を究明してゆく。

2. 様相概念

「様相」は、広く全体性を指す意味の豊かな概念である。その理論的解釈のために、「可能世界意味論」を取り入れる。現実世界をはじめ、我々の空想の世界や未来の世界など、あらゆる「世界がありえたかもしれぬ状態」を「可能世界」と呼び、その相互関係により様相を論じようとするモデルである。ここで様相は、可能世界間の移動（これを原広司は、「『経路』を『横断』する」という言葉で表現している）に従い、その「変化」や「差異」によってあらわれる。　その際考慮すべきなのが、「記憶」や「予想」といった要素である。ここで筆者は、主体の記憶や予想に相当するものとして「様相フレーム」という概念を提唱した。様相把握の要因となるのは、単に「可能世界Aと次なる可能世界Bとの差異」ではなく、「自らの内に形成されている様相フレームと可能世界Bとの差異」なのである。そしてその度に様相フレームは「書き換え」られてゆく（figure.1）。

3. 研究方法

様相を実践的、総合的に解明するため、「経路歩行実験」というプリミティブな手法を用いた。京都市内の3つのルートを、のべ84名の被験者に実際に歩いてもらったのである（figure.2）。被験者は定められたルートを歩き、そこで感じたことを、その都度用紙に表記する。さらにルート内で特に様相の大きな変化を感じた場所「領域分割」を記し、分割した各領域がいかなる性質をもつかを評価尺度や言葉によって表現する。

ルートは都心部から住宅地、田畑や山林までバラエティに富み、被験者の表記内容も非常に多岐に渡るものとなった。得られたデータからまず様相を「記述」し、それをもとに「分析」してゆく。

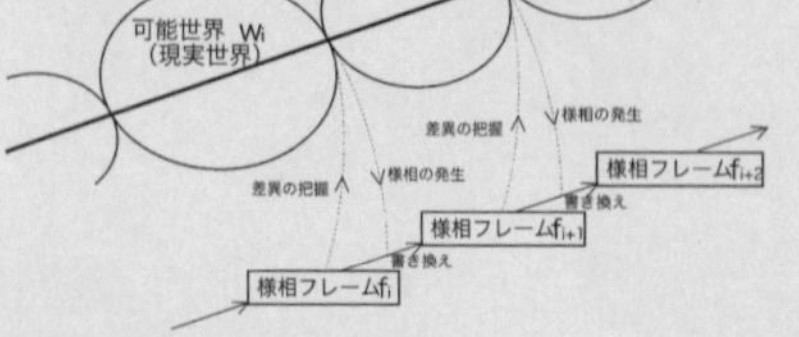

figure.1　様相把握の概念モデル

figure.2　実験風景

4. 様相の記述

まずルート全体の境界、領域の記述を試みる。横軸にスタート地点からの距離をとり、被験者が領域分割をする度に一定値上昇するグラフを作成した（figure.3）。このグラフの中で大きな落差を持つ部分が、多くの被験者が境界であると感じた「エッジ」であり（firgure.3のグレーの部分）、平らな部分が、領域であると把握された「エリア」である。可能世界意味論に照らせば、エリアは各可能世界、エッジはその境目となる。

このグラフの作成により、捉えにくく曖昧な様相の変化を概観できる。本論ではさらに、評価指標の変動のグラフ化や、エリアを表現する言葉の抽出により、様相変化の概要を記述した。

次に行なったのは様相の詳細記述である。被験者が歩行中に随時記した言葉を、その意味する内容により、70の「様相因子」に分解した。そしてルート上における分布グラフを全様相因子について作成し、因子のあらわれ方を可視化した（figure.4はその一例）。

5. 様相の分析

まず様相因子に関する分析では、実践的な知見が多数得られた。例を挙げると以下のものがある。①建物の用途や特徴については、都心部商業地においては一軒ごとに細かく捉えられ、住宅地や郊外観光地においては群として把握される。②道幅や道路テクスチャが変化すると、様相が大きく変化したと捉えられやすい。③空については、見える絶対量が少ない都心部において多く表記される。建物の高さの変化やアーケードの有無により、その「差異」が大きいからである。④音、におい、気象などは視覚で捉える様相を強めるようなはたらきをする。⑤様相フレームの「書き換え可能性」や、「領域分割寄与度」などは様相因子によって異なり、これらは数直線モデルにより表現できる。

次に、これまでの記述データをもとに、各エッジ、エリアについて詳細に分析し、その類型化を図り、その結果以下のような考察が得られた。①エッジの生じる要因としては、「差異により様相が把握される」（もっとも基本のパターン）「類似した様相が幅のあるエッジにより断絶される」（大通りとの交差地点に多い）「エリア間で同傾向の様相であるが強度を増す」という３つのパターンがある。②都心部においてはだらだらと変化する大きなエリアが、郊外部においては境界のはっきりとした小さなエリアが形成されやすい。

6. まとめ

本論の意義は、まず様相に関する理論的モデルと記述方法を確立したところにある。そして、それをもとにした分析により、多くの実践的知見を得ることができた。本研究を基礎とし、主体の様相フレームに迫る研究や、都市構造との関連を探る試みへと発展させる余地があると考えている。

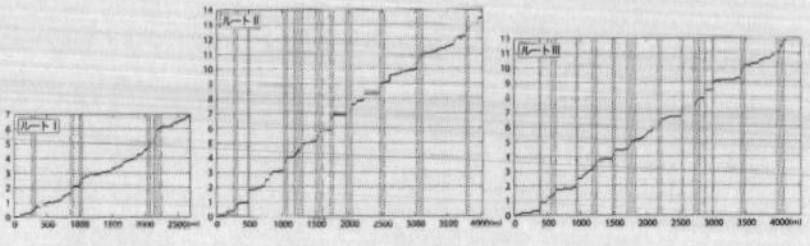

figure.3　全ルートの領域分割グラフ

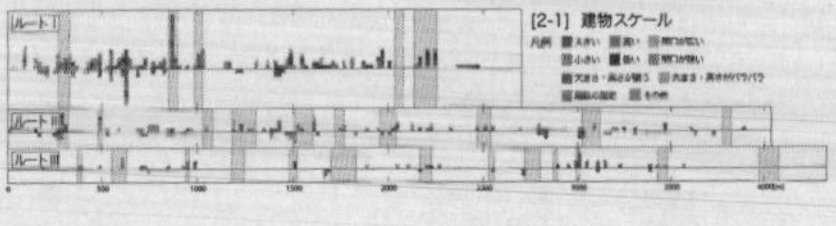

figure.4　様相因子プロットグラフの一例

建築・都市空間が誘発する人間行動の記号過程に関する研究

木曽 久美子
Kumiko Kiso
京都大学大学院
工学研究科　建築学専攻
門内輝行研究室

1. 研究の背景と目的・方法

本研究は、さまざまな人間行動を誘発する魅力的な建築・都市空間を評価する手法を確立するための基礎的研究である。そこで、建築・都市空間における人間行動に注目し、①現地調査から人間行動を観測・記述し、②人間行動の記号過程(semiosis)を捉えることを通して③環境における人間行動の記号過程をモデル化し、④建築都市空間における人間行動のシミュレーションを行う。

また、本研究では建築・都市空間における人間行動を創発的現象として捉え、複雑系の観点から考察する。

2. 建築・都市空間における人間行動の観測・記述

日常の自由な人間行動と建築・都市空間の関係性を把握するという観点から京都精華大学を調査対象地として選定し、人間行動の観測を行う(figure.1)。調査日である2007年7月26日は定期試験の最終日であり、また同年11月2日は大学祭が行われており、ライブや模擬店等が見られた。

なお、本研究では、人間の空間における流動および流動過程における行為に着目し、人間行動の記述を行った(figure.2)。

3. 建築・都市空間が誘発する人間行動の記号過程の解析

本研究では、アメリカの記号学者C.S.Peirceによる記号分類を援用しながら、環境における人間行動の記号過程の研究を展開する(table.1)。

3-1. 調査対象敷地周辺の使用状況と調査対象敷地内の人間行動

調査当日の調査対象地の使用状況により利用者の流動経路が異なることが確認された。特に、催し物が行われた出入口付近では経路および滞留に変化が確認された。

3-2. 調査対象敷地内における環境と人間行動

・気候的な状況に滞留行動が影響を受けていることが確認できた。

・ほぼ移動のみが行われる階段と、ほぼ滞留のみが行われる階段がある：蹴上げの高さが影響。ほぼ滞留のみが行われる階段の蹴上げは約40cm。

・座った状態の滞留と異なり、立った状態の滞留は流動経路の途中で行われている：立った状態の滞留は計画的でなく、移動途中でふいに行われていると考えられる。

figure.1　京都精華大学の調査：全体写真、調査の様子、注種写した行為の写真

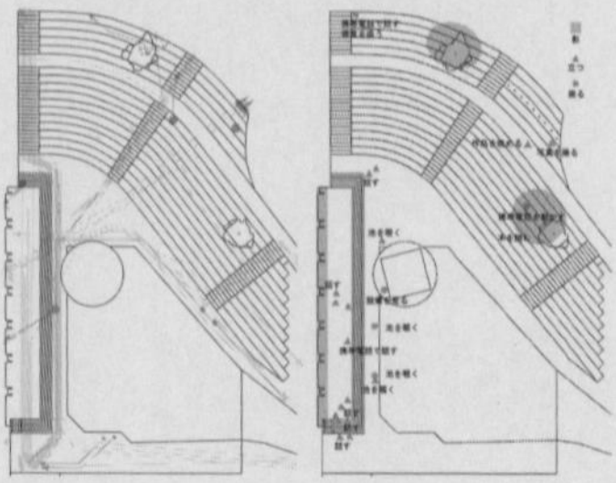

figure.2　人間行動の記述の一部

・樹木の近くでの滞留が多い

・座った状態の滞留は上部で多く行われている。

・比較的長時間の立った状態での滞留が、経路途中以外に南側付近でも多く見られた：南側は見通しがきくため、待ち合わせのための滞留が多いと考えられる。

3-3. 主体を取り巻く環境としての人間行動

・比較的長時間の滞留者の流動経路が短い：長時間の滞留者は滞留行為が終了するともと来た出入口に戻っているものと推測される。

・知り合いがいることによる滞留の連鎖が見られる：知り合いのいる可能性が高いキャンパス空間の一つの特性であるといえる。

4. 建築・都市空間における人間行動の記号過程のモデル化とシミュレーション

人間行動の記号過程のモデル化・シミュレーションを行い、マルチエージェントシステムとしての建築・都市空間と人間行動の相互作用について考察する。

京都精華大学天ヶ池周辺の平面図を単純化したシミュレーション空間上に、現地調査によって抽出された特性やルール、これまで蓄積されてきた人間－環境系研究に基づき、変数および行為決定のルールを決定し、エージェントを設定する(figure.3)。結果および考察は以下の通りである。

・あいさつ距離および社会距離の変化によって、エージェントはより分散的に滞留する。

・個体距離や立ち話距離の変更によって滞留者人数や滞留位置等には明確な変化が見られていない。立ち話距離および個体距離をさらに大きく変動させた場合を検討する必要がある。

・新たな滞留地点を設定し、さらに目的滞留地を選択する確率を検討することで、動線の影響について詳しく把握できる可能性が示されている。

5. 結論と今後の課題

建築・都市空間と人間の系からなる現象を創発的な現象として複雑系の観点から解析することにより、建築・都市空間と人間による相互作用の局所的および全体的働きを確認することができた。人間相互が取りうる距離感や、使用状況から予測可能な動線、天候状況による人間行動の変化、見通しのいい地点などを考慮することにより、建築・都市空間は人間により強く働きかけることができるであろう。

今回は人間行動を広場内の特定の場所における行動、広場の中の移動・滞留行動、キャンパスの他の場所との関係を考慮した人間行動といったスケールに対応して分類したが、自由な感情に基づく行動、環境に誘発された行動、目的に基づく行動といった解釈項の意味に対応して分類することも可能である。

また、アフォーダンスの変化、天候条件の変化による影響を見るシミュレーションなどさらなるシミュレーションの実行は今後の課題である。さらに、構築したプログラムは抽出されたルールに記号分類を援用することによって建築・都市空間と人間の局所的な相互作用を整理し、都市的な視点へと拡張することが可能となる。

環境行動現象	環境(建築・都市空間)	環境と目的・状況との関係	環境と人間行動との関係
一次性	性質記号	類似記号	名辞
	形状・色彩・素材・テクスチュア, スケールなどの特徴	アンカーポイント, たまり場, 日陰, 行動セッティング (イメージ, なわばり, たたずまい, 雰囲気)	広場内の場所における行動 (座る, 立つ, あいさつをすみ 飲む・食べる, 携帯電話を動かす, 話す, 踊る, 物に
二次性	単一記号	指標記号	命題
	個々の単一の形態(建築物, 床, 池, 島, 通路, 階段, 池, 樹木, 出入口, 分岐点, 看板など)やその集合状態	物理的な機能 指標的方向性(出入口の位置,通路の方向性, 眺望と隠れ処の関係など)	広場の中の人間行動 (流動, 滞留;移動速度, 移動方;通路や水辺の行動など)
三次性	法則記号	象徴記号	論証
	広場空間(形態のパターン, 諸要素の配列など) 象徴的な要素・システム	象徴的な意味, アイデンティティ (時間, 季節 イベント, コミュニケーションなど)	周辺の環境との関係からみた人間行動 (目的行動, 自由行動など)

table.1 調査対象とした広場空間における環境－目的・状況－人間行動の関係

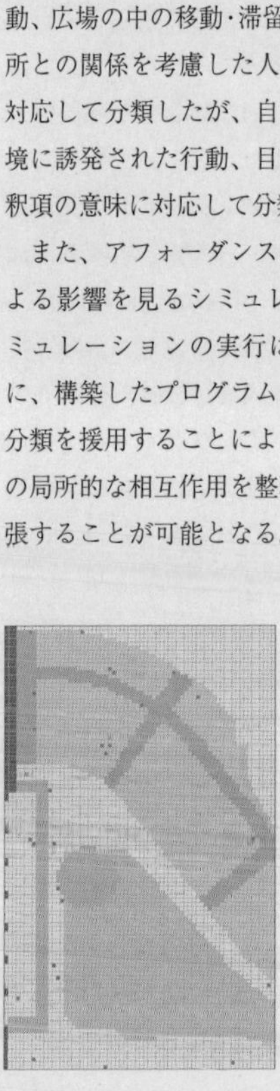

figure.3 構築したシミュレーション空間でのエージェントの様子

都市表層から見た信濃川下流域
—敷地の先行形態が導く建築と景観—

鎌倉 敏士
Satoshi Kamakura
新潟大学大学院
建築計画・意匠
岩佐明彦研究室

高層マンションの建設が顕著な信濃川下流域では、景観の急激な変化に、地域住民をはじめ景観を重んじる市民からの建設反対の議論が上がっている。新潟市側でも景観の大きな変化に対し、景観条例を施行し対応を図っている。しかし、景観形成基準はまだ整備途中であり、全長6kmに及ぶエリア全体を規制するには詳細に乏しい。市民全員で共有できるような信濃川下流域における具体的な将来像が求められるが、その像は個人によって様々であり、理想像の根拠も未だ明確ではない。こういった現状をふまえ、本論では信濃川景観が今後どのように変化する可能性があるのか、現状把握を進めた。

これまでに信濃川は洪水による河川の決壊を幾度も起こしてきた。しかし昭和２年の大河津分水路の開通により信濃川の水は上流部で海に放水されるようになり、信濃川下流域の洪水の心配は減少した。また、川幅は約700mから現在約270mにまで縮小し、河岸は埋め立てられ土地の造成が行われた。研究対象地は、最も景観に影響を与える、この信濃川直近の埋立地とした。

都市景観は一つ一つの建築物の集合で出来上がり、その個々の建築物の形態はそれが建つ敷地形態に大きく左右される。敷地の大きさや形態が建築物の大きさや形態に強い影響をもたらし、その集合としての都市景観が出来上がっていることを基点に、先行形態に着目した分析を行った。先ず対象地全域に存在する敷地を抽出し、左右岸合わせ14に分けたエリアごとに敷地構成の特徴を分析した。敷地面積を７つのレベルに分け、各エリアの敷地面積構成を見た。その結果から全エリアを、4タイプに分類することが出来た。各タイプは、Ⅰ：小規模敷地占有型、Ⅱ：全般敷地多種型、Ⅲ：中・大規模敷地型、：巨大敷地ランドマーク型、である。

ニューヨークが、開拓初期に計画的に引かれたグリッド状の等価な質を持った街区によって、都市の個性を決定付けられ、摩天楼はグリッドを建築の最大自我として成長していった。また、西新宿の超高層ビル群は、かつて東京の重要な水瓶であった淀橋浄水場の跡地に建っており、沈殿池や濾過池の形状が現在のグリッド街区に反映され

信濃川下流域と新潟市中心部

埋立以前の河岸位置。埋立地では街区形状が大きく異なる

ているかのようである。このような街区の形状や敷地の前歴が現在の建築物に影響を与えている事例は多々存在する。では信濃川沿いはどうであるか。

エリア最上流部に存在する新潟県庁は、昭和60年に現在の場所へ竣工・移転をしているが、移転前はそこに巨大なアルミ精錬工場が存在していた。県庁移転では、約3000人の職員が働く巨大な庁舎を建てられる巨大な敷地と、通勤時の交通障害を起こさないような場所が必要であった。戦時中に建設された精錬工場の土地は、他の候補地よりも条件の揃った場所であり、またオイルショックの影響により、工場はそのすべてを移転することになった。こうして市中心部の巨大精錬工場の敷地は、県庁移転によって巨大さを維持することとなった。

敷地形状が特異な事例が2件発生している。特徴は川に対して後背地となる側に細長い「尻尾」のような土地を抱えていることである。どちらの事例も川に接する敷地であり、建築用途も共通して高層マンションである。その事例が存在するのは、中心市街地に近接する場所である。この尻尾部分は、後背地側の道路と接どうしており、敷地全体では街区を突き抜ける形状である。利用方法は集合住宅居住者用の駐車場であり、既に竣工している事例では、屋外型の二層式駐車場になっている。周辺の敷地割形状は川側間口の狭い奥行型が多く存在している。川側の主敷地の背後に、空いていた細長い未利用地を吸収・合併したものと考えられる。尻尾付き敷地の最大の問題は、建築が高く伸びるための容積率取得目的の土壌になっている点である。陸側から河川表層上へと容積率が移動し、川沿いには更に高く立面の大きな建築が建ち上がる。

埋立地建設から土地造成にいたる二次元的な都市構成の造り方が、三次元的な建築や都市景観の無秩序を保障してしまう。マンハッタンではグリッド状街区が、新潟市内では敷地形状が都市景観の要因として重要である。更に新潟市では、建築は川面に向かって大きく成長しようとし、後背地の容積率という栄養を奪うために後背都市へ深く根を伸ばしている。またこのような建築計画に対して、景観ガイドラインを強化しても、開発を誘導しきれないと予想される。横幅いっぱいに建ち上がる建築形態が生まれているが、景観ガイドラインでは具体的な立面形態を誘導する内容は整理されていない。信濃川景観を造り上げている原理である敷地形態を規制することこそが、建築形態を誘導する最善策である。建築が出来上がってからではなく、計画の時点で取り締まること、規制を後手に回さないことなど、先手の規制が理想的な建築と景観を導く。

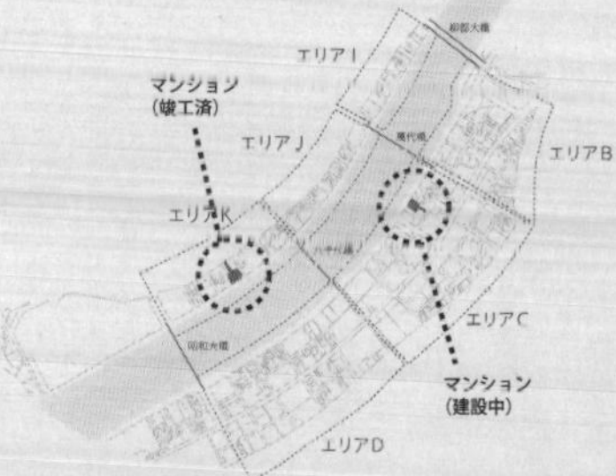

尻尾付き敷地分布地図

尻尾付き敷地上のマンション。手前が二層式駐車場

チャンディガール、コロニーNo.5地区における生活実態と住居形態の調査・研究

古澤圭太
Keita Furusawa
国士舘大学大学院
工学研究科　建設工学専攻
国広ジョージ研究室

インド、チャンディガールは、建築家ル・コルビュジエらによって計画された都市・建築として広く知られているが、建設中の労働者住居問題やそれを起源とした低所得者集落が現在も存在することは広く知られていない。さらにこのような集落内では、チャンディガールの都市化によって生活・集合形態が変化している。こうした変化の要因つまり理論による都市開発や発展の動向が集落や低所得者集落に与える影響を把握する必要がある。そのため、本研究ではチャンディガール市内のコロニーNo. 5地区の実態調査に基づく住民の生活空間の利用状況より、生活実態がどのように住居形態の形成に影響を与えているのかを明らかにする。調査地はセクター50、51内にある不法居住集落である。1970年代頃から労働者らが定住したのが始まりで、現在では市政府が設置した共同水栓やトイレ、中心街路には店舗や露店があり、一つの集落として存在しているのである。2007年夏、現地にて対象集落内20軒に暮らす人々とその住居を対象に、家族構成、生活時間、職業、収入等のヒヤリング調査及び実測調査を行った。これらを基に、住居配置及び流しの場所に着目し類型化を行い、各住居の空間利用方法を分析した。

集落には家族世帯と共同生活世帯があり、両世帯とも水源である共同水栓で洗濯を行い、調理は住居内で行っている。しかし、世帯構成の違いによって生活時間は大きく異なっている。住居はレンガ造と木造があり、大半の住居が住人の手によって建設されている。その為、住居配置や生活空間の使用に違いが見受けられる。特に、住居配置や屋内に流しがあるか否かで空間の使われ方に差異がある。これにより、住居配置と住空間の利用の仕方、流しの有無とその位置について類型した。住居配置では、入口が通路面にある住居が多く見られたが、通路面ではなく側面に入口を設置し、前庭を介して入る住居や入口前に庇を設置し団欒や食事場所として使用する住居もあり、内外部の関係性に違いが見られた。流しについては、設置していない世帯は共同水栓を利用し、その他の世帯は屋内外に設置している。流しは、地面上にレンガやコンクリートなどで作られてお

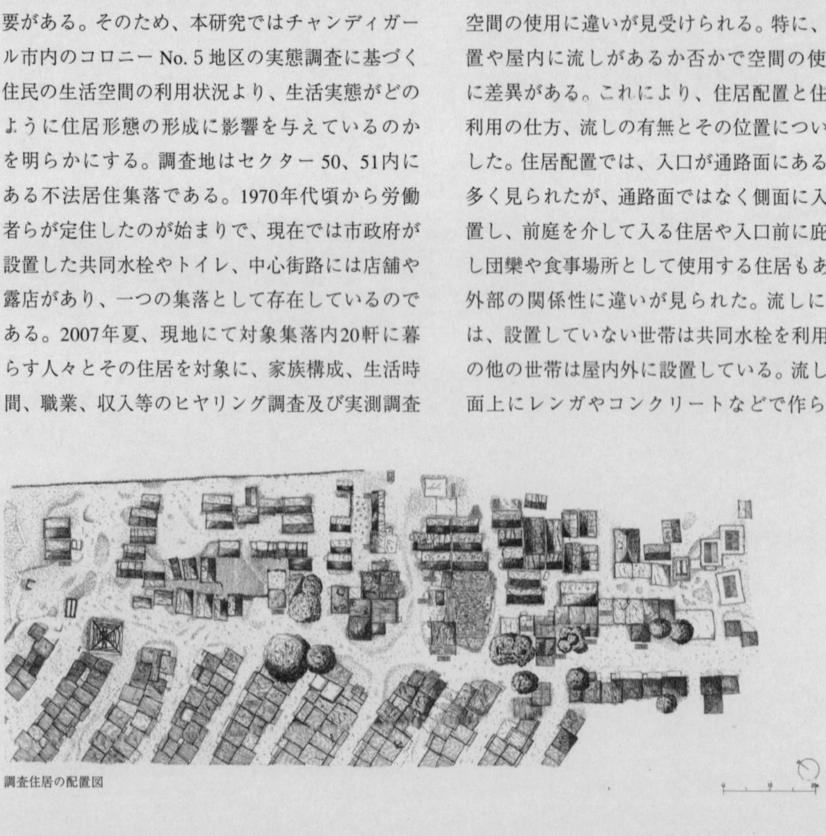

調査住居の配置図

り、主に調理の際に水を流す場所として使用されている。流しは設置していない世帯が多く、設置していた世帯は全て家族世帯であった。流しを設置することにより、家事を通した近隣関係の構築にも影響を与えている。

住居配置と流しの位置によって類型した結果に、ヒヤリングによって把握した生活空間や時間を重ね合わせ、空間利用を3つのタイプに類型した。最も少ない「開放的生活タイプ」は住居前の庇空間が私的空間として、住人同士や近隣の人々と談笑団欒の可能な公共的性格を生み出すことを可能としている。最も多い「半開放的生活タイプ」は庇や流しを屋外に設け、入口が通路面に設けられているため、近隣住民との接触する機会が多い。そのため、一時的な談笑団欒が外部で行われている。「閉鎖的生活タイプ」は流しを屋内に設け、日常生活の大半を住居内で過ごす。談笑団欒も特定の近隣住民との間で行われ、近隣との関係性は希薄に成りやすい傾向にある。

このように、集落居住者は生活環境の改善願望に従って、住居改良や生活行為が行われている。その状況は、共同生活世帯は外部空間、家族世帯は内部空間の日常生活行為によって見る事ができる。また、庇空間がある場合、日常生活行為による多目的利用と住民のコミュニケーション形成に効果が見られる。しかし、住居内に流しがある場合、元来の公私が曖昧な生活行為が縮小する傾向にある。

チャンディガールの都市化によって、コロニーNo. 5地区（不法集落）の住民の就業先が分散化し、それによる生活スタイルの分散化とコミュニティの特化が見られる。具体的には家族世帯は就業先の違いにより、家庭ごとに生活時間が違っている為、近隣の家族世帯や友人などの交流も偏った傾向になりつつある。また、行政による水道やトイレの設置、住人自身が流しを住居内外に設けることによって、自立した居住形態になってきている。共同生活世帯は同居人やそれ以外の住人と住居周辺の開けたスペースや庇の下で談笑団欒をして過ごすなど、形成元来の関係を維持したものとなっている。このように、世帯構成の違いによってそれぞれの恣意的欲求に各々特化した生活環境がある。しかし、その中には低所得という境遇によって住民同士による元来のコミュニティ関係が保持されている。その為、自然形成した集落特有の性格を活かした対応を検討していくことが、コロニーNo. 5だけでなく、不法集落の住民やチャンディガール市全体の持続的発展に寄与することになると考えられる。

調査住居

全国修士論文討論会『現在』を観る

八束はじめ　最初に、高瀬淑也さんの『GAを用いたラチスシェル構造物の形態デザイン手法に関する研究』(p.290)、荒木美香さんの『測地線上に部材を配置した木造ドームに関する基礎的研究』(p.292)、南方雄貴さんの『戦後日本における鉄筋コンクリートシェル構造建築の軌跡』(p.294)の3つの論文の討論から始めたいと思います。高瀬さん、荒木さんの2人は構造技術の話で、南方さんは構造技術の「RCシェル」について意匠史の立場から扱っています。みなさんの話を聞いていると、ある一定の傾向や共通したものが、分野を越えてあるのではないかという気がします。まず、高瀬さんの論文についてですが、遺伝的アルゴリズムの手法の中で、「最適化」という言葉が出てきましたよね。自動的にある種のパラメーターをおさえていって、段階を踏んでいくと、最適な解法にぶつかるという点では、実は分野は違うけれども他の方々にも共通する部分があると思うんです。こういった最適化の問題から話をスタートさせてみてはと思うのですが、佐藤さん、いかがでしょうか?

佐藤淳　私は形態と工学、エンジニアリングの関係で少し議論させていただければと思います。南方さんの論文は、シェルの自由な形態の話だったと思うのですが、高瀬さんの論文は、形態というよりは、その形態を生成するプロセスの話ですよね。そこは切り離す必要がある。高瀬さんの話は、要するに、建築家側から受け取った形に対して、構造的に合理性を獲得するというものですので、ラーメンなど、どんな形でもいいわけですよね。その場合、構造的な制約条件と、意匠的などの他ジャンルの制約条件を、どうやったら同時に扱えるかというところを、今回の形態デザイン手法の中で、どのようにイメージされているか教えていただきたいのですが、いかがでしょうか？

高瀬淑也　今回は、最適化を行うことによって、構造的な合理性が得られる形状を示すことができるということを、論文としてまとめました。佐々木睦朗先生もよくおっしゃっていることですが、これが実務の設計で使えなかったら意味がないので、さまざまな制約条件の導入を検討していますが、具体的にどのような制約条件を考えるかが難しい。シェルのライズを何メートル以内にするとか、開口部をどのような場所に開けるかとか、採光や意匠面での制約条件を入れていくことはあり得ると思いますが、まだ具体的にはできていません。

佐藤　確かに、こういうことを答えるのは実務の現場に携わったことがないと、難しいのかなという気がします。高瀬さんの研究でおもしろいと思うのが、これだけの技術（数学、物理学、コンピューターなど）が発達した今でも、シェルの厳密解は解けないということが大前提としてあることです。また、「膜」と違って、「シェル」は途中段階が存在し得るから、コンクリートシェルは多様性が生まれる。「膜」だとほとんど最後の正解しか成立しないんですよね。そう考えると、「シェル」の可能性というのは、おもしろいのかなと思います。

南方雄貴　同じようなことを僕も考えていて、佐々木先生がやっているような構造設計の手法で、もしもその最後の答えがひとつになってしまうんだったら、僕は「これじゃだめだ」という結論にしようと思っていたんですよ。ところが、その答えがいくつも出てきて、それを最終的に人が決定することができる、そこが、今やっている手法の可能性だと思っています。

八束　最適化という話は、色んな場面で出てきますので、多くの論文に当てはまる内容ではないかと思います。高瀬さんの話は重量を最小にするという意味での最適化ですよね。一方で、南方さんの話には施工性の話が出てくる。自由曲面というのは当然施工が大変なわけで、そこにも最適化が求められる。こうした現代の問題を考えると、僕は近代建築が合理主義や機能主義だったというのは、ずいぶんいい加減な話だったと思います。常に最適化や合理化が何なのかというスタンダードが示されないまま、曖昧に決まってきたからです。

結局、どれが最適化なのかというのは、答えが出ない。常に複数ある最適化の中をうろうろしていて、それぞれの人がそれぞれの問題意識で今回論文書かれたと思うんです。最適化の問題もひっくるめて、これを一種の「設計支援ツール」だと考えると、荒木さんは建築家と構造家の間にどういう関係が生じうると考えてらっしゃいます？

荒木美香　研究以前の問題で、まず計画的な規制として、最高高さを13メートル、軒高を9メートル以上にしなければならないという制約条件があって、それ以外にも意匠側では床面積の問題など、いろいろな問題を解決する必要があります。一方で、構造側としては、模型を使って断面が楕円になるような曲面が理想だということになりました。しかし、それは全部のポイントで曲率が違うので、非常に施工しづらい。構造側は理想形を求めますが、建築家は総合的に形態を決める必要がありました。結局、施工性を優先して球面になりました。そこで、私はどちらかというと、施工性の改善を考えて、部材の展開図を作って、その通りに部材を制作すれば、施工ができるというツールを作っているわけです。さらに、曲げ加工の難しさという問題が結局一番大きかったことがあり、これからはどんな曲面の形になっても、施工が簡単にできるような支援ツールを作ってやろうという意気込みでやっていきたいと思っています。そうすると、もともとこの構造は凸凹のある曲面も作れるものなので、例えば、意匠

側から「こんな形状のものが作れないか」という要望があったら、それに合わせて幾何学が解けるようにすることはできるんじゃないかと思っています。

八束　次に、田中剛君の『近現代建築における光と熱』(p.296) と金野千恵さんの『住宅作品におけるロッジアの空間的性格』(p.298) です。田中さんは、「構造」ではなく、「被膜」という人工的な環境制御の手法についてで、金野さんは日照という環境を制御する為の手法としてロッジアを取り上げ、分析しています。これは環境制御の話で、似ているところもあると思いますので、お互いがお互いのコメントをしてもらえないかな。

田中剛　金野さんに質問なんですけれども、研究事例として出てくるのが、基本的にまわりが開けた郊外が多いような気がします。僕も実際調べていて、都市に建っている建築の被膜について、触れていないのですが、ロッジアが持つ、都市での可能性というものについては、何か考察していますか？

金野千恵　まず、研究対象作品として都市建築、都市住宅はほぼ含まれていません。研究資料は、様々な地域での比較を可能にするため、主に「a+u」に掲載された世界の住宅作品、モノグラフからの住宅作品で、日本の事例に関しては「新建築」などから数作品選んでいます。日照のシミュレーションをする時に、文献で研究する場合、周りの建物を調査することができないので、多くは別荘地などの開けた場所にある建築を選んでいます。私の研究では建築単体の形式的な捉え方を越えた、太陽の周期のような、より大きな秩序における建築の位置付けの必要性を述べています。そこで見出したボキャブラリーや視点をもっていれば、都市での展開可能性も見出せると考えています。例えば、光や陰を常に変化させる壁面が住宅の中に存在する、季節の光を魅力的に扱う庇をもつなど、多くの可能性を挙げられるわけです。

では、逆に田中さんに質問です。「被膜」という言葉で論を展開していますが、大部分のガラス皮膜に関する記述に対して、最後の方では、各々の気候によって環境制御の方法を捉えられるもの、例えば、「壁面」や「コア」、地域によっては「庇」などのお話しがあり、最後、被膜の表現として考察を述べられましたが、この論文における被膜は、ガラス被膜のみではないということだと思います。新しいものとしてどのように被膜というものを発見したのか、その辺りを被膜の概念あるいは定義としてもう少し説明して頂ければと思います。

田中　ここでいう被膜とはいわゆる壁面のようなものだけではなくて、その周辺を含めて、被膜として定義しています。そうした被膜の周辺を考えた時に、単純に思いつくように、寒さが厳しい場所などで、大きく庇を出すようなことは基本的にしないというようなことがわかります。そういう場所では、

昼間の日射取得や蓄熱を考える被膜というものが、積極的に用いられていく。逆に夏がすごく暑いところでは、庇を張り出すようなやり方が多く、二重ガラスのようなものは基本的に用いない。そういう差異が見いだせます。被膜といっても壁面だけではなくて、被膜に付属する部位などを含めたものを考えています。

八束　例えば、環境制御の話でいうと、今の日本の流行りの建築というのは、大きなガラス面がドンとあって、庇も出ていなくて、開け閉めもできない。そういう建築は、金野さんや田中さんの論文の見方からすると、どういう評価になるわけですか？　ロッジアどころじゃなくて、影をつくる要素も何もないわけですよね。

金野　私は基本的には庇が出ている建築が好きなんですね。設計するとすれば、庇をつくりたいというスタンスでお答えします（笑）。私が研究したロッジアという空間は、ボリュームとして捉えられる場所だと考えていますので、そのボリュームに人の振る舞いが入ってきたりだとか、日の動きとともに人々の生活のアクティビティを当てはめることができるとか、そういった新しい可能性を見出すことができる。八束先生がおっしゃったような建築も、そういった視点で見ることが可能だと思います。ガラスのファサードをつくることによって、色んな無視してきてしまった問題があって、そのために、二重三重に手を加えなければならない設備の問題などがあると思いますが、新しい建築言語を持つことで、違った視点から楽しむことはできると思います。

田中　僕の論文の流れだと、基本的には設備をなるべく抑えた形で、自然を取り込んでいくような表現がいいという結論になっています。逆にその流れで、建築家側が自然があまりないような、外部環境が乏しい都市などの場所で、積極的に外部環境を取り込んでいこうとした場合に、どうしてもパッシブなものだけでは成立しないので、設備的な力を何かしら借りなければいけない。八束先生がおっしゃられた最近のつるっとした建築も、そういう意味ではありなのではないかと思いますが、僕としてはできれば違う、それとは逆の方向がいいと思っています。

八束　ミースが最初につくったカーテンウォールのビルであるレイク・ショア・ドライブの1棟目には空調がないんですよね。環境制御からいうとすごく不評で、その次に隣につくった2棟目には、空調が仕組まれているんですよ。実はカーテンウォールの表現上でいうと、2棟目の方が評判はあまりよくない。性能が良かったり、合理的にできたものが、一番良かったかといっと、必ずしもそうは言えない。つまりオプティマムな部分が、表現的にいうと、必ずしも正解ではないというところが、建築の設計には、幸か不幸か、必ずつきまとうような気がしているんです。つまり、そういうものまですべて含めて、

最適という答えがあるのかな？

田中　最初にこの論文を書こうと思った時には、どちらかというと性能や熱の話からはじめているのですが、やはり建築家がデザインする時には、表現というものが必ずつきまとってくるので、そこは考えなければいけない。近代建築ではその表現の方向がかなり強くて、性能に関してはそこまで大きな提案がされていなくて、設備的な解決に頼っているところがある。近年ではコンピューターなどを用いて、性能の部分もかなり表現に取り込んでいけるようになっていて、光だけでなく熱というパラメーターも含めて表現に持っていくことができると思います。僕は性能と表現の最適化というものはあり得ると考えています。

八束　さて、それでは次に、簾藤麻木さんの『介護者の自領域から考察する介護施設計画』(p.300)、北雄介さんの『経路歩行実験による都市の様相の記述と分析』(p.302)、木曽久美子さんの『建築・都市空間が誘発する人間行動の記号過程に関する研究』(p.304)にいきたいと思います。

簾藤さんの論文で老人ホームの平面図がゆがんでいるイメージがありますね。これは単に心理評価と、フィジカルなモデルの差をシミュレーションしていると思うんですが、とても面白い。老人ホームに対して、動線計画などの一般的な建築計画学としての研究するだけでなく、その中のパラメーターにフィジカルなものだけじゃなくて、心理的な要因を入れている。そういう計画の手法を設計支援ツールとして使うことは考えているのでしょうか？

簾藤麻木　実際、私はこれを支援ツールとして考えています。設計した時に、ユニット間の断絶があるので、介護者の視認性を考慮して、負担を軽減するために、どのようにして計画するかということを考えています。そのときに典型的なT字型のようなプランのタイプでは、実際に視認性を考えて計画したように見えても、動線的にはひとつの道を多く通過しなくてはいけなかったりします。介護者にアンケートをとってみると、心理的にリビングにいるときの不安のほうが、廊下の部分にいるときよりも、実は低いとか高いとか、そのそれぞれの濃度数によって差異がでてきてしまうんです。実際その設計者が意図して、介護者を思ってつくった計画が、実際そこで行動してみて、介護というものに対面してみると、実情の時のその計画の意図と違う行動、違う心理が出てきてしまうということが現場で感じることができました。それを設計段階でもう少しシミュレーションして検討できるっていうツールがあったらいいのではないかと思って、本研究に至りました。

八束　心理的な要因というのは、北さんの「様相」や、木曽さんの「記号過程」という言葉に近いのかなあと思うんです。北さんは地域の話、木曽さんも地域ですが、これは広場だから、かなり建築っぽいスケールだと思います。簾藤さんは北さんと木曽さんの発表を聞いて、どう思いました？

簾藤　私の研究室でも北さんと木曽さんの研究と同じような行動のシミュレーションをやっています。私は地域と介護施設が断絶していることが大きな問題だと思っています。お二人の話を聞いて、例えば、地域の人の滞留の場所が、介護施設の内部のアトリウムの部分にあったりとか、介護の施設が地域に溶け込む形で融合できたらいいなと思いました。

八束　地域の話になってしまいましたが、こういう話はまさに北さんのいう「様相」なんじゃないかと思うんです。「メンタルマップ」という言葉がありますよね。誰からもこの言葉が出てこないのが不思議なんですが、簡単に言うと場所というものは実際はそこにいる人達のいろいろな心情によって歪められているはずで、それを記述した地図がメンタルマップですね。だから、これはシミュレーション、イメージとしてのメンタルマップなんだと思います。その過程をどう取り込めるのか、取り込むべきなのか。簾藤さんのが面白いと思うのは、心理的な最適性と、フィジカルな最適性の間にズレがあるということですよね。でも、そのズレの間をどう調停するかっていう論理が見つかりにくい。コンピューターが無限に発展するとどうなるか。3次元CADで、施工のときのチェック項目とか、サブコンのリストまで出てくるソフトがあるわけです。こういうものが究極に発展していくと、設計者などはいらなくなるという話にいくのかどうか。コンピューターのユートピアの議論なんだけど、僕は基本的にはそうならないと思っているのですが、その最適化の話を見つけ出す努力というのはとっても面白い。

馬場正尊　簾藤さんの論文は、書き出しがすごく好きでしたね。何年間にも及ぶ介護の実体験から話がはじまっている。論文の書き出しというのは、こういうのもありなんだなという気がして、ちょっと心が温かくなりました。でも、その先を読みすすめていくと、データの迫力がすごいんですよ。単純な人口のデータなんですが、65歳以上が17%以上である状態を社会的には超高齢化社会と呼ぶんですが、いま現在21%なんです。2013年になると25%、2050年になると30%超えてしまうんですね。65歳以上の人口が3分の1になってしまうのが目の前。僕らはまだ何となく介護というものは、そんなに大きなボリュームとして捉えてなかったと思うんです。でも、人口の3分の1が、そうなってしまう社会が到来してしまうんだぁってことを、突きつけられながら論文を読んだときに、何かズシっと重かったんですよね。そして、心理的領域という言葉で空間把握の方法で介護空間を構築しようとしているように見えました。こういう言葉がしっかり定義されていけば、それは設計手法の未開の地をきっと開拓することになると思うし、社会的にもそれは求められていると思うんです。

次に、北さんの論文なのですが、ちょっと追加説明を求めたいです。この論文で使っている地域の見方の新規性について、もうちょっと詳しい視点を欲しい。というのは、通りを歩いて、それを記述して、様相をみるというような方法というのは、ケビン・リンチのころから、ずっと行われている手法なのではないかというふうに思ったんですね。そうした方法論から今現在、この論文を書くときにおいて、決定的にどのあたりに新規性があるのかというところを補足して欲しいです。

北雄介　いままでの都市研究というのは、例えばリンチだと視覚的に都市の中のどういう要素が効いているかということに、的を絞って研究しているのだと思います。まちづくりのための研究の多くがそういうものですが、自分がやった研究というのは、都市の全体性というのをそのままに捉えたというのが、一番大きな新規性だと思っております。被験者に、まちを歩いて実際に感じたことを自由に書いて

もらうことによって、一番その場所の全体性を捉える、それを記述する、分析するということに価値があると考えています。

馬場　その全体性というものの示す範囲は、僕が説明を聞いている限りだと、視覚情報がほとんどだったように見えたんです。でもそれは、音、気温、においなど、もっとあるような気がするのです。その辺りに関しての記述やカバーはしていますか？

北　本論の中ではフラットに見るという基本姿勢で場所を記述しています。においや音、何となく楽しいとか、統一性があるとか、そういったあらゆる要素をフラットに見て全部記述するという作業はやっています。

馬場　わかりました。それでは木曽さんにも同じ質問をします。こういう手法は、例えば、クリストファー・アレグザンダーなどが、これよりももう少し恣意的に行っていたように思うのですが、その辺りの研究と思考、また、今これをやることの新規性を補足で説明してもらえませんか？

木曽久美子　アレグザンダーはおそらく、人間科学としての研究だと思います。まず、1番の違いは、私は人間科学としては捉えていなくて、ひとつの人と建築からなる全てのものの現象として捉えたいと思っています。アレグザンダーはある特定の要素だったり、何かがあってその結果として行動がある。その間の観念というものをブラックボックスとして捉えている感があると思います。私はそうではなくて、そのブラックボックスになっているところも含めて考えていきたいというふうに思っているので、そこがまず1番大きな新しいところじゃないかなと思っています。

馬場　では、そのブラックボックスの部分をどうやって顕在化したんですか？

木曽　その部分を記号論として捉えたいと思っています。チャールズ・サンダース・パースという記号学者の理論を援用しながら、行動主義的記号理論として、人間の行動を記号として考えて、ブラックボックスの部分を顕在化したいと思っています。

馬場　そこが教えて欲しいところなのですが、その援用している記号論というのは、どちらかというと視覚情報を主にした、ロラン・バルト型の記号論みたいな感じなんですか？

木曽　バルトとは異なっていて、パースの場合には、実在するか否かに関わらず心の中に現れる一切のものを現象として捉えてています。例えば、我々が認識している過程で、最初実態でしかなかったものが存在に変わっていくという思考のプロセスを扱っているんですよね。よって、その記号論は視覚というよりは、思考のプロセスになっています。

馬場　なるほど。そこがこの論文の新規性であるということですね。お二人はこういったことを設計の支援ツールに使うことは考えているのでしょうか？

北　僕の場合、設計支援のためのツールだとは考えていませんし、そうしたくないと思っています。人によるいろんな解釈を可能にするような土台として記述をしてきたつもりですが、その記述を自動的にソフトに入れたら都市のプランが出来上がるというようなツールにはしたくないです。主体をいったん排除しているのは、研究のプロセスの中で必要だったからです。都市のことを知りたいと思ったわけですが、その都市を知ろうと思ったら、都市を把握する主体である人間が持っているメカニズムをもっと知っていかないといけないんじゃないかなと思います。都市を知りたいとなると、やはり主体を排除しがちになるわけですが、逆にそうではなく人間を知りたいというのもあって、そのどちらか一方に絞ってツール化するのではなく、両方必要だと思っています。

木曽　主体の排除についての話なんですけれども、私はその主体を知るためのプロセスとして、まず限定的な主体を考えたということがあります。今やっているシミュレーションでは、例えば、パラメーターとして視界に変化を与えています。そうやってパラメーターを変化させることによって、例えば、体の不自由な人が建築空間を移動したらどうなるのかといったような様々な主体でのシミュレーションが可能になると考えています。そのときに重要なのが、パラメーターをどう扱っていくのかということです。そのときに記号論を援用する事で、現象の全体から見て、どういうポイントになるのかというのを把握したいと考えています。単純なルールでも実際自分が思ったようには動いていなくて、容易に想像できない。だからこそ研究では何度もシミュレーションを繰り返しています。

八束　では、最後の2人である鎌倉敏士さんの『都市表層から見た信濃川下流域』（p.306）と古澤圭太さんの『チャンディガール、コロニーNo.5地区における生活実態と住居形態の調査・研究』（p.308）です。藤村さん、いかがですか？

藤村龍至　鎌倉さんの研究は私の研究ともちょっと共通点があるので、非常に興味をもちました。似たような研究をやっていたのでよくわかるんです。敷地の形態というのは一般的に調査するのが難しいと思うのですが、ここはどういうことを調べたのでしょう。法務局へ行くなどの調査をやったんですか？

鎌倉敏士　実際に法務局へ行って、情報を得るのはちょっと無理だったので、今回は住宅地図や航空写真から判断しました。よって、明確な不動産上の取得という点では、不足点があるということを理解した上でやっています。

藤村　なるほど。もうひとつ質問なんですけれども、最後の方に提案というのがあって、そこで敷地の形態の規制というものを提案されているわけですけれども、その規制によって、誘導しようとしている建築の形態というのはどういうものなのでしょうか。信濃川に対して壁状に並ぶのがよくないということですが、それに対して鎌倉さんが提案されたのはどういうものですか？

鎌倉　同一ファサード、あるいは、同一立面上にずっと並んでしまうのは、単調化してしまうのでよくないと思っています。具体的な建築の形態については、もっと多様であっていいと思っています。

藤村　これは特定の建築の類型を誘導するというものではないということですね。ただ、そこがどういう風に多種になるかというところが、意外と難しいのではないかという印象を持ちました。

次に、古澤さんですが、チャンディガールの集落を調査して、そこでコルビュジエという作家についてどういうふうに思ったのかについて、スタンスをもう一度あえておうかがいしたいです。建築家が設計したものとチャンディガールにあるものは古澤さんの目にはどのように映りましたか？

古澤圭太　まず、コルビュジエが計画した都市に対してですが、私自身は否定的な考えを持っておりません。しかし、こういった集落が出来たというこ

とは、必ずしもその計画の概念などが合致しなかったために出てきた産物であって、それは人が計画しようと思った類型を逸脱して、偶然か必然かわからないですけど、出てきてしまったものであるという認識はしております。

藤村　都市というものは、現在だけでは語りきれないことがあって、時系列を伴った多種の決定ルールの連なりで、その形態というものが生成される。その時系列というものをどういうふうに捉えたらいいかというのが、都市形態を研究するときのひとつの課題であると思っています。鎌倉さんの話でもそうなんですけれども、今現在こういう形がある、あるいは現象があるときに、そうなったのがある計画的な要因によるものだとします。それがどのようなプロセスで現在の形態につながっているかというところについて、何か視点を導入できないかという問題意識があったので、その辺をうかがってみました。

八束　鎌倉さんの景観の話なのですが、信濃川沿いにマンションがダーっと並んだモノクロのコラージュを見たときに、実は悪くないと思ったのね。それは主観的になってしまうけれど、景観の話というのは、常にそれがつきまとうのではないか。例えば、50メートルを超えてはなぜいけないのか。間口が広くてはなぜいけないのか。鎌倉さんが言ってるのは規制でルール化しようという話なので、一般化が本当にできるのかなぁというのが、僕には疑問なんですね。僕も敷地の形状に関しては、とても関心があって、例えば、レム・コールハースによるマンハッタングリッドの話などはとてもおもしろいと思うけれども、そういうことに関してはかなり慎重な手つきがいるんじゃないかなという感想を持ちました。

最後の古澤さんは、まずすごく面白い対象を選んだなと思いました。実は歴史的にいうと、コルビュジエの周辺にいて、その後、チームXに集結した若い人達というのは、文化人類学者と一緒に、北モロッコのカスバなど、貧困の地域に対して、フィールドワークのリサーチして、それをCIAMの場に持ち出すんですね。コルビュジエは絶対それを知っていたに違いないんだけど、その話をCIAMで本格的に議論する前に彼はこのチャンディガールの計画に行くんです。そういうところからしてこれは結構面白い話で、本当はそういう話はずっと近代建築に付きまとっていることなんです。もうひとつ、僕が実際の体験として面白かったのは、ブラジリアですね。ブラジリアも行ってみると、不法占拠の街区が結構あってね。結構いける状態になりつつあるなという印象があった。古澤さん個人と言うよりは、そういう問題を捕まえてリサーチをやった研究室自体に点数をあげるべきかもしれないけど、これはとても面白い研究だと思いました。

鎌倉　さっきのコラージュについて、八束先生があれもありだなということなんですが、確かに、景観は何がいいかなんて全員違うし、自分の中でも迷っているくらいです。どんなものがいいかずっと問い続けながら、景観を考える会に参加もしているんですけれど、その中でもすごく意見が割れている。自分としてはどのような形のものが立ち上がってもいいと思っています。こういう景観が良くて、そうしなければいけないというような暴力的なことをいうのはどうなんだろうと思っています。ただひとつ、ここでは川沿いの方に親水空間がつくられてきて、川との接点をつくっているんですけど、そういうものともっと密接になれるような建築をつくるべきだと思っています。景観とはちょっと違いますが，そういう都市のアクティビティをどう誘導するか。そういうところから建物がしっかりつくられていくべきだと思っています。

馬場　古澤さんのチャンディガールの論文は、僕はドローイングが美しいなぁと思って見ていました。これはちょっと大きいテーマかもしれないんですが、こういう状況に関して、描かれているあの社会に関して、デザイナーや建築家がいったいどういう形での参画が可能なのかということは問題意識として持っています。もちろん、トラッキングしていくことの重要性は認識しているつもりなんですが、その先に僕らが能動的なアクションを起こそうとするならば、建築という方法とかデザインとかいう方法であの状況に何らかの新しい変化を促したいという欲求にかられるんです。でも、いきなり身近な例になっていきますけど、僕は日本橋の商店街などと付き合っていて、その都市がどう変わればいいのかとよく考えるんです。また、自分の実家は佐賀の商店街だったんですが、消滅してしまったんですね。そういう身近なことと重ねてしまたりするんです。なぜかというと、こういった問題に社会学的、経済学的には関与する方法があるかもしれないのですけれども、建築学的ではどうやって付き合ったらいいのかわからない。古澤さんはチャンディガールの輝いているほうじゃなくて、輝いていないほうに目をつけて、それを調査するという姿勢はすごい共感するのですが、その中にデザインや建築が介在する方法の一端みたいなものを少し見たかったなあと思いました。

古澤　この研究では、とにかく人の生活行為も含めてすべてを記録したいと思っていました。だから、コンピューターでシミュレーションするような方法ではなく、手描きで記述することを重要視しました。特に、今の建築の学生は簡単にCADで図面を描き、CGでパースを描きますが、こういう場所で記録するということを通じて、実際に手で描くということを学習しなければいけないと感じました。

八束　しいていうならば、こういうものをドローイング化していく技術というのは、議論とはまた別に非常に重要なことだと思うんですね。昔の今和次郎の民家の絵はすごく美しい。古澤さん以外の方々もあんまりそういう意識がないのだと思うのですが、そこはもうちょっと気をつかってやってもいいのになぁという気がしました。

藤村　感想ですが、自然科学系の論文では原理原則として研究者の主観というのは排除されて、他者によって再現可能な状態になっている、客観性があるということが条件です。しかし、研究の「迫力」のようなものが出てくるには、研究者の抱く価値や動機が重要で、主観と客観のせめぎ合いにどう折り合いをつけるのかが、その研究を面白くするかどうかのポイントになる。これから就職される皆さんは、研究に区切りを付けて、実務のモードに変わらなくては、と考えているかもしれません。私も最初は「切り替えなければならない」と思っていて、研究をやっているときと実務をやっているときはモードを切り替えてやっていましたが、研究に求められるバラン

ス感覚と、実務における様々な与件の取り扱いに求められるそれとは、意外に近いのではないかと思います。研究においても、実務においても、デザイナーであるからには、その現実をモデル化して、それをフィードバックすることで現実をよりよいものに変えようと努力する限りにおいて、その思考は連続するものです。そう考えて、これから実務に臨んで欲しいと思います。

馬場　様々な分野、建築、デザイン、設備の論文でありながら共通する面があって、この時代のこのタイミングで出てくる論文というものが、建築の最適解を求めようとするものが多かったように思います。そうやって進化していこうとする建築の姿のある断面を表現していたような気がします。それは時にはあたかも、設計支援ツールを模索しているようにも見えつつ、でも何となくみんな、必ずしもそれが合理的な解ではないのではないかと言っている。これだけのボリュームの論文を見ながら、その全体像がふわーっと浮かび上がってきたということは、僕にとってはすごく大きな衝撃でした。

佐藤　構造の世界は特に、設計者と研究者の立場がはっきりしていて、かなり分かれすぎていまして、研究者の意識が設計者とかなりかけ離れている分野でもあります。そんな中で、いろんな専門分野の人たちがこういう論文を介して、他の分野の人たちがどういうことを考えているのかということが、多少なりともわかってくるというのは、非常に面白い機会だと思います。構造屋さんというのは「短絡的」で「打算的」なので、「こういう論文で結局何がわかったんだ」、「設計に生かせることは何なんだ」と、すぐに考えてしまう。構造ではない計画の論文などを聞くとそういう感覚になるんですね。でも、古澤さんのチャンディガールの例などを聞くと、建築家の予期しない所で予期しない活動が起きていることを知ることができる。だったら、そんなに直接的に設計に役にたつとか、この研究をしたおかげで世の中が変わるというようなことだけじゃなくても、意義のある面白い研究はいっぱいあるんだなと思いました。

全国修士論文討論会

論文作品「未来」

関節疾患に着目した住宅のテーラーメイドデザインに関する研究

大河内 重敬
Shigetaka Okouchi
早稲田大学大学院
創造理工学研究科　建築学専攻
渡辺仁史研究室

現在、腰痛や膝関節痛といった関節に関わる疾患が高齢期の疾患の上位を占め、医療費の高騰や労働力の低下など様々な社会的問題を引き起こす契機となっている。建築や都市では、関節疾患を患う人々に対して、痛みを引き起こす箇所を減らし、負担を軽減させることが必要である。また、痛みがない人にとっては、関節の疾患が発症するリスクを低減させるために、ある程度の適度な負荷を日常生活の中で取り入れ、筋力を増進させることで、関節疾患を予防することも重要であると予防医学の観点から言われ始めた。

研究目的

関節疾患者が建築の中で心理的に負担を感じるデザインの要素とその違いによる筋力負荷を明らかにし、心理、身体の両面から総括的に個人の状態に応じた建築デザインを提案するための評価方法を作成した。なお、本研究では、関節疾患者にヒアリングを行い、痛みの発生する場面として最も多く挙げられた住宅の内外で頻繁に行われる行為である階段、坂の昇降動作を対象としている。段差や坂の昇降動作は、特に自立に大きく関わる腰部、股関節、膝、足首などの下肢を中心とした関節疾患の予防、痛みの軽減に関わる筋肉・筋群をよく使うとされているため、筋力の増進に有効であるとされている。しかし、その一方で、高齢者や関節疾患者にとっては、負担の大きい動作であり、痛みのために日常生活での中での行動範囲を縮小させる要因ともなっている。

研究方法

本研究では、段差や坂のデザインを心理的な負担と身体的な負担の両面から計測を行った。心理的な負担はコンジョイント分析を用い、身体的な負担は、表面筋電計を用いた筋電位計測を行った。

1. コンジョイント分析による選択実験

マーケティングの分野で主に利用する実験計画法である。商品やサービスの持つ複数の要素について、ユーザーがどのような点に重きを置いているのか、ユーザーが最も好む要素の組み合わせを探るためのシミュレーションとして用いる方法である。知人への郵送配達、高齢者施設への依頼、Webでのアンケートを用いて、階段や坂のイ

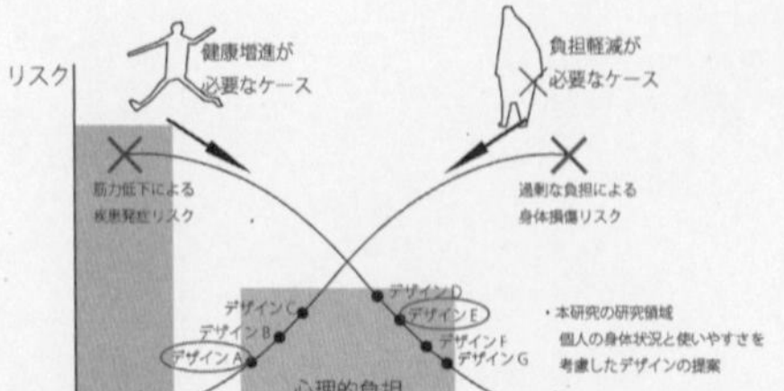

本研究の概念図

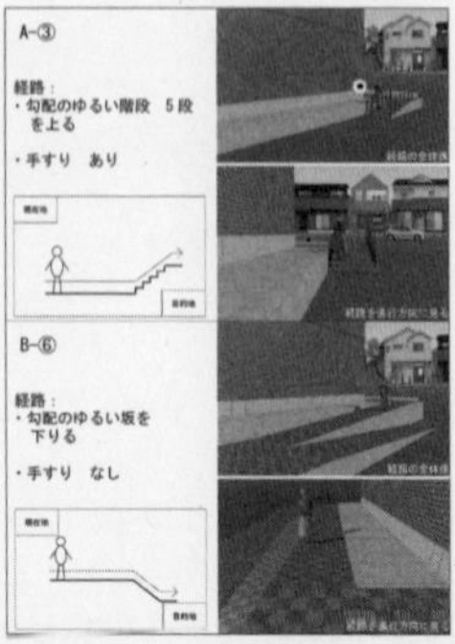

実験に用いた
コンジョイントカード

メージCGを貼付したカードを被験者に見せ、通りたいと思う経路の順に並び替えてもらい、コンジョイント分析を行った。コンジョイント分析を行うことで、関節疾患者が昇降動作を行う際に、階段やスロープのデザインの中で、どのような要因をどのように優先順位を付けて、選択を行っているかを定量化することができる。

2. アンケート調査

同時に、アンケート調査を行い、腰や膝といった関節部分を中心に被験者の身体の痛む部分を挙げてもらい、痛みのある部位ごとに被験者のコンジョイント分析の際の属性分けを行った。

3. 筋電位計測

階段及びスロープの昇降動作時の下肢の各筋肉の負荷量の計測を行った。また、その負荷量の目安として高齢者に推奨されている運動プログラムの計測を行った。

4. VBAを用いた評価プログラム

1から3までの結果から、VBAを用いて階段やスロープのデザイン及び関節疾患の部位、年齢を入力することで身体の筋肉の負荷量、心理負担量を算出するプログラムを作成した。

5. 施設および住居の評価

新建築と建築設計資料集成の中から比較的自立度の高い高齢者を入居対象とした住居、施設を抽出し、その中でみられる階段およびスロープのデザインに対して、4で作成したプログラムを用いて評価を行った。

研究結果・考察

本研究の結果、以下のことが明らかとなった。

・スロープの方が階段と比較すると身体の筋肉の負荷量は小さいが、関節疾患の部位によっては、階段の方が評価が高く、使いやすいと感じることがある。

・同じデザインの階段、スロープでも利用する人の身体の部位の違いによって、過剰な負荷がかかる場合と、あまり負荷のかからない場合とがある。また、心理的な負担と身体的な負荷は必ずしも一致しないといえる。

・昇降動作は、階段およびスロープのデザインの違いによって、負荷をコントロールすることが出来、高齢者に推奨されている運動プログラムと比較した際に、同等の負荷がある場合、大きく負担を軽減できる場合、過剰な負荷がかかる場合がある。

従って、昇降動作は利用する人の疾患の状態にあわせて適切に選択されるべきである。また、本研究では、動作を昇降動作に限定したが、このような手法を用いることで、住宅や都市の中での動作を身体、心理の両面から評価できると考えられる。

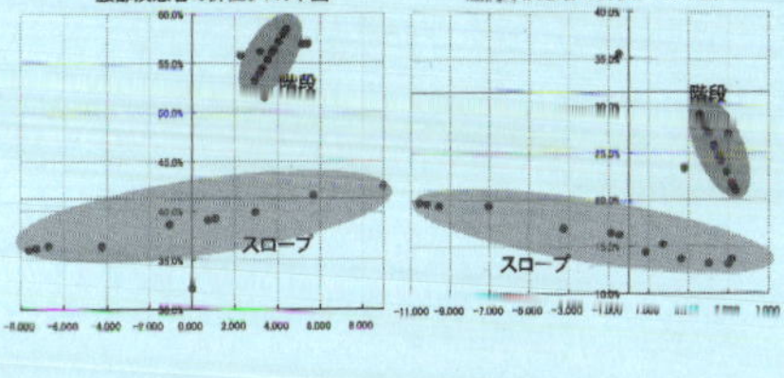

昇降デザイン評価プログラムによる評価結果

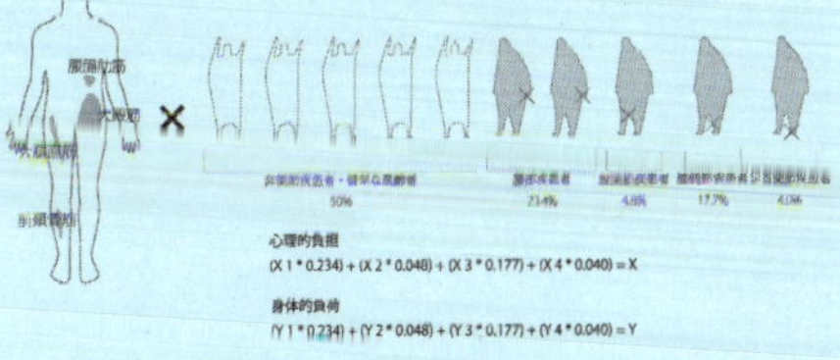

昇降デザイン評価プログラムによる評価結果

風害抑制を目的とした設計支援手法の開発に関する研究

大西 直紀
Naoki Onishi
東京大学大学院
工学系研究科　建築学専攻
坂本雄三研究室

1. はじめに

近年、都市再開発の名のもとに、比較的低層の住宅地付近においても、超高層集合住宅が建設されるようになってきており、周辺への風害が懸念されるが、現状ではあまり対策が行われていない。

ところで、数値流体解析（ＣＦＤ解析）による風環境解析や評価の手法については、既往の研究の蓄積により、一般の設計者が容易に解析を行えるようになってきている。その一方で、風工学の知識の無い設計者にとって、それらの解析結果から適切に風害対策を立案することは困難であり、また複数の案についてＣＦＤ解析を行うことは、非常に多くの計算時間がかかり、設計を行う上での障害となる。そこで本研究では、高層建築を設計する際に、設計者が適切な風害対策を想起することを助け、また、対策による周囲の風環境の変化を短時間に把握することを可能にする、設計支援手法の開発を目的とした。

2. 設計支援手法の概要

以下に本研究で開発した設計支援手法の手順を述べる。

①対象高層建物の基本形状の作成／②基本形状のＣＦＤ解析を行う／③風速値と気象データから風環境評価を行う／④評価値から風害を抑制したい対象領域を選択する／⑤対象領域への影響が強い風上側の範囲を求める／⑥⑤から効果の期待できる対策ケースを複数作成する／⑦対策ケースについて粗い格子を用いた簡易な解析により風環境の予測を行う／⑧良好な風環境と予測されたケースを1つ決定する／⑨決定した対策ケースの詳細な風環境評価を行う

この手法のうち、設計者が特に判断を必要とされるのは、④、⑥、⑧であり、それに用いる③、⑤、⑦のアウトプットが設計者に対して理解しやすいものとなるように注意して開発を行った。また、特に独自性の強い⑤と⑦についての検討を次節に示す。

3. 設計支援手法の開発

3.1. 逆拡散解析に関する検討

手法の開発時には高層建物を含む街区を単純にモデル化して解析を行った。特に対策を行わない場合を基本ケースとし、16方位の風向につい

図1：風環境評価結果例

図2：風環境改善対象領域の設定

てのＣＦＤ解析、および風環境評価を行った。図1に風環境の評価結果を示すが、高層建物周囲に風環境の悪い領域が広がっていることが分かった。その一部分を、風害を抑制したい対象領域と設定した場合（図2）、その風上側に対策を行うことで、効率的に対象領域の風環境が改善できるという仮説が立てられる。

そこで、時間を遡って、パッシブスカラー（ψ）の移流･拡散した解を求める手法（以下、逆拡散解析）を応用し、(1)式で表されるように、対象領域でのψを平均運動エネルギーの値で固定することを制約条件として、ψの逆拡散解析を行う。これにより擬似的に対象領域に流入する運動エネルギーの分布が求まるものと見なした。図3にψの解析結果の例を示す。

$$\frac{\partial(-U_i\psi)}{\partial x_i}=\frac{\partial}{\partial x_i}\left(\nu_{eff}\frac{\partial\psi}{\partial x_i}\right) \quad , \quad \psi|_{area}=K|_{area} \quad (1)$$

また、ψを16風向別の発生頻度で重み付け平均した値をψallと定義した。この値は、ある空間が対象領域の風上側である確率を表すものと考えることもできる。ここで、風害対策として樹木の配置を取り上げ、乱数により高層建物周囲に12本の樹木を配置したものを、10ケース作成し、各ケースでのψallの樹冠内合計値と、対象領域内での風環境評価値の基本ケースとの差を計算した。両者の関係を図4に示す。

これを見ると、樹冠内ψall合計値が大きいほど、評価値の減少量も大きく、平均的な風環境改善効果が高いという傾向があると言える。よってψall値の大きい空間に樹冠を配置していけば、より効果の期待できる配置が設計できると考えられる。

3.2. 粗格子解析に関する検討

ここまでで効果の大きい風害対策の立案が可能になったが、対策後の風環境を評価するためには、本来は多くの計算時間を費やす、詳細なCFD解析を行う必要がある。そこで本研究では、粗い格子を用いたCFD解析を行い、短時間で、対策ケースでの風環境を把握する手法を検討した。

様々な解析の結果、粗い格子によるＣＦＤ解析結果はそのままでは精度が低く、特に本研究の様に、高風速領域に注目する風環境解析には適さないことが分かった。一方で、粗い格子でも、樹冠の風速低減効果など、対策前後での風環境の変化は概ね再現できることが分かった。

以上より、粗格子での対策前後の風速差を基本ケースでの風速に加えることで近似的に対策後の風速を求める手法（粗格子簡易解析）を提案する。

簡易手法を用いて風環境評価値を求めた場合、細かい格子で求めた値とでは差異はあるものの、全体の傾向は概ね一致しており、計算時間が大幅に短縮された。よって、これとψ逆拡散解析を組み合わせることで実用的な設計支援手法が確立できたと言えよう。

図3：ψ逆拡散解析結果例

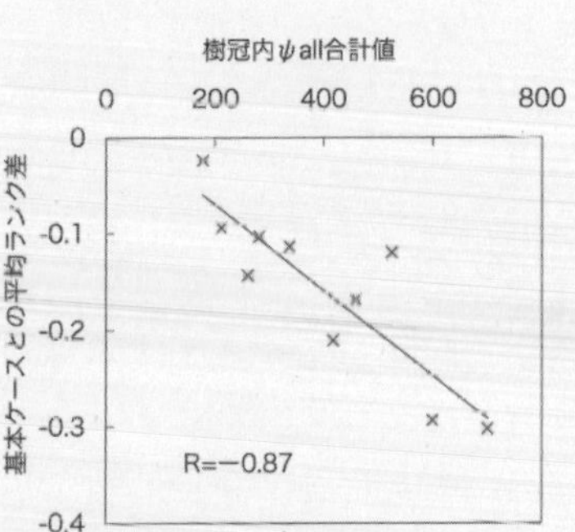

図4：樹冠内ψallと風害抑制効果の関係

NURBS立体を用いた3D拡張ESO法による構造形態創生
—自由曲面構造物への適用—

榎本 孝司
Takashi Enomoto
法政大学大学院
工学研究科　建設工学専攻
佐々木睦朗研究室

序

自然界の生物は生存のために高い効率を持つ形態に進化して存在、静力学的構造機能を持ち、自然の中で様々な環境に対応できる最適な構造形態であると考える。そこで、生物の進化過程、形状の形成過程を模範する構造形態創生手法が考えられた。

3D拡張ESO法は構造形態手法の一つで不要部分は削除、必要部分は付加する単純なアルゴリズムで最適化が行われ、最終的に最小材料で、応力が高い値で均等に分布する合理的構造形態が創生される。生物も同様に細胞は、応力あるいは運動によって刺激され増殖される。力のかかる部分は成長し、要求される強度をもつようになる。

本手法の特徴として、支持、荷重条件に加え、空間条件を満たす。本手法が設計支援ツールとして有効に活用した例として(図1)に示すのは卒業設計の成果である。既存の隅田川大橋の建替計画として本手法のもつ汎用性を最大に駆使した。高速道、一般道、歩道、デッキのスラブを削除されない空間条件とし、同様に車が通る必要な空間、人が歩く必要な空間、橋の下を船が通過するための空間には構造体が侵入しないよう空間条件を与えた。本手法の進化は、用意された立体設計領域の中で所与条件を満足し、3次元立体空間上で有効に働く構造部材を創生する。この手法の持つ汎用性を活用し本研究では、他の最適化手法との組み合わせを行う。

研究の目的

本手法は(1)に示すNURBS立体を用い、あらゆる形状の表現が可能、本研究ではこのことに着目し、佐々木研究室にてその合理性が示されてきた自由曲面構造物の形状を基に形態創生を行う。

$$V(t_u,t_v,t_w)=\frac{\sum_{i=0}^{mu-1}\sum_{j=0}^{mv-1}\sum_{k=0}^{mv-1}N_{i,mu}(t_u)N_{j,mv}(t_v)N_{k,mw}(t_w)Q_{i,j,k}}{\sum_{i=0}^{mu-1}\sum_{j=0}^{mv-1}\sum_{k=0}^{mv-1}N_{i,mu}(t_u)N_{j,mv}(t_v)N_{k,mw}(t_w)\omega_{i,j,k}} \quad (1)$$

t_u,t_v,t_w：パラメータ、$N_{i,mu}$　$N_{j,mv}$　$N_{k,mw}$：基底関数
$Q_{i,j,k}$：制御点、$\omega_{i,j,k}$：重み

自由曲面構造物とは感度解析により、歪エネルギが最小となるよう座標修正、形態を変化させ合理的な形態抵抗型構造である。自由曲面形状に本

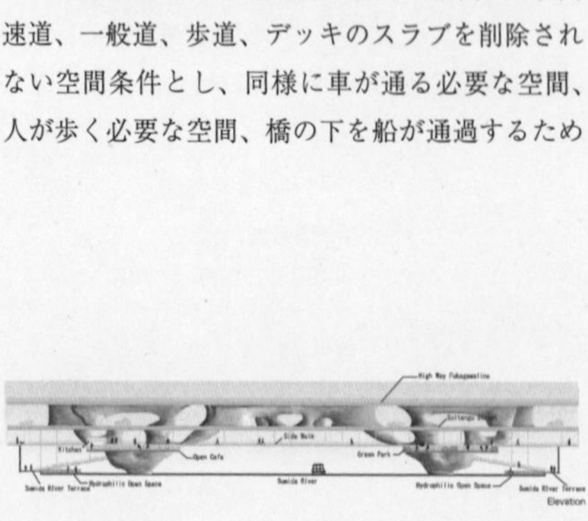

図1：3D拡張ESO例

図2：一次モード

手法を用いることで、形態抵抗だけでない立体効果を持つ構造形態が生まれる可能性がある。一つの最適化手法では得ることのできない構造形態を創生することを本研究の目的とする。

構造形態創生

一次モード

図2上段に二種類の初期形状(1/4モデル)を示す。一つは厚さが0.1mで一定の自由曲面シェルとし、これを最小シェル形状（図2左）と呼ぶ。この最小シェル形状はすでに合理的手法により形態が得られているが、この形状を初期形状とし本手法により進化を行うことで、厚さが変化しさらに合理的な形態へ創生される。もう一つは、曲面形状は合理的な自由曲面の形状をしているが、その領域内部に構造体を存在させた領域全体を初期形状としたものである。不要な部分が削除されるにつれ、力の流れが自由曲面の形態抵抗型に依存する箇所がでることが予想されるが、その効果に加え初期段階から内部に構造体が存在しているため、別の経路により力が伝達する可能性がある。三次元的に合理的な立体構造物が創生される可能性があることから、この初期形態を立体効果モデル（図2右）と呼ぶ。結果を図2中・下段に示す。初期形状の違いにより最終形状も異なる結果となった。最小シェル領域からの進化では膜理論に従い境界付近のみ一様に厚くなり、立体効果モデルでは境界にテンションリングが発生し、有効にスラストを処理している。立体効果モデルの結果は、本手法を適用したことにより感度解析では得られない新しい力の流れが生まれた。

二次モード

ここでは、形態に関わらず不変的な荷重条件として集中荷重をあたえた例を紹介する。図3右に初期形状を示す。また同図左に骨盤の一部に似た進化結果を示す。

結論

歪エネルギが最小の曲面形状を本手法の初期形状、形成可能領域に適用し、一つの手法では得ることのない形態を三次元空間の中で創生した。最小シェル形状ではすでに合理的な力の流れが成り立ち、本手法による進化はその流れを崩すことなく、応力の多い境界付近でシェルの厚さが増す結果となった。一方、立体効果モデルにおいて曲面は合理的だが、必要以上に無駄な構造体を存在させ、その中から立体的に合理的な構造体を創生することを意図した。その結果、生物の持つ力の伝達に酷似した形態が見られた（図4)。このことから、合理的構造とは連続体シェルのような形態に見られる形態抵抗型のものと、植物や動物の骨格などに見られる生態的な構造に大別されると思われる。このことは、本手法が他の最適化手法により得られた解の特性を応用し、さらに三次元立体空間の中で有効に働く構造部材を創生する可能性を示唆している。

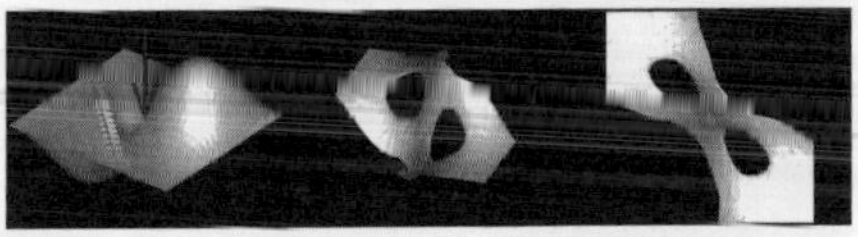

図3:二次モード

図4:生体構造

相互依存空間構造の形態解析ならびに設計支援システムの開発

後藤 一真
Kazuma Goto
慶應義塾大学大学院
理工学研究科　開放環境科学専攻
野口裕久研究室

序論

相互依存空間構造は、短い部材を組み合わせることで大きなスパンを確保するために生まれた自己平衡系の構造システムである。この構造は、Reciprocal Frame (RF)とよばれる多角形を中心に互いの部材が重なり互いに支えあい、係合溝（接合部）は2本ないし3本の部材が接続している構造に基づいて構成されている。この構成に基づき、各々の部材が同じ長さで接合部の溝の深さが異なる部材を二次元的・三次元的に組み合わせることで、単純かつ形式的にMulti-Reciprocal Grid (MRG)構造やMulti-Reciprocal Element (MRE)構造を構築することが可能となる。

相互依存構造システムの典型的な特徴は、短期間に柱のない大空間を設けることが可能で、スペースフレームよりも施工期間の短さやジョイント部に特殊な器具や機構を用いずに構造を組み立てられるという点からスペースフレームに勝る経済的な利点がある。また、相互依存空間構造の幾何学的な配置は、テンセグリティ構造との係わりも非常に深く、圧縮材の配置は、相互依存構造に非常に類似しており、テンセグリティ構造の圧縮材を太くしていくと相互依存空間構造の部材配置と同一視することが可能となる。たとえば、Reciprocal Frameは、角柱状のテンセグリティ構造と対応しており、また、MRE構造は圧縮材と引張材がZigzag型のテンセグリティ構造の圧縮材配置と類似している。

本研究では、デザインとエンジニアの両方の観点から、相互依存空間構造を用いた構造物の形態導出を行うコードの作成ならびに最適化手法を用いた設計支援システムを開発することで本構造システムのデザインの可能性を高めることを目的とする。

意匠的側面

相互依存構造を用いた建築システムを提案した。この部材システムは、複数種の多角形を組み合わせた平面形状および立体形状に組み立てることが可能となり自由曲面を含む空間を構成することが可能となる。接合溝の深さを部材の幅の1/2以下、1/2、1/2以上の複数とする構成により、

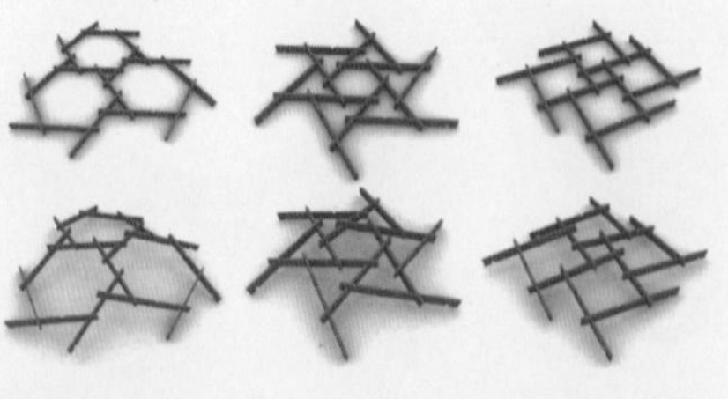

接合溝の深さ、組み合わせ方によって得られる様々なMRG形状

モックアップ

複雑な立体形状ならびに平面形状の組立が容易にできる。

敷地は慶應義塾大学理工学部矢上キャンパスのテニスコートに隣接しているエリア。この構造システムは複雑に絡み合った幾何学的と部材にかかる力を完全にコントロールしなければならないため、形態決定の際、勘と数多くの経験が必要になる。そのため、10分の1の部材を切り出して模型を制作し部材配置を検討した。その後、ビスや釘によって固定せずに、わずか2日間の施工期間で、100㎡を超える建築を実現した。

力学的側面

RF構造、MRE構造、MRG構造を解析するにあたり、各部材を大変形／有限回転を有するTimoshenko梁要素とし、係合溝によって生じる各部材間の中立軸間の距離をLagrange未定定数法により距離拘束を行い、変分法を用いてモデル化を行った。尚、境界条件として、接地点における節点に対して剛体変位、剛体回転をしないように拘束した。

設計計支援システム

設計支援システムでは，相互依存空間構造のデザインの可能性を高めるため，接合溝の位置がパラメータによって動くように再モデル化した。設計例として、部材を用いて建物の高さを最大とするような構造を探索した。

具体的には、目的の高さをこの構造から実現不能な大きな値を与え、①構造として、自己平衡応力状態にあり、②係合溝の位置で距離拘束が行われており、③中立軸-係合溝距離が断面の1/4を越えない、④係合位置がそれぞれ(A) v=0.00 (B) -0.25≦v≦0.25 (C) -0.50≦v≦0.50の範囲内で動くものとして3種類の範囲でパラメータが可動するという4種類の制約条件の下、それぞれの部材の中立軸から係合位置までの距離と係合位置パラメータを設計変数として最高高さを求めた。接合位置によって構造形態が変化していることが下の図からもみてとれる。

結論

自由曲面を有する相互依存空間構造の創出を目的として、非線形有限要素法を用いた相互依存空間構造の形態解析コードならびに非線形最適化手法を用いた設計支援システムを開発した。また具体的な設計・解析例を通じて、相互依存空間構造のデザインの可能性を示した。

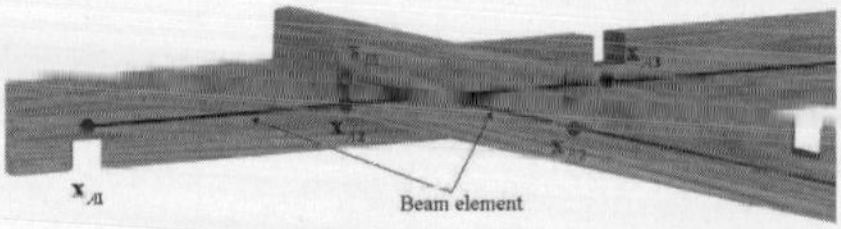

部材のモデル化

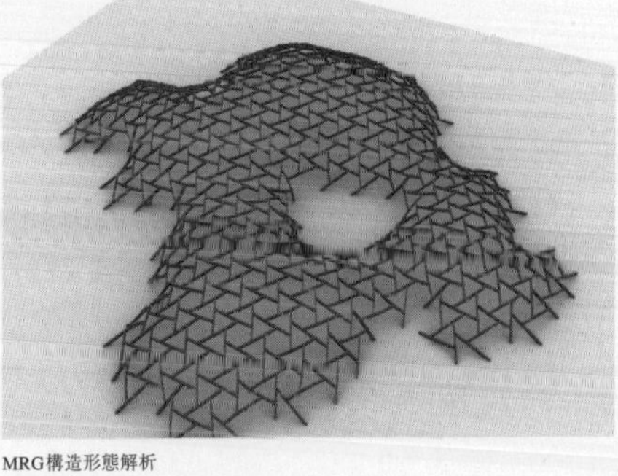

MRG構造形態解析

風の景観操作考
―人が潜在的にそなえもつ諸感覚を通して―

向 尚美
Naomi Mukai
関西大学大学院
工学研究科　ソーシャルデザイン専攻建築学分野
建築環境デザイン研究室

研究の背景と目的

古来、日本の家屋は高温多湿の風土の中で「通風」を旨としてきた。風は人々の生活と非常に密着したものであったにも関わらず、近代化により建築から拒絶されてきた。また、現代の日本において、風の安全性・利便性についての計画技術的手法は確立しつつあるものの、景観的利用という意味での快適性については積極的に扱われていない。ここで、再び「風」にスポットをあて、我々が潜在的に持つ風に関する感覚を追求し、風と土地・建築・生活等の関係を読み解くことにより、今後の景観のあり方を考察する。

風の認識の諸相

a.直接的な知覚から得られる自然現象の認識

現在のまちなみが素直に五感で感じる空間が気薄になっているとしたら、風にあてられていることばや事物から、その本質をたどる方法も一種の手段であると考える。

・名前　種類

『美しい日本語の辞典』（小学館）に記されている風につけられた名前は465語ある。主に①吹く勢い・様態・性状からみた風[物理的特性]、②吹く方向・地域・場所などからみた風[空間的特性]、③季節（春夏秋冬）・時刻の風[時間的特性]　による3特性に分類できる。これを率直に表現した名前と、さらにその風に色や匂い・音などを充てていることが多い。身の回りの環境のなかから五感を研ぎ澄ますことにより、風の種類を言い表す数々の美しく豊かな名前がうまれている。

・擬音語　擬態語

風の種類を指すことばだけでなく風のもたらす状態に対する表現として、擬音語や擬態語がある。「そよそよ」「ぴゅーぴゅー」などの直接的な表現と、「ざわざわ」「ばたん」など風が発生しこれらの音・状況が生じる間に事物が介在することにより表される語がある。諸感覚が捉える身体感覚は、事物の介在により、視覚・聴覚機能は他感より早い段階で、風の存在を察知するきっかけとなり、身体的に、時に直接的に感じるといった経緯をたどる。事物や人の存在する位置などにより変化する。具体的に間の事物がはめ殺しの窓の場合。すると「見える」作用までしか捉えることがで

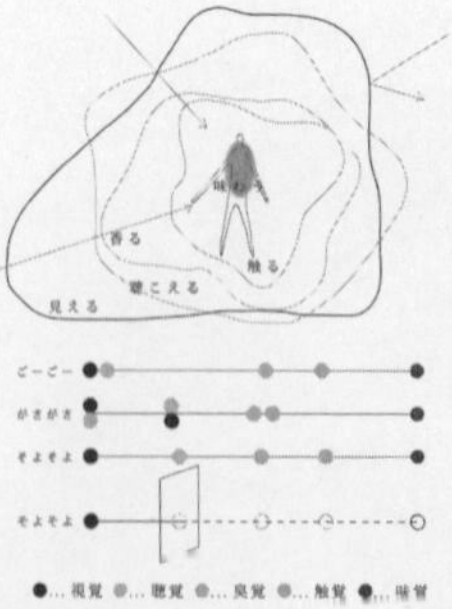

fig1.五感性と身体感覚の距離

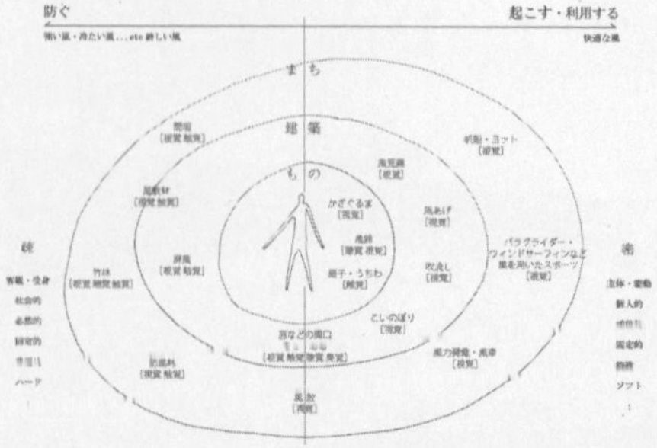

fig2.風にまつわるもの

きない。視覚以外の他の感覚機能が拒絶されてしまう。目の前で拒絶される環境は平面的である。一方、肌にまで到達する環境は立体的である。

·もの　かたち

寒ければコートを羽織る。暑ければ上着を脱ぐ。わたしたちは各々の身体感覚によって、その体感する環境を容易にコントロールすることができる。これは建物やまちにおいても同様に言える。興味深いのが、風を防ぐためのものである。例えば防風林。'鳥の眼'で捉える時、風を防ぐ一筋の盾のように見えるが、実際には数十メートル間隔で並んでいるものであるが、密に詰まっておらず、逃げ・隙間がある。完璧に遮断するのではなく、少し通しつつ、全体として風の力を弱めている。風そのものは人間の操作不能なものであるが、風との付き合い方は人為的に操作可能なものである。いずれも快適な風として肌で認識するものとして機能している。

b.特定の意味づけ作用に伴う認識

·風の地名

人と土地との交渉のひとつの形態に地名がある。地名は一度意味を従え定着すると、安定した性格を保ち長く継承される。つまりは、特定の文化的・社会的脈絡を下地として暮らす人々のあいだで、空間認識の記号あるいは枠組みとして共有されつづける。素朴な現象認識から出た言葉を場所や領域に当たっている場合が多く、各現象を体験する機会の多寡、生業・生活環境との関わりの深さ、季節的・地域的な偏りなどが反映されている。古くからある場所には現実的な名前が、新興住宅地や造築物(ex.橋)には例えば「春風町」「光風橋」など、快適な風·印象の良い名前が土地に充てられる例が多く見られた。すなわち、前者が風と向き合っているといえる。環境情報や意味的情報に着目すると、現在見失ってしまっているような風の特性を改めて発見し、またそれを通して景観計画などに役立てうる可能性を秘めている。

考察

風の景観がうみだすもの

風との距離の計り方・うまい付き合い方が、快適な環境を形成する。元来はその感覚を身体的にもっていた。視覚情報のみで認識される環境が平面的であるのに対し、触覚・味覚まで到達する環境では3Dの空間体験が可能である。五感を総じて機能させることにより、Sceneではなく Sequenceとして認識することができる。風を切り口に建物など空間の計画をすると、線ではなく点の集合によるファサードがうまれ、立体感のある面がうまれる。よって景観は奥行きが生まれ、それらのつくりだすまちなみは、空間的・物質的、さらには時間的視点からより動的な様相になる。景観を変えるということは、最終的には視覚的操作であるが、その計画の際に視覚のみならず五感全てを働かせ計画する必要がある。

fig3.日本における風の地名

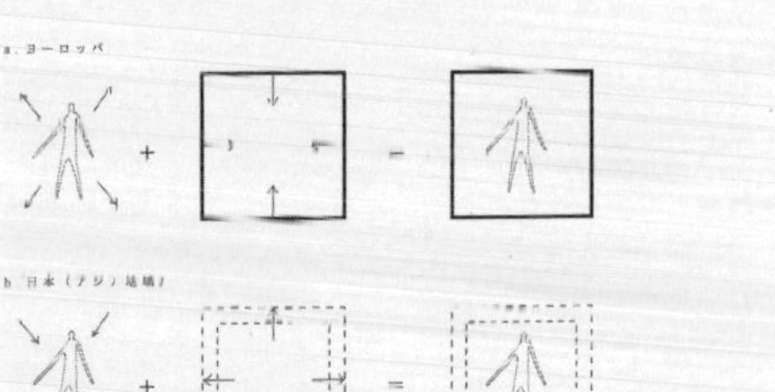

fig4.本来のまちなみの形態

東京・水辺まちづかい論

榊 俊文
Toshifumi Sakaki
法政大学大学院
工学研究科　建設工学専攻
陣内秀信研究室

研究背景・目的

本論文は、東京・水辺の賑わい創出の方法について明らかにすることを目的としたものである。まちを利用する文化は近世にはあった。近代から現代の中で制度が整えられ、規制が厳しくなることで、このようにまちの空間を利用することができなくなっていき、人々はまちの使い方を忘れてしまったのである。東京らしいまちづくりとは、近世から残る豊かな水辺空間を利活用した賑わいの創出であると考える。本論では、東京・水辺の賑わい創出について、公共空間の利活用=「まちづかい」に注目して考えていく。

まちづかいとは、「街に魅力的な活動・賑わいを生み出すのに、何かを壊してさらに何かを創るのではなく、今ある都市空間を見直し、在るものを十分に利活用し、持続可能な社会を創りあげること」である。

都市形態の違いによるまちづかい

汐留、丸の内、銀座・秋葉原など、都市形態のタイプ別にまちづかいの取り組みを調査した。陸地のまちづかいには、都市構造の違いによってその特徴にも違いがでてきている。まちづかいにとって、その場所を社会実験によって利活用できる空間とすることが重要であり、ソフト面は場所性ほど重要ではなく、収益を得ていくための手段である。また、エリアマネージメントを行うにあたり、信用性の高い組織が存在することで、まちづかいを行う際の許可が比較的もらいやすくなっている。まちづかいを進めていくには、行政側が信頼できる組織をつくる必要がある。

水辺の空間　まちづかいにつなげるために

水辺には利活用できるスペースはあるが、既存の制度では利活用が困難である。図2に東京の水辺スペースを示す。私の2年間に及ぶEボートによる水辺からと陸地からの調査の結果、140箇所確認でき、公園が86箇所で全体の61％、公開空地が28箇所で全体の20％を占める形となった。また、下記のような組み合わせが多くある。

(ⅰ)公園＋遊歩道(江東地域に多く存在)
(ⅱ)公開空地＋遊歩道(高浜運河沿いに多く存在)

しかし、どの空間も利用を想定して整備されていないため、隣り合う空間でも、間に植栽などがあって一体利用が難しい現状がある。水辺に価値

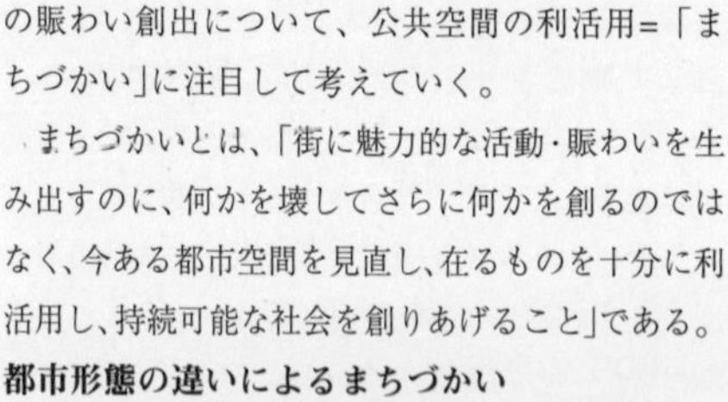

図1　近世の水辺の賑わい(歌川定房、東都両国夕涼之図、江戸後期)

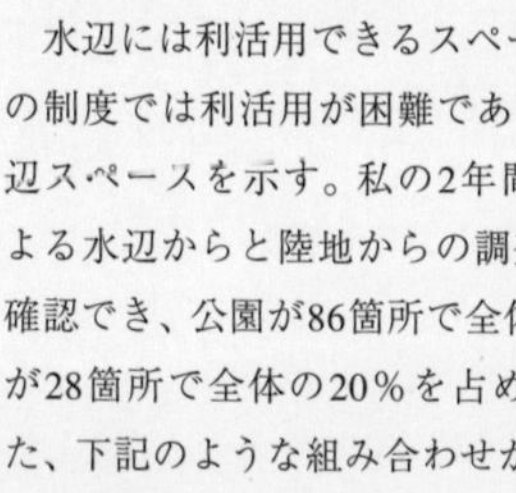

図2　水辺の用途プロット図

を見出し、一体的な整備が行われれば、賑わい創出は難しくない。

水辺のスペースは陸地のスペースよりも多彩な断面を持ち、河川ごとに違った特徴を持つ。そのため、それぞれの空間の特徴にあったソフトでまちづかいを行うことで、水辺に多彩な顔を演出することが可能である。また、流域連携も可能であり、水辺をひとつの大きなフィールドとしてとらえたまちづかいも展開できる。

水辺は陸地とは違い、現在までのまちづくりの中で切り離されて行われてきたために、企業が価値を見出し、そこを利活用していこうという動きは少ない。現在、水辺のまちづかいを行っているのはNPOがほとんどであり、それぞれが単体のイベントで行われているのが現状である。

実践場：外濠でまちづかい

地域ごとにも水辺の空間構成は違いがある。ここでは、自分が代表として活動した外濠を例に見てみる。外濠は近世からまちづかいが行われていた歴史を持ち、江戸時代から潮位差・流れのない穏やかな水面があった。現在、カナルカフェの施設があることで利活用しやすい環境がある。さらに、外濠は内濠同様に土手と水面の関係性から劇場性を持った空間が誕生している。

外濠を利用して「ワークショップ」、「ジャズとダンスを水面から見るパフォーマンス」、「クルージング」を実施した。外濠の特徴を生かしたまちづかいである。今後、外濠の土手と水面の劇場性の関係を利用して、水面を舞台にしたイベントを実施したいと考えている。さらに、コミュニティ創出のための工夫を凝らし、東京のまちづくりの弱点である住民意識の向上を図っていく。

結論

まちづかいを行うためには、様々な制度の障害はあるが、今後の社会実験の成果によっては、まちづかいの風景が様々な場所で見られ、日常の風景となり、日本の文化になることが期待されてる。また、陸地・水辺のスペースには、地域ごとの特徴があり、まちづかいを行う側が場所を見極め、そこにあったソフトで行うことが必要である。そのことにより、場所による違いが生まれ、東京の水辺空間がより豊かなものになる。

さらに、まちづかいには展示会のような一方通行なコミュニケーションとは違い、「two way communication」が可能であり、そこから地域コミュニティの創出も可能ではないかと活動を通して実感した。

まちづかいの参加者にとっては、管理の問題など、どうでもいいことであって、そこが楽しい空間なのかが大切なのである。許可を出す側も、人が求める豊かな空間を提供するために、制度整備を早急に行い、まちづかいによる豊かな水辺空間創出に努めるべきである。

写真1　外濠・カナルカフェでのジャズパフォーマンス

写真2　外濠での水上レクチャーの様子

南イタリア・プーリア州の都市と地域の再生
―トゥリズモ・スローの可能性―

浦田 裕彦
Hirohiko Urata
法政大学大学院
工学研究科 建設工学専攻
陣内秀信研究室

研究目的・研究方法

本研究は、南イタリア・プーリア州の資産が活用されるに至る背景・経緯・実態を具体的に把握し分析することを通して、土地固有の歴史と自然の恵みを生かした再生手法を知見することを目的とする。研究の方法としては、まず、地域の空間構造を踏まえて事例を分類した。プーリアでは一般に、19世紀までに旧市街が形成され、19世紀には近代への突入とともに新市街が、戦後には急速な都市化とともに郊外地が形成されている。そこで、旧市街と新市街からなる「都市」と、その外側につくられた「郊外」と「田園」を取り上げ、相互の関係にも留意しながら分析を進めた。

都市

近年のプーリア諸都市では、地域の住民・産業団体が、自らの地域資産を観光資源として積極的に発信していく動きが顕著である。その動きは、環境の時代と言われる昨今、増加する観光客の志向を確実に捉えつつある。そこで本論文では、「地域民が主体となって積極的に地域資産を活用することで生まれる内発的な観光の形態」を「トゥリズモ・スロー」という言葉で定義した。

アドリア海沿岸の都市トラーニでは、戦後、海辺に聳える大聖堂がマス・ツーリズムの対象となってきた一方で、郊外地の拡大が旧市街を疲弊させていた。トラーニでは、2000年頃を境に、生活都市ならではの観光の動き、トゥリズモ・スローが起きている。所有者が近くに住むことと部屋数の上限を定めたイタリア独自のB&Bの法律が、住民が生活の質をそのまま観光サービスの質として提供する機会を与え、「生活型観光」を促していることから、生活都市の強化と観光の動きが相互補完的に作用している。

ガッリーポリでは戦後、イオニア海に浮かぶ旧市街の姿と白い砂浜が観光客を惹きつけ、新市街や郊外地における開発を生んだ。一方で、旧市街を中心に多様な居住形式、地場産業といった風土が保たれてきた。袋小路のセカンドハウスが示すように、ガッリーポリでは、定住民から夏季住民までが住居と連動した都市空間の質と意味を継続させている。また、近年急速に増えるB&Bは、ほぼ全てが住民によって営まれ、伝統的な住民の

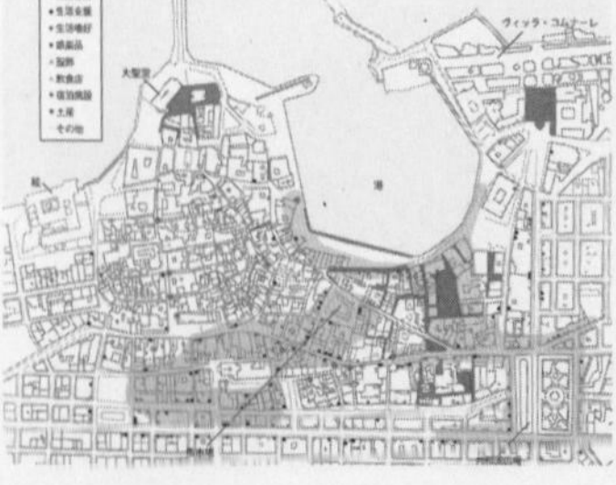

トラーニ機能調査図

ガッリーポリ旧市街

生活の豊かさをそのまま観光サービスとして提供している。旧市街の建築資産と、そこで成り立つ生活体系の双方が第3次産業化され、既存住民による資源の維持と活用を生んでいる。

トラーニやガッリーポリと比べ、強い観光特性を持たないモノーポリでも、トゥリズモ・スローの動向が旧市街を活性化させ始めている。近年で著しく飲食店や小規模に展開するB&Bが増え、旧市街の至る所で「小さな空間の価値」を再発見し始めている。都市に集まる人々は、モノーポリ市民、元モノーポリ住民で夏季のみ帰省する人に加えて、モノーポリを新たな故郷として発見してやってくるバカンス客である。

3つの都市に共通するのは、豊かな歴史と自然の中で、それぞれの地域性をつくりあげてきたことである。有機的なハードとソフトの密接な係わり合いから生まれる有機的なシステムが、それぞれの都市にそれぞれのかたちで存在している。豊かな地域資産を持つプーリアでは、「観光」を通して、地元の人々による具体的な実践が見出せた。

郊外と田園

プーリアの郊外を取り巻く状況や、ガッリーポリ郊外の事例、郊外における近代建築の活用事例としてバーリ郊外のホテル計画などを論じた。一方で、プーリアの田園を取り巻く状況や、活用される歴史的建造物としてマッセリーア・マルキオーネ、小規模建造物と田園の活用事例としてアグリトゥリズモの経営などを挙げた。

郊外と田園では、歴史的建造物から近代建築まで、既存の構造を受け入れた上で、新たな価値を加えて活用していこうとする姿勢が認められる。そういった営みを所有者や住民が自ら行っている。その結果、魅力あるものは見事に再生され、資産価値の低かったものでも活用へと舵を切ることができている。このように、既存のものに新しいものを加える所有者の主体性によって、プーリアという「地域」全体の再生へと繋がっている。

結論

都市においても、郊外や田園においても、歴史を経た地域には固有の資産が存在する。歴史の中で育まれた、物理的環境と生活体系・産業形態が一体となった有機的なシステムは、過去から現在、そして未来へと続く。都市と地域は、歴史の中で常に継続しながら変化し続けている。土地固有の歴史と自然の恵みを生かした再生手法とは、この有機的なシステムに付加価値を与える方法論のことである。

その方法として、本論文では、「トゥリズモ・スロー」を見出した。地域の個々人が資産を活用する方法を持つことで、マスによることなく、独自の環境を保持しながら新しい価値を生み出していくことができる。まちなみやモニュメントではなく、「日常性の価値」に基づく再生手法が、これからの時代には必要とされている。

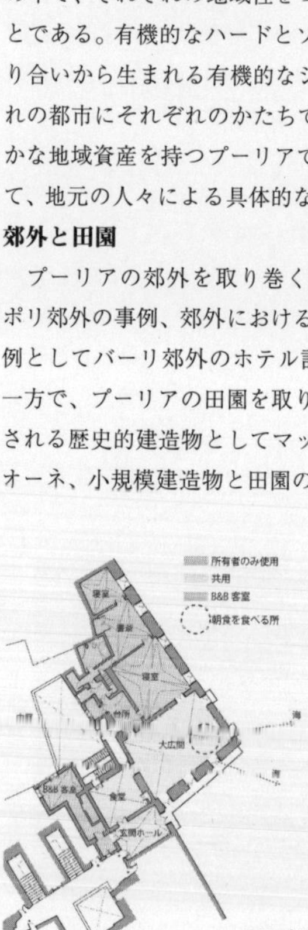

B&Bパラッツォ・トマシ2階平面図

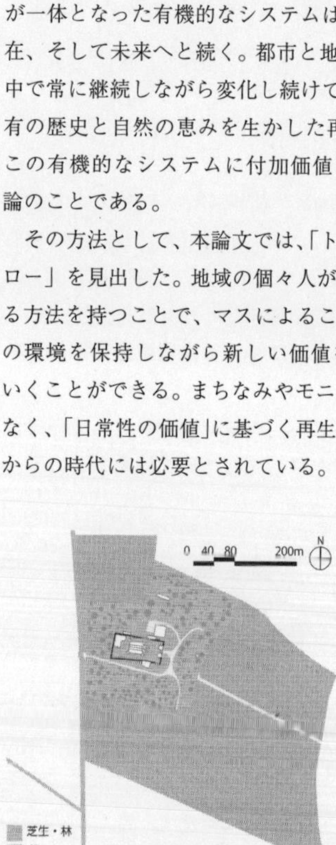

マッセリーア・マルキオーネ配置図

郊外ニュータウン居住者の住環境変化に対する意識調査と、人口減少地域における今後の住環境の在り方に関する研究

日高 香織
Kaori Hidaka
奈良女子大学大学院
人間文化研究科 人間環境学専攻住環境コース
中山徹研究室

研究目的

本研究は人口減少を迎えている社会において、高度成長期に都市中心部から郊外へと開発が進められた郊外住宅地域における住環境変化に対する現状を把握すること、また人口が減少していく地域における都市政策はどのような手段が可能であるのかを調査・研究することを目的としている。まず、人々の郊外住宅地に対する需要が停滞する中で、成熟した郊外の住宅地ではどのような変化が起きているのかを把握するために、大阪府下で人口減少率が高い地区を参考に住民アンケートを行い居住意識の調査を行った。また、都市の規模を環境の変化に合ったものにするためにどのような対策が行われているのかについて、統一後極端な人口減少を都市問題として経験した旧東ドイツ地域を対象とした「東の都市改造政策」プログラムを参考事例として調査を行った。

郊外ニュータウンにおける住環境変化に対する住民意識調査

大阪府内において人口減少が目立っている大阪府豊能郡豊能町光風台を研究対象として取り上げる。大阪府において中心部から20～30kmの距離にある地域の平成10年から平成15年における空き家の増加率は11．0%。大阪府北部に位置し、1975年代に大阪市内へ通勤する人々に向けて山間部を切り開き戸建住宅を中心に開発された地域である。人口は5,509人、世帯数は約2,000世帯。光風台1丁目～6丁目の住民へアンケートをポスティングにより配布、郵送にて回収した。回収率は33.7%であった。男性が178人、女性が154人、回答無しは5人。年齢は65～70歳未満が最も多く回答者の4割を占めている。現在の家族構成では、一人暮らしが30%。そのうち、60～65歳は28%、80歳以上が3%と60歳以上の独居の割合は84%を占める。住み続けたいという回答が62%あり、この地域の持家率は98%であった。

家の今後については子供が住むと回答した人が21%となっており、60%の人は今後については考えていないと回答している。地域の高齢化が進み、若い世代の転入も少ない現状では、今後地域における住宅ストック、その土地自体をどのように取り扱っていくのかという問題も検討する

調査地

ハレ市プラッテンバウ

必要があり、地域全体で考えていかなければならない重要なテーマである。

縮小する社会における都市創政策

ドイツの都市縮小政策

対象地はベルリン市まちづくり局、ライプチィヒ市、ハレ市。調査では現地視察及び、各市都市計画局に対してヒアリング、資料収集をおこなった。行政側の視点だけではなく、地域の縮小政策の計画作成を担当した都市計画事務所や市民団体などへのヒアリングを同時に行うことで住民の視点から、この縮小政策を考える機会をもった。ドイツにおける縮小政策は「東の都市改造」コンペにより各自治体が地域の現状を把握し、問題点から課題となるテーマ発見しそれを具体化している。

現時点での人口と住宅需要の問題だけではなく、90年代における出生率の低下の影響を考慮し、長期的な視点で都市計画が進められている。縮小政策はその地域の価値の創造と同時進行で行われていることが強く意識されている。そのために、地域に関わる多くの人の利害関係者が計画を進行させていくために話合いに参加しており、ドイツにおける縮小政策からはまちをつくり上げていくという印象を強く受ける。

まとめ

現在、豊能町のニュータウンにおいては人口の減少と地域住民の高齢化が顕在化しており、今後この傾向はより顕著に現れてくるだろう。地域を拡大し、外部から転入者を促すことは、人口が減少している今の社会において限界がある。拡大や人口の増加が発展という考え方を変え、生活の豊かさを充実させていくべきである。郊外での生活は都市中心部から離れているが、そこには落ち着いた緑豊かな環境があり現在の居住者はその利点を享受していることが今回の調査で伺えた。高齢化する住民が増えるとその行動範囲が狭まることも想定され地域や周辺地域との結びつきを強めていくことが必要になるだろう。

日本における都市計画とドイツにおける都市計画は社会的背景も、制度も異なっている。特に、ドイツにおいて縮小政策が行われている背景には土地・建物の所有が連邦政府、自治体、公社などであり、個人による所有が少ないことと地価の安さが特徴となる。日本において土地の所有が個人に属することが、このような政策を行う上では非常にネックとなるが、問題となっている箇所は特徴と捉えられ、それを活かしていくことができると考える。地域の現状や状況を住民が知るため、また適切な対策が必要な地域を選別するためにも、ドイツ連邦政府が行ったコンペの形式は有効な手段になると思われる。こうしたコンペを行うことで、地域に本当に必要なものについて多様な立場の関係者により議論・調査され、またそこでは価値の転換も求められる。

ハレ市プラッテンバウ

全国修士論文討論会
『未来』を拓く

八束はじめ　前半は大河内重敬さんの『関節疾患に着目した住宅のテーラーメイドデザインに関する研究』(p.322)、大西直紀さんの『風害抑制を目的とする設計支援手法の開発に関する研究』(p.324)、榎本孝司さんの『NURBS立体を用いた3D拡張ESO法による構造形態創生』(p.326)、後藤一真さんの『相互依存空間構造の形態解析ならびに設計支援システムの開発』(p.328)です。まず、コメンテーターのお二人のほうから、コメントなり質問なりをお願いします。

アニリール・セルカン　榎本君に質問ですが、今回考えた構造の材料はなんですか？

榎本孝司　材料は鉄筋コンクリートを考えています。連続体を考えているので、施工の面を考慮しても滑らかな形態はRCがいちばんしっくりくる。もちろん全部を鉄骨でつくるわけにはいきませんが、中をラチス状に組んで局面や構造の力の流れ上に鉄骨を組むことも考えられると思います。

セルカン　他の材料でも可能ですか？

榎本　もちろん可能です。木造でもできると思います。しかし他の材料でやろうとは考えてはいません。

セルカン　私が考えたのはこれで構造がどれくらい安くなるのか、どれくらい軽くなるのかということです。そのような提案があってもよかったと思いますが。

榎本　安いかどうかは構造だけでは判断できません。材料が少なくなれば当然安くはなりますが、やはり施工が問題です。このようなうねうねした形では、型枠も普通のものよりはよほど高くなると思います。ただ、形態を創成する上で体積は重要なファクターですから、それを減らすことは目的としていました。

セルカン　ありがとうございます。それから大河内君に質問です。老人の健康について研究されていますが、他の大学では同じテーマでどのような研究がされているのでしょうか。また、それらと比較して大河内君の研究で特に重要なアプローチはどのような点でしょうか。

大河内重敬　もともと私の研究室では腰痛の研究をしていました。それは腰痛の疾患者が多いにもかかわらず、建築の分野ではあまり対策が考えられていなかったという背景があります。そもそも腰に掛かる力を計測する技術はここ最近までありませんでした。ようやく最近になって出てきたのが関節モーメント法です。これは全身にボールをつけて動くことでモーメントを計測する方法です。そこからモーメントを軽減させることで、高齢者のように体の弱い人に掛かる負荷を取り除いてやれないかと考えたわけです。

しかし研究を進めていくうちに、必ずしも負担を軽減させることが腰痛の軽減に繋がるわけではなく、そればかりか腰痛を進行させてしまったり、他の疾患を引き起こしてしまうということがわかってきました。ですから、研究室ではどの程度まで負荷を増やしてもいいのかとか、そういう観点で研究を進めています。

セルカン　今、MITの建築学部で「House_n」という研究があるんですね。その中で高齢者を対象とした住宅のシステムを作っていて、例えば68歳と69歳では違う形ができるというような、人に合わせて住宅ができるフレームワークを作っているんです。大河内さんも研究の成果をリフォーム等に使いたいと考えているようなので、フレームワークまで考えるともっとおもしろくなったと思います。

八束　大河内さんの論文でおもしろいと思ったのは、研究室で定番になっていた動作計測に疑問を持ったという話から始まっていた点です。結論として、身体的な負担と心理的な負担は一致しないということを言っていましたが、そこには動作計測だけしていてはいけないという仮説があらかじめあったと了解していいのでしょうか。

大河内　そうですね。

八束　それはこれまでの人間工学に対するあなたの研究室なりの、あるいはあなた個人なりの批判がある？

大河内　私個人の批判はあります。

陶器浩一　一律のバリアフリーはよくないということには共感を覚えます。ただこのグラフ（p.323左下図）から、心理的な負担と身体的な負担が一致しないということをどう読み取ればいいのかわかりませんでした。

大河内　この中でどれがいいということは言えません。バイオメカニズムや医学の分野からどれくらいの負荷が理想的か確定もしていません。もちろんそれがわかればいいのですが、ただ普段自分たちが使っているものや、今後デザインするものがどれぐらいの位置付けにあるのかということは評価することができるという研究です。

陶器　結論のところで、不特定多数の居住者が利用する施設では、それらの人が抱える疾患を細かく把握し、変化にも対応できるようにしなくてはいけないとあります。もちろんそのとおりだと思いますが、実際やるとなるとかなり難しいことです。どこかで最適化するようなことになるのでしょうか。今なら緩やかな階段とスロープがあると思いますが。

大河内　既往研究をもとに、何割の高齢者が疾患に罹っているのかという数値を考慮しデザインと掛け合わせた評価も行いました。基本的にはいろいろな疾患に合わせたものを用意するのが理想です。ただ、階段やスロープは面積をとるものなので、そこにいる人たちの身体状況に合わせて必要なデザインをするべきです。

陶器　でも、平均をとってしまったら平均的な人のためのデザインになってしまいますよね。人によってデザインが変わるようなことが出来るのであれば、それが理想なのかもしれませんが。例えばセンサーで人の身体状況を把握して勾配が変わるとか、そういう開発も今では夢ではないでしょう。
大西さんの論文は、今までは風洞実験に基づいて環境影響評価していたものを、数値解析でできるようになったということですか？

大西直紀　数値解析で風環境の把握を行うことについては、既存のアプリケーションソフトでできます。今回の論文では、通常の解析では風上から風下に向かっていく風の流れを解くだけですが、それとは異なり時間を遡って解析を行う、つまり風上に向かって解析しているのが特色です。

陶器　コンピュータのシミュレーションでこんなことができるようになったのかと感心してしまいました。しかし、最後に植栽というところに落ち着いてしまったのが残念です。ここまで技術が進歩したのであれば、そういう対症療法的なことではなく、もっと創造的な、建設的な提案や考察があってもよかったと思います。先ほどストラクチャーは環境をつくると言いましたが、昔、市街地の下町に超高層を建てることがあったんですね。小さな街並みの中に超高層ビルが出現すれば街の環境は変わってしまう。その時は既存の街並みと巨大建築の調和を図ろうとして、建物を街並みのレベルより上に持ち上げたんです。つまり、街のレベルから大きな存在を消してしまうということをやった。するとビルの下には風が抜けますので、ビル風の緩和ができたんです。

大西　実は植栽だけではなく、高層建築の低層部で最適な形状のデザインができることを最終目的としていました。しかし陶器先生がおっしゃるように、風が弱まるところもありますが、強くなってしまうところもあり、論文でうまくまとめることができませんでした。

陶器　僕たちはある程度予測可能な形態で設計し、その効果を風洞実験で確認するということをしましたが、このような解析ができるようになったら、より最適な街の形をシミュレートするようなこともできると思います。逆に風を呼び込んで利用するようなデザインはこうだとか、空力解析から導かれる街の姿みたいなものが出てきたらおもしろいのかなと思いました。

八束　構造家が風と言うと風荷重の話になると思いますが、こういうシミュレーションのやり方で最適化する時に別のレベルで考えられないかといつも思います。例えば都市をモデル化した場合、荷重の負荷も風の負荷も負荷なら、人口の負荷や交通の負荷も負荷であって、形のモデルを考える上では同じ話かもしれないというのがひとつ。もうひとつは、にもかかわらず最終的に最適化はありうるのかどうかということです。セルカンさんの質問でコストの問題が出てきたじゃないですか。重量が最小になったら、コストが最小になるかといったら、そんなことは全然ない。曲面の型枠を3次元で作ったらとんでもなく高くついたりする。そういうことも含めて、何をもって最適化というのかという話は一元的な議論にならない。それは大河内さんの話にも繋がるところがあって、心理的な負担軽減とフィジカルな最適化というのは、本当のところどこかに収束はしないのではないかという気がします。人間が主体だとするなら、人間の条件、早い話が年齢によってフィ

ジカル・コンディションも変わっていくわけですし。

陶器　最近は技術が発達して何でも出来るのですが、そこから出てきた答えを盲目的に信じてしまっているような気がします。出てきた答えだけが答えではない。他にも答えがいっぱいあるわけで。それをどう見極めていくのかが技術者として大事なことじゃないかと思います。小嶋（一浩）さんもハノイのプロジェクトで、人の動きと風の動きをシミュレーションしてみたら、それぞれで最適化された答えは当然全然違ってくるわけですよ。で、どうするんですかと訊いたら、「そこはうまくあわせる」と（笑）。だから結局は人なのかなと。
それから榎本さんと後藤さんのお二人が構造の話ですが、「生物の形態」とか「生命化」であったり、「形態創成」とか「最適化」であったり、同じキーワードを使っていますね。一見、同じことをやっているように見えますが、実はまったく違ったことをやっているんですね。私の理解では、どちらかというと榎本さんはヴァーチャルなイメージ、形態からスタートしている。後藤さんのほうはまずシステムがあって、コンストラクションがあって、当然ディテールやマテリアルがあって、作るという行為から始まっている。ですから一見同じに見えるんですが、アプローチも手法も違う。それでおもしろいなと思って聞いていたんですね。

八束　単純に言ってしまうと、片方が足し算をやってて、片方が引き算をやってる感じですよね。でも出発点には何らかのフィロソフィーがあると思うんですが、その辺はいかがですか？

榎本　スタートはうちの佐々木（睦朗）先生がこのような形態創成手法に非常に興味を持たれていたんです。それで今まで見たことがないような構造や、生物の進化が持つアルゴリズムによって、より合理的な構造を作りたいと考えました。

後藤一真　僕の場合はもともと学部の頃に意匠をやってみたいというのがありました。その中で、最近の建築がある程度システマティックに出来上がっている傾向があるように考えていました。それでシステマティックな建築を考えた時にコンピュータの力が必要だと考えて、その力を使って自由な形態を作り上げたいというのが最初の動機です。論理的に建築を整理して作り上げていくという点では、榎本君とスタートは同じだと思っています。

セルカン　後藤さんに聞きたいのですが、この構造材はツー・バイ・フォーですよね。この建物が10年経って腐ったりした時に、簡単にメンテナンスはできるのでしょうか？

後藤　制作するときには防腐剤を塗っていますが、割れた部分は簡単に交換することは可能です。

陶器　支点桁は取替えは大変じゃないですか。組み合わせて固めるということは簡単に外れては困るわけですよね。稲山（正弘）さんが宮崎で作ったものは、下上下上で交互に組んでいくので、最後は地獄になってましたが。

後藤　割れたものを交換する際は2、3人でできました。ホゾが掘ってあるため1木が外れても周りの部材が支えてくれるので簡単に交換ができます。

セルカン　それから大西さんに2つ質問です。研究にあったモデル地域というのはどこか具体的な地域ですか？ そしてもうひとつ、今回のテーマが「未来」なので聞きたいのですが、学部を卒業して2年経って、この研究で自分の思ったとおりにいきましたか？

大西　ここは豊島区の池袋なんですけれども、実は僕の住んでいる地域で、ここを通ると風害が酷かったんですね。それで調べてみると住宅地に高層のマンションが増えていて、景観もよくないし、風環境としてもよくないと。それでここを選びました。それから2つ目の質問ですが、僕は高校生の頃に佐々木睦朗先生の講演を聴きに行って、そこで形態創成などの話を知って、これはおもしろいと思ったんですね。しかし大学に入ってから、構造の分野では佐々木先生などがかなりやられているため、自分が将来職業とするには先があまりないのかなと感じました。その中で、いろいろ調べていくうちに、環境や設備の分野ではデザインとの結びつきが弱く、もっとおもしろい提案ができれば、デザインの分野にいろいろ活かせると思ったんです。そこで大学院では温熱環境の研究を専攻し、CFDのような先進的な解析に興味を持って研究しています。今言ったとおり、研究では自分の身近なところから問題を見つけて、それを発展させていくというかたちでやっています。

セルカン　今の話を聞くととてもわかりやすいのですが、これから10年、20年でいろいろ変わってくるじゃないですか。その時に自分の研究がその街の開発に対してどのように役に立つと考えられてますか？

大西　おっしゃるとおりで、数十年先には高層の建物ばかりになる可能性もありますよね。ですから、過渡的な状況の時にやはり何か対策をしておかなくてはいけないのではないかと。実際はこれだけ建築ストックがある中で、高層の建物だけになることはないと思うんですよ。高層が多いところでは、みんな風害はしょうがないと思って住んでいるので、それはそれであまり問題にならないとも思いますし。

陶器　環境工学はこれからまだまだいろんな可能性がありますよね。昔、どこかの研究で建物のコーナーにローラーをつけて、風が吹くとそれが回って発電ができるというものがあった。そういうふうに、ビル風をネガティヴに捉えるのではなく、逆に利用するようなこともありますよね。

八束　自分の中でもどう評価していいかわかってないところがあるのですが、ひとつは形態創成のような構造の議論を見ていると、非常にスカルプチュアルな形を導き出しているんですね。だとすると風害から建物の形をデザインすることはできないのっていう、常識的な意味での未来的な発想からすると、そういう疑問が出てくる。一方で、大西君の論文を最初に読んだ時は、正直言うと「なんだ結局木を植えるのか」と。それはあまり「未来」っぽくないなと思ったのだけど、考えてみるとあれはせいぜい4メートルくらいの高さの話に限定してますよね。本当はそっちのほうがリアルな未来なのかもしれないという思いもある。

近代科学はついなんでもやりたがってしまうんだけど、あんまり余計なことはしないほうがいいという議論がある。空間経済学という分野があるけれど、MITのポール・クルーグマンという人が、非常に精密な数理を使って国際経済を分析しているんですね。この人の本におもしろいエピソードがあって、友人の地理学者から聞いたアフリカの地図の話をするわけです。最初は未開の地で何があるのかはわからない。それがリビングストンやスタンレーの探検家の話が入ってくることによって、だんだん地図に情報が書き込まれていく。ところが、やがて近代的な地理学のテクノロジーが発明されると、完全に均質でないといけない、A地点とB地点で情報の疎密があってはいけないとなる。そうなった途端、今まで書き込まれてた情報がすべてブランクになって、アフリカに関する地図の情報が逆になくなってしまった──という話を彼は批判をしていて、自分は数理経済の分析をしているけれども、最も進んでいる数理を使っているから自分たちが経済をいちばん理解しているのだと自負することの戒めとして、実際には探検家の話は間違っていることもあったかもしれないけれど、それなりの使いようがあった、しかし、近代地理学はそれを捨ててしまったという話なんですね。大西君の植樹の話がそれだと言うつもりはないんだけど、大河内君の話も含めて、身体計測の話をどんどん進めていくと情報のある密度は上がるんだけど、もっと素朴に我々が建築に対して考えていたことが落っこちてしまうんじゃないかなと。未来というものは本当はそれを考えていかなくてはいけないんじゃないかと思ったわけです。

大西　植栽については完全に自動化して樹木の配置を決めることもできるんですけども、僕はそうではないほうがいいと考えているんですね。もっと他の要素を含めて、設計者に配置は決めてもらう、だけどその手助けをするんだというツールを作りたかったんですね。

八束　今日はこの中で設計者は僕だけなので言ってしまうと、あまり設計者を増長させなくていいと思うんですね。後藤君の構造にしても、あれを持って来られると、設計者は何を言ったらいいのかなと思いながら見ていました。これからは、設計者がいちばん上にいて構造や環境の人がサポートに回るという発想はあまりよくないんじゃないかと。

それでは後半のセクションを始めたいと思います。向尚美さんの『風の景観操作考』(p.330)、榊俊文さんの『東京・水辺まちづかい論』(p.332)、浦田裕彦さんの『南イタリア・プーリア州の都市と地域の再生』(p.334)、日高香織さんの『郊外ニュータウン居住者の住環境変化に対する意識調査と、人口減少

地域における今後の住環境の在り方に関する研究』(p.336)です。始めの向さんの発表というのは、非常に日本的な話を取り上げています。風土の話ですね。和辻哲郎の有名な風土論にも言及されています。和辻はドイツに留学していたわけですが、彼が参考にしていたのはドイツの気候学でした。これが日本に来ると風土論になるというのがおもしろいなと思っていて、僕自身も数年前『思想としての日本近代建築』に書いたことでもあります。もうひとつ重要な言葉として、最近は使われなくなった「水景」という言葉があって、その2つをくっつけるといわゆる風水になるわけです。これは東洋的な概念で、気候学という近代科学的なものと対峙している。以上のようなことを踏まえて、西洋的な視点でこれを論じるのもおもしろいのではないかと感じました。

それから榊君は日本、浦田君はイタリア、日高さんは大阪の郊外の事例をドイツの政策と比較しながら発表してくれました。まずはセルカンさんに伺ってみたいことがあります。セルカンさんは、国籍はトルコですが生まれはドイツであり、数々な国を渡り歩いていらっしゃるわけですが、そのような経歴の方、国際人の視点から見てこのような日本の学生の視点や議論の仕方というものをどのように見ておられるのか。また海外の大学においては、このような海外の事例がどのように扱われているのかという点をお聞きしたいのですが。

セルカン　私はイタリアで2年間暮らしていたのですが、今回の浦田さんが取り上げている町などは聞いたことがない。ほとんどヨーロッパでも注目さ

れていないような事例を探し出してきているわけで、どうやっているのか聞きたい。それから向さんの発表の中で、ヨーロッパでは風にネガティヴな意味があったというお話がありましたが、それは私には理解できませんでした。

海外の大学の論文で、例えば日本の串本町のまちづくりを考えましたという発想はあまりないわけです。なぜ目の周りの事例に行かずにこのようなトピックを選択したのか聞きたいですね。

陶器　やはりセルカンさんと同じような感じを受けています。全体的によく調べているとは思うのですが、まとめに書いてある展望のようなことが実は研究テーマなんじゃないのかという感じがしました。きっかけにしても、本当にその町の現状に問題意識を持って解決案を探りに行ったのか、それとも純粋な調査なのかわからない部分がありましたね。

八束　それではひとりずつ聞いていきましょうか。

向尚美　最初にヨーロッパで風がネガティヴかどうかという点なのですが、ヨーロッパ建築における厚い壁や重厚な素材、柱間スパンが長いことなどを踏まえた上でネガティヴという言葉を使いました。風がネガティヴというのではなく、建築との関係を指して言ったつもりです。確かに結論としては不十分で、その点に関しては何も言えないのですが、背景としては今の日本の景観が視覚的なものに支配されていることに問題意識を持って論文に取り組んでいます。視覚では捉えきれない感覚を重要視しないと動的なシークエンスを作れないと感じ、日本の古来からある視覚以外の感覚に関係するものをまとめようと考えました。

榊俊文　学部時代から水辺空間をどうにかしたいという気持ちがずっとありました。大学で論文を書けば自動的に卒業という部分にも疑問を感じていて、何かできることはないかという思いから今回のような活動を行い、それを運動論として論文にまとめることにしました。

浦田裕彦　僕はもともと大学時代は日本のまちづくり活動にも参加していたのですが、そうした活動をしていく上で何を大切にすべきか、ローカルなものを活かしていくのにはどうしたらいいのか、そのことをもう一度考えてみたいと思いイタリアに行きました。なぜ対象地がこのような田舎の町になったかと言うと、モノーポリ、ガッリーポリに関してはもともと研究室で取り組んでいた町だったんです。3つ目のトラーニは研究室でイタリア調査に出かけた時にワイン祭りに参加し、その時に非常に濃い都市的体験をしたことが動機になっています。

日高香織　ドイツの事例がどれだけ比較参考になるのかという点に関しては手探りで調べていったのですが、都市の変化の中には成長や拡大だけではなく縮小という概念もあるのだなということに興味を惹かれて調査を進めていきました。郊外のニュータウンに関しては、地域の価値というのがどこまであるのか、これ以上発展していく可能性はないのではないかという疑問を持っています。その際、縮小という考えを持ちながら悲観的にならずに政策を行っているドイツの姿勢には日本も学ぶところが大きいのではないかと感じています。

八束　例えば浦田さんの論文のイタリアの3都市については、スライドを見ると、きれいで生活も恵まれているのだろうなという感じがする。逆に日高さんはこれ以上の発展は望めないという事例を取り上げていて、同じヨーロッパでもだいぶ異なった印象を受けます。けれどそれはあくまでもイメージであって、本当にそうなのかなという部分がある。例えば、浦田さんはトゥーリズムを取り上げていますが、なぜ都市を支えている経済的、産業的な形態に対して数的な分析が何も出てこないのか、その点に違和感があります。榊さんは日本の事例ですが、ああいった運動を持続可能にしていくためには、本当にコミュニティ・リーダーのような方が行政に働きかけていくだけで十分なのか、そのための社会的分析というのがなぜ出てこないのかと思ってしまうわけです。特に海外の事例を取り上げる場合、現地に行くと大概そこには郷土史家みたいな人がいて、情報を与えてくれるわけです。それは確かに他の日本人が知りえない情報なのかもしれない。しかし、情報を与えられてくるだけでは本当にそれって研究なのかなと思ってしまうわけです。あなたにしかできない価値のある切り口、売りのようなものが見えてこないんですね。意地悪な言い方になってしまいましたが、こういう点に関してどう思われますか？

浦田　数的な分析については把握しきれなかったというのが正直なところです。今回は基本的に体験に基づいた論文であり、客観的な視点を持ちえなかったのも事実です。ですが、やはり実際に体験はするものだなというのが論文を書いた後に感じたことでもあります。僕の半分観光客、半分論文調査員として現地にいる視点というのも、現場を見る上では価値がある視点ではないかと思っています。

八束　素朴な体験がスタートになるべきだというのはそのとおりですが、信じすぎると単なるきれいな作文に留まってしまうのではないかと思いますが。

榊　水辺空間に関して言えば、最近の関心の高まりもあり、NPOや企業による水辺空間を活用した活動も見られ始めてはいます。ただ、それらはあくまでも事業として取り組まれているものです。ボランティアとしてこのような活動を起こすことができるというのは学生の特権だと思っています。さらに千代田区というのは1990年代に入ってから住宅供給を始めて、今ようやく人が戻り始めている状況で、そういった地域で街を作っていくという意識を住民に埋め込みたいという思いがあります。このような活動を続けていくことで住民の考え方が変わっていくと思っていますし、今後もこのような社会実験のようなことを続けていければと思っています。

日高　数的な話をしますと、ドイツにおけるこのような政策には大きな補助金が出ています。日本ではこのようなお金は出ないでしょうし、その点、EUはとても恵まれているように思います。社会的な分析に関しましては、今回は行政を中心に制度の策定までの流れを中心に調査を行いました。行政中心にお話を伺ったので、資料が偏ったものになってしまったことは否定できませんし、この制度だけでは語れない部分も多いとは感じています。

陶器　3人に共通の話ですが、結局、意識の話に逃げ込んでしまっているのではないかという気がします。行政や企業に頼るのではなく住民の意識を高めていかなければならないというのは、確かにそのとおりなのかもしれませんが、ではどうやってインセンティヴを与え定着させていくのか、そこの提案なり分析がないんですよね。

八束　私の大学でもそうなんですが、まちづくり関連の学生が発表する時に、技術系の先生からそのような批判が出てくるんですよね。技術系の学問はメソドロジーがきちんとしていて手順を踏めばそれなりの結論が出ますが、まちづくり系はそういうものがなく単なるお話じゃないかと思われてしまう。日本の建築学科が工学部にある以上、特に向さんの論文のような民俗学によった研究などは、どうしても浮いて見えてしまうんですね。

セルカン　向さんの話は結局文化の話だと思うんですね。イタリアで風というのは昔、外から来る敵という意味があったんですよ。それは別に風が悪いということではなくて、その時代その時代で特定の意味を持っていたということです。それで建築観が決まってきたところもある。それをネガティヴというのは、私はヨーロッパの人間ですので、ちょっと寂しい感じもしました。

榊さんはボートに乗ってみんなが楽しんでいるスライドを見せてくれましたが、これが提案されている

「まちづかい」なのだとしたら、屋形船や最近よくある船を使ったクラブなどとどう違うのでしょうか。それらと比べて、このボートの使われ方のどこに特長があるのかを語ってもらいたかった。もう一点気になったのは、ボート遊びで終わっている印象がしてしまったんですね。今後は例えば、水辺に人を呼び込むもっと具体的な提案に繋げていく必要があるのかなと思いました。

それから浦田さんですが、3つの都市を取り上げていますが、都市の人口や面積などの基本的な情報が抜けているんですよね。この3つを選んだ理由をもっとはっきりと示す必要があると感じました。

そして日高さん、私は西ドイツで生まれて東ドイツの大学に行っていたので、あなたとは話そうと思えば一日中でも話していられそうですが（笑）、ひとつだけ示唆的なことを言っておきます。私は大学に行っていた時にベンツに乗っていたのですが、毎日のようにエンブレムが壊されてしまったんですね。それはナンバープレートが西だったからなんです。いまだに西の人と東の人はいがみ合っている。先ほど挙げられていた補助金にしても、実は西の人が東のために出費しているお金なんです。ドイツにはそういう社会的問題がある。つまり、ニュータウンにおいて人口が減っていくという観点だけで、ドイツと大阪を比較できるのだろうかということです。もちろんドイツから学べることについてはもっと掘り下げていってほしいですが、個人的にはコミュニティなどの問題に絞っていったほうがおもしろかったのではないかと感じました。

八束　では、最後に各コメンテーターの方からまとめのコメントをお願いします。

陶器　まずは、学生生活最後の遊びたい時期にこのようなことをするという熱意と企画力に非常に感激しました。呼んで下さってありがとう。各論文については、独自の視点をもったもの、非常に緻密に分析しているもの、とても熱心に取り組んでいるものなど、どれも完成度の高いものでしたが、「未来を拓く」というテーマに照らしてみると、物足りなさを感じました。ただ、これは想定の範囲内でしたが。修士論文で未来を語るのは難しいと思うし、それよりもやはり時代もあるのかな、と思っています。私の大学でも先週卒業設計の発表会がありました。卒業制作というのはある意味、今の社会に対する問題の投げかけであり、それを建築でどう応え、何を訴えてゆくか、言葉を変えれば次の世界をどう切り拓いてゆくか、という事だと思います。そのハードルが低いというか、あまりに本人の身近なものであったり、社会や学会で言われていることであったりで、出来上がったものはすごくまとまっているけれど、心に残るものがない。それはうちの大学に限った話でもなくて、やはり時代なのかと。我々の一世代前、八束さんたちの世代は物がなく常に満たされていない時代を生き抜いてきて、今を変えよう、というエネルギーがあった。相手は政府でも社会でも大学でも、何でも良かった。とにかく現状を否定して戦ってゆくという姿勢があって、それがある意味日本の高度成長の原動力になったと思います。

今は物質的にも満たされていて何でも手に入るし何でも出来る。こういう時代に夢を描くのは難しいのかも知れないという気がしています。一方で、これからは今まで当たり前にあると思っていたもの、例えば空気や水といったものが当たり前に手に入らなくなる時代になるのではないかという気がします。

それを悲しむのではなく、ポジティブに捉えなければ未来はない。そのために大切なことは新たな発想です。今の学生を見ていると、あまりにも世の中にあること、制度とか社会とか、我々が言っていること、やっていることに従順すぎるという気がします。常識といわれていることを常識と思わず、既成の枠組みを一旦取り外してものごとを考えて欲しい。今までの枠の中に留まっていては未来を築くことは出来ない。これからの時代を切り拓いてゆくのは私たちではなく、みんなにかかっているのですから。

セルカン　最後に3点だけ取り上げたいと思います。まずはプレゼンテーション・スタイルですね。発表というのはこれから仕事をしていく上でも重要なものです。自分の考えてきたことを5分や7分といった決められた時間の中で組み立ておもしろく相手に伝えられるか、これが建築でいちばん大切な力だと思います。なぜこの研究を始めたのか、自分がおもしろいと感じている点を相手に時間内に伝えることが大切です。2つ目はせっかく未来の回なので言いますと、今はあなた方がこの論文を書こうと思った2年前から見て「未来」なわけです。私から見ると、日本人の学生は近未来のことを研究するのをなぜか怖がっているように映るんですね。これが全然わからないんです。私は昨日ローマから帰ってきたのですが、ローマでは「未来のローマ」という学会主催の集まりに1日で6千人もの人たちが参加していました。今の東京で「未来の東京」を開催したとしたら、はたしてどのくらいの人が来るのでしょう？

もう少し近未来のことを意識的に考えてみてはどうでしょうか。最後に、私は「変化」というキーワードを使っているのですが、学生時代というのはいろいろ考え放題なんですが、実際それを応用しようとすると問題点がいっぱい見つかって夜も眠れない生活になってしまうものです。なぜなら建築では自分の提案した一部分を変えるだけで、すべての生産システムを変えていかなければならないのですから。それは簡単にはできることではない。自分の考えたことをどう応用し、どう活かしていくかがこれから最も大きなチャレンジになってくると思います。今日の「トウキョウ建築コレクション」もそのひとつの経験として受け取って、これからもどんどん経験を重ねて、すばらしい建築家になってください。

八束　もうすぐ『10＋1』の最終号が出るのですが、その中で未来の東京の問題、そうなるかもしれない東京の姿について取り上げて特集しています。そこでは今日の後半の人たちとはおよそかけ離れたアプローチをしています。ある方の研究によると、東京23区の容積率を2000％にしてびっちり建てると、1億2千万人がそこに収容できるらしいんですね。つまり日本の人口をそこに収容できると。それを悪夢と受け取る人もいると思うのですが、単純に僕はすごい仮定だなと思いました。もちろんそれに共感してくれと言うつもりも、大阪のニュータウンの話と合わせて考えてくれと言うつもりもありません。ただ、今の日本の建築学会では、学が前提としているフレームワークを疑っていない人が多すぎ

るのではないかという懸念があるんですね。日本はこれから人口が減る、だからコンパクトシティにしていかなければならない、サスティナビリティを考えていかなければならない。これは僕から見ると、みんな不景気なことを言って株価が下がりそうだから株を売らなければならない、その結果また株価が下がるという現象とすごく似ているように思うのです。僕はこれは絶対的なものではなく相対的なものだと信じています。日本の社会がコンパクトになっていって、なんとなく平和裏に暮らしが続いていくというのは大変疑わしい。そうなってしまった時には日本の経済は停滞し、東京が夕張化してしまう可能性もあるわけで、そのことについてもっと具体的に考えなければなりません。ところがコンパクトシティやサスティナビリティと言ってしまうと、すごく美しいハーモニアスでローカルな話に、あるいは伝統的な価値観に回避してしまう。僕はそれを否定する気はないけれど、みんながみんなそうなってしまうのはすごく気持ち悪い気がする。だからあえて、年甲斐もなく東京に1億2千万人が集まったらという仮定の話でどんなことが考えられるかを、僕の先生であった丹下健三さんの「東京計画1960」をモデルに、その50年後の話を学生たちとリサーチしているわけです。それに賛同しろとは言いませんが、このようにある前提を疑っていくことは非常に重要なことだと思います。私の研究室でもあるのかもしれませんが、その研究室の持つテーマや方法論を無批判に踏襲していくというのは危険なことでもあるのです。研究室のアカデミックなメソッドに従っていけば、ある程度の成果を残すことはできるでしょう。言い方は悪いけど自己満足も得られると思います。でもその先に本当に「未来」があるのか。自分たちが株価を下げて、ハードルを下げてしまっているだけかもしれない。少なくとも、ひょっとしてそうなんじゃないかという視点は失わずにいてもらいたい。あなた方は若いですし無限の可能性があるわけですから、あまり狭いところでは満足してほしくないと思っています。

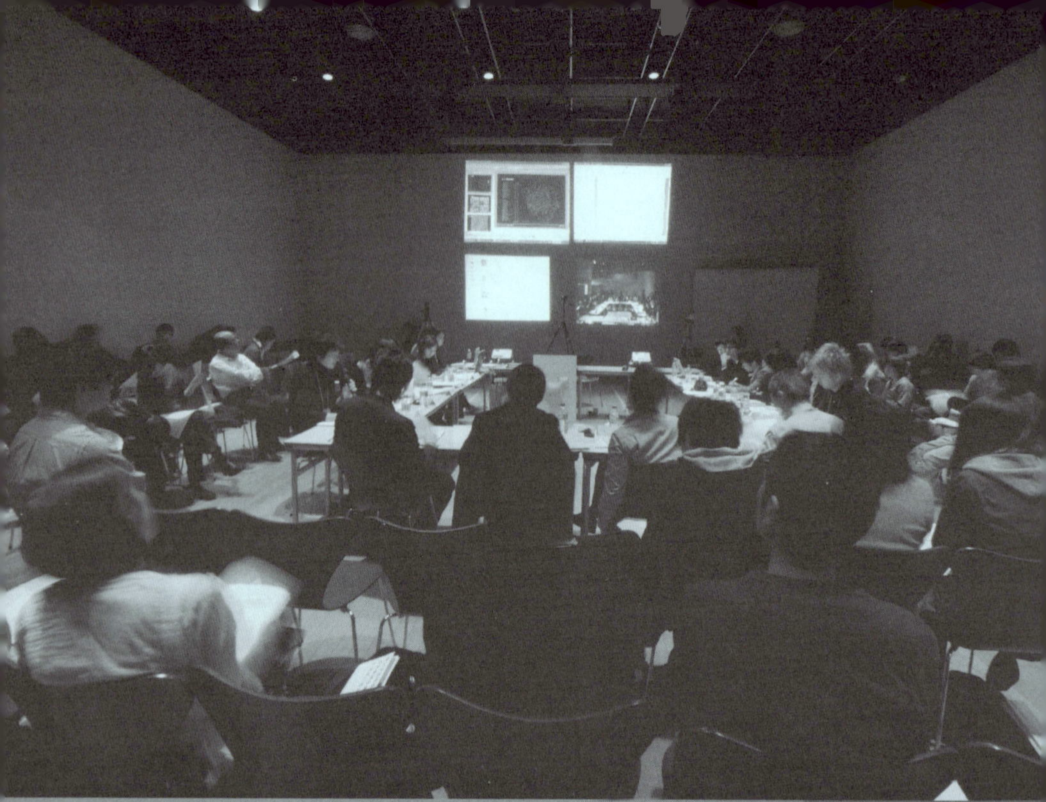

07(金)

13:00

全国修士論文討論会
「未来」を拓く

懇談会

18:00

08(土)

10:30

全国修士設計展
プレゼンテーション

13:30

16:30

全国修士設計展
公開審査会

18:30

授賞式・懇親会

20:00

09(日)

TRANSSÉS
LOOP LINE

KŪ USA

あとがき

第2回目となる今年度は、トウキョウ建築コレクションの今後の展望を示すキーワードとして「アーカイブ」を目標に掲げました。会期中、毎日異なる企画を開催したことで、1週間を通してヒルサイドテラス全体が建築週間と化すような展覧会を目指しました。2つの会場で2つの企画を同時進行するということは私たちにとって未知なる挑戦でした。当初は企画の終着点が見えないままのスタートでしたが、会期中、議論を重ねていくうちに、終着点は見えなくていいのかもしれないと感じました。これはスタート地点であってゴールではない。この先同じ一線で社会へ関わっていく一員としての挨拶のようなもので、今後我々が問うべき議題が明快になったのではないかと思います。価値観はそれぞれ違うものの、目指すべき方向性の一つを見いだせたのだと感じました。そして新しい環境の中でさらに議論を交わし、実践していくべきなのだと。今回の展覧会を通して、分野を超越し、問題意識や価値観を共有することの貴重さを改めて実感し、その面白さを体験することができました。

本展覧会を開催するにあたり、多くの御協賛企業各位、御協力いただいた代官山ヒルサイドテラス、新建築社、日本建築学会、建築資料研究社／日建学院、鹿

島出版会、竹尾各位には、多大なるご支援とご厚情を賜り、心よりお礼申し上げます。特別講演を引き受けてくださった槇文彦先生、設計展で審査員を引き受けてくださった青木淳、大野秀敏、手塚貴晴、宮本佳明の各先生、昨年に引き続きアドバイザーとして見守ってくれた古谷誠章先生、さらに、論文討論会のディレクターとして企画全体を通してご指導いただいた八束はじめ先生、コメンテーターとして討論に参加していただいた青井哲人、太田浩史、佐藤淳、馬場正尊、藤村龍至、アニリール・セルカン、陶器浩一の各先生をはじめ、数多くの方々のご協力によって実現することができました。また参加者の方々、ご来場いただいた方々にも心より感謝申し上げます。皆様、本当にありがとうございました。そして共に企画・運営をしてきた素晴しい仲間たちに出会えたことに深く感謝します。

トウキョウ建築コレクションは、今後も学生最後の発表の場としてだけでなく、社会との結節点として展開していく企画であり続けたいと思っております。今回の貴重な体験を生かし、さらなる向上を目標に、来年度につなげていきたいと思っておりますので、どうぞよろしくお願い申し上げます。

2008年6月23日
トウキョウ建築コレクション2008実行委員会代表
顧 彬彬(こ・ぴんぴん)

AsahiKASEI
日本も、
ロングライフ住宅へ。
ロングライフ住宅。
ヘーベルハウス
旭化成ホームズ株式会社
〒160-8345
東京都新宿区西新宿1-24-1（エステック情報ビル）
03-3344-7111（代表）
http://www.asahi-kasei.co.jp/hebel/

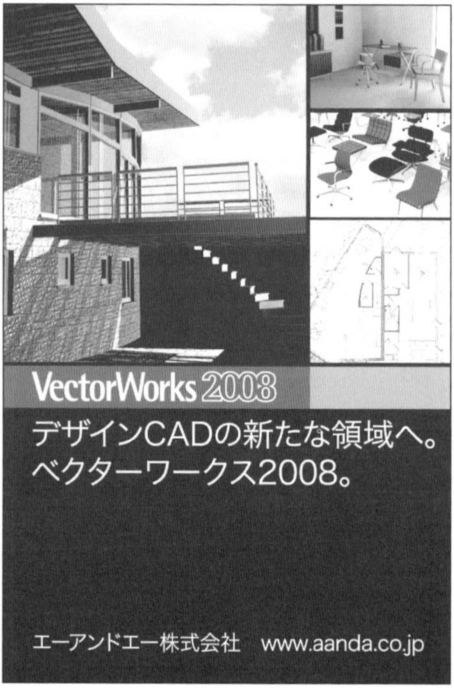
VectorWorks 2008
デザインCADの新たな領域へ。
ベクターワークス2008。
エーアンドエー株式会社 www.aanda.co.jp

工法は変わっても
創るスピリットは
変わらない。
大林組
OBAYASHI
創業時店舗の鬼瓦
www.obayashi.co.jp

「ミライ ヲ キリヒラケ。」
NEED KAJIMA
100年をつくる会社
鹿島
KAJIMA CORPORATION

「トウキョウ建築コレクション2008」は、
以上28社の企業の皆様からの協賛により、
運営することができました。
また、次の企業・団体様からは後援、協力を頂きました。

[後援]株式会社 新建築社、社団法人 日本建築学会
[協力]代官山ヒルサイドテラス、建築資料研究社/日建学院、
株式会社 鹿島出版会、株式会社 竹尾

この場を借りて深謝いたします。

トウキョウ建築コレクション2008実行委員会

トウキョウ建築コレクション2008

槇文彦特別講演

「東京を語る」

トウキョウ建築コレクションでは「全国修士設計展」、「全国修士論文討論会」と並行して、「東京」という都市を定点観測的な視点から捉えることを目指す特別企画を今後継続して行っていく予定である。その初回にあたる今年度は「東京」をテーマに、建築家槇文彦氏による講演を行った。本講演はトウキョウ建築コレクション会期中である二〇〇八年三月四日に代官山ヒルサイドテラス・ヒルサイドプラザで開催された内容を収録したものである。

東京を語る

こんにちは。今日はトウキョウ建築コレクションの企画の一環として、東京について講演をしてほしいとのことでしたので、話をさせていただきます。

僕は東京に生まれて、七〇年以上ここに住んでいて、今でも仕事をしています。おそらく今日、会場に来ている皆さんは、まだ二〇代の方が多いと思うし、地方から来られた方もいるでしょうから、それほど長くは東京に住んでいないと言っていいでしょう。現在の東京については、僕が知らない場所を知っていたりするかもしれませんね。でも都市というのは必ずそこに歴史があり、それが重要です。

東京、かつては江戸ですが、そこに太田道灌が城を構えてから五〇〇年以上が経っています。その間には大きな歴史的変貌があって、それはこの短い時間ではとても話し足りないほどなのですが、まずは江戸、東京の歴史について振り返ってみたいと思います。

次に、世界第二位の経済力をもった日本なのに、残念ながら都市の社会資本は充実していないように見えます。立派な建物は確かにたくさんあるのですが、そういった社会資本を形成していくのには失敗してきている。それはいったいなぜだろうか。これは先に触れた歴史的なこととも関係してくるのですが、それについて簡単に話します。

その次は、今日、皆さんが来られたヒルサイドテラスに触れます。どうしてこういうふうに設計したか、という話は一切しません。我々自身が、ここから何を学んだか、という観点から話をします。

最後に、個々の建物を設計することが、都市を充実させることにどう結びついていくの

槇 文彦 Fumihiko Maki

1928年東京都生まれ。1952年東京大学工学部建築学科卒業。1953年クランブルック美術学院修士課程修了。1954年ハーバード大学修士課程修了。ワシントン大学、ハーバード大学準教授を歴任。1965年槇総合計画事務所設立。1979～89年東京大学工学部教授。

か、それについて自分が設計した建物を例にして説明しておこうと思います。公共の建物であろうと、民間の資本でつくられたものであろうと、パブリック・スペースというものをつくり、都市とつなげていくことが、我々の、そしてここにおられる皆さんに与えられた課題だと思うんです。単体の建物を設計するときでも、そういう観点に立って仕事をし、その集積とネットワーク化を図ることが、このメガロポリス東京で重要だということですね。

以上のような内容を、今日は話すつもりです。

東京の歴史

これは太田道灌が最初に江戸に居を定めた時代の地図です（＊1）。北西にかけて遠くの方に山脈があり、豊穣な沃野が開けています。北の方には山があって、南はすぐに海です。これらはディフェンス面でのボーダーになります。それから、川があります。川が多いことで、水には欠かないし、沃野から様々な穀物などを調達できます。これらの条件は、中国で考えられていた理想都市の形態を汲んでいるとも言われます。これを表しているのが、朱雀、白虎、青龍、玄武を象った守り神ですね。虎ノ門という地名がありますが、これは白虎に関係しています。

その後、徳川家康が江戸に幕府を開設します。この図は一六七〇年の江戸の地図ですが、既にかなりの人口となっています（＊2）。

この時の東京の、都市計画的な特徴を見てみると、いくつかの原則がここで重なって存在していることがわかります。例えば街路です。東海道や中山道といった主要な街道が放射状に延びています。徳川幕府は、それを通して日本中を統治しようとしたわけですね。この放射状の街路は、今でも卓越した存在として東京の骨格を規定しています。

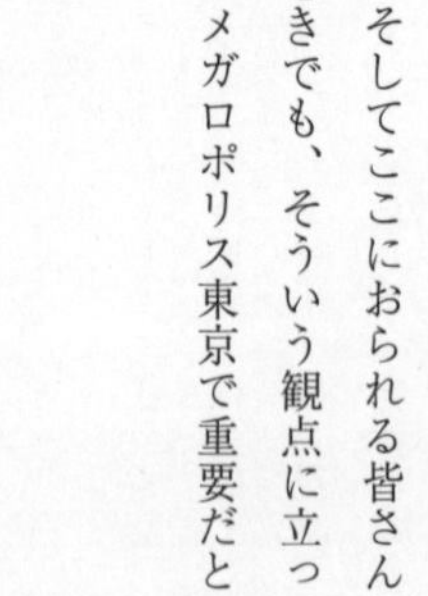
＊1　中世

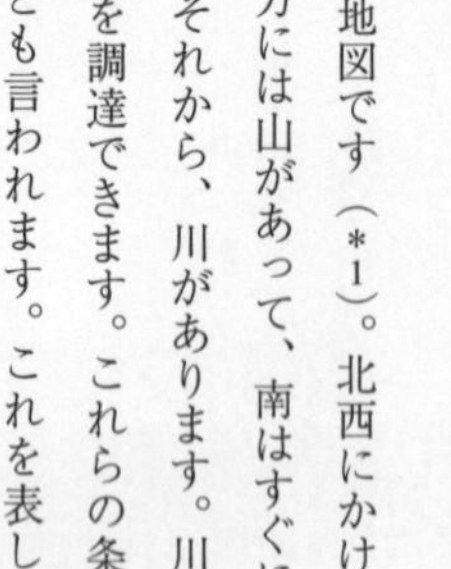
＊2　1670年

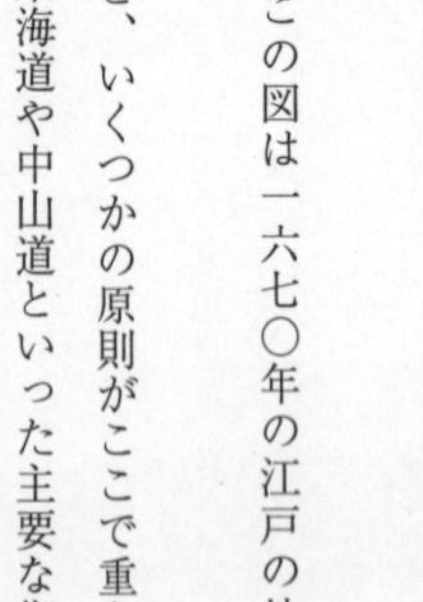
＊3　1865年

土地利用形態を見ると、寺町や大名、旗本、御家人のための場所が、かなり大きな部分を占めていました。一方、現在の東京駅、新橋、上野あたりを中心に、はっきりとした町人町も発達します。港に近いため、様々な交易の対象物が、こうしたところに持ち込まれるわけですね。そして中心部に江戸城がつくられます。

それからもうひとつ、東京というのはなだらかな平地で、丘と思えるような場所でもせいぜいが海抜二〇メートルぐらいです。しかしその起伏を利用して、住む場所を身分制度に応じて決めていたようです。

地勢によって様々な区分けや道を全体に広げていったというわけで、これでは街が幾何学的な形の発展をとることはできません。その代わり町人町では、はっきりとグリッド・パターンをとっています。江戸八百八町は無数の商人やものをつくる人たちの場所であって、これは海外の中世以降の都市とも共通する典型的な構図です。何代にもわたって人々が生業を続けていく安定したコミュニティの基礎を、町人町が担っていたということが言えるのではないかと思います。

このように江戸を見ていくと、同じ時代の世界の他の都市と比べて、決して劣ったところはありません。むしろ、社寺仏閣が占めるところが多く、緑に恵まれているという点から、世界に誇れる田園都市だったのではないでしょうか。

付け加えておくと徳川幕府の時代には内戦も少なく、それもあって江戸末期には人口が百万を越えます（＊3）。百万人を超えた都市というのは、当時世界的に少なくて、例えばこの時代のロンドンは九〇万人、ウィーンが二五万人、ニューヨークはまだニューアムステルダムと呼ばれて人口は十万に満たず、居住地がようやく北の方に発展し始めたころです。これを考えても、非常によくできた田園都市を形成していたことがいえると思います。

＊4

＊5

地勢に合わせて道が入り込んでいく

これはティピカルな町人町の姿を描いた浮世絵です（＊4）。二層ほどの低層の店舗が主要な道にそって展開し、その奥の方へ入っていくと低所得層のための長屋住居群が展開していくという構成です。当時の人口から鑑みても、非常に高密度だったわけですね。つまり都市の中の密度が高い環境は、既に江戸時代から長く続いているんです。

それと対比的に、大きな屋敷町がありました。こちらはティピカルな武家屋敷です（＊5）。大きな大名屋敷があって、それに仕える御家人たちが暮らす一種の低層集合住宅が、道に沿って続いています。屋敷には大きな門があって、その中へ入ると一軒家の武家屋敷が建ち、その周りにも様々な位の人たちの建物があったりします。

目白の、山手線のすぐ外側に、かつての徳川家のお屋敷があって、そこに僕の親戚が仕えていたんですね。仕えている人たちのなかでは、かなり上の位だったようです。徳川家の屋敷と門を接して、すぐ隣に建つ形でその家はありました。僕もよく遊びに行ったので、その家のことは今でも覚えています。

ここで詳しい話はできませんが、封建社会のしきたりの中で、大名か旗本かなど、その地位によって、どのような家に住むかということがはっきりと決まっていたわけです。当時のヨーロッパに比べても、東京では一軒家と、そうでない長屋、町家みたいなものとが、非常にはっきりと分かれて発展してきたことがわかります。

ティピカルな町人町を着目しますと、おそらくこれは京都の碁盤状の街路から、たとえば一〇〇メートル四方ぐらいの大きな区画が最初つくられたに違いありません。その真ん中に会所地があったのですが、人口が増えるに従って奥へ奥へと横町ができたり、路地が延びたりしていく形で、都市の街区が成長していったわけですね（＊6）。

さらに面白いのは、先ほど話した山手にあった大きな大名屋敷の変化ですね。封建制

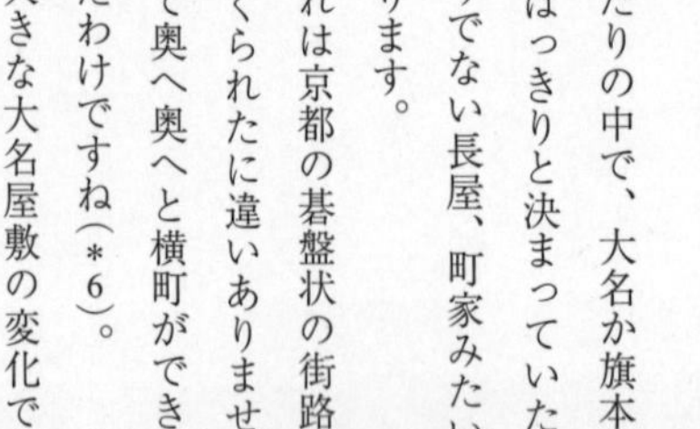

＊7

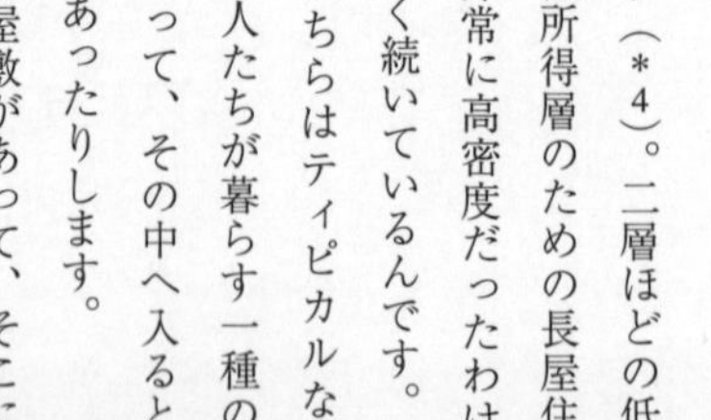

＊6

が崩壊すると、大名屋敷の敷地も切り売りされてしまうわけですが、明快な形でいくつかに分割されるのではなく、地勢に合わせて二次的、三次的な道が入り込んでいくんですね（＊7）。これは日本の街のつくられ方の特徴と言えると思います。理性に基づいた分割ではなく、奥に向かって何か領域が入っていくようにして街ができていくんです。

現在の東京が、モザイク・シティと呼ばれることがありますが、そうした様相は最初にあった町人町や武家屋敷がどのように進化をしていったのか、それを抜きにしては語れません。こういうことが、東京という都市を理解するにはやはり重要になってくるのではないかと思います。

次は非常にティピカルなカントリー・サイド、つまり典型的な田舎の集落の風景ですね（＊8）。手前に田んぼがあって、街道筋になるような道があって、その後ろに農村の集落がある。そしてその奥には山が見えている。それも決して居丈高なものでなくて、あくまで穏やかなものです。

ご承知のように、日本の宗教というのは、もともとアニミズムとシャーマニズムのコンビネーションでできています。山には神様がいる。当然、そこにまつられる奥宮というものがありました。神代雄一郎さんという既に亡くなられた建築史家が、こういう構図（＊9）を表して説明しています。つまり山があって、街道があって、集落があって、田んぼがある。そこに奥宮、里宮、そして田宮がある。田宮というのは春から秋まで、田んぼでお米をつくっている間、そこにいて見守っていてくれるわけですね。収穫が終わると、また山に帰っていく。こういうことから、俗世界の軸がある一方で、それに直交する宗教軸があることがわかります。そういう形で、われわれの小世界の秩序が形成されていったわけです。

先ほど言いましたように、東京にも丘があるんですが、海抜の高いところには必ずと

＊8

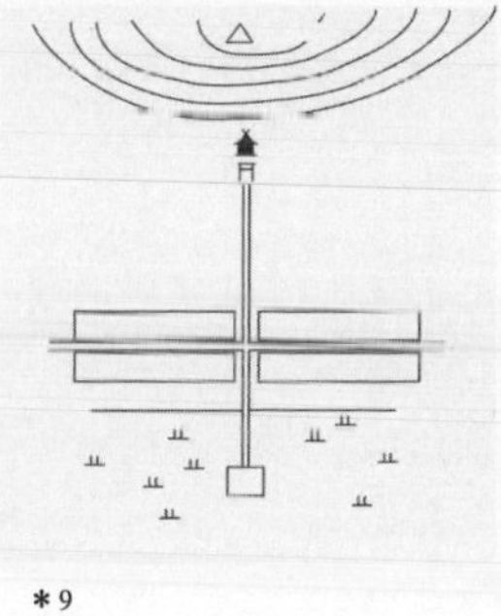

＊9

いっていいほど、社寺があります。そこに向かって真っ直ぐに宗教軸である参道が延びていて、お参りする人たちのためのいろいろな店舗が展開しています。この配置は現在の東京でも、様々なところで見ることができます。だいぶ周辺の風景は変わっていますけれども、品川神社でも愛宕神社でも、いくらでも例はありますね。

　こうした宗教軸に基づく多くの社寺がつくり出した形態原理。それから町人町や武家屋敷から発展していった地勢的、あるいは形態的秩序。そういうものが下敷きにあって、われわれの東京ができてきた、ということが理解してもらえるのではないかと思います。

ヨーロッパの都市デザインと東京

　これはヨーロッパの街です。イタリアでもドイツでもオーストリアでもどこでもよいのですが、こうした街では、セクションを見ると、建物とその外につくられた道との間には、フィギュア・グラウンドという一対一の関係があります（＊10）。皆さんのなかでも、中世以前から続くヨーロッパの街に行った経験がある人はわかると思うのですが、建物の高さがほぼ二二メートルくらいに決められているところが多い。決してデコボコしたシルエットを持った街というのはできてきませんでした。

　一方、フィギュア・ストリートというのは、一七、一八世紀以降のアメリカの都市です。ここではまず一番最初に、道というものがつくられます。そして分割されたところに、それぞれの地所があって、そこには最初のうちは何を建ててもかまいませんでした。これはあくまでも不動産投資を重要視した街づくりです。つまり、投資しやすい形で街ができている。外に向かって拡張するには、道を延ばしていけばいいという、極めて合理的な街づくりです。その最も典型的な例がマンハッタンですね。

　それに対してフィギュア・ネイチャーというのは、微妙な地勢や地形、あるいは御神木の

Figure Ground

Figure Street

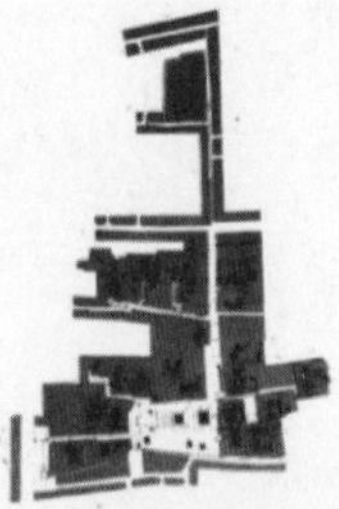
Figure Nature

＊10

ようなものをもとにして道や街区がつくられるやり方です。つまり、都市の秩序が自然のあり方と互いに対話しながら進んでいくという様相があるのです。江戸を見てみますと、多くがこれですね。それからストリート中心の街も街道という形で存在していました。一方、フィギュア・グラウンドというのは、せいぜい武家屋敷の塀ぐらいにしか残っていません。つまり、「塀があって、後は自由だ」という都市形態的特性をずっと長く保ってきたのではないかと思います。

　これは有名なオスマンとナポレオン三世がつくった十九世紀のパリですね（＊11）。バロック的なフィギュア・グラウンドをもとにして、その中に象徴的なブルバードであるとか、プラザや広場であるとか、モニュメントであるとか、そういうものを意識してつくってきた街ですが、一方で自然の強い要素であるセーヌ川というものがあって、それと非常に巧みに会話をしながらつくられています。そういう街づくりですね。

　関東大震災のあとで発表された東京です（＊12）。これは結局、提案にしかなりませんでした。こういう放射状の道は、明らかに当時のヨーロッパの考え方を踏襲しているわけですね。しかしこれが成立しなかったということは、地勢を無視した図というものは、なかなか日本では許容されていかない、それを推し進めていく政治的権力も存在していない、ということだと思います。

　さらにさかのぼると、日本が文明開化で近代国家に変わっていく段階で、当時の役人たちが、パリやベルリンやロンドンやウィーンに視察に行き、その街づくりを見て圧倒されて帰ってきます。日本に戻ると、せいぜいがちょっとした邸宅みたいな建物しかなくて、ヨーロッパにあったようなタウンホール、劇場、コロシアムといったパブリックな建築によって構築された都市と比べて、あまりにもみすぼらしいのではないか、そういう考えをもつようになったんです。

＊11

＊12

お雇い外国人による計画

東京をどうしたらいいんだということで、少し話は前後しますが明治の初め、彼らはドイツから都市計画の権威に来てもらことにしたんです。それがエンデ（Hermann Gustav Louis Ende）とベックマン（Wilhelm Böckmann）ですね。これは彼らが描いた東京の中心街です（＊13）。やはり放射線状の道が築地の本願寺に向かって延び、迂回するというような形になっています。これもまた結局は絵に描いた餅になってしまいました。今日、唯一残っているのは、国会議事堂が同じ場所につくられたことですね。霞ヶ関の官庁街は彼らの計画にもあったのですが、彼らが提案した点としての建物で、実現したのは議事堂だけでした（＊14）。

これは明治一七三年の東京です（＊15）。明治一九年に描かれていますから、一五〇年ぐらい後の東京をユートピアとして想像したものですね。非常に面白いのは、街並みはパリから、煙突はイギリスの産業都市からと、いいとこどりをしているわけです。この精神というのは、実は明治の文明開花で日本がとった優れた政策でもあったのです。というのは、アジアはタイと日本を除いてほとんどが植民地化されました。そこでは、まったく違う場所の文化、例えばインドネシアならオランダが、香港なら英国のものが、非常に強く入ってきたわけです。

それに対して、明治政府が取った態度はいいとこどりです。海軍に関しては、すでに七つの海を制覇していた英国。科学や技術に関してはドイツ。医学もそうです。昔から患者さんに聞かれたくない医学用語は、すべてドイツ語が使われていました。カルテというのもそうですね。それから美術や食べ物はフランス。今でも皇室が催されるパーティーでは、フランス式の料理が出されます。法律にしても、我々の先代が大学にいたころは、英法、仏法、独法の三つの法律原理が共存していました。それから文学でも、英文学、仏文

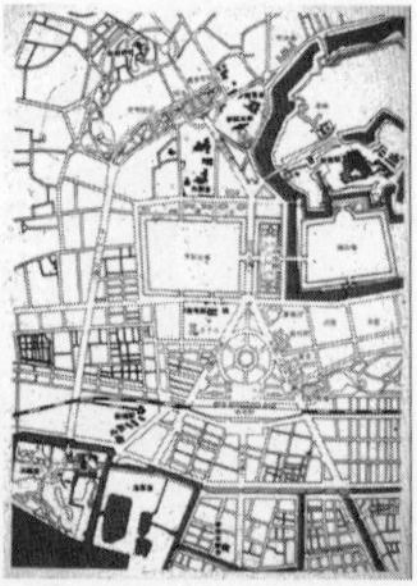
＊13

＊14

＊15

学とかの住み分けがありました。これは非常に日本独特のものです。

建築についてみると、当時からヨーロッパには二つの主要な潮流があって、ひとつはエコール・デ・ボザールに象徴されるようなアカデミー。芸術を中心にした建築の教育です。もうひとつはドイツのテクニカル・ホッホシューレ。これは工学を中心にした建築の教育です。それで、どちらをとろうかというときに、日本はドイツ系をとったのです。地震の多い国で、工学が重視される今のような風潮のことを考えれば、正しい選択だったのでしょうね。一方、日本の美術はアカデミーを採ったために派閥主義に陥って、長い間停滞していきました。日本でも芸大で建築を教えていたけれども、あくまでマイノリティーであって、メジャリティーは、工科大学だったんですね。

日本で一番最初の建築系学科は、ご存じのように帝国大学の造家学科で、そこで呼ばれた教師がイギリスで教育を受けたコンダー（Josiah Conder）でした。コンダーのもとで、初めて卒業した四人の学生の一人が辰野金吾です。辰野金吾はコンダーの推薦でイギリスに勉強しに行きますが、言った先は実はジェネコンだったんですね。というような形で、日本の近代建築史を見てみると、どこかでものづくりの伝統が生きている。もともと日本は、木造建築で優れた伝統をもっていたわけですが、それが意外と違和感なしに、近代建築へと融合していった理由のひとつと理解してもよいのではないかと思います。

それを考えると、先の新東京風景と、かつて安藤広重が描いたような情緒に満ちた自然と人間社会を重ねていく風景とがつながってくるんですね。当時、新しくできた、例えば展示場とか、ホテルであるとか、駅舎であるとか、そういうものが絵はがきになっていったというところからも、明治の時代が、浮き上がってきます。

その一方で、馬車のような新しい交通機関というものはなかなか入ってきませんでした。それから電信柱（＊16）。今でもありますよね。決して誇れる物ではなかったし、おそら

＊17

＊16

く明治の人たちもこういうものに対して「これでいけない」という気持ちがあったとしても、不思議ではなかったと思います。ですから、アメリカから来たウォーターズ（Thomas James Walters）は、銀座大通りをこういう形でつくっていく（＊17）。これは非常に珍しいケースですし、それが存続することもありませんでした。その理由のひとつとしては、彼自身が東京の多湿な環境を前提とした家づくりを理解していなかったということもあるでしょう。

そういうことをやっているうちに、やはり何かしなくてはいけないと、新しい都市計画の概念が生まれてきて、その時にこの宮城を中心とした道づくりが進められていきます（＊18）。これは完成することなしに、今でもさらに様々な形で進行中です。部分的な改造や新設がインクレメンタルに行われ、最後はそれが結ばれて全体像のある道路づくりに変わっていきます。それには数十年から一世紀の期間を必要とするわけですね。

鉄道を中心とした都市

先ほどお見せしたパリのバロックふうの街づくりに対して、東京では何が骨格だったのかというと、鉄道の山手線や中央線を軸にしたのではないかと思います。まだ自動車が発達していないころに、東京には市電というものがあったのですが、一方、大量交通輸送機関として山手線、中央線が完成していくわけですね。したがって今日でも鉄道というものが、我々にとって最も基本となるインフラとなって、この東京の都市構造が成立しているといって過言ではないと思います。

東京大学の大野秀敏研究室が中心となって、「ファイバーシティ」という研究を行っています。二一世紀の東京のまちを、鉄道を中心としていかにつくっていくべきかに関する提言のなかから、いくつかのダイアグラムを見てもらいます。これは道路です（＊19）。これは

＊18

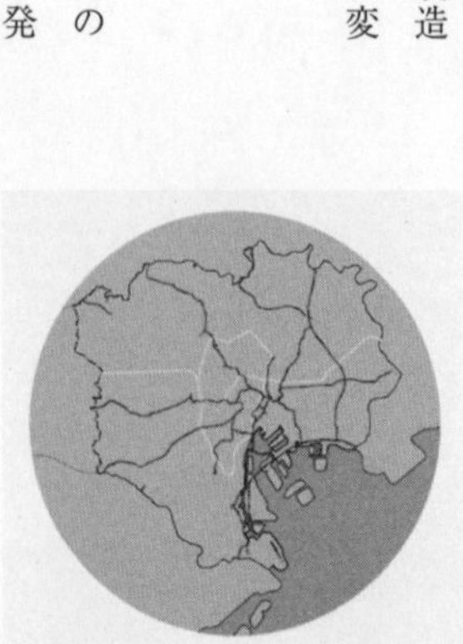
＊19

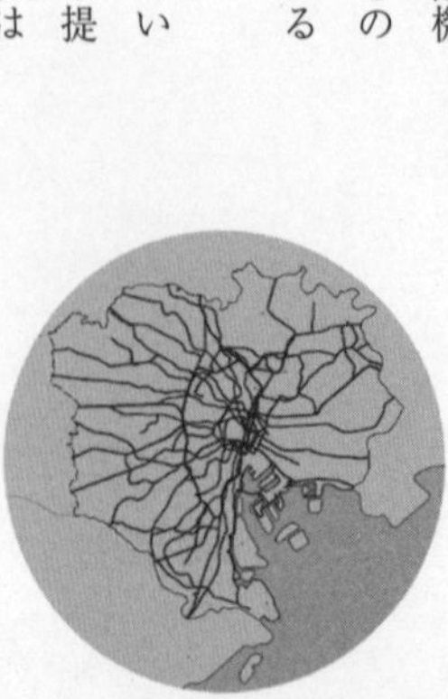
＊20

鉄道(＊20)。今の東京の鉄道が、道路に比べてはるかに有効なインフラをつくっていることが、この密度の違いをとっても、非常にはっきりしてきます。

　この研究のなかで、山手線の発展の歴史を述べています。鉄道がだんだんと延びていき、一九二〇年に山手線が完結します(＊21)。さらに一九七〇年になると、山手線を中心にしていくつかの副都心ができ、さらに郊外に向かって電鉄が延びていきます。その後も、メトロが相互乗り入れしながら、鉄道のネットワークが発展しています。

　これも「ファイバーシティ」で提言されているのですが、駅を中心にした商店街を見てみると、ちょうど十字型にクロスしたように発達している。それが東京の、あるいはその郊外を含めたコミュニティの基盤になっているんです。それから目蒲線や井の頭線などでは、駅と駅の間隔が非常に短い。短いところには小さな商店街が生息していました。ところが鉄道の高速化にしたがって、拠点となる駅もできてくる。そこはできるだけ多くの人を集散するところですから、大きなデパートやショッピングセンターが生まれてくる。するとその間にある商店街が次第に衰亡していく。そういう状況のなかで、やはり今後の少子化傾向を考えていくと、これが大野さんの主張なのですが、目蒲線や井の頭線的な駅を増やして、その周辺の徒歩距離内で買い物ができるという街づくりが、東京の歴史的な特性を生かした有力な方法であろうと。それは低炭素社会という都市づくりのあり方とシンクロナイズしていくことでもあります。

　そのようなことから「ファイバーシティ」では、山手線から一時間くらい、ないしは周辺の各都市から三〇分以内のところに、だいたい八〇〇メートルごとに駅を構築し、そこに日常的な利便性を充足することのできる核があって、その周りにコミュニティがあれば、緑の環境も残っていくのではないか、そういう形はどうだろうという提案をしているわけです(＊22)。これはひとつの理想を描いたわけですが、この通りにできないにしても、こう

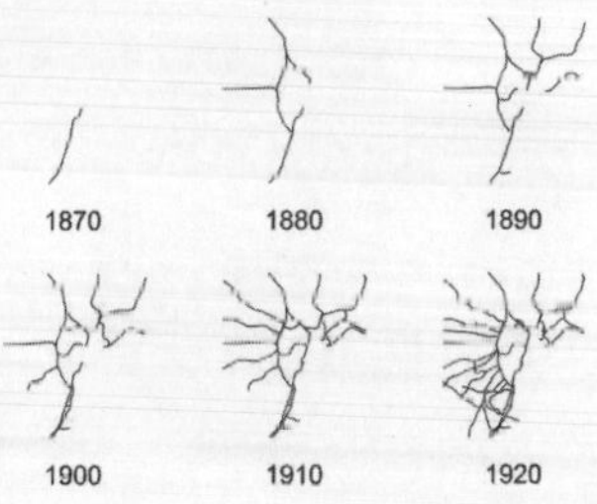

＊21

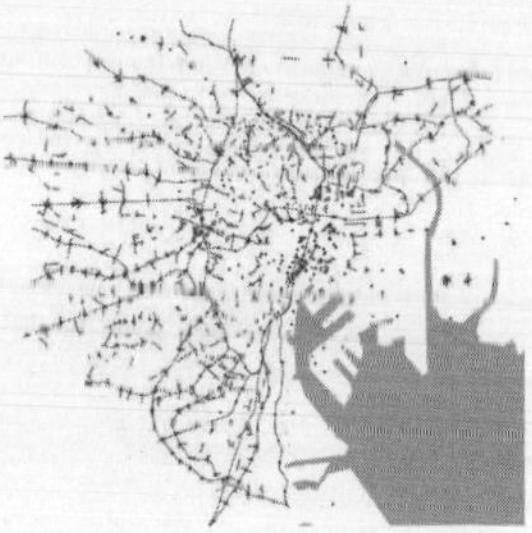
＊22

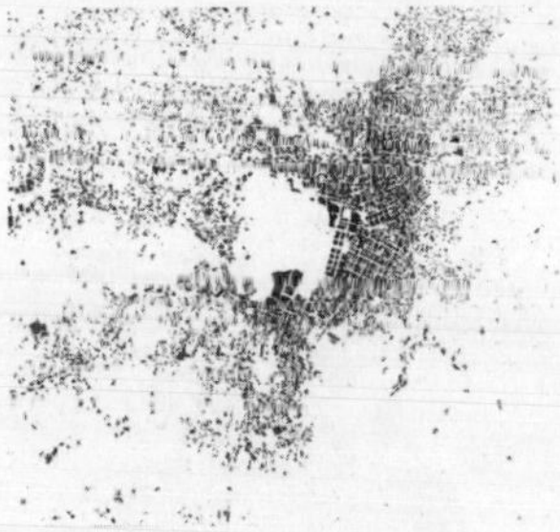
＊23

したわれわれの都市がどういう方向へ向かっていったらいいかについての提案は、今後もさらに出てきてもよいのではないかと思います。

実は都市生態学、アーバン・エコロジーという学問が、一九二〇年以降にシカゴを中心にしてアメリカで発展していきました。僕がアメリカに留学していた五〇年代、六〇年代にいくつかこの分野の本を読んだことがあるのですが、そこでもやはりマルチ・センター・ネットワークということを言っています。これからの都市は、一極中心ではなく多極中心で、それがネットワーク化されていくのではないか、という主張ですね。これを提案したのが、MITのケヴィン・リンチ(Kevin Lynch)やロイド・ロドウィン(Lloyd Rodwin)という人たちです。

東京については、僕が東京大学にいたときも槇研究室で取り組みました。この図はサービス産業用地を塗りつぶしたもので、濃いところが一九六〇年、薄いところが一九八一年の状況です(＊23)。この数十年の間に知識産業、第三次産業が発展して、マルチ・センター・ネットワークどころかブラックホールから爆発した宇宙の星雲の状態を示しているわけですね。

その結果、生まれてきたのが、先ほども触れた鉄道網です(＊24)。これは外国の講演会で見せると非常に驚かれたりします。しかもこのネットワークは、正確で、安全で、きれいでもある。しかも電車の中に入ると、ニュースとか、天気予報とか、プロ野球の試合結果とか、そんな情報まで流れているわけで、これはやはり世界に誇れる日本のインフラのひとつではないかと思います。

日本の住居は社会資本の核となりうるか？

これは紀元二世紀にローマにできた集合住居です(＊25)。都市というのは、そもそも多

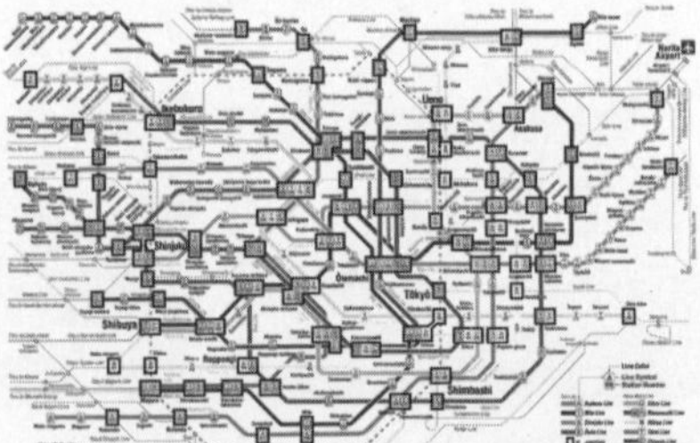

＊24

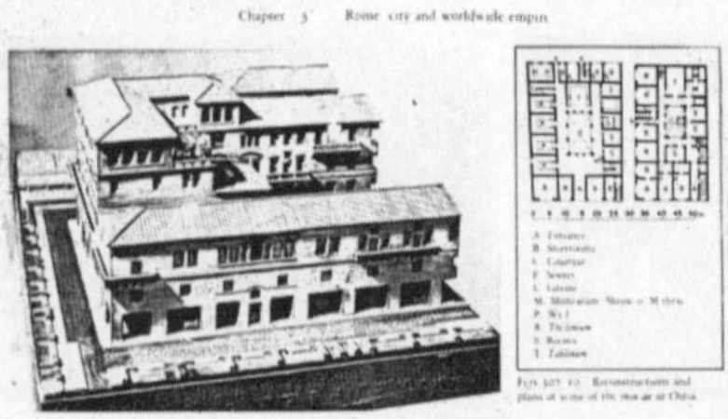

＊25

数の人が来て、その人々が住むための器としてつくられているわけですね。日本で二世紀はどうだったかというと、地震にも火事にも強い安定した住居がなかった時代です。ローマでこれを誰が建てたかというと、ディヴェロッパーがやっています。そのころからディヴェロッパーがいて、地方からやってくる人間を搾取しているんです。結局、そういう歴史が長いのがヨーロッパです。たとえば今のアムステルダムのような街には、運河に沿って中層の集合住宅が安定した姿で建っています(＊26)。

一九六〇年にチームXのミーティングに参加しました。そこでは、ピーター・スミッソン、アルド・ファン・アイクといった当時のアバンギャルドの建築家が集って、これからの増大する都市人口に対応する住居をどうやってつくっていくかについて、延々と議論していました。日本を振り返ると、当時、すでに住宅公団のような組織はありましたが、住居に関してこういった形で前衛の建築家たちが意見を交換しあうということはなかったような状況でした。

ヨーロッパの都市で面白いのは、道に対して裏表がはっきりとした構図があるんですね。これはジュネーブにある豊かな層のためのマンションなのですが、奥へゲートを通って入ると大きな庭があります(＊27)。先ほど言いましたように、日本の街というのは、表通りがあって、裏に向かって細い道が展開していくという形です。こういう理性的な構図をもっていませんでした。

ヨーロッパの都市を見ていくと、様々なボキャブラリーがあって、それぞれの社会層に応じた集合住居のつくり方があったのですが、日本の場合はボキャブラリーが非常に貧しかったわけです。例えばマンションだと同じような十階建ての建物で、お金のない人はただ部屋の間取りが小さいとか、十分な家電機器がないとか、少し玄関が狭いとか、せいぜいがその程度です。デラックスなマンションにしても、街のことを考えた型というか、建

＊26

＊27

＊28

築の型というものを考えることがほとんどなかったのではないか。それがわれわれのようなジェネレーションには、ひとつの反省としてあります。これからは、新しい時代に即した集団で住む住居の型というものはなんなのだろうか、という研究をもっとしていくべきです。もちろん、このトウキョウ建築コレクション二〇〇八で、若い方がそうした提案を行っているかもしれません。けれども現実というのは厳しくて、このあと、あなた方が勤める設計事務所やジェネコンで、そうしたことをやるチャンスはあまりないかもしれない。そういうところが、住居政策のあり方も含めて、ひとつの問題点ではないか思います。

日本でも例えば京都に行くと、古い町屋のような優れた住まいの型があって、その中で幅や奥行きや間取りについて、階層ごとに微妙な差があるわけですね。もうひとつ指摘しておくと、日本の住居は短命であるために、異型のプロパティをつくって特殊化していくわけです。特殊化していくということは、普遍的な形を取ることができない。

これはアメリカの中の上くらいの住居なのですが（＊28）、こういうものは社会資本として、ずっと残っていきます。間取りは非常にシンプルなんです。真ん中から入る。下に行くと半地下になって、採光も取れるようになっているので、レクリエーションの場になったり、物を入れておく場所になったりする。音楽を好きな人は、この地下室を音楽室にします。一階は左側がほとんどリビングルームで、右側にはダイニングとキッチンがあり、裏庭に続いています。二階はベッドルームになっていて、屋根裏の部屋に書斎があったりする。これは、僕がハーバード大学で教えていたときに、仲間たちが住んでいた家の一番典型的な型です。

こういう住宅の型のうえに、住む人々が様々な工夫を施して住んでいきます。キッチンに出窓をつくろうとか、テラスをつくって外で食事ができるようにしようとか、それによって資産価値も上がっていきます。日本の一戸建て住居は、住み手が亡くなると相続税

＊29

＊30

の問題で売り払って、次の者が買うと壊して、敷地を分割するとかいう状況になっていますが、アメリカではそういうことにはならないし、また規制もされているわけです。

中を自由に変えていける住宅

そんなことを踏まえて、なおかつ日本の耐震、耐火のことを考えると、壁があって、その中が自由に取り替えられるという形がありうるかもしれません（＊29）。僕自身、東京で自宅を設計したのですが、コンクリートの建物なのでいじれない。一方、山荘の方は木造でつくったのですが、これはもう十何年の間に二回もつくり直しています。木造というのはいくらでも直せるのですね。ということから、例えば三層まで図にあるような形でつくって、買った人は外は変えない。しかし中は変えていく（＊30）。これもひとつの提案ですが、こういう種類の発想があってもいいのではないかと思います。

一九六〇年代の終わりにペルーの北部で大きな地震があって、国連が音頭をとって復興集合住宅を建築家に依頼しました。ペルーのリマというのは不思議なところで、雨があまり降りません。季候の良くないところです。しかし、ここではセルフビルドのシステムがあって、屋根

＊31

＊32

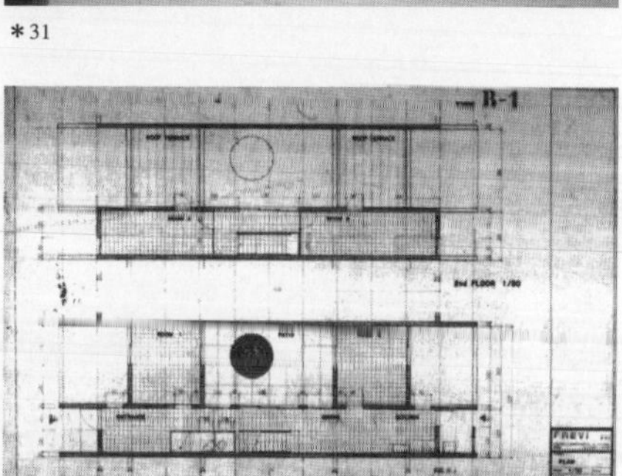

＊33

＊34

とか壁とか、いろいろな住宅部品を売っています。こういうところで、世界中から一〇組ほどの建築家が呼ばれて、集合住宅を耐震煉瓦ブロックでつくりました。当時はメタボリズム・グループがまだ存在していた。黒川紀章、菊竹清訓、僕の三人で、この提案に参加したのですね。

それがこの集合住居です（*31*32*33）。羊羹のようなところが二層になっていて、ここにすべてのインフラ、たとえば階段、便所、食堂などが納まっています。その反対側には部屋があって、真ん中に中庭があります。家族が増えれば、自分でセルフビルドの店から材料を買ってきて、二階のテラスに部屋を足していくこともできます。ペルーはカトリックの国ということもあり、子どもは八人まであることを想定してつくってほしいという依頼でしたからね。あるいは前方の部分で店をやって、お金を稼ぐことも可能です。

これがもとの状態ですが（*34）、面白いのはこの家を買った人が、自分で色を塗ったり、部屋を作ったりと、いろいろな工夫をするんです。日本のように住む人がいなくなっても壊すのではなく、それが社会資本として成立していくんですね。そういうことが他の国では素直に成立するのですが、日本の場合は、いろいろな歴史的な問題もあってか、なかなかうまくいきません。

ヒルサイドテラスから学ぶこと

次にヒルサイドテラスについて採り上げたいと思います。これが現在の写真です（*35）。この地域については、既に何回か話したり、書いたりしているので、知っている人も多いかもしれませんが、東京でこの地区の何がユニークかというと、道路が広くて周囲の容積率が低く抑えられているということです。我々がヒルサイドテラスの設計を始めたときは、旧山手通りの南側はまだ容積率が一五〇パーセント、高さは一〇メートルまでという

*35

*36

一種住専地域でした。

東京で用途地域を決定するときには、道路の幅が決定的なんですね。これは国交省の前身である建設省が決めたことですが、用途がはっきりしないところで用途地域をどうやって決めたかというと、ぐるっと車で走りまして、「ここは道が広いから商業地域にしよう」と、そういうやり方なんです。狭い道では逆に「あまり建たせないように一種住専にしよう」となるわけです。

だから代官山でも建物を同じようにして道路だけを狭めてみると、いかにも東京のどこにでもある風景に変わっていくわけです（＊36）。一方で、道路幅をそのままだとすると、普通はもっと大きな建物が建つんですね。するとこういう風景が現れることになります（＊37）。これもまた東京にはざらにありますね。

旧山手通りは幅が二二メートルあって、歩道の幅が四メートルあります。こんなに広い幅の歩道は、東京ではここ以外だと都心にしかありません。なぜそのように立派なものができたのかというと、ヒルサイドテラスの歴史を見ると面白いのですが、地主であった朝倉家の先代が「これからの道は立派でなければいけない」ということを提言し、自分の敷地も含め、この地域の道幅を広げてしまったんですね。

というわけで、ヒルサイドテラスの都市景観が風格を感じさせるとすると、それは道路の幅とそこから規制されている用途地域や容積率が強く関係しているんです（＊38）。現在は容積率が二〇〇パーセントまで上がっていますが、そういう条件がつくり出す余裕というものが、この街並み形成の核にはあります。

ヒルサイドテラスは大きな繁華街ではないので、小さな外空間をなるべくたくさんつくっていこうという方針でつくりました。これは容積率が上がってからも引き継がれていて、相変わらず大きな建物を一棟つくるのではなく、分割して外空間をつくるようにして

＊37

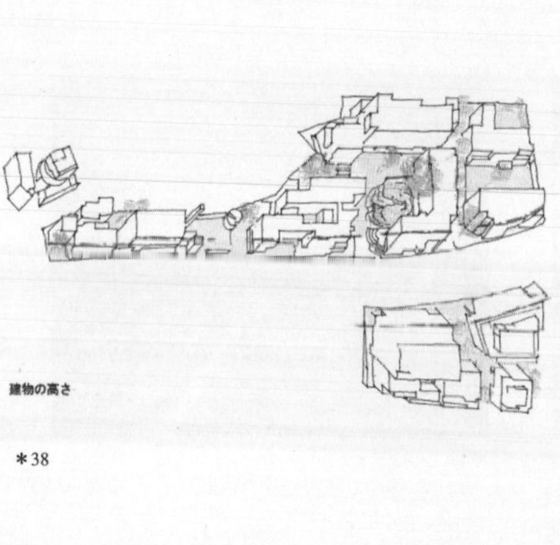

＊38

います。

それからもうひとつ大事なことは周遊性ということです。これは住居ひとつについても言えることなのですが、建物はぐるりと回れることが大事なのではないかと思います。例えばある地点に立つと、一度外に出るという選択と、内部の経路を通るという選択があるわけです。都市の中における公共空間は、絶えずひとつだけではない選択を与えるということが重要なんです。

それからここは、店舗、レストラン、住居というどこにでもある施設で始まったのですが、ヒルサイドテラスをつくったときに、もう少し都市のアクティビティに拡がりと潤いを与えようと、文化施設を途中から積極的に導入していきました（*39）。例えばエキシビションができる空間や、音楽が演奏できる空間が用意されています。そういうものが発展して、街の中にある種の余裕とキャラクターを生むのではないかということですね。

外国人が日本に来て、東京はモザイク・シティの面白さがあるとよく言います。モザイクとは、単に見た目の印象ではなくて、その内容にも関係しています。その意味で、これからの街づくりで重要なのは、できるだけ多様な用途やキャラクターが同時に生息していることです。今、中小の都市で、大規模ショッピングセンターの進出に伴って旧商店街が廃絶していくという事態が起こっていますが、そういうことがどうしたら起こらないようになるのか、ということが新しい時代の中で考えられるべきでしょうね。

代官山インスタレーションの意義

ここからは代官山インスタレーションの話に移りたいと思います。これは二年に一度、ヒルサイドテラスを中心に旧山手通りや八幡通り沿いを含めた広域の中で、アートをテンポラリーに提案してもらい、そのなかから優れたものをそこで実現してもらって、それに

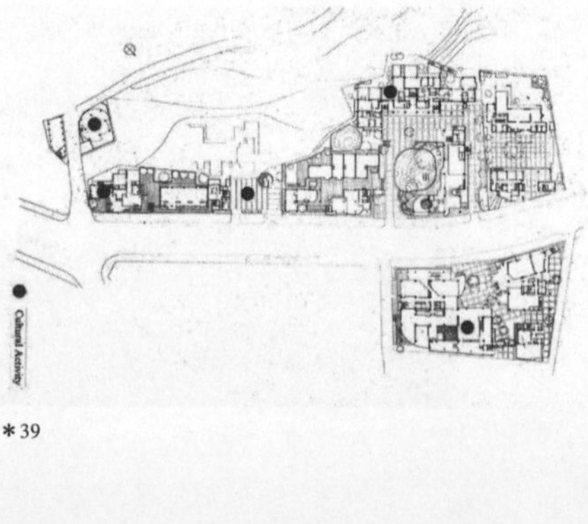

＊39

＊40

対して賞を与えるというものです。昨年で五回目ですから、もうすぐ一〇年になります。

これは法政大学の大学院生による作品で、ヒルサイドテラスのちょっとしたところに「地下鉄ヒルサイドテラス駅」というのをつくったインスタレーションですね（＊40）。本当の駅だと思って、入ってくる人がいるくらいこれは受けました。

これはかつての同潤会代官山アパートの敷地脇に、細長い道路に挟まれたところができたんですね。そこに東京大学の大学院生が細長いテーブルを提案しました（＊41）。この作品は暗示的で、有名なフェデリコ・フェリーニというイタリアの映画監督がいましたが、彼が描写するローマに出てきそうな風景です。ここで数百人の人間が集まって宴会をやったら、都市における何か新しいキャラクターになるのではないかと思います。非常に優れた提案で、グランプリを獲得しました。

これは去年のグランプリで、西郷山公園に空からつながったブランコを置いて、座れるようにしたものです（＊42）。ブランコといっても実際は釣り竿のようなものを立てた、擬似的なものですが、この公園とマッチした新しい風景を生み出していました。提案したのは千葉大の大学院生です。このイベントはたくさんのアーティストからも関心をもたれているんですが、不思議と建築家や大学で建築を勉強している人たちが入選していくんですね。今日ここに来ている人も、興味があればぜひ次の回に参加してください。

このイベントをなぜ紹介したかというと、東京という街は代官山に限らず都市自体がある種の感受性を絶えず発信しています。それをどう探し出し、それに対して何を再発信をしていくか、そういう対話がありうることを示そうとしたのです。一見なんでもない都市の風景のなかに、実は人間と同じような都市独特の感受性が存在して、それをどう発見していくかというのは、あらゆるジャンルのアートに必要な視点です。さきほどの細長い分離帯もそうですが、都市のなかに潜在しているものをそこに発見し、そこから自分の提案

＊41

＊42

をつくっていくということは非常に大事だということですね。

逆に言うと、整備されてしまった街はいろいろなものを発信してくれる要素が少ない。東京のようにハチャメチャな街の方が、かえって可能性を持っていることは、逆説的ですが言えると思います。

「奥」を感じさせる都市空間

僕が子供のころには、東京の街中にも、奥へ奥へと感じさせるところがいろいろなところにあったんです。これはかつての代官山同潤会アパートの一部です（＊43）。まだあのころはこういう形で、起伏をそのまま尊重して、道づくり、街づくりをやっていました。こういう形で街が認識されていたことは、貴重な体験であったと言えるのでないでしょうか。

これはヒルサイドテラスの第六期の建物です（＊44）。通り側にベビーカーを売っている店があって、奥には今回のエキシビションが行われるフォーラムがあります。それから街路樹によるゾーンがあって、それによって結界のようなものができていて、奥に広場があり、そこにも木があります。全体で、せいぜい数十メートルしかないわけですが、いくつかの層に分かれているわけですね。こういうふうにつくることで、「奥」性が醸し出されるのです。

僕が「奥」ということを言うようになってもう三〇年ぐらいが経ちます。そういえば、今年の大学入試センター試験の国語の問題で、「奥」に関する文章が引用されていましたね。こういう空間特性というものは、古い記憶の継承としてあるだけではなく、現代でも様々な形でつくれるのではないかと思っています。

写真は第六期の建物を向こう側から見たところです（＊45）。広場の木や、ガラス越しに人が見えたりしています。せいぜい二〇～三〇メートルくらいの範囲ですが、空間に奥行き

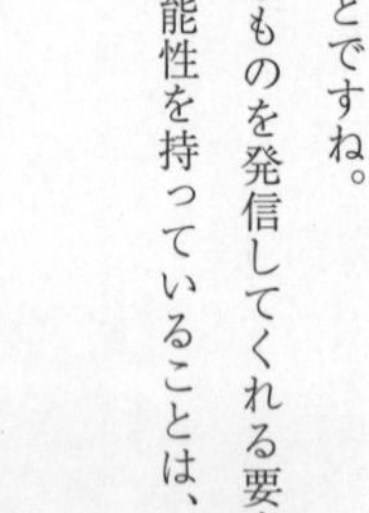
＊43

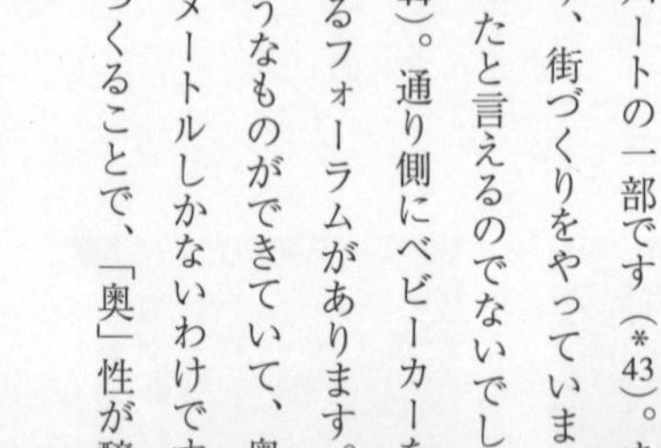

＊44

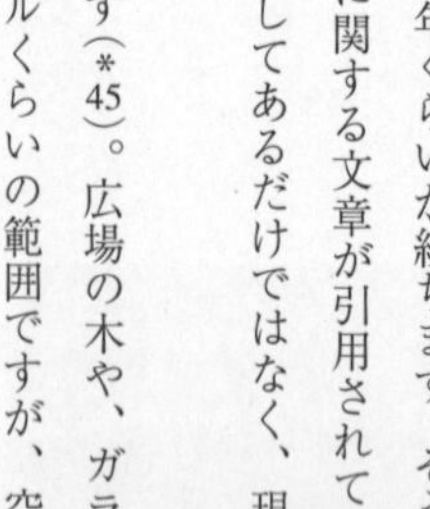
＊45

が感じられることがわかると思います。

　これは我々の事務所が入っているヒルサイド・ウェストという建物です(＊46)。旧山手通りと後ろの道と、それぞれに接している二つの敷地があったのですが、朝倉不動産がここを買われてつなげたんです。ここはプライベートな領域なんですが、夜一〇時過ぎくらいまではここを通ってもよいということになっていて、パブリックなスペースに変換されたわけですね。中へ入って(＊47)、左へ曲がると(＊48)、こういう道になって下に降りて行けます(＊49)。

　ここでも代官山インスタレーションで、日本工業大学の先生と学生が発泡スチロールを使って、既にあるものとは違う、別の新しい空間体を提案してくれました(＊50)。我々が普段から見慣れている場所ですから、「こんなふうになってしまうんだ」と非常に面白く感じました。

　ヒルサイドテラス、ヒルサイド・ウェストとつくってきましたが、もうひとつ目指しているのは地主である朝倉さんと、地域の建築家や我々、そして有志の人たちが集まって、この地域を保全し、いい街にしていくことです。そうしたなかで、かつての朝倉邸も幸い三年前に文化財に指定されまして、今年の夏ごろには渋谷区の管轄の下で、パブリックにオープンされる予定です(＊51)。それが

＊46

＊47

＊50

＊48

＊49

＊51

※

できれば、ヒルサイドテラスとつながることによって、周辺のパブリック性をさらに高めていくことも可能性として広がります。

こういうふうに考えていきますと、東京みたいなモザイク・シティでは一様な都市計画で秩序をつくっていくことは到底できない。むしろ、それぞれの地域が持っている特性に対して、コミュニティ・プランニングやコミュニティ・アーキテクチュアというものがあって然るべきなんですね(＊52)。

ということで、一方には自治体があり、住民やNPOがあり、専門家がいます。これらはいろいろな地域に成立し始めているでしょう。しかしいないのがコミュニティ・ディヴェロッパーですね。こういう体制が生まれてくれば、もう少し下からのプランニングというものが有効に働いていく可能性というものがあるだろうし、それを探していくのがこれからのあなた方、若いジェネレーションに託されたひとつの役目ではないかという気がします。

都市のパブリック・スペースをめぐる風景の構築

ここからは東京やその他の地域で我々が手がけた事例を中心として、パブリック・スペースをどのようにしてつくるかを話して、今日の講演を締めたいと思います。

まずは六本木ヒルズにあるテレビ朝日です（＊53）。六本木ヒルズが汐留に比べて良い開発だろうというのは、隈研吾さんほか、いろいろな人が言っていることですが、やはり一本のタワーを囲んで末広がりのように低いボリュームを配置していったのは、割と周囲となじみのいいディヴェロップメント手法だったのではないかと思います。

我々が設計したテレビ朝日の社屋は低層で真ん中にスタジオが入って、その周りにオフィスがあります。オフィスとスタジオを分離したフジテレビや日本テレビの社屋とは違

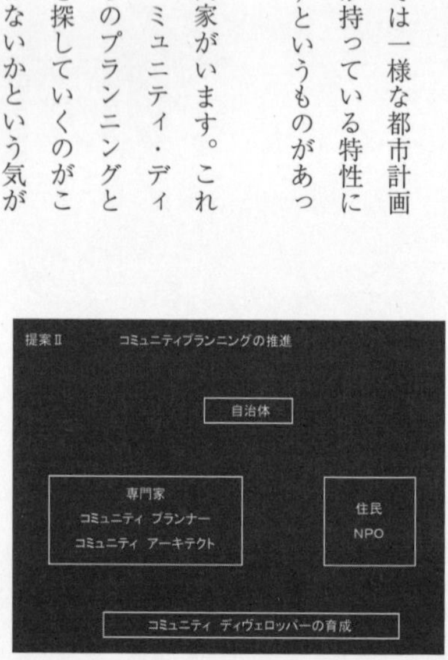

＊52

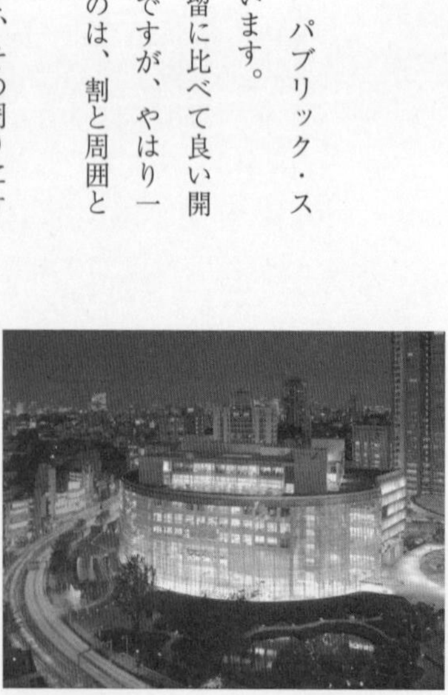
＊53

う構成をもっているのです。そのため、このような低い建物になっています。そして地域の中に新しい道ができたのですが、これが坂道になっていて少しづつ湾曲しています。そこが表参道と違うところですね。

テレビ朝日の社屋は、周りが四面ともすべて異なった条件のもとでオープンになっています。設計においては、このような異なった面をいかにしてそれぞれ異ったパブリック・スペースと関連づけていくかが課題でした。ひとつ例を挙げますと、三号線の道路に沿った一面ですが、ここには大道具や小道具のためのトラックが入ってくるため、そのままだと、麻布十番からの人の流れが断ち切られてしまいます。どうしたらこの場所のアーバニティ、つまり都市性を失わずに済ませられるかが課題でした。

我々はトラックが入ってくる角の部分に、宮島達男によるインスタレーションの壁を設けることにしました(＊54)。ガラスとネオンを使って変化する数字が浮かび上がる作品です。そして少し上がった所には水のカスケードをつくっています(＊55)。さらにけやき坂通り側には、森ビルが世界中のアーティストに頼んでつくった外置き家具が設置されています。このようにして、建物の後ろ側が単なるサービスヤードにならず、活性化を成し遂げることができました。建物をいかにつくるかはもちろん重要ですが、このように建物と道の接点を、線として、あるいは面として、よりパブリック性のあるものにしていけるかどうかも、非常に大切なことなのではないかと思います。

これは一九九〇年にさかのぼるものですが、東京都体育館です(＊56)。北側に千駄ヶ谷駅があって、西側にキラーストリートがあります(＊57)。こういう条件のなかでその周遊性を高められないかと考えてできたのが、このパブリック空間ですね。都市というのは回遊性をどうやってつくっていけるかが重要だと思います。このように、普段でも人々が通り抜けられる賑わいのあるパブリック・スペースをつくることができました(＊58)。これはヒル

＊55　※

＊54　※

サイドテラスやウェストで考えてきたこととも重なります。

一人を楽しめる場所

ところでパブリック・スペースというと、すぐに賑やかなモールのような場所を思い浮かべがちですが、都市というのは群れるという本能に根ざした人々の場所であると同時に、一人でも楽しめる場所、孤独を楽しめるような場所でもあってほしい。これは都市の本質だと思うのです。

これはスーラによる有名な点描の絵です(＊59)。パリ郊外のセーヌ川に面した広場の風景を描いたもので、シカゴのアート・インスティチュートに保管されています。シカゴにいった時は、ぜひ見に行っていただきたい。この絵画の面白いところは、ある評論家も指摘していることですが、みんな違う所を見ていることです。いかにも平和な郊外の情景だけど、ここに来ている人はみんなそれぞれ他人なんです。この絵画を通じてスーラは、都市の本質である孤独を雄弁に語っています。

次は一九五九年にアテネにいったときに撮ったオリンピック競技場の写真です(＊60)。これは街の三叉路のところにあり、丘をくりぬいてつくっているのですが、これ

＊56　※

＊58

＊57

＊59

によってひとつの優れた都市造形といえるものができ上がっています。これは人がたくさんいても絵になるものなんですが、同時に人がいなくても絵になる都市の素晴らしい造形をつくり出しているんです。

次はイランのイスファハンにあるチャド・パックという長さ二キロのブルバードです(＊61)。名古屋の都市計画道路と同じで幅が一〇〇メートルあり、両脇は普通の街区になっています。面白いのは真ん中の少し高くしたところにもう一本、幅の広い歩道があるんですね。これは散策の道で、店舗を見ながら歩くのではなく、夕方、仕事が終わった人たちがただゆっくり歩いて帰っていくための道です。道の終わりに川があり、橋が架かっていて、みんなこの橋を渡って帰っていきます。世界的にも珍しく、美しい風景なんですが、なぜ美しいかというと、ここで個人の孤独が保障されているからなのではないかと思うのです。表参道で歩くのとは違った、静けさと快適さをもった道で、このような道が都会の中にあるのが重要なのではないかと思います。

次は青山のスパイラルです。ここには外に向かって椅子が設置されていて、一人のためのスペースがつくられています(＊62)。外から見ると、ちょうど電線に止まっている鳥のようにも見えます。こういう場所をしつらえて

＊60

＊61

＊62

＊63

いくことも、都会のパブリック性を逆説的に高めていくことになるのではないかと思っています。一階の入口を入ると、中は、手前が喫茶スペースで奥が展示スペースになっています。これもまた「奥」性のある空間構成だと思います。

この建物の五階に行くと、屋上庭園があります。スパイラルのように奥の方へと展開している屋上庭園は、かなり非日常的な静けさを持ってるんですね。東京にありながら、都会でないような風景をつくり出せないかと考えて、これを設計しました。設計の時には、「去年、マリエンバードで」というフランス映画のイメージもありました。今はここにはバーやレストランがあって、結婚式などのパーティーで人気のある場所になっているようです。

これはニューヨークのMOMA(近代美術館)の昔の様子です(＊63)。今でもほとんど変わっていませんが、一人のためのパブリック・スペースがあって、ここでベンチに腰をかけて、本を見たり、アートを見たり、物思いにふけったりできるようになっています。そういう場所です。

もうひとつ面白い経験をしたのは、セントルイス・ワシントン大学に一昨年、新しい美術館とアートスクールをつくった時の話ですが(＊64)、アートスクールの向こう側に囲まれたスペースがあって、古い建物と新しい建物がちょっとした広場を作っています。建物ができたのは二〇〇六年の一〇月で、オープニングの三日前に撮った写真が次の写真です(＊65)。学生たちが来て音楽を演奏していますが、面白いのはここに寝ている女子学生ですね。日本だとこれだけ広い場所で真ん中に寝たりはしません。アメリカ人は非常に身体的に周りの建物や空間に対するリスポンスが早く、しかも強いですね。堂々と居心地良さそうに寝そべって本を読んでいる。この風景は「自分が一人なんだ」とはっきりと主張していると解釈していいのではないでしょうか。

＊64

＊65

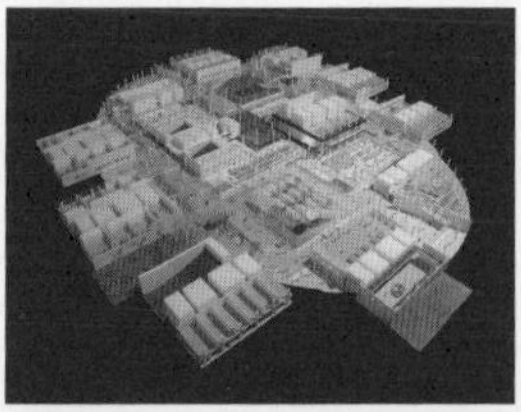
＊67

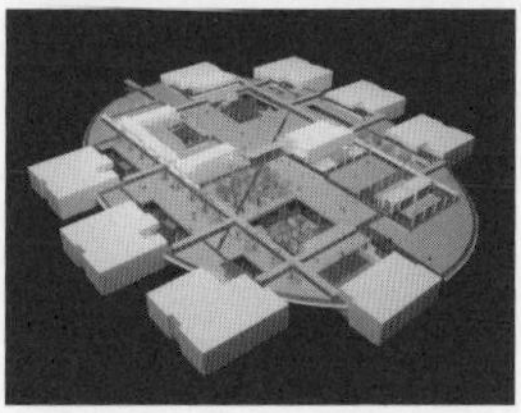
＊68

＊66

＊70

＊69

＊72

＊71

※※

次に面白い経験をしたのは、去年、我々の設計で完成したシンガポールのリパブリック・ポリテクニックです（＊66）。アゴラという高さ九メートルの巨大な空間を二層にわたってつくりました（＊67）。学生たちは毎朝、先生からアサインメントをもらうと、このアゴラという空間に降りてきて、ここで一日過ごします。一九七〇年代にオランダでアゴラという名前の新しいコミュニティセンターができたのを覚えています。そこでは真ん中にピンポンやバレーボールのスペースがあって、上から見下ろせるカフェテリアがありました。この学校の建物では、真ん中にライブラリー、両側にカフェテリアがあって、その間に学生のユニオン、ラボ、教室などがあります。長辺方向が二四〇メートル、短辺方向が一八〇メートルと広大な空間ですが、敷地に合わせて傾斜があるので、緩い丘の町のような空間構成が可能となり、エアポートのターミナルのような単調さは避けられました。上はローンになっていて、建物を結んでいます（＊68）。

中に入ると学生たちが群れているわけですね（＊69）。階段がありますから少しずつ空間が文節されて、小さな空間のアイデンティティもそこで保障されている（＊70）。ライブラリーには、中庭から自然光が入ってきます（＊71）。また、そのさらに真ん中には、コーヒーを飲んだり、ビリヤードができたりするレクリエーション・スペースもあります。ここではある程度、集団で課題を解くということが奨励されているので、ライブラリーのなかで声を出してもいいとされています。そのために床はカーペットにしました。ライブラリーの一部では、先生が中心になってちょっとしたワークショップなどを行っています。何もすることがない学生たちはこういうところで群れている（＊72）。スネークタイプのベンチは我々がつくったものです。

ここの風景で印象的だったのは、先ほど言ったように、群れるという行為と、ラップトップ・コンピューターを使いながら一人で考えにふけるという行為と、その両方が空間

＊73　※

的に保障されているということです。それがこのアゴラという空間に、ミニ都市的な性格を与えているのだと思います。

次は、最近できた三原市芸術文化センターです(＊73)。三原市の公園内にあった文化センターを壊して建て直したものですが、この敷地の脇には、子どもの遊び場や小さな野球場があって、市民によく利用されているんですね。したがって、ここでは公園というパブリック・スペースのキャラクターを失わないようなパフォーミングアーツ・センターを意図しました。公演がある時には、千数百人の人が集まるわけですが、会館建築にありがちな、大きな高いホワイエのある建物はやめようということになったわけです。

結果としては手前に低層のパビリオンをつくり出し、ここを普段、公演がないときは、市民のためのくつろぎの場所やカフェの場所として提供しています(＊74)。建物が完成した時に、我々がここに立っていると、建物の前を通って行く小さな子供のふるまいが、新しい建物をあまり意識していないような感じでした。子供たちはいつものように遊んでいます(＊75)。つまり全体として、公園の一部の自然な場所ができていたわけです。これは我々としては、満足のいく光景でした。先ほど言ったように、こういう場所は大勢の人が集う会館であると同時に、少数の人、一人の人でも楽しめる場所にしたかったんです。ということで、我々自身が都市におけるパブリック・スペースがどういうものであるかを絶えず考えながらやってきた、その成果のひとつと考えていいと思います。

都市は人々に夢を見させる

次が最後の話です。ブラジルのサンパウロに、リナ・ボ・バルディ(Lina Bo Bardi)という建築家がいました。戦後、イタリアからブラジルに渡った人で、サンパウロ近代美術館などを設計しています。これは彼女が設計したコミュニティセンターで、同じくサンパウロ

＊74

＊75　※※

にあります。そこに全部コンクリート打ち放しで五層ぐらいのジムをつくっています（＊76）。サンパウロは気候が温暖なところなので、運動場なのに窓にサッシュがないんですよね。この中に入って撮った写真が次の写真です（＊77）。

見えているのはサンパウロの街です。洞窟のような開口部を彼女はつくりました。これは非常に印象的でした。というのは、我々が窓から外を見る時にはそれほど特別なことはないのですが、もしもこれが原始人の洞窟だったとしたら、開口部は非常に重要な意味をもってきます。敵が侵入してきたときに防ぐ場所であり、同時に見張りをする場所であり、いい獲物がないかと想像をたくましくする場所でもあるわけです。したがって、開口部というのは自分個人の世界と外にある異界をつなぐ境界であり、それを開口部は象徴的に表現しています。現代人にとって、都市は絶えず故郷と異郷、自分の場所と他人の場所が無数に現れてくる場所です。そしてその風景は、人々に夢を見させてくれます。

実は今年の秋に、MITの出版社から今まで書いた建築エッセイが本になって出ます。これは僕が自分でデザインした表紙なんですが（＊78）、先ほどのリナ・バルディの開口を使いました。中に見えているのは、東京の風景です。タイトルのNurturing Dreamsは「夢をはぐんで」という意味です。洞窟が人間に常に夢を与える象徴だったということを、ブラジルの建築で示唆的に経験して、これを表紙に重ね合わせてみたわけです。

以上です。ご静聴ありがとうございました。

写真：※北嶋俊治／※※新建築社写真部／それ以外は槇総合計画事務所提供

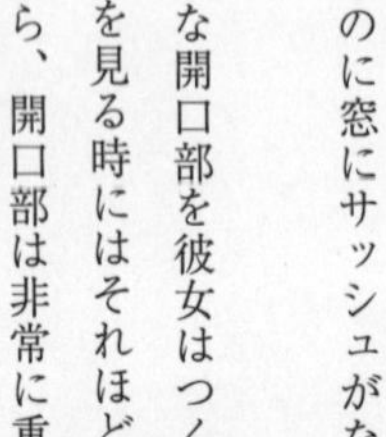
＊76

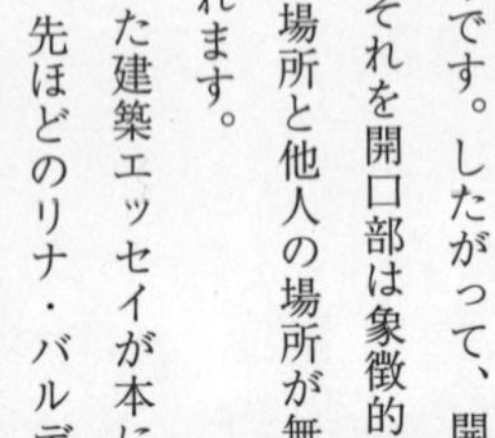
＊77

＊78

槇文彦講演
全国修論討論会
全国修士設計展